高等学校轮机工程专业系列教材

船舶动力装置原理与设计
（第2版）

陆金铭　编著

国防工业出版社

·北京·

内 容 简 介

本书着重阐述船舶动力装置的基本组成、工作原理及设计方法。本书主要介绍船舶动力装置概念、类型、特性指标等，船舶推进轴系的设计与强度校核等，推进系统的后传动装置，船舶推进轴系振动的计算，船-机-桨三者配合性能，主机与螺旋桨选型设计和匹配设计，电力推进与喷水推进的工作原理及设计方法，船舶供电与供热装置，动力管路系统工作原理及其设计。

本书是高等学校轮机工程专业本科生教材，也可供轮机工程专业研究生和船舶行业相关人员参考。

图书在版编目（CIP）数据

船舶动力装置原理与设计／陆金铭编著. -- 2版.
北京：国防工业出版社，2025.3. -- ISBN 978-7-118-13591-6

Ⅰ．U664.1

中国国家版本馆 CIP 数据核字第 2025HS6119 号

※

国防工业出版社出版发行

（北京市海淀区紫竹院南路23号　邮政编码100048）
天津嘉恒印务有限公司印刷
新华书店经售

＊

开本 787×1092　1/16　印张 22¼　字数 510 千字
2025 年 3 月第 2 版第 1 次印刷　印数 1—2000 册　定价 68.00 元

（本书如有印装错误，我社负责调换）

国防书店：（010）88540777　　书店传真：（010）88540776
发行业务：（010）88540717　　发行传真：（010）88540762

前　言

江苏科技大学轮机工程专业已入选国家级双一流专业建设和江苏省"卓越工程师教育培养计划2.0"，因此对教学要求进一步提高，迫切需要进行精品教材建设。本书是江苏科技大学精品教材，是在参考市面上船舶动力装置相关教材和中国船级社的《钢质海船入级规范》，以及作者多年积累的教学讲义的基础上修改、补充编写而成的。

教育部提出的"卓越工程师教育培养计划"，旨在培养一大批创新能力强、适应经济社会发展需要的高质量各类工程技术人才，为国家走新型工业化发展道路，建设创新型国家和人才强国战略服务。我国正在从造船大国向造船强国发展，船舶动力装置作为船舶最重要的组成之一，因此迫切需要一大批从事船舶动力装置研究设计、开发制造的优秀人才。

船舶动力装置也称为"轮机"，是船舶的"心脏"，是保证船舶按任务需求进行航行、作业、停泊及船上各类人员正常工作和生活所必需的机电设备的综合体。它的主要任务是利用燃油化学能、核能、燃料电池等能量，实现能量的转换、利用和分配。船舶动力装置主要由推进装置、辅助装置、船舶管路系统、船舶甲板机械、机舱的机械设备遥控及自动化五个部分组成。船舶动力装置按主机型式分类，主要有柴油机动力装置、燃气轮机动力装置、蒸汽动力装置、联合动力装置和核动力装置等。近年来，船舶动力装置出现了许多新技术和研究热点，如电力推进及喷水推进技术、燃料电池技术等。为此，本书作了一些基本介绍，但全书仍以现在广泛应用的柴油机动力装置为主要内容。

船舶动力装置原理与设计是船舶轮机工程专业的核心专业课程。学生通过该门课程的学习，能全面地了解船舶动力装置的基本组成、基本类型及特点、总体设计思想和技术发展；掌握推进轴系和传动装置的组成、结构原理及特性，轴系布置原理、校中计算和主要部件的设计方法，船－机－桨工况配合性能分析、主机选型步骤与方法，动力装置经济性分析，以及设计的综合评估方法等。

由于作者水平有限，本书存在的错误和不足之处，恳请广大读者批评指正。

作者

2024年12月

目 录

第1章 绪论 … 1
  1.1 船舶动力装置的含义及组成 … 1
    1.1.1 船舶动力装置的含义 … 1
    1.1.2 船舶动力装置的组成 … 1
  1.2 船舶动力装置的类型及特点 … 3
    1.2.1 柴油机动力装置 … 3
    1.2.2 蒸汽动力装置 … 6
    1.2.3 燃气轮机动力装置 … 8
    1.2.4 联合动力装置 … 10
    1.2.5 核动力装置 … 13
    1.2.6 双燃料动力装置 … 15
    1.2.7 不依赖空气的动力装置 … 18
  1.3 船舶动力装置的基本特性指标 … 23
    1.3.1 技术指标 … 23
    1.3.2 经济指标 … 26
    1.3.3 性能指标 … 28
  1.4 船舶动力装置的设计 … 29
    1.4.1 设计要求 … 29
    1.4.2 设计的观点、方法与步骤 … 30
  习题 … 32

第2章 船舶推进轴系 … 34
  2.1 船舶推进轴系的任务与组成 … 34
    2.1.1 船舶推进轴系的任务 … 34
    2.1.2 船舶推进轴系的组成 … 34
  2.2 船舶推进轴系的传动型式与特点 … 37
    2.2.1 直接传动 … 37
    2.2.2 齿轮箱减速传动 … 38
  2.3 船舶推进轴系的主要部件 … 39
    2.3.1 推力轴与推力轴承 … 39
    2.3.2 中间轴与中间轴承 … 43
    2.3.3 螺旋桨轴 … 43
    2.3.4 艉轴管装置 … 44

2.4 传动轴的设计 ·· 50
  2.4.1 传动轴的材料 ·· 50
  2.4.2 传动轴的具体设计 ·· 51
  2.4.3 传动轴的强度校核 ·· 53
2.5 船舶推进轴系的布置设计 ······································ 55
  2.5.1 轴线的确定 ·· 56
  2.5.2 中间轴承位置与间距 ······································ 57
  2.5.3 轴承负荷 ·· 58
2.6 船舶推进轴系校中设计 ·· 60
  2.6.1 轴系模型简化 ·· 60
  2.6.2 力矩分配法 ·· 64
  2.6.3 三弯矩方法 ·· 75
习题 ·· 79

第3章 推进系统的后传动装置 ·· 81
3.1 齿轮传动装置 ·· 81
  3.1.1 齿轮传动装置的功能和种类 ································ 81
  3.1.2 齿轮传动装置选型设计 ···································· 84
3.2 液力偶合器 ·· 88
  3.2.1 液力偶合器的功能和种类 ·································· 88
  3.2.2 液力偶合器的工作原理 ···································· 93
  3.2.3 液力偶合器的设计 ·· 98
3.3 摩擦离合器 ·· 101
  3.3.1 摩擦离合器的功能和种类 ·································· 101
  3.3.2 摩擦离合器的设计 ·· 105
3.4 自动同步离合器 ·· 110
  3.4.1 自动同步离合器的工作原理 ································ 110
  3.4.2 自动同步离合器的特点 ···································· 111
3.5 弹性联轴器 ·· 112
  3.5.1 弹性联轴器的功能和种类 ·································· 112
  3.5.2 非金属弹性元件联轴节 ···································· 113
  3.5.3 金属弹性元件联轴器 ······································ 116
  3.5.4 弹性联轴器选型设计 ······································ 120
习题 ·· 121

第4章 船舶推进轴系振动 ·· 122
4.1 轴系振动的形式和危害 ·· 122
  4.1.1 轴系振动的形式 ·· 122
  4.1.2 轴系振动的危害 ·· 122
4.2 轴系振动激振力 ·· 124
  4.2.1 柴油机激振力 ·· 124

  4.2.2 螺旋桨激振力 ·· 131
 4.3 轴系扭振的计算 ··· 133
  4.3.1 轴系扭振计算的当量模型 ··· 133
  4.3.2 轴系扭振的自由振动计算 ··· 137
  4.3.3 轴系扭振的强迫振动计算 ··· 142
  4.3.4 轴系扭转振动的预防措施 ··· 148
 4.4 轴系纵振的计算 ··· 151
  4.4.1 轴系纵振计算的当量模型 ··· 151
  4.4.2 轴系纵振的自由振动计算 ··· 155
  4.4.3 轴系纵振的强迫振动计算 ··· 157
  4.4.4 轴系纵振的预防措施 ·· 165
 4.5 轴系回旋振动的计算 ··· 166
  4.5.1 轴系回旋振动的激振力 ··· 167
  4.5.2 轴系回旋振动的计算方法 ··· 168
  4.5.3 轴系回旋振动的预防措施 ··· 179
 习题 ·· 180

第5章 船－机－桨的配合性能 ·· 186
 5.1 基本概念 ·· 186
  5.1.1 特性、工况、配合点 ·· 186
  5.1.2 船舶航行的阻力特性 ·· 187
  5.1.3 柴油机的基本特性 ·· 187
  5.1.4 燃气轮机装置的外特性 ··· 190
  5.1.5 蒸汽轮机的外特性 ·· 192
  5.1.6 螺旋桨推进特性 ·· 192
  5.1.7 航速与转速的转换关系 ··· 196
  5.1.8 无因次分析法 ··· 197
 5.2 典型推进装置的稳态特性与配合 ·· 198
  5.2.1 船、机、桨匹配条件 ·· 198
  5.2.2 单机单桨直接传动 ·· 198
  5.2.3 双机单桨推进装置配合特性 ·· 200
  5.2.4 减速齿轮箱传动 ·· 201
  5.2.5 一机双桨传动 ··· 202
  5.2.6 调距桨推进装置的配合及其工作特性 ······································ 203
 5.3 过渡工况 ·· 206
  5.3.1 过渡过程运动方程 ·· 206
  5.3.2 起航和加速工况 ·· 207
  5.3.3 倒航（反转） ··· 208
  5.3.4 双桨推进装置的转弯工况 ··· 210
 习题 ·· 211

第6章 主机与螺旋桨选型设计 213

- 6.1 概述 213
  - 6.1.1 主推进装置型式 213
  - 6.1.2 螺旋桨的数目和类型 216
- 6.2 功率传递及船舶有效功率估算 220
  - 6.2.1 功率传递 220
  - 6.2.2 船舶有效功率的估算方法 222
- 6.3 机桨匹配设计 225
  - 6.3.1 机桨匹配设计的一般方法 225
  - 6.3.2 等航速下"机配船"的机桨匹配方法 232
- 6.4 空泡校核 234
  - 6.4.1 柏利尔限界线 234
  - 6.4.2 高恩限界线 237
  - 6.4.3 B型螺旋桨空泡特性估算图 238
- 6.5 经济性分析 239
  - 6.5.1 基本概念 239
  - 6.5.2 提高推进效率 240
  - 6.5.3 主机选型的经济性分析 242
  - 6.5.4 推进装置选型的经济分析 244
  - 6.5.5 经济分析实例 246
- 习题 248

第7章 电力推进与喷水推进 249

- 7.1 电力推进 249
  - 7.1.1 概述 249
  - 7.1.2 吊舱推进系统 254
  - 7.1.3 直流电力推进系统 261
  - 7.1.4 交流电力推进系统 264
  - 7.1.5 电力推进系统与螺旋桨特性配合 269
- 7.2 喷水推进装置 274
  - 7.2.1 概述 274
  - 7.2.2 喷水推进的基本理论 277
  - 7.2.3 喷水推进器的设计 282
- 习题 286

第8章 船舶供电和供热装置 287

- 8.1 船舶供电装置 287
  - 8.1.1 船舶电站型式及其选择 287
  - 8.1.2 电站容量及配置 289
  - 8.1.3 发电机组的选型与布置 291
- 8.2 船舶供热装置 291

  8.2.1 供热任务及供热锅炉型式 …………………………………………… 291
  8.2.2 蒸汽耗量与锅炉容量估算 …………………………………………… 293
  8.2.3 供热系统的布置 ……………………………………………………… 296
 8.3 柴油机余热利用系统 ……………………………………………………… 297
  8.3.1 柴油机排气余热利用系统 …………………………………………… 297
  8.3.2 冷却余热利用系统 …………………………………………………… 305
 习题 ……………………………………………………………………………… 311

第9章 动力管系原理与设计 ………………………………………………… 312
 9.1 动力管系原理 ……………………………………………………………… 312
  9.1.1 燃油管系 ……………………………………………………………… 312
  9.1.2 滑油管系 ……………………………………………………………… 315
  9.1.3 冷却管系 ……………………………………………………………… 318
  9.1.4 压缩空气管系 ………………………………………………………… 326
  9.1.5 排气管系 ……………………………………………………………… 330
 9.2 管系设计 …………………………………………………………………… 333
  9.2.1 管系设计的要求 ……………………………………………………… 333
  9.2.2 管系计算 ……………………………………………………………… 335
 习题 ……………………………………………………………………………… 343

参考文献 ……………………………………………………………………………… 344

第1章 绪 论

1.1 船舶动力装置的含义及组成

1.1.1 船舶动力装置的含义

船舶动力装置也称为"轮机",是保证船舶按任务需求进行航行、作业、停泊及船上各类人员正常工作和生活所必需的机电设备的综合体。它的主要任务是产生各种能量,并实现能量的转换、利用和分配,因而有船舶"心脏"之称。

1.1.2 船舶动力装置的组成

船舶动力装置主要由推进装置、辅助装置、船舶管路系统、船舶甲板机械、机舱的机械设备遥控及自动化五个部分组成。

1. 推进装置

推进装置是指发出一定功率、经传动设备和轴系带动螺旋桨,推动船舶并保证以一定航速前进的一整套设备。它是船舶动力装置中最重要的组成部分,包括主机、传动设备、船舶轴系、推进器、制动设备。

1) 主机

主机的作用在于把燃料燃烧所产生的热能转化为机械能,用以推动船舶前进。船舶根据不同要求可设置一台或者数台主机,也可设置不同类型的主机。可供选用的主机有柴油机、汽轮机、燃气轮机等。

2) 传动设备

传动设备的功能是将主机功率传递给传动轴(推力轴、中间轴、艉轴)和推进器,同时还可以实现断开或接合、减速、反向和减振等目的,包括离合器、减速齿轮箱、弹性联轴器和电力推进机械等专用设备。

3) 船舶轴系

船舶轴系是将主机的功率传递给推进器,包括传动轴、联轴器、轴承、轴系转速发送器、轴系防腐蚀电位仪及轴系密封装置等。

4) 推进器

推进器是能量转换设备,是将主机发出的能量转换成船舶推力的设备,如螺旋桨、明轮和喷水推进器等。螺旋桨有定螺距桨、变螺距桨及调距桨等。

5）制动设备

制动设备的功能是把主推进轴系锁住并使其停止旋转。其根据船舶运动状态可分为静态制动装置和动态制动装置两种，在制动形式上可分为气动、液动、电动及手动四种。对于特种船舶，为了改善前进和倒车的性能，动力装置轴系上设置制动设备。

图1-1所示为船舶柴油机推进装置。从该图可以看出，柴油主机、减速齿轮箱（传动设备）、轴系及螺旋桨的连接情况。中高速柴油机转速较高，减速齿轮箱将转速降低后，通过轴系驱动螺旋桨。螺旋桨在水中旋转产生推力或拉力，使船舶前进或后退。驾驶员从驾驶室通过车钟与机舱中的值班轮机员联系或直接遥控主机，改变轴系转速和转动方向，或调节调距桨的螺距，从而控制船舶航行的快、慢和进、退。

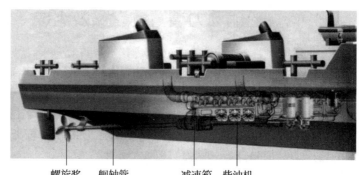

螺旋桨　舰轴管　减速箱　柴油机

图1-1　船舶柴油机推进装置

2. 辅助装置

除供给推进船舶的能量之外，用以产生船上需要的其他各种能量的设备，称为辅助装置。它包括船舶电站、辅助锅炉装置。

1）船舶电站

船舶电站的作用是供给辅助机械及全船所需要的电能，由发电机组、配电板和其他电气设备组成。发电机组主要有柴油发电机组、汽轮发电机组、轴带发电机组和余热发电机组等。

2）辅助锅炉装置

民用船舶一般用辅助锅炉装置产生低压蒸汽，以满足加热、取暖及其他生活需要。辅助锅炉装置由辅助锅炉及为其服务的燃油、给水、鼓风、送汽设备及管路、阀件等组成。

3. 船舶管路系统

船舶管路系统用来连接各种机械设备，并传递有关工质，它包括动力管路、船舶系统。

1）动力管路

动力管路主要为主机和辅机服务，有燃油、滑油、冷却水、压缩空气、排气及废气利用等管路。

2）船舶系统

为保证船舶的生命力及船员和旅客的正常生活所需的系统，有舱底、压载、消防、生活供水、施救、冷藏、空调、污水处理、通风及取暖等。

4. 船舶甲板机械

保证船舶航向、停泊及装卸货物所需要的机械设备，包括锚泊机械设备、操舵机械设备、起重机械设备。

（1）锚泊机械设备，包括锚机、绞盘等。

（2）操舵机械设备，包括舵机及操纵机械、执行机构等。

（3）起重机械设备，如起货机、吊艇机及吊杆等设备。

5. 机舱的机械设备遥控及自动化

机舱的机械设备遥控及自动化，包括对主、辅机和有关机械设备等远距离控制、调节、检测和报警系统等。

在上面船舶动力装置的五个组成部分中，推进装置是最重要的部分，影响到整个船舶动力装置的性能。

1.2 船舶动力装置的类型及特点

船舶动力装置按主机型式分类，主要有柴油机动力装置、燃气轮机动力装、蒸汽动力装置、联合动力装置和核动力装置等。

1.2.1 柴油机动力装置

1. 柴油机的特点

柴油机分为高速机、中速机和低速机三种，高速机主要用于军船和快艇，中速机主要用于军船和民用滚装船、中小型运输船，低速机多用于民用运输船。目前绝大多数船舶以柴油机作为主机。柴油机船总功率占造船总功率的90%以上。

近十几年来我国船用柴油机产业随着我国船舶工业的崛起而快速发展，产品质量达到国际先进水平。例如：低速柴油机引进德国MAN、WinGD和三菱UE三大国际品牌，具备全系列生产能力，主要配套出口船、远洋船的主推进动力；中、高速柴油机引进法国SEMT、日本大发、德国MAN、MTU、MWM、MAK、芬兰瓦锡兰等国际著名品牌50余种型号，主要配套军船和民船的主推进动力、船舶电站等。

德国MAN开发的14K108ME-C6型柴油机，单机最大功率达13.2万hp[①]；14K98ME-C7型柴油机，总重为2219t，长为29.2m，高为13.5m；K98MC机型的单缸功率最大可达5719kW。苏兰瓦锡兰开发的14RT-flex96C型电控共轨柴油机，最大输出功率达到10.9万hp。大功率低速柴油机能燃用黏度高达$700mm^2/s$的劣质重油，甚至渣油。柴油机的平均有效压力也不断提高，目前最高燃烧压力已达20MPa，使得柴油机零部件机械负荷及热负荷也随之增加。

1）柴油机动力装置的优点

（1）经济性高。柴油机热效率可提高至54.4%。高速柴油机耗油率为0.16~0.18kg/(kW·h)，中速柴油机耗油率为0.125~0.170kg/(kW·h)，低速柴油机耗油

---

① 1hp≈0.735kW。

率为 0.126~0.140kg/(kW·h)。耗油率低的柴油机可大大提高续航力。在满足一定续航力要求下，所需的燃油储备量较少，从而使营运排水量相应增加。

(2) 重量轻。柴油机动力装置中除主机和传动机组外，不需要主锅炉、燃烧器及工质输送管道等。所以，其辅助设备和机械相应较少、布置简单，单位重量指标较小，具有较高的功率体积比和功率重量比。

(3) 机动性好。柴油机动力装置操作简单、启动方便，正倒车迅速。一般正常启动到全负荷只需 10~30min，紧急时仅需 3~10min。虽然其启动比燃气轮机装置慢一些，但它不需要像燃气轮机装置那样一套复杂的启动和倒车设备。柴油机装置停车只需 2~5min，主机本身停机只要几秒钟。

2) 柴油机动力装置的缺点

(1) 由于柴油机的尺寸和重量按功率比例增长快，因此单机组功率受到限制。

(2) 柴油机工作时噪声、振动较大。

(3) 中、高速柴油机的运动部件磨损较严重，高速强载柴油机的整机寿命仅 1000~2000h。

(4) 柴油机在低转速时稳定性差，因此不能有较小的最低稳定转速，影响船舶的低速航行性能。另外，柴油机的过载能力也较差，在超负荷 10% 时，一般仅能运行 1h。

2. 柴油机的发展方向

1) 大型化

由于增压技术的进步和工作过程的改善，单缸和单机功率不断提高。功率的提高主要是通过不断提高平均有效压力 p_e 来实现的，四冲程柴油机的 p_e 可达 2.6MPa，二冲程柴油机的 p_e 可达 1.575MPa。

14 缸 RT-flexX96C 船用柴油机，持续输出最大功率为 80080kW，转速为 102r/min，长为 27.3m，高为 13.5m，总重为 2300t，适合新一代大型集装箱船。该机型采用了完善的 RT-flex 共轨技术，提高了刚性，降低了结构应力，具有良好的可靠性、安全性和耐久性，维护更加方便。

MAN B&W 低速柴油机，功率最大可达 100000kW。德国 Hapad-Lloyd 公司建造的 7200 箱集装箱船选用了 12 缸 K98MC 柴油机，功率约为 68610kW（93360hp）、重为 2157t，供 12000 箱集装箱船使用的 14 缸 K98MC 发动机，功率约为 73500kW（100000hp）。Wartsila 的 NSD 将 RTA 机的 T 型机 B 系列的平均有效压力从 1.82MPa 提高到 1.9MPa，功率增加了 9%。1996 年，Wartsila 公司开发的 W64 系列中速柴油机，缸径为 640mm、冲程为 900mm、单缸额定功率为 2010kW、转速为 333r/min，可以选择 5~9 缸直列式；V 型机的冲程为 770mm，单机缸数为 16~20 缸，转速为 428r/min，单缸功率为约 1940kW。因此，如采用 2 台 12 缸 V 型机，双机并车功率可达 46560kW，完全可取代 1 台大功率低速机，并可以明显减少机舱空间。

2) 高效率

进入 21 世纪后由于油价上升，降低油耗和节能引起广泛重视。目前低速柴油机的油耗最低已达 160g/(kW·h)，进一步降低将是很困难的。采用柴-蒸联合装置可以提高效率，特别是中速柴油机，由于排气温度比低速机略高，更有利于采用废气涡轮发电装置。

3) 高可靠性和对船舶有较强的适应性

Sulzer TRA 84 机采取了发动机曲轴中心线至船体内底板的高度与其有竞争的制造厂的相同缸径的发动机保持一致的措施，以便在现有的船舶设计中替换。考虑到上排气道及机舱后部横向空间的布置，涡轮增压器和扫气冷却器可以安装在发动机不同的纵向位置上。为了简化机舱管系的布置，将十字头润滑油泵安装在发动机上，当发动机需要附加平衡装置时作为附件，可提供电动二级平衡装置。

MAN B & W 公司推出的绿色环保 G 型主机 G-ME，冲程更长、转速更低、油耗更低、效率更高，行程-缸径比增加到 4.65，气缸平均有效压力达 21.0bar。6G60ME-C9.2 机型相对于 6S60ME-C8.2 机型效率提高 2.1%，与之匹配的螺旋桨效率提高 4.2%。6G50ME-B9.2 机型相对于 6S50ME-B9.2 机型效率提高 0.2%，与之匹配的螺旋桨效率提高 4.3%。

4) 低排放

柴油机在燃油燃烧过程中，不但产生二氧化碳（CO_2），还产生氧化氮（NO_x）、碳氢化合物（HC）、氧化硫（SO_x）、一氧化碳（CO）和灰尘颗粒等有害物质，对周围环境造成不同程度的污染。首先提出这一问题的是美国、挪威和瑞典等国，目前国际海事组织已对柴油机的 NO_x 的排放作出了规定，2000 年 1 月以后建造的新船或改装船，其柴油机的排放物 NO_x 和 SO_x 将分别减少 30% 和 50%（与 1991 年相比）。对 NO_x 的限制值主要取决于柴油机的转速，包括柴油机的经济性因素。对 SO_x 的限制主要取决于燃油的含硫量，要求限制在 4.5% 以下。图 1-2 所示为柴油机 NO_x 排放限制标准，表 1-1 所列为 NO_x 排放限制条件执行日期，表 1-2 所列为硫排放限制标准。

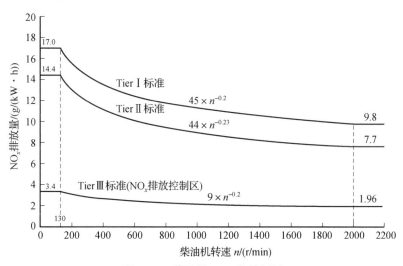

图 1-2 柴油机 NO_x 排放限制

表 1-1 NO_x 排放限制条件执行日期

船舶建造日期（以龙骨安放时间为准）	室外	室内
2000 年 1 月 1 日以前	不限制	不限制
2000 年 1 月至 2010 年 12 月 31 日	Tier Ⅰ	Tier Ⅰ

续表

船舶建造日期（以龙骨安放时间为准）	室外	室内
2000年1月1日至2010年12月31日	Tier Ⅱ	Tier Ⅱ
2016年1月1日以后	Tier Ⅱ	Tier Ⅲ

表1-2 SO_x 排放限制

限制日期	全球限制	SO_x 排放控制区
2010年1月	4.5%	1.5%
2012年1月	3.5%	1.0%
2015年1月	3.5%	0.1%
2020年1月	0.5%	0.1%

为了改善柴油机的排放，近年来各柴油机制造商采取了各种具体有效的措施，如为降低最高燃烧温度，可延迟燃油喷射，使发火点和燃烧后移，但这将使燃油消耗率增加。采用此法后每减少10% NO_x，燃油消耗将会上升2%；再如燃烧乳化油，用燃油和水混合喷射，向柴油机燃烧室喷水可以降低最高燃烧温度，水雾与燃气的混合越好，效果也越好。采用机内处理方法降低氧化氮的生成量，不但效果不十分明显，并且每一种方法均将不同程度地影响柴油机的经济性，使燃油消耗量增加。采用"选择催化还原除氧化氮系统"，对废气进行机后处理，既可以避免对柴油机本身结构的改变，不影响柴油机的经济性，又可以将废气中的 NO_x 去除（可达95%）。另外，采用代用燃料以降低 NO_x、HC 和 CO 的排放正在受到各国柴油机研究机构的重视。采用天然气、液化石油气、甲烷等可使有害气体排放显著减少。其原因是燃烧温度较低，气体燃料易于完全燃烧，但需利用电控装置对空燃比作全过程监测和调节。

5）智能化

随着现代信息技术的引入，智能化成为船舶柴油机发展的新趋势。智能机的关键技术主要是电子调速器系统、电控燃油喷射系统、高压共轨燃油喷射系统、智能化电子控制系统等。目前世界两大低速柴油机设计公司 MAN 和瓦锡兰已分别将 G、X 超长冲程、高效、电控智能型柴油机作为研发的重点方向。

1.2.2 蒸汽动力装置

20世纪70年代以前，美国舰船汽轮机多在海军应用，主要是25725kW（35000hp）、31237.5kW（42500hp）和51450kW（70000hp）这3型标准机组，另外在核潜艇上还有4410~19110kW（6000~26000hp）的机组。英国的汽轮机组应用也较多，功率为11025~22050kW（15000~30000hp）。法国和德国也有少量机组。苏联相继开发了7350kW（10000hp）、26460kW（36000hp）、33075kW（45000hp）、36750kW（50000hp）和51450kW（70000hp）等功率等级的机组，分别应用于驱护舰、巡洋舰和航空母舰等水面舰船上。日本开发的汽轮机组最多最全，基本覆盖了所有的功率等级，军船功率为

11025～27562.5kW（15000～37500hp），民船为 5880～44100kW（8000～60000hp），其生产汽轮机的企业包括三菱、日立、东芝、川崎、石川岛播磨等，产量占全世界一半以上。20 世纪 70 年代以后，随着燃气轮机技术的成熟和推广，美国、英国、法国、德国等国家逐步退出舰船汽轮机市场，世界船用汽轮机市场基本被日本占领，部分机组由日本授权韩国生产，多数用在液化天然气（liquefied natural gas, LNG）船上。

俄罗斯先后开发了 TB-9［7350kW（10000hp）］、TB-8［26460kW（36000hp）］、TB-12［33075kW（45000hp）］、TB-4［51450kW（70000hp）］和 GTZA-674［36750kW（50000hp）］等型汽轮机组。目前，俄罗斯新入役的水面主战舰船主动力多采用燃气或柴油动力，只有早期服役的"现代"级驱逐舰和"库兹涅佐夫"号航空母舰，以及核潜艇还采用蒸汽动力。

美国航空母舰则采用 8.27MPa、510℃，油耗在全航速时为 381～558g/(kW·h)。目前我国有单轴推进功率 11756～26500kW（16000～36000hp）的多型蒸气动力装置。

蒸汽动力装置基本上采用 2 台锅炉配 1 台汽轮机组、1 根轴系和相应辅机作为 1 个动力单元；驱护舰采用 2 个动力单元，双轴双桨；航空母舰一般采用 4 个动力单元，四轴四桨。主锅炉容量为 65～120t/h，每台主汽轮机的功率为 27500kW（35000hp）、36800kW（50000hp）和 51500kW（70000hp），采用蒸气的参数为 4.4～6.3MPa、450～490℃。目前，蒸汽动力装置主要应用在大型航空母舰、核潜艇、液化天然气等船上。

蒸汽轮机动力装置由锅炉、蒸汽轮机、冷凝器、给水泵、给水预热器、减速齿轮箱、轴系及推进器等组成，基本工作原理如图 1-3 所示。在图 1-3 中，燃料在锅炉 1 的炉膛内燃烧，放出热量加热汽包中的水；水吸热后在锅炉的汽包中汽化为饱和蒸汽，饱和蒸汽在过热器 2 中再次吸热后成为过热蒸汽；过热蒸汽先经过主蒸汽管路 3 进入高压蒸汽轮机 4 和低压蒸汽轮机 5，膨胀做功，驱动蒸汽轮机叶轮旋转，再通过齿轮减速装置 6 和轴系带动螺旋桨 7 工作；做过功的乏汽在冷凝器 8 中被冷却水冷却，凝结成水，然后由凝水泵 10 抽出送至给水预热器 11，并经给水泵 12 泵入锅炉 1 的汽包中，从而形成一个工作循环；冷凝器 8 中的冷却水由冷却水循环泵 9 由舷外吸入，吸热后又排出舷外。

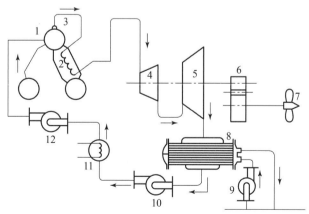

1—锅炉；2—过热器；3—主蒸汽管路；4—高压蒸汽轮机；5—低压蒸汽轮机；6—齿轮减速装置；
7—螺旋桨；8—冷凝器；9—冷却水循环泵；10—凝水泵；11—给水预热器；12—给水泵。

图 1-3 蒸汽轮机动力装置工作原理

1. 蒸汽动力装置的优点

（1）由于汽轮机工作过程的连续性有利于采用高速工质和高转速工作转子，因此单机功率远比活塞式发动机大。现代舰用汽轮机的单机组功率已达 $25 \times 10^4 \text{kW}$ 以上，若不受推进器尺寸和制造的影响，陆用电站汽轮机一样可做成 $6 \times 10^5 \sim 10 \times 10^5 \text{kW}$ 的巨型动力装置。因此，主机本身的单位重量尺寸指标优越。

（2）汽轮机叶轮转速稳定，无周期性扰动力，因此机组振动小、噪声低。

（3）磨损部件少，工作可靠性大，使用期限可高达 10^5h 以上。

（4）使用劣质燃料油，滑油消耗率也很低，仅为 $0.1 \sim 0.59 \text{g/(kW·h)}$（柴油机的滑油消耗率为 $3 \sim 10 \text{g/(kW·h)}$）。

2. 蒸汽动力装置的缺点

（1）重量尺寸大。因为蒸汽动力配置主锅炉、冷凝器以及为其服务的辅助机械和设备，占去了船体许多营运排水量。

（2）燃油消耗大。蒸汽动力装置效率较低，一般汽轮机装置耗油率为 $0.18 \sim 0.35 \text{kg/(kW·h)}$，额定工况下经济性仅为柴油机装置的 1/2～2/3，在部分工况下甚至为柴油机装置的 1/3～2/5；在相同燃料储存下续航力降低。

（3）机动性差。启动前准备时间为 30～35min；紧急情况下，缩短暖机过程后也需要准备时间 15～20min；在舰艇上为保证立即起锚的要求，以暖机状态停泊，从而增加了停泊时的燃料消耗。另外，从一种工况变换到另一种工况的过渡时间也较柴油机动力装置长 2～3 倍。

3. 蒸汽动力装置的发展方向

（1）尺寸、重量进一步减小。随着新技术的应用，部分设备体积变小，使蒸汽动力装置所占空间大大缩小，甚至比相同功率等级的柴油机还小，已经接近燃气动力机组的占地空间。例如：日本川崎公司的 UA500 型机组，36750kW（50000hp）的机组仅有 370t 重，大大轻于同等功率的柴油机组。

（2）耗油率进一步降低。通过改进喷油雾化效果，提高锅炉管系传热效果，利用排气回热提高锅炉热效率，采用再热循环和抽汽加热等技术提高汽轮机组热效率，降低机组的耗油率。

（3）操纵性和机动性进一步改善。由于蒸汽动力装置的辅助设备很多，系统投入自动运行时的监控管理难度大。从冷态启动到全负荷运行状态需要时间较长，变工况运行时不仅管理复杂，过渡时间也较长。随着工业过程控制技术的发展，舰船蒸汽动力机组已可以实现无人机舱和远程操控管理，大大降低了对操作管理人员的技术要求和工作强度。

1.2.3 燃气轮机动力装置

美国 GE 公司研制的 LM2500 是航改型舰用燃气轮机，通过不断的技术改造，从 1969 年问世时的功率为 16.54MW、效率为 36%，逐步提高到功率为 34.82MW、效率为 39.5%、耗油率为 0.218kg/(kW·h)。

英国 Rolls-Royce 公司的生产的舰用燃气轮机型号有 MT-30、WR-21 和 RR4500 等。MT-30 舰船燃气轮机功率、热效率和耗油率分别达到 36MW、40% 和 0.207kg/

(kW·h)，热端部件和整机的大修时间分别达到12500h和24000h，平均修理时间为4h。WR-21舰船燃气轮机采用间冷回热技术，在30%工况时，效率可达41.16%，接近中、高速柴油机水平。

渡船将向尺度更大、速度更快的方向发展，采用燃气轮机将是未来主要的动向。挪威建造的滚装车客渡船采用4台三菱GSl2R-PTR燃气轮机，燃用LNG，其排出的NO_x可以减少90%，CO_2可降低25%。瑞典Stena航运公司订造的Stena ExPforer铝质双体船，采用了2台GE公司LM-2500燃气轮机和2台功率较小的GE LM-1600燃气轮机，总功率为73550kW，带动喷水推进装置，最大航速可达43kn。

燃气轮机的基本工作原理与汽轮机大致相似，只是能量转换采用的载体工质不同。汽轮机中使用的燃料是在锅炉炉膛内燃烧，使锅筒中的水加热产生蒸汽，推动叶轮作功。燃气轮机利用燃料在燃烧室内燃烧，所产生的燃气直接推动叶轮做功。图1-4所示为燃气轮机动力装置的基本工作原理图。

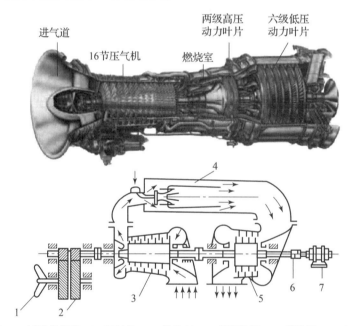

1—螺旋桨；2—减速齿轮箱；3—压气机；4—燃烧室；5—燃气轮机；6—联轴器；7—启动电动机。

图1-4 燃气轮机动力装置的基本工作原理图

1. 燃气轮机动力装置的组成

（1）压气机。压气机用来压缩进入燃烧室的空气。

（2）燃烧室。燃料在其中燃烧形成高温高压燃气。

（3）燃气轮机。它将燃气的热能转变为推动轴系和螺旋桨的机械功。如图1-4所示，供燃料燃烧的空气首先进入压气机3，先经压缩后温度升高到100~200℃，再送到燃烧室4（燃气发生器）中去。与此同时，燃料通过喷嘴喷入燃烧室，与高温高压的空气混合后点火燃烧，这时温度可高达2000℃。一般用渗入压缩空气的方法，即二次进风的方法来降低燃气温度至600~700℃。燃气进入燃气轮机5，在叶片流道内膨胀，将其动能转换为机械功，使燃气轮机旋转，驱动压气机3，随后通过减速齿轮2带动螺旋桨1工作。装置的启动是利用电动机7进行的，电动机通过联轴器6与燃气轮机连接。

燃气轮机动力装置能够较好地满足现代舰艇对动力装置提出的高速、高机动性和极低的单位功率重量的战术、技术要求，故在军用舰艇中较常使用。

2. 燃气轮机动力装置的优点

（1）单位功率的重量尺寸极小。加速用燃气轮机装置的单位重量可达 1.3kg/kW，全工况用燃气轮机装置为 2~4kg/kW。

（2）单机功率大。有中间冷却、中间加热和回热措施的燃气轮机装置机组功率可达 6×10^4 kW。

（3）良好的机动性。从冷态启动至全负荷时间一般为 1~2min，有中间冷却、中间加热和回热措施的燃气轮机装置也只需 3~5min。

（4）低负荷时经济性的恶化程度比汽轮机小。

3. 燃气轮机动力装置的缺点

（1）主机没有反转性，必须设置专门的倒车设备。

（2）必须借助启动电动机或其他机械。

（3）由于燃气的高温。叶片材料须用昂贵的合金钢，工作可靠性较差、寿命短，如燃气初温在750℃以上的燃气轮机，寿命仅为 500~1000h。

（4）由于燃气轮机工作时空气流量很大，一般为 16~23kg/(kW·h)（柴油机约为 5kg/(kW·h)，汽轮机约为 0.5kg/(kW·h)），因此进、排气管道尺寸较大，舱内布置困难。

（5）对燃油品质要求高，不能燃烧劣质燃油，且油耗偏高，低转速时性能差，经济性较差，故在民用运输船上很少采用。

1.2.4 联合动力装置

舰船要求有较高的全速功率，而全速航行的时间是很少的，只占整个服役期的 2%~5%，大部分时间用巡航速度航行，巡航速度一般为全速的 50%~70%，相应所需的功率为总功率的 12.5%~34.3%。若以巡航速度为全速的 60% 计算，则巡航功率仅为总功率的 21.6%，大功率发动机在低工况巡航时油耗都偏高，经济性较差。因此，为了满足舰船全速时大功率要求和保证巡航时具有较好的经济性，提出了联合动力装置的概念。联合动力装置是指包含两种相同或不同型式主机的动力装置，一般用于大、中型水面舰船，可以随着舰船航行工况的不同而改变运行发动机、推进器的组合和运行方式。联合动力装置是由柴油机、蒸汽轮机和燃气轮机两两组合而成的，根据高速时巡航主机是否投入运行的情况分为共同作用式与交替作用式两种联合动力装置。

联合动力装置最基本的构成型式有如下几种：

1. 柴燃联合动力装置

图 1-5 所示为柴燃联合动力装置的典型配置。图中 CODOG（combined diesel or gas turbine power plant）代表交替使用式柴燃联合动力装置，其工作方式为巡航时由柴油机提供推进动力，全速航行时由燃气轮机提供推进动力；CODAG（combined diesel and gas turbine power plant）代表巡航时由柴油机提供推进动力，全速航行时由柴油机与燃气轮机共同提供推进动力。

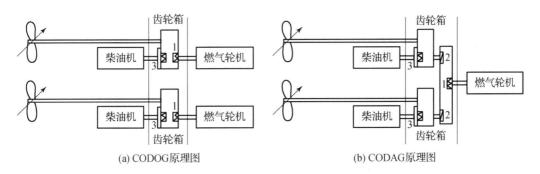

1—3S 离合器；2—摩擦离合器；3—液力偶合器。

图 1-5　柴燃联合动力装置典型配置示意图

柴油机作为巡航机组，与加速燃气轮机通过离合器与主减速器相连，采用倒顺离合器或调距桨实现倒车。这类装置常被小型舰艇使用，它的常用功率一般小于全功率的 50%，全功率仅占整个服役时间的 1% 左右。

1）联合动力装置的优点

（1）重量尺寸小。采用重量很轻的燃气轮机组提供最大需求的功率，装置的单位重量和绝对重量显著下降，一定排水量下可提高航速或增加配置功率。

（2）机动性好。启动、加速过程加快，操纵方便、备车迅速，紧急情况下可将燃气轮机立即启动，自巡航到全速工况加速迅速，可立即发出全功率。用调距桨或倒顺离合器实现倒车。

（3）续航力大。由于采用了寿命较长、耗油率较低的柴油机作为巡航机组，因此增大了舰船的续航力。

（4）可靠性高。两个机组共同使用一个减速器，具有多机组并车的可靠性。一个机组发生故障时另一机组还可以提供动力，保证了舰船的生命力。

（5）管理与检修费较低。

2）联合动力装置的缺点

（1）传动装置复杂。传动装置中主减速器小齿轮数量多，结构复杂。除齿轮箱外，还有两种类型的离合器、三种型式的联轴器，对负荷均衡控制技术要求较高。

（2）燃料及其管路系统复杂。必须配置适用不同机种的燃料及相应管路的存储设备，不同类燃料的存储比例会影响舰艇战术性能。

在减速器周围布置两种不同类型机组有一定难度。为满足了减振要求，巡航柴油机采用双层隔振加箱装体，使占有重量、容积增加。

柴燃联合动力装置在舰艇上得到了广泛的应用，尤其是护卫舰、驱逐舰等级别的舰艇。例如：德国的 F122 与 F123（采用 CODOG）、F124（采用 CODAG）级护卫舰，荷兰的 LCF 防空护卫舰，法国的 C70 级护卫舰，意大利的"狼级""西北风级"护卫舰，韩国的 KDX-1、KDX-2 级驱逐舰，挪威的"南森"级护卫舰等。

随着发动机技术、传动技术以及控制技术水平的提高，CODAG 柴燃联合动力装置将得到更多的应用。F124 护卫舰采用 CODAG 后与 F123 的 CODOG 相比具有以下优点：在满足航速要求的前提下，CODAG 的投资费用相当于 CODOG 的 79%~83%；CODAG 的燃油费用相当于 CODOG 的 77%~82%；CODAG 的维修费用相当于 CODOG 的 35%~75%，CODAG 不但具有更多的运行灵活性，而且生命力、声学特性与 CODOG 方案基本一致。

2. 燃气轮机与燃气轮机构成的燃燃联合动力装置

燃燃联合动力装置也主要有两种型式：交替使用式燃燃联合动力装置（combined gas turbine or gas turbine power plant，COGOG）和共同使用式燃燃联合动力装置（combined gas turbine and gas turbine，COGAG）。一般选择功率较小且经济性好的燃气轮机作为巡航燃气轮机，可以采用复式线路（带中间冷却器及回热）工作的开式燃气轮机，或闭式循环工作的燃气轮机。前者具有蒸-燃联合装置的大部分优点，燃料消耗和重量尺寸都可减少；后者在巡航机能保证较高的热效率，部分负荷时性能良好。对于 COGAG 这种型式的装置，为了减少机型，使装置构成简单，目前应用较多的是采用相同型号的燃气轮机，没有明显的巡航机与加速机的区别，也可称为全燃并车推进装置。燃燃联合动力装置功率大、重量和尺寸小，机动性能优越，经济性也比较好。

COGOG 联合动力装置主要应用在护卫舰、驱逐舰等舰艇上，COGAG 联合动力装置多应用于驱逐舰以上大的舰艇。例如：苏联的"卡辛"级驱逐舰，20 世纪 70 年代美国的 DD963 驱逐舰，日本的 16DDH 直升机母舰，美国的"Sealift"高速支援舰，以及意大利的"加里博迪"轻型航空母舰等。

3. 柴油机与柴油机构成的柴柴联合动力装置

柴油机与柴油机构成的柴柴联合动力装置的主要构成型式是由多台柴油机并车构成的共同使用式联合动力装置，一般采用相同型号的柴油机，也称为全柴并车推进装置。双机并车方式较常见，而三机甚至四机并车驱动的方式很少采用。

柴油机与柴油机构成的柴柴联合动力装置（combined diesel and diesel power plant，CODAD）的主要特点，如下：

（1）实现双机并车，可满足较高航速对功率的需求。
（2）巡航和低工况时每轴可任意一台机工作，发动机工况佳，效率较高。
（3）发动机可轮换工作，便于轮修，可靠性高，生命力强。

CODAD 动力装置主要应用在护卫舰及高速商船中，如法国的"拉菲耶特"级护卫舰、沙特的 F2000 和 F3000 型护卫舰、意大利的"智慧女神"级护卫舰、西班牙的"侦察"级护卫舰、丹麦的"西提斯"级护卫舰，以及泰国的"泥南"级护卫舰等。

4. 燃气轮机与蒸汽轮机构成的联合动力装置

燃气轮机与蒸汽轮机构成的联合动力装置主要有两种型式：第一种称为蒸燃联合动力装置（combined steam and gas turbine，COSAG），巡航功率由蒸汽轮机提供，加速功率由蒸汽轮机与燃气轮机共同提供。由于蒸汽轮机的经济性较差，重量和尺寸大，并不适宜用作巡航主机，再加上燃气轮机的性能不断地改进，因此这种联合动力装置目前已很少应用。第二种称为燃蒸联合循环动力装置（combined gas turbine，COGAS）。这种联合动力装置与 COSAG 联合动力装置完全不同，它是在燃气轮机排烟道中加装余热锅炉，利用高温烟气余热产生过热蒸汽，推动一台蒸汽轮机，可节省 25% 的燃料，其原理如图 1-6 所示。美国"伯克"级驱逐舰从第五艘开始、日本"金刚"级驱逐舰和荷兰海军的 M 级驱逐舰都采用这种燃蒸联合动力装置。另外，由于效率的提高，这种燃蒸联合循环的装置在发电厂中也获得了广泛的应用。

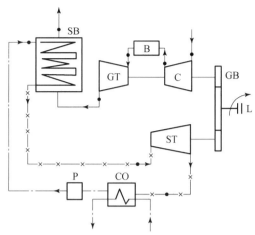

SB—余热锅炉；ST—蒸汽轮机；CO—冷凝器；P—水泵；C—压气机；B—燃烧室；GT—涡轮；
——空气和燃气流；—×—蒸汽流；—·—水流。

图1-6 燃蒸联合动力装置原理图

由于汽轮机装置的一系列优点，与燃气装置联合后，能适用于功率较大的轻型舰艇，蒸汽装置能提供50%全功率以保证80%全速以下航行所需，使经济及重量尺寸指标达到最佳。

各种典型联合动力装置的构成与工作方式归纳于表1-3中。

表1-3 联合动力装置的构成与工作方式

序号	名称	构成	工作方式	
			巡航	全速
1	CODOG	柴油机与燃气轮机	柴油机	燃气轮机
2	CODAG	柴油机与燃气轮机	柴油机	柴油机+燃气轮机
3	COGOG	巡航燃气轮机与加速燃气轮机	巡航燃气轮机	加速燃气轮机
4	COGAG	巡航燃气轮机与加速燃气轮机	巡航燃气轮机	巡航燃气轮机+加速燃气轮机
5	CODAD	巡航柴油机与加速柴油机	巡航柴油机	巡航柴油机+加速柴油机
6	COSAG	蒸汽轮机与燃气轮机	蒸汽轮机	蒸汽轮机+燃气轮机
7	COGAS	燃蒸联合循环	联合循环	联合循环

上述联合动力装置均采用机械传动、螺旋桨推进的方式，是最基本的联合动力装置型式。随着传动方式与推进方式的多样化，出现了许多新型联合动力型式。例如，柴电和（或）燃气轮机联合装置（CODELAG/CODELOG）、柴电和燃电联合装置（CODEG）、电力推进对原动机的要求很灵活，原动机的台数、布置都可以灵活地考虑，从而可以充分利用空间。

1.2.5 核动力装置

核动力装置是以原子核的裂变反应所产生的具大热能，通过工质（蒸汽或燃气）

推动汽轮机或燃气轮机工作的一种装置。现有的核动力舰艇或民用船舶,几乎全部采用压力水型的反应堆。

美国是世界上拥有核动力航空母舰数量最多的国家,均为大型核动力航空母舰,分为"企业"级、"尼米兹"级和"福特"级等。法国"戴高乐"号航空母舰配置2座K-15核反应堆,其动力性能不足,最大航速仅有25kn。

美国共发展了七代攻击型核潜艇,包括"洛杉矶"级、"海狼"级、"鳐鱼"级、"弗吉尼亚"级等,还发展了四代弹道导弹核潜艇,分别为"乔治·华盛顿"级、"伊桑·艾伦"级、"拉斐特"级和"俄亥俄"级。俄罗斯发展了五代攻击型核潜艇、五代弹道导弹核潜艇和三代巡航导弹核潜艇。英国发展了两代弹道核潜艇及四代攻击型核潜艇。法国发展了三代弹道导弹核潜艇及两代攻击型核潜艇。

图1-7所示为压水堆核动力装置的结构和工作原理图。装有核燃料浓缩铀U^{235}的燃料棒安装在核反应堆里,中子发生器产生中子以启动核裂变,控制棒能吸收中子,调节控制棒的插入深度可以调节反应堆功率大小。核裂变释放出的热能被压力水带走,压力水由冷却剂循环泵供给,压力水经过反应堆被加热后温度升高,然后经蒸汽发生器将热量传递给二回路。压力水放热后又进入冷却剂循环泵,重新被送入反应堆加热,因此压力水形成一个闭合回路,称为第一回路。由蒸汽发生器产生的蒸汽,一路蒸汽进入高压汽轮机和低汽轮机膨胀做功,通过减速器驱动螺旋桨推进船舶;另一路蒸汽进入汽轮机发电机组,向全船供电。做过功的乏汽分别经主冷凝器和辅冷凝器凝结成水,凝水由主给水泵送入蒸汽发生器,这又完成一个工作循环,称为第二回路。第二回路的基本工作原理与一般汽轮机动力装置相同。

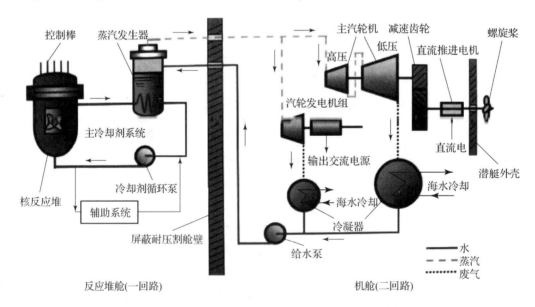

图1-7 压水堆核动力装置的结构和工作原理示意图

1. 核动力装置的优点

(1)续航力大。核动力装置以极少量的核燃料而释放出巨大的能量,这就可以保证船舶以较高的航速航行极远的距离,如$1.1×10^4$kW核动力装置工作一昼夜仅消耗核燃料 15~18g。

（2）功率大。核动力装置在限定舱室空间内所能供给的能量比一般其他型式的动力装置要大得多。也就是说，核动力装置能发出极大的功率，主要决定于大功率主机制造及螺旋桨所能吸收的最大功率。

（3）不依赖空气。核动力装置的最大特点是不消耗空气而产生热能，不需要进、排气装置，对潜艇具有重大意义，使它能长期隐蔽在深水中，不易被敌舰发现，大大提高了潜艇的战斗力。此特点对水面舰艇也同样有较大意义。

2. 核动力装置的缺点

（1）重量尺寸较大。由于核反应释放出大量的放射性物质，对人体有杀伤作用，对环境有污染作用，另外为避免核动力船舶遭遇碰撞、触礁、海浪冲击、着火、爆破等意外灾害时放射性物质泄漏，核反应堆容器需加装数层屏蔽系统。这些屏蔽系统具有很大的重量尺寸，使得装置重量显著增加。例如：5×10^4 t 以上的核动力舰艇的单位功率重量达 34~37kg/kW，其中屏蔽系统重量占整个动力装置的 30% 以上。

（2）操纵系统比较复杂。在防护层内的机械设备必须远距离操纵，而且在核动力船舶上还必须配置独立的其他形式的能源，来供给反应堆启动时的辅助设备和反应堆停止工作后冷却反应堆的设备所需的能量，这就增加了动力装置的复杂性。另外，在核动力船舶上还必须设置专门的机器和设备，用以装卸核燃料和排除反应堆中载有放射性的排泄物。

（3）造价昂贵。一方面，反应堆活性区的材料都是价格昂贵的稀有高级合金（锆合金、铍金属、硼钢、奥氏体钢等）。据统计，建造一个潜艇反应堆比建造同样排水量潜艇的柴油机电力推进装置，造价要高 10 倍。另一方面，核燃料也昂贵，尤其浓缩铀，浓缩度越高价格越贵。例如：核动力潜艇反应堆加满一次核燃料（用时 2~2.5 年），要比载有一般动力装置潜艇在同一时间内所需的燃料的费用高 10 倍左右。因此，核动力装置主要用在军用舰艇或破冰舰上，在民用船舶上极少使用。

1.2.6 双燃料动力装置

双燃料发动机是以柴油作为引火燃料，可燃气体作为主燃料的发动机，使用较多的是柴油与天然气双燃料发动机。

国外双燃料发动机主要厂家有曼恩、瓦锡兰、卡特彼勒等，国内双燃料发动机厂家主要有沪东重机、玉柴、广柴、淄柴、宁波中策、河柴重工等。

近年来，随着船舶 LNG 动力技术的不断发展成熟，其应用也不再局限于 LNG 运输船、渡船等小型船舶，逐渐向散货船、油船、集装箱船、汽车运输船等大型船舶发展。目前投入运营及在建的 LNG 双燃料船中，数量最多的是客渡轮、海工船舶、集装箱船和油轮。在三大主力船型中，液货船是使用 LNG 动力最多的船型，其中化学品、成品油船是使用 LNG 动力最多的船型，其次是阿芙拉型油船。

2016 年 11 月，南通中远川崎向挪威船东欧洲联合汽车运输公司交付全球首制 4000 车位 LNG 双燃料汽车运输船。2020 年 10 月，沪东中华为法国达飞集团建造的世界首艘 23000TEU 双燃料动力集装箱船"达飞雅克·萨德"号，采用了我国自主研发制造的全球最大功率双燃料动力 W12X92DF 型主机，重量为 2140t，缸径为 920mm，冲程为

3468mm，长度为22.81m，总高度为15.92m，转速为80转时功率达到了63840kW，配备一个18600m³的液化天然气储罐，储量可以满足往返亚欧的航程气耗供给。双燃料动力装置能满足全球最严格排放标准，其与传统燃油集装箱船相比，可减少20%的碳排放、85%的氮氧化物排放与99%的硫排放，大大减少对环境的污染。

1. LNG双燃料动力系统

LNG双燃料动力与传统燃油动力的主要区别是LNG双燃料供气系统。LNG双燃料供气系统包括LNG燃料储存系统、LNG燃料加注系统、燃气供应系统、燃气主机。LNG具有低温破坏性、快速挥发性和爆炸危险性等特点。出于安全考虑，以LNG作为燃料的动力船舶在结构布局、机电设备选型和安装上都不同于普通船舶，如图1-8所示。

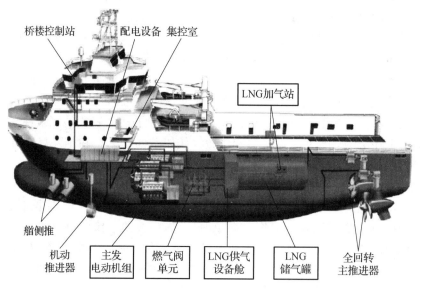

图1-8 双燃料动力系统

1) LNG燃料储存系统

燃料储存系统通常称为燃料围护系统（气罐）。燃料围护系统与LNG船货物围护系统分类相似，分为薄膜、半薄膜型和独立气罐型。薄膜型应用于大型船舶，薄膜、半薄膜型气罐集成在船体中，压力一般情况下小于0.025MPa，最大不超过0.07MPa；薄膜型气罐不够气密，需要再次屏障，对压力变化非常敏感，需要保压，优点是能较好地适应于船体结构。

如图1-9所示，独立气罐可分为A、B、C三种类型：A型平面结构组成的菱柱形货舱、B型平面结构组成的棱柱形货舱、B型回转球形、C型独立型压力容器，如图1-9所示。C型独立型压力容器应用偏向中小型船舶。LNG燃料储存罐船上布置分为两种形式，分别是位于开敞甲板上和位于围蔽处所内，布置时应考虑气罐本身的设计、气体的泄漏、通风、消防和机械保护等因素。

2) LNG燃料加注系统

LNG加注站用于向LNG储罐内充装燃料，带充装接口和回气功能，一般位于舷侧的露天甲板上，应保证有足够的自然通风。若设置到围蔽或半围蔽处所，应进行风险

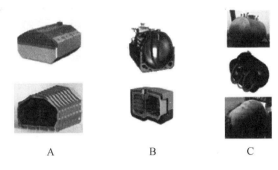

图1-9 独立气罐

评估，且必须经过船级社同意。LNG的加注方式主要分为三种模式：车到船（truck to ship，TTS）、船到船（ship to ship，STS）、港到船（port to ship，PTS）。这些加注模式各有优缺点，可以根据港口自身发展情况进行应用。

3）燃气供应系统

LNG燃气供应系统包括气罐连接处所（气罐主阀、蒸发器/气化器、热交换器、主燃料阀等）、气体阀件单元（gas valve unit，GVU）和相关气体管路等。气罐连接处所的法兰、阀等可能存在泄漏源的连接装置未布置在开敞甲板时，必须封闭在气罐连接处所内，即"冷箱"。GVU内部设有各种气体燃料调节阀控制阀和安全监控装置等，这些阀件一般为气动控制，管路通常采用双壁气体管路。

4）LNG双燃料主机

LNG发动机分为混烧发动机、双燃料发动机、单一气体燃料发动机。混烧发动机建造、改造简单，成本较低，但是排放性能较差，总能耗会有所增加；双燃料发动机使用燃料灵活，排放性能得到极大改善，但成本相对较高；单一气体燃料发动机，减排效果最好，但在船上应用和布置难度较大。

2. 双燃料发动机的优点

（1）满足IMO Tier Ⅲ排放要求。液化天然气LNG可以降低15%～20%二氧化碳的排放，降低98%以上的硫氧化物排放、减少85%～90%氮氧化物，且着火点和爆炸极限高于柴油。柴油着火点为260℃，爆炸极限为0.5%～4.1%，天然气着火点为650℃，爆炸极限为4.6%～14.57%。因其属低温液体，泄漏时气化快，LNG不会对水体造成巨大的危害。所以采用液化天然气作为船燃料，是航运业降低成本、安全环保的一条路径。进入船舶排放控制区（emission control area，ECA）时，可提高天然气替代率以降低排放。

（2）经济性高。天然气储量丰富，价格较低。

（3）可使用较小的储气罐，安装成本低，而单一燃料纯气体发动机需较大的储气罐。

（4）双燃料发动机比纯气体发动机可靠性高。

（5）将燃油和LNG结合使用，能够较好地解决续航力问题。

3. 双燃料发动机的缺点

（1）在不同工况下排放差别大。双燃料发动机的排放在不同负荷差别非常大。全负荷时最大排气烟度值仅为原柴油机的 10%。但在中小负荷和怠速工况下，由于双燃料工作过程供给的天然气没有完全燃烧，燃烧温度低，HC 及 CO 的排放量大大增加，而 NO_x 排放降低。需采用电控喷气和喷油技术，以解决热效率和排放问题。

（2）发动机对电控系统要求高。由于天然气与柴油在性能上存在较大差异，故双燃料发动机对电控系统要求高。天然气对柴油的替代率是衡量双燃料发动机的一个重要指标，只有提高替代率，才能充分发挥天然气燃料的显著优点。但替代率的提高受到燃烧性能、工作稳定性、排放等问题的制约。因此在合理的替代率应该是在怠速时仅以柴油作为燃料，中小负荷时替代率较小，在高负荷时替代率较大。因此，协调控制天然气量、空气量和柴油量，使每一工况下的替代率都达到最佳。因喷油量过小易导致喷油器过热，通常最小喷油量为全负荷喷油量的 5%。双燃料工作方式时，必须尽可能减小喷油量以减小 NO_x 及颗粒排放。

（3）LNG 储罐及配套设施布置困难。LNG 需在超低温下才能储藏，储罐及配套设施布置困难。

（4）LNG 补给困难。普通货船难以携带足够的 LNG，续航能力不足，一般续航能力最多为 22 天（约为 10000n mile），采用燃油的船舶一般续航力在 42 天以上（约为 18000n mile），因此需经常加注燃料。LNG 输送管道均为低温管道，硬管延展性和伸缩性较差，在岸上建造加注站存在连接问题，港口需建立完备且实用的配套体系，所以目前加注码头数量不足且分布不合理。船对船加气还存在许多技术难题。

（5）前期投资较大，维修困难。因系统复杂，前期投资较大。系统运行过程中易发生故障，专业维修队伍短缺、配件采购困难、费用高、周期长。

（6）相关技术标准不够健全。技术、法规有待进一步研究和完善，在船舶建造、改造当中难免会出现规范指导盲区或对法规理解不一致的情况，增加了船舶建造成本，影响了建造完工时间。

1.2.7 不依赖空气的动力装置

不依赖空气的动力装置（air independent power 或 air independent propulsion）是指不需要外界空气而仅依靠潜艇储存的能源物质（如燃油、氢气或能产生氢气的物质等）与氧化剂（通常是液态氧）并在能量转换条件下完成能量转换，以保证潜艇动力需求的装置。

一般常规潜艇在原有动力的基础上加装一套 AIP 系统，提供水下航行的动力。AIP 系统由能量储存及供给系统、能量转换装置、废弃物排放及处理系统、辅助系统及控制系统等组成。目前，AIP 技术发展相对成熟的主要有闭式循环柴油机、热气机、燃料电池、自主式水下能源系统和小核堆等。

1. 闭式循环柴油机

闭式循环柴油机（closed cycle diesel，CCD）是通过对通用型柴油机的进排气系统进行改造，使其能够不依赖空气而能正常工作的柴油机。

闭式循环柴油机系统主要由柴油机、供油系统、供氧系统、供氢系统、废气喷淋冷却装置、CO_2 吸收装置、水管理系统和控制系统组成，如图 1-10 所示。

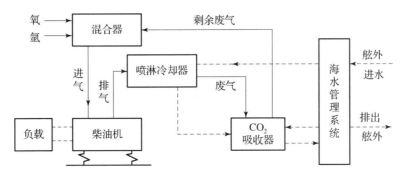

图 1-10 闭式循环柴油机系统简图

闭式循环柴油机的工作原理：将气缸内燃烧做功后的废气以 350~450℃ 的温度、0.3~0.5MPa 的压力排出，废气主要由 CO_2、N_2、水蒸气和少量未燃烧的氧气构成。经喷淋冷却后温度降至 80~100℃，然后送入 CO_2 吸收器，在吸收器中大部分 CO_2 和水蒸气溶解在加压的海水中，剩下的不可溶气体进入混合室，在混合室内与加入的氧气和少量的惰性气体（氩气）混合，配制成适合柴油机工作要求的"人造大气"，重新送入汽缸参加燃烧做功，从而实现闭式循环。闭式循环柴油机的特点，如下：

（1）单机功率大。

（2）可以通过对通用型柴油机进行改装来实现，大部分零部件与一般柴油机相同，技术成熟、研制费用低、可靠性高。

但是，闭式循环柴油机的振动噪声较大，而且对外排气需要一套比较复杂的水管理系统。

2. 热气机

热气机（sterling engine，SE），又称为斯特林发动机，是一种由外部热源加热内部工质的活塞式往复发动机。内部工质是封闭的，在缸内被加热后膨胀做功，其循环是一种闭式的、采用定容下回热的气体循环，称为斯特林循环。其外部热源由柴油（或其他燃料）与液氧（或过氧化氢等高效氧化剂）混合，在高压下燃烧时提供，也可由放射性同位素的衰变热提供。

热气机主要由燃烧系统、闭式循环系统、动力传动系统、控制系统及辅助设备系统等组成，如图 1-11 所示。

热气机的工作过程：空气先由鼓风机送入空气预热器，预热后再送入燃烧器，与喷油器喷出的燃油混合后进行燃烧，并产生高温的燃烧气体。高温燃气流过加热器管组，对加热器管内的工质进行加热。从加热器管组流出的燃气进入空气预热器，对参与燃烧的空气进行预热后排至外界。闭式循环系统内部工质在通过加热器时，从高温燃气中获得热能，使工质在膨胀腔（热腔）膨胀做功。在压缩过程中，工质的压缩热由冷却器传至冷却介质。循环功由动力传动系统输出。热气机的特点，如下：

（1）热气机所采用的外部加热装置对热源形式无特殊要求，凡是温度在 400℃ 以上的任何型式发热装置都可以成为热气机外部加热系统的热源。因此，对燃料、能源的适应性好。

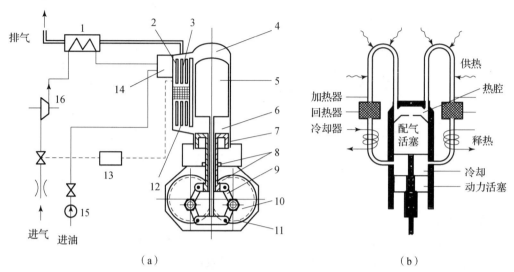

1—空气预热器；2—加热器；3—回热器；4—膨胀腔；5—配气活塞；6—压缩腔；7—动力活塞；
8—杆密封；9—传动机构；10—同步齿轮；11—曲轴箱；12—冷却器；
13—控制调节系统；14—燃烧器；15—燃油泵；16—空气鼓风机。

图1-11 热气机的主要部件及闭式循环回路组成

(2) 排气污染低。热气机的燃烧是连续进行的，燃油和空气混合良好，空燃比的变化对热效率影响不大，对功率更是几乎没有多少影响。因此，可以在足够的过量空气系数情况下运行，接近完全燃烧，这样就使排气中的 NO、CO 和炭粒很少。

(3) 噪声低。热气机的燃烧是在接近于大气压的压力下连续进行的，没有像内燃机那样突然的排气压降所产生的噪声。一般热气机的结构噪声和空气噪声比柴油机低 15~25dB。

(4) 运转平稳、振动小。

(5) 效率高，而且在部分负荷下工作的效率也较高。

(6) 转速扭矩特性好。

(7) 超负荷能力强，可达额定扭矩的 150%。

(8) 具有良好的加速性能，发动机从惰转加速到满负荷的时间一般仅需 0.1~0.3s。

(9) 无滑油消耗。热气机的外部燃烧系统是不必润滑的，闭式循环系统内冷、热腔的汽缸活塞组是绝不能用滑油润滑的。润滑传动机构的滑油不受燃烧产物的污染，也不受燃油的稀释作用，滑油不会老化，使用过程中不必更换滑油，仅需添补一些新的滑油。

(10) 在 200m 深度内，其工作状态与潜艇深度无关。但是热气机的制造难度大、造价高，民用市场需求很少。

3. 燃料电池

燃料电池（fuel cell，FC）的反应原理可理解为电解水的逆反应过程。燃料电池发电时，电池的电解质（酸、碱、固体氧化物等）将电极隔开，由电池外部将反应物（燃料、氧化剂）分别供给电池的阳、阴极，燃料和氧化剂分别在两极上发生化学反应（燃料的氧化过程），并且通过电解质传送带电离子，产生电位差，使电子在外电路流动，形成低压直流电,同时还产生水和二氧化碳。从广义上讲,燃料电池是一种完整的发电系统。通常所说的燃料电池是指一个单电池。若连续供给燃料,电池就可连续发电。

燃料电池种类较多,其运行有酸性和碱性两种。以质子交换膜燃料电池为例,主要由阳极(氢电极)、阴极(氧电极)、电解质(质子交换膜,酸性)和外部电路四部分组成,通常在阳极和阴极上都含有一定量的催化剂,如图 1-12 所示。

氢气和氧气通过导气管分别到达电池的阳极和阴极,通过电极上的扩散层到达质子交换膜。在膜的阳极一侧,氢气在阳极催化剂的作用下离解为氢离子和电子,氢离子以水合质子的形式通过质子交换膜,随后到达阴极,实现导电。这种转移导致阳极出现带负电的电子积累,从而变成带负电的端子(负极)。与此同时,阴极的氧气分子与催化剂激发产生的电子发生反应,变成氧离子,使得阴极变成带正电的端子(正极),从

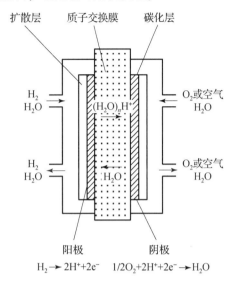

图 1-12 PEMFC 燃料电池原理

而在阳极带负电的终端和阴极带正电的终端产生一个电压。通过外部电路将两极相连,电子从阳极流向阴极,从而产生电能。同时氢离子与氧离子发生反应生成水。

氢气在阳极催化剂的作用下,分解成氢离子和电子:

$$H_2 \rightarrow 2H^+ + 2e^-$$

氧气通过管道和导气板到达阴极,同时氢离子在电池内部穿过电解质到达阴极,电子通过外电路也到达阴极。在阴极催化剂的作用下,氧与氢离子和电子发生反应生成水,阴极反应为

$$\frac{1}{2}O_2 + 2H^+ + 2e^- \rightarrow H_2O$$

总的化学反应为

$$H_2 + \frac{1}{2}O_2 \rightarrow H_2O$$

与此同时,电子在外电路的连接下形成电流,通过外电路连接向负荷输出电能。

燃料电池是直接将燃料中的化学能转换成电能,省去了一般热动力机械中的热能转换过程。因此,其主要特点如下:

(1) 效率高(约为 60%)。
(2) 无回转机械、几乎无噪声、排温低,因此信号特征小,隐身性好。
(3) 功率密度大、过载能力强。
(4) 配置灵活。
(5) 环境污染小。

但是,在潜艇内除液态氧外,还必须要有氢源(金属储氢或甲醇制氢)。燃料电池的氢源主要有以下几种:

(1) 以纯氢为燃料，高压存储。
(2) 甲醇蒸汽的重整制氢。
(3) 碳氢氧化物的部分重整制氢。

以纯氢为燃料，可以使燃料电池具有较好的性能。但是氢是以气态存在的，这使得氢的燃料来源及其储存和运输技术成为目前亟待解决的问题。液态储氢同气态相比，效率提高了，而且能使整个装置的重量减轻，体积也相对减小，从而降低气体的压缩及充氢成本。但氢的液化要消耗大量的能源，而且对氢的纯度要求比较高，还需要绝热性非常好的真空储氢罐，防止挥发与泄漏。

金属氢化物储氢压力非常低，室温时只有 0.01~1MPa，体积密度大、安全性好，运输方便，但是储氢量太低、成本较高，不能作为一种理想的储氢方式。其他储氢技术还有碳纳米管、碳凝胶、玻璃微球和碳晶须等材料储氢。

4. 自主式水下能源系统

自主式水下能源系统实际上是一种闭式循环汽轮机-发电机系统。

自主式水下能源系统一般由两个回路组成，即高温燃气产生回路和蒸汽产生回路，如图 1-13 所示。其工作原理：储存在氧罐中的液态氧（一般在 0.2~1MPa 的低压和 -185℃ 的低温状态），通过液氧低温输送泵使压力提高（如 6MPa）并加热成气态氧，气态氧通过管路进入高压燃烧室中，与从燃油储存箱送来的燃料（一般为乙醇）进行混合并燃烧，在高压燃烧室里产生温度高达 700℃、压力为 6MPa 的高温高压气体，这种高温高压气体被送往蒸汽发生器放热后靠自身的高压排放到艇外，这部分便是组成自主式潜艇能源系统的高温燃气产生回路分系统。

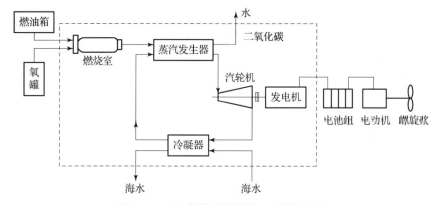

图 1-13 闭式循环蒸汽轮机工作原理图

蒸汽产生回路系统采用一种以淡水作为工质的循环系统。在蒸汽发生器里，管路外面的水通过吸收高温高压的燃烧气体放出的热量而变成高温高压的过热蒸汽（如温度和压力分别达到 500℃ 和 1.5MPa），过热蒸汽驱动汽轮机做功后被送入冷凝器，在冷凝器中经海水冷却后冷凝成水，通过给水泵再将其送往蒸汽发生器进行循环。汽轮机驱动交流发电机运行发电，为潜艇提供所需的电能。其特点如下：

(1) 单机功率大。
(2) 蒸汽轮机制造技术成熟，研制难度相对较小。
(3) 属旋转式机械，振动小。

但是，闭式循环蒸汽轮机装置系统复杂、辅助冷凝设备多、布置困难，而且经济性差，热效率低。例如：法国 200kW 闭式循环蒸汽轮机 AIP 系统的总效率只达到 25%。

以上简要介绍了常用 AIP 系统的构成原理与特点。各种 AIP 系统的技术发展及应用研究情况如表 1-4 所列。

表 1-4 AIP 系统的性能比较与应用情况

项目	闭式循环柴油机（CCD）	热汽机（SE）	燃料电池（PEMFC）	闭式循环汽轮机（MESMA）
效率/%	33	32	50~60	25
耗油率或耗氢率或甲醇耗量/(g/kW·h)	220~270（一般柴油）	260~280（低硫化柴油）	47~60（氢气）290~390（甲醇）	—
耗氧率/(g/(kW·h))	820（氧）+41（氩）	1056（机组）	428（储氢）或 490（甲醇重整）	1100
功率/kW	150~580	75	200~300	200
信号特征	噪声较大，经隔振降噪后，CCD 可满足安静型潜艇要求，热迹小，无气迹	噪声较小，比 CCD 低 13~20dB	噪声最低，基本无热迹和气迹，生成的水可作生活水用	噪声较小，比 CCD 低
AIP 与潜深的关系	无关，因为使用了水管理系统	有关系，深度大于 200m 时要增设排气压缩机	无关（甲醇重整可用水管理系统）	无关

1.3 船舶动力装置的基本特性指标

各种船舶的动力装置虽存在类型、传动方式及航区等条件的不同，但对其一些基本特性指标有共同的要求。动力装置的基本特性指标是指技术指标、经济指标和性能指标。这些指标是对船舶进行选型、设计和判断性能优劣的重要依据。

1.3.1 技术指标

技术指标是标志动力装置的技术性能和结构特征的参数，主要指下列 3 个指标。

1. 功率指标

船舶以一定的航速前进时，螺旋桨产生的推力，必须克服船体对水和风的阻力，这些阻力取决于船舶的线型、尺寸、航行速度,以及风浪大小和航道深浅等。为了保证船舶具有一定的航行速度,就要求推进装置提供足够的功率。动力装置的功率是按船舶的最大航速来确定的。随着船舶营运时间的延长,船体水线以下的附生物增多,使船舶附体阻力增加,航速降低。为了保持船舶的航速,动力装置的功率往往取高些(一般高10%)。

1) 船舶有效功率

已知船舶的航行速度为 v_s(m/s) 时,其运动阻力为 R(N),则推进船舶所需的有效功率:

$$P_{eR} = R \cdot v_s \times 10^{-3} \quad (\text{kW}) \tag{1-1}$$

式中:P_{eR} 常称为拖曳功率,可以从船模或实船或实验中得出;阻力 R 相当于以速度 v_s 拖动船模(或实船)时绳索上的拖曳力。

2) 主机的输出功率

主机的输出功率,即主机的制动功率或有效功率。考虑推进效率 η_d(包括船身效率 η_h、螺旋桨相对旋转效率 η_r 和敞水效率 η_0)和轴系传动效率 η_s 后,则主机的输出功率:

$$P_b = \frac{R \cdot v_s}{\eta_s \cdot \eta_d} \times 10^{-3} \quad (\text{kW}) \tag{1-2}$$

其中

$$\eta_d = \eta_r \cdot \eta_0 \cdot \eta_h$$

新船设计时,若要确定推进装置的功率,只要已知母型船的排水量、功率及航速等技术参数,一般可采用"海军系数法"进行估算:

$$P_e = \frac{\Delta^{\frac{2}{3}} \cdot v_s^3}{C} \times 10^{-3} \quad (\text{kW}) \tag{1-3}$$

式中　Δ——排水量(t);

v_s——航速(kn);

C——海军系数,与船型有关,根据弗劳德数(Fr)相同的母型船来估算。若已知母型船的航速 v_0、排水量 Δ_0 和功率 P_{e0} 时,则有

$$C = \frac{\Delta^{\frac{2}{3}} \cdot v_s^3}{P_{e0}} \tag{1-4}$$

3) 相对功率

对于排水量相同的船舶,由于其性质、任务不同,动力装置所要求的功率相差很大。为便于比较,通常用相对功率来表示。所谓相对功率,就是对应于推进船舶每吨排水量所需的主机有效功率,即相对功率:

$$P_r = \frac{P_b}{\Delta} \quad (\text{kW/t}) \tag{1-5}$$

因为 $P_b = \frac{\Delta^{\frac{2}{3}} \cdot v_s^3}{C_2}$,$C_2 = C \cdot \eta_d$(其中,$\eta_d$ 为推进效率,$\eta_d = \frac{P_{eR}}{P_b}$),所以

$$P_r = \frac{\Delta^{\frac{2}{3}} \cdot v_s^3}{C_2 \cdot \Delta} = \frac{v_s^3}{C_2 \cdot \Delta^{\frac{1}{3}}} \quad (\text{kW/t}) \tag{1-6}$$

由此可见，相对功率与船速 v_s 的三次方成正比，与排水量的立方根成反比，故高速船舶每吨排水量所需要的功率较大。船的用途和船速不同，其值也有一定差异，内河船舶较海船大些，军用船舶最大。

2. 重量指标

重量指标通常是相对于主机功率或船舶排水量而言，在一定的排水量下，为了保证船舶具有足够的排水量，要求动力装置的重量轻些为好。但对于排水量相同的船舶，由于彼此的航速不同，所需的总功率也不同，从而动力装置的重量相差也很大。

装置的重量指标，常采用以下几项比值系数表示。

（1）主机的单位重量 g_z，即主机单位有效功率的重量：

$$g_z = \frac{G_z}{P_b} \text{（kg/kW）} \quad (1-7)$$

式中　G_z——主机重量（kg）；

P_b——主机的有效功率（kW）。

对于内河船舶和军用舰艇要求有较小的 g_z 值，一般高速机的 g_z 值比低速机小。

（2）装置的单位重量 g_ε，即主机单位有效功率所需动力装置的重量：

$$g_\varepsilon = \frac{G_\varepsilon}{P_b} \text{（kg/kW）} \quad (1-8)$$

式中　G_ε——动力装置的总重量（kg）（包括主机、辅机、管路、轴系、电站及锅炉等）。

动力装置重量有三个不同的内涵，即动力装置干重（代表所有的机器、设备和管系的重量，不包括内部的工质和消耗物品及其存储量）、湿重（包括其内部所装工质和消耗物品重量，但不包括消耗品存储量）和总重（包括上述全部重量），计算时常用湿重。

一般 g_ε 约为 g_z 的 2~3 倍，内河船舶的 g_ε 值比海洋船舶小。

（3）主机的相对重量 g_{zr}，即主机重量 G_z 与船舶满载排水量 Δ 之比，即

$$g_{zr} = \frac{G_z}{\Delta} \text{（kg/t）} \quad (1-9)$$

式中　Δ——船舶满载排水量（t）。

（4）装置的相对重量 $g_{\varepsilon r}$，即动力装置重量 G_ε 与船舶满载排水量之比，即

$$g_{\varepsilon r} = \frac{G_\varepsilon}{\Delta} \text{（kg/t）} \quad (1-10)$$

对于装置本身而言，其单位重量越小（g_ε），表示该装置越轻，所消耗的金属材料也越少。但考虑到船舶种类不同及装置重量对船舶整体的影响，往往还要考虑相对重量，即 g_{zr} 和 $g_{\varepsilon r}$。

3. 尺寸指标

动力装置的机械设备，绝大多数布置在机舱内。机舱的大小应当能够把这些机械设备合理地安排在舱内，并便于维修和管理。因此，机舱应宽敞些为好。但从增加船舶有效装载容积观点考虑，又要求机舱小些为好。对于不同的船舶，对机舱尺寸要求也不统一，为了表征机舱的面积和容积利用率，特引用面积饱和度和容积饱和度两个概念。

(1) 面积饱和度 K_s。面积饱和度是指每平方米机舱面积所分配的主机有效功率，即

$$K_s = \frac{P_b}{S} \ (kW/m^2) \quad (1-11)$$

式中　S——机舱所占的面积（m^2）。

(2) 容积饱和度 K_V。容积饱和度是指每立方米机舱容积所分配的主机有效功率，即

$$K_V = \frac{P_b}{V} \ (kW/m^3) \quad (1-12)$$

式中　V——机舱所占的容积（m^3）。

K_s 和 K_V 值大表示机舱内机械设备布置得紧凑，利用程度高。这是在保证动力装置正常工作、方便维修的条件下应该努力做到的，但不同类型的船舶，其指标是有差别的。

1.3.2　经济指标

动力装置的经济指标，常用以下三个指标表示。

1. 主机燃料消耗率 g_e

主机燃油消耗率是指在单位时间内主机单位有效功率所消耗的燃料量，即

$$g_e = \frac{B_z}{P_e} \ (kg/(kW \cdot h)) \quad (1-13)$$

式中　B_z——主机每小时燃料消耗量（kg/h）；
　　　P_e——主机输出功率（制动功率）（kW）。

2. 动力装置燃料消耗率 b_ε

$$b_\varepsilon = \frac{B_\varepsilon}{P_e} \ (kg/(kW \cdot h)) \quad (1-14)$$

式中　B_ε——主机、辅机、锅炉每小时燃料总耗量，$B_\varepsilon = B_z + B_f + B_g$（kg/h）。

3. 推进装置的有效热效率 η_e

推进装置的有效热效率是指有效功的热和所消耗的热之比，即

$$\eta_e = \frac{3600 P_e}{B_\varepsilon \cdot H_u} \quad (1-15)$$

$$P_e = P_b \cdot \eta_s \cdot \eta_p \cdot \eta_r \cdot \eta_h \ (kW) \quad (1-16)$$

式中　P_e——推进装置的有效功率（kW）；
　　　H_u——燃料低热值（kJ/kg）；
　　　η_s——轴系传动效率；
　　　η_p——螺旋桨敞水效率；
　　　η_r——螺旋桨相对旋转效率；
　　　η_h——船身效率；
　　　η_e——装置的有效热效率。

从以上三个经济指标可以看出，降低燃料消耗率的方法是降低 B_ε 值以求提高 η_e。

所以对动力装置进行热力学综合性研究是大家关心的问题。由于 B_z 在 B_ε 中占相当比例，因此研究工况配合以减少 B_z 也是热点。以上三个经济指标都是代表动力装置在有效功率下，燃料和热能利用的经济性。但是有些船舶全功率、全航速的时间不多，经常使用部分负荷航行，或者工况变化非常频繁。这时用一个全面性的燃料经济指标，即装置每海里航程的燃料消耗量。

4. 每海里航程的燃料消耗量 g_n

每海里航程的燃料消耗量是指船舶航行 1 n mile 装置所消耗的燃料量，即

$$g_n = \frac{B_\varepsilon}{V_s} = \frac{B_\varepsilon \cdot t}{V_s \cdot t} \text{ (kg/n mile)}$$

或

$$g_n = \frac{g_e \cdot P_b}{V_s} + \frac{B_f + B_g}{V_s} \qquad (1-17)$$

式中　V_s——航速（kn）；
　　　t——航行时间（h）。

一般 B_f 和 B_g 与航速无关。主机每海里消耗的燃料量为

$$b_{nz} = \frac{g_e \cdot P_b}{V_s} = \frac{B_z}{V_s} = \frac{B_z \cdot t}{V_s \cdot t} \qquad (1-18)$$

因为

$$P_b = \frac{\Delta^{\frac{2}{3}} \cdot V_s^3}{C_2}$$

所以

$$b_{nz} = \frac{g_e \cdot \Delta^{\frac{2}{3}} \cdot V_s^3}{V_s \cdot C_2} = \frac{\Delta^{\frac{2}{3}}}{C_2} \cdot g_e \cdot V_s^2 \qquad (1-19)$$

可见，g_n 既与 g_e 有关，又与 v_s 有关。这项经济指标与船舶营运管理水平和轮机管理水平密切相关。

图 1-14 为燃料消耗率和每海里航程燃料消耗量随航速变化的关系曲线。当船舶处于慢速航行时，虽然 g_e 会有所增加，但 g_n 因航速的降低仍将下降。图中 g_n 的最小值所对应的航速常称为经济航速。应该指出，这里的经济航速，并非船舶最大的盈利航速，尚需考虑船舶的折旧费、客货的周转量、运输成本及利润等因素。不同的航区和航种将有其相应的最大盈利航速，需要通过调研、统计与分析加以确定。

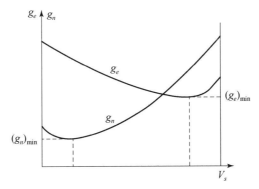

图 1-14　g_e、g_n 随航速变化的关系曲线

1.3.3 性能指标

性能指标是进行动力装置选型的重要依据,也是反映装置好坏及特点的重要指标。它主要包括装置的可靠性、机动性、使用寿命、振动噪声以及机舱自动化等。

1. 可靠性

可靠性是用船舶动力装置在使用阶段的故障发生率和因此而发生的停航时间来考核,常以主、辅机修理间隔时间作为衡量依据,故要求其主要零部件及易损件的使用寿命较长。例如:柴油机活塞组大修前的使用寿命是低速大功率柴油机为 $4\times10^4 \sim 8\times10^4$ h、中速柴油机为 $8000 \sim 1.2\times10^4$ h、高速柴油机为 $3000 \sim 5000$ h。

2. 机动性

机动性是指装置中的各种机器设备改变工况时的工作性能。

在发动机准备启动阶段,有关辅机及其系统,应处于工作状态。给发动机注油、盘车和暖机等,所需时间为 $2 \sim 10$ min,一般希望此时间短些为好。

对于柴油主机,工作的机动性、灵敏性尤为重要。要求其曲轴在任何位置,环境温度在 $8 \sim 10$ ℃时,能迅速而可靠地启动。从冷态启动到全负荷状态下运行,应不超过 10min。在应急情况下应不超过 $3 \sim 4$ min。为改善主机的灵敏性,往往采用预热滑油的方法来降低零件的热应力,减少启动时的摩擦阻力。

实现迅速而可靠的倒车,保证船舶安全航行,对动力装置也是十分重要的。由于传动方式的不同,在倒车的所需时间也是有差别的。选型时参考数据:直接传动所需时间为 $8 \sim 10$ s,间接传动所需时间为 $3 \sim 8$ s,调距桨传动所需时间为 $2 \sim 5$ s。

为了保证船舶低速航行,要求发动机应在最低转速下,能较长时间可靠而经济地运行。一般发动机的最低稳定转速是全速的 $30\% \sim 40\%$。要求柴油机的停车时间约为 $2 \sim 5$ min,在紧急情况下应缩短时间。

3. 振动和噪声的控制

轴系的扭振应力不得超过许用的范围,否则将导致断轴和柴油机的正常工作遭到破坏,故对它必须进行控制或回避。一般可以从结构设计或加装弹性联轴器等方式入手,使其扭振的附加应力不超过规范所规定的范围。一旦扭振许用应力超过正常值时,则应在其共振转速附近设"转速禁区",在此禁区内发动机不应持续运转,且应避开禁区转速范围。具体要求可参考有关规范的有关规定。

动力装置的强烈噪声,严重影响轮机人员的健康,如损伤听力或诱发其他疾病。为此船舶噪声标准中,对机舱区的噪声做出规定:无控制室机舱主机操纵处为 90dB,无人机舱或有控制室机舱为 110dB,机舱控制室为 75dB,工作间为 85dB。

4. 主机遥控和机舱自动化

主机遥控和机舱自动化是改善船员劳动条件和提高船舶生产能力的重要措施,也是衡量一艘船舶现代化程度的标志,在设计和选型时应给予注意。

5. 动力性和配合性能

动力性和配合性能是指柴油机动力的发挥及利用情况和与螺旋桨的配合性能。一般应使柴油机的功率得到充分发挥,并与所驱动的螺旋桨匹配得当,既不能供大于求,也不能求大于供。顶推船和拖船作业时要有足够的推力或牵引力,而在自航时却要有较高的航速等。

1.4 船舶动力装置的设计

1.4.1 设计要求

船舶动力装置是一个复杂的工程系统,包含数量众多的机械和系统,而它们之间有着密切的联系和相互影响。船舶动力装置设计的基本内容一般包括主推进装置设计、辅助供能装置设计、管路系统与设备设计及机舱布置总体设计四大部分。船舶动力装置的设计一般有如下要求。

1. 航速要求

通过船舶动力装置的合理配置,满足船舶各工况下的航速要求。在不同工况下机桨的配合要得当。

2. 可靠性要求

动力装置是船舶的"心脏",是船舶动力的来源。如果它的机电设备发生故障,船舶将会失去活动能力和作业能力,严重影响船员、旅客的工作、生活及船舶的安全,并将造成严重的经济损失,所以动力装置安全可靠是极为重要的。对推进装置而言,要求能长期而安全地运行。有些重要设备,如发电机组等,一台或两台投入工作,尚需配置备用机组。对船用机电设备,必须符合有关安全规定,必须经过严格的质量检查。

船舶动力装置必须能够在大风大浪颠簸摇摆的恶劣条件下工作,要具有在孤立无援的条件下依靠自身,维持工作,保障安全的能力。战斗舰船的要求更为苛刻,在战争条件下要时刻为保存自己,消灭敌人而紧张活动,必须具备足够的可靠性、机动性及隐蔽性。

3. 经济性要求

民用运输船舶要求运量尽可能多,消耗尽可能少。因此要求动力装置在设计、建造和使用管理上都要着眼于提高经济效益,一般从以下3个方面进行研究。

(1)降低燃料消耗。动力装置的燃料费用,一般约占船舶总营运开支的30%~40%,动力装置采用热效率较高的发动机和高效率的推进装置,可使耗油率降低。不但可以节省燃料开支,而且在同样的航程中,可以减少所携带的燃料重量和相应的空间,从而增加载货吨位,提高船舶生产能力,降低营运成本。因此,在动力装置选型时应优先考虑节能机型。

(2)采用低质廉价燃料。重柴油较轻柴油价格便宜。因此,在保证发动机正常运转的情况下,应尽量采用以重柴油或燃料油替代轻柴油的措施。以往低质燃料油大多用在大型低速机上,近年来,由于技术的进步,中速机也已使用低质的燃料油,不少高速机也开始用重柴油,无疑这对降低船舶营运成本是大有收益的。

(3)废热利用。燃料在柴油机中燃烧所产生的热量,一部分转变为有用的机械功,另一部分由冷却水带走和由机体表面散发至大气,还有一部分被排出的废气所带走。为了提高动力装置的效率,降低燃料消耗,往往设法从排出的废气及冷却水中回收部分热量。例如：有的船舶将排出的废气送到锅炉中，使水加热成蒸汽，又将蒸汽引入汽轮发电机中发电；不少中小船舶利用废气的热量加热废气锅炉的水，再用水产生的蒸汽加热燃油、滑油及供生活之需；有的海船利用排出的冷却水热量淡化海水，供船上生活淡水的需要。总之，利用废热是提高动力装置热效率的重要途径，是船舶节能的重要措施，一直是世界各国航运、科研、设计部门重视和研究的热点。

4. 续航力要求

续航力是指船舶不需要到基地或港口去补充任何一种物质（如燃油、滑油、淡水及备件等）所能航行的最长时间或最大距离。这与动力装置的经济性、每海里航程燃料消耗及其他物资储备等有关。所以，在设计动力装置时，必须满足船舶续航力的要求。续航力是根据船舶的用途及航区提出来的。

5. 操纵性要求

要求动力装置启动迅速，主机在较短的时间里从启动工况达到全速工况，并能保持稳定运行，同时使船舶具有迅速改变航速和航向的能力。船舶的倒航和回转性能是很重要的，因此要求动力装置有足够的倒车功率（民用船舶倒车功率约为正车功率的（40%～60%）），使船舶倒航迅速、向前滑行的距离短及回转半径小。这些性能对内河船舶和港口作业船舶尤为重要。

6. 其他方面要求

（1）主、辅机选型合理，所选用的各种机械设备及有关计算应满足船舶建造规范的要求。

（2）重量宜轻、结构尺寸要紧凑，机舱的面积和容积饱和度要合理。

（3）应使检测与维修管理方便。

1.4.2 设计的观点、方法与步骤

船舶动力装置是个复杂的工程系统，必须用系统工程的观点方法来研究与设计。必须具备正确的设计观点与方法，才能使所设计的船舶动力装置不仅具有可靠、优良的工作性能，而且在经济性、操纵性等方面都达到较高的水平。

1. 设计观点

（1）全局和综合的观点。设计时必须从总体出发，全局和综合地考虑问题，切忌片面性与局部性。例如：在设计时只考虑主推进装置效率的提高，而忽视其余三大部分的总体效果，那么这样的设计不能说是优良的。再如：在设计时，强调要满足总体性能要求，即对船舶动力装置而言，就应满足在可靠性、经济性和机动性（舰船还有隐蔽性等）等方面的要求，这三者必须全面地、辩证地加以分析，也不可因过分强调其中的一个方面而对另两方面要求有所降低（特种船舶或特殊情况除外）。但是，要同时而无主次地满足上述三方面的要求，往往是不可能的。例如：有时为提高可靠性，在设备配置上数量多了一些，就有可能影响经济性；又为了提高经济性，增加了相应的节能设备，也有可能影响可靠性与操纵性，因为设备越多，损坏与维修的可能性也相应增加。因此，要求设计人员按照不同对象，全面综合地予以考虑。

（2）相关的观点。由于船舶动力装置各设备之间的相互依赖关系，设计人员应具

有相关的观点。例如：在主机淡水冷却泵选型计算时，为了要使水泵排量减小，必须提高进出主机的淡水温差，但温差过大，淡水在主机出口处温度过高，就会导致主机冷却效果的降低及气缸磨损率的增加，这就要考虑水泵选型设计与主机可靠性之间的相关性。又如：在机舱布置设计时，动力装置设备的布置应该考虑到船体及电气设备的布置及工作要求。主机在机舱中位置的后移，可以缩短轴系长度，但这后移的位置必须服从于其他设备的布置与船体主机开口位置，辅机发电机组的布置既要有利于排气管的布置，又要为其移出机舱提供足够的方便。所有这些都要求设计人员从相关的观点予以很好的协调。

（3）最优的观点。从最优观点出发，要求所设计的动力装置具有最佳的综合效果。例如：主机的最优选型应该在满足一定航速条件下，所选择的主机具有最高的经济性，实现船、机、桨的最佳匹配。海水冷却管系的最优设计就是要在能满足动力装置可靠工作条件下，选择最优海水温度参数，从而使整个管系与设备的成本费与运行费为最低。

2. 设计方法

船舶动力装置设计方法如图 1-15 所示。

（1）建立目标。为某船设计的船舶动力装置，其燃油耗费与初投资费均较低，性能可靠优良，符合设计任务书要求。

（2）决定约束条件，即航速、航区、续航力、油种及船舶主尺度的约束。

（3）明确政策与制定计划，即明确国家燃料政策、国家规定的船舶入级与建造规范、防污染公约及其他有关法令、标准等，并在此基础上制订工作计划。

（4）了解系统设计要求。对船舶动力装置的可靠性、经济性及机动性等方面和船主的具体设计要求必须了解清楚。

（5）方案选择。对船舶动力装置主机选型、传动型式、轴系设计、电站配置、管系设备设计与机舱布置等不同方案进行论证、权衡与选择、比较。

（6）最优方案确定。从各技术经济指标出发，参照船主要求，对各个方案进行优选，最终确定最优方案。

（7）详细设计计算。对所选择的最优方案进行各部分内容的详细设计计算。

（8）分析评估。对整个设计从性能及各种指标方面予以评估。如果满意的话，即可投入生产设计进行生产，设计完成。若不满意的话，则必须重复前面的过程并予以修改，直到满意为止。

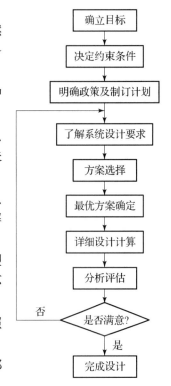

图 1-15 船舶动力装置设计方法

3. 设计步骤阶段

船舶动力装置在设计时一般分成的步骤阶段，即报价设计、初步设计、详细设计与生产设计。

1) 报价设计

报价设计又称为投标设计。设计部门对船东提出的技术任务书及营运要求进行详细分析研究，并做技术上的检验校核，从而初步确定船舶动力装置主机、辅机、设备选型，以及机舱中的设备大体布置。此时应编制一份简要船舶动力装置说明书，机舱布置图与主要设备清单。同时也应提供各主要设备供应厂商表、估算船舶动力装置总成本，再按当时市场情况，贷款利率和付款方式订出价格，提交船东。船东接到这些材料后，若认为满意，则与设计部门进行技术与商务谈判，进一步明确整个船舶动力装置技术细则，然后以详细说明书的形式确定下来，并签订合同。多数情况是经过初步设计阶段后才签订合同的。

2) 初步设计

在初步设计阶段，必须对船舶动力装置的型式及设备予以确定，同时应编制详细的船舶动力装置说明书，设备订购清单，并进一步计算材料设备费、人工费等。为此必须绘制机舱布置图、各主要管路系统原理简图，并进行机舱设备重量重心估算。在此阶段，用船单位与设计部门应经常磋商，有些项目与内容可能要作些修改，也可能要重新调整价格等，最后都必须在达成协议后以谈判记录形式确定下来。

3) 详细设计

详细设计又称为技术设计，是对报价设计及初步设计确定下来的方案进行详细的设计计算。例如：对各主、辅设备和管系进行详尽的设计计算，从而提供为生产设计用的各种文件，如设计计算书，详细的船舶动力装置（轮机）说明书、机舱布置图（图纸尺寸大，内容更详细）、轴系图、管系布置原理图，机械设备一览表，甚至包括备件等。详细设计中所编制的说明书一般都十分详尽，有时长达上百页。此时根据该说明书及所绘制的图纸，估价人员可对材料设备费与人工费进行精确地计算，从而获得较为准确的船舶动力装置成本费。

4) 生产设计

生产设计是指船舶动力装置制造与安装过程中所需的设计图纸绘制，以及工艺说明书等技术资料的编制过程。生产设计图纸一般要比详细设计的图纸更具体，更符合生产要求，使生产时能按这些图纸资料所表示的尺寸、形状及工艺要求准确地进行放样、制造与安装。例如：绘制零件图、放样图及安装施工图等，同时也要求能制订动力装置试验大纲。

总之，上述各设计阶段的设计项目大体相同，但详尽与准确程度则一步步提高。全部设计过程是一个螺旋展开与上升的过程。

随着船舶动力装置生产的单元组装化，标准化及船舶生产的预舾装化，详细设计与生产设计逐渐相互结合、相互渗透，因此有的设计部门已将这两个设计阶段结合再进行实施，从而进一步提高了设计效率。

习 题

1. 船舶动力装置的含义是什么，是由哪几个部分构成的？

2. 船舶动力装置有哪些类型？各有什么特点？
3. 比较分析柴油机动力装置与燃气轮机动力装置性能特点的差异。
4. 为什么蒸汽轮机动力装置主要应用在大型舰船上？
5. 联合动力装置有哪些类型？简述其主要特点及应用场合。
6. 简述 AIP 系统的主要型式及工作原理。
7. 船舶动力装置技术指标、经济指标、性能指标各有哪些？

第 2 章　船舶推进轴系

2.1　船舶推进轴系的任务与组成

2.1.1　船舶推进轴系的任务

船舶推进轴系位于主机（或齿轮箱）的输出法兰和螺旋桨之间，并起连接它们的作用。轴系一般由传递主机功率用的传动轴、支承传动轴用的轴承，以及其他附件组成。船舶推进轴系的基本任务是将主机的功率传递给螺旋桨，同时又将螺旋桨在水中旋转产生的轴向推力传给船体使之运动。

轴系受力情况十分复杂，扭应力、压缩应力、弯曲应力、安装误差引起的附加应力和其他动态附加应力等。在轴系设计时，除了满足布置上的要求外，应满足如下设计要求：

（1）有足够的强度和刚度，工作可靠并有较长的使用寿命。

（2）有利于制造及安装，即在满足工作需要的基础上，力求简化，使制造与安装方便并便于日常的维护保养。

（3）传动损失小，要求设计时正确进行轴系布置，合理选择轴承种类、数目及其润滑方法。

（4）对船体变形的适应性好，力求避免在正常航行状态下因船体的变形引起轴承的超负荷。

（5）保证在一般运行转速范围内不发生扭转共振和横向共振。

（6）避免海水对艉轴的腐蚀，艉管装置应具有良好的密封性能。

（7）尽可能减小轴系的长度和重量。

2.1.2　船舶推进轴系的组成

传动轴主要由螺旋桨轴、艉轴、推力轴和中间轴四部分组成。轴段的数目和配置主要取决于船型、动力装置类型和机舱位置。一般船舶的艉轴，指螺旋桨轴，只有当艉轴伸出船体过长时才装二段，装螺旋桨的一段称为螺旋桨轴，在它前面的那段通过艉轴管的轴称为艉轴。艉轴（或螺旋桨轴）末端装有螺旋桨，而前端穿过艉轴管与船体内的中间轴相连接。中间轴安置在推力轴与艉轴之间，在传动轴中起连接各主要轴段的作用。中间轴一般是整体锻成，但一些小型船舶也可以采用材料相当的圆钢加工而成。推力轴是为承受推力而设置，其上有专门的推力环。在柴油机船舶上，也有不单独设置推力轴，而把推力轴承直接布置在柴油机内或减速齿轮箱内。

图 2-1 所示为某 17.6 万 t 散货船的推进装置，从主机曲轴法兰起到艉轴止为其推进轴系，包括各轴段（如推力轴、中间轴、艉轴（或螺旋桨轴）等）、各支承部件（如中间轴承，推力轴承及艉轴管前后轴承等），还包括艉轴前后密封装置等，如图 2-2～图 2-4 所示。除此之外，有的轴系中还带有离合器、弹性联轴节和减速齿轮箱等传动设备。

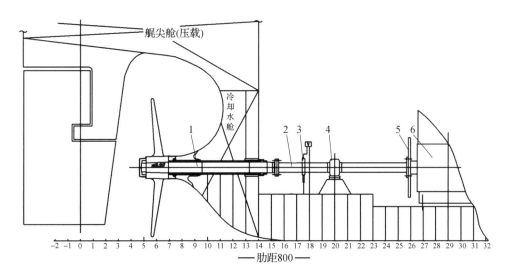

1—艉管总成；2—中间轴；3—接地装置；4—中间轴承；5—飞轮；6—柴油机。

图 2-1 单桨推进装置轴系简图

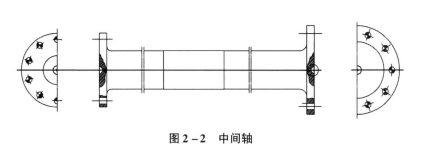

图 2-2 中间轴

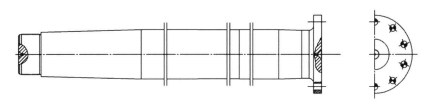

图 2-3 桨轴

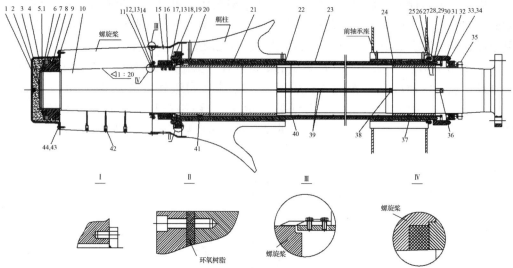

1—防松钢丝；2—油脂；3—头带孔六角螺栓；4—止动块；5—头带孔六角螺栓；6—导流帽；7—六角螺栓；
8—液压螺母总成；9—垫片；10—螺旋桨轴；11—橡胶密封圈；12—头带孔六角螺栓；13—防松钢丝；
14—垫片；15—防护罩；16—后密封；17—头带孔六角螺栓；18—头带孔六角螺栓；19—弹簧垫圈；
20—环氧垫块；21—后轴承；22—艉密封油管；23—艉管；24—前轴承；25—O形圈；26—盘根；
27—艉管首固定环；28—六角螺栓；29—弹簧垫圈；30—O形圈；31—艉管前座毂；32—垫片；
33—六角螺栓；34—弹簧垫片；35—首密封；36—滑油管护罩；37—前轴承温度传感器；
38—滑油管护罩；39—艉密滑油导向管；40—艉管油管；41—后轴承温度传感器；
42—垫圈；43—六角螺栓；44—防松钢丝。

图2-4 螺旋桨轴及艉管装置图

图2-5是某船的单机单桨减速传动的轴系布置图。从发动机飞轮到螺旋桨尾端，轴系总长为32.73m，与基线平行，通过船纵中剖面，距基线高度为1.9m，距双层底高度为0.9m。主机为8NVD48A-2U中速四冲程增压柴油机。为提高推进效率采用减速传动，并在主机和齿轮箱之间设有弹性联轴器。为了加工和安装方便，齿轮箱后的传动轴分为8根，其中7根中间轴（直径为180mm、长度为4.4m的6根，一根调整用短轴0.97m），第8根螺旋桨轴（直径为210mm，长度为4.395m）。每根中间轴设有1只油润滑中间轴承，螺旋桨轴通过艉轴管穿出船外。艉轴管中布置支撑螺旋桨轴的艉轴承（油润滑）和艉轴密封装置等。在中间轴通过舱壁处设有隔舱填料函。该轴系的推力轴承附设在齿轮箱内。

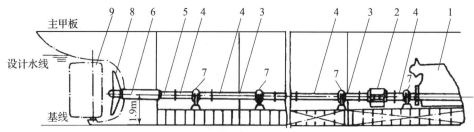

1—柴油机；2—减速齿轮箱；3—隔舱填料函；4—中间轴；5—艉轴（或螺旋桨轴）；
6—艉轴管装置；7—中间轴承；8—螺旋桨；9—舵。

图2-5 单机单桨减速传动的轴系布置图

图 2-6 是 7500t 长征型沿海客货轮双机双桨直接传动的轴系布置图。轴线对称布置在两舷。轴系总长为 40.67m。主机为 9ESDZ43/82B 型低速增压柴油机。发动机自带推力轴承。飞轮直接和中间轴相联，它由 5 根中间轴（直径为 290mm，每根长为 5.07m），1 根螺旋桨轴（直径为 350mm，长为 15.335m）组成。每根中间轴分别用 1 只滑动式中间轴承支承。螺旋桨轴通过艉轴管穿出船外，由于双桨船轴系布置在两舷，因此螺旋桨与船体纵向距离较大，螺旋桨轴很长，艉轴管也很长，它的首端固定在艉舱壁上，中部固定在轴包架的船体壳板上，艉端固定在靠近螺旋桨的船上附设的人字架上。艉轴管内设有 3 个水润滑艉轴承。

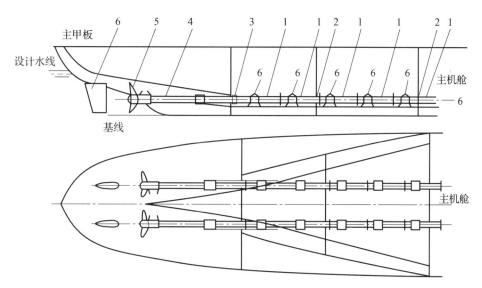

1—中间轴；2—隔舱填料函；3—艉轴（或螺旋桨轴）；4—艉轴管装置；5—螺旋桨；6—舵。

图 2-6 双机双桨直接传动轴系布置图

2.2 船舶推进轴系的传动型式与特点

对于柴油主机推进装置，其轴系传动有直接传动和齿轮箱减速传动两种基本型式。

2.2.1 直接传动

直接传动是一种最常见、最基本的传动型式。主发动机和螺旋桨之间除了传递功率的轴系之外，没有其他传动设备，螺旋桨与主机具有相同的转速和转向，如图 2-1 所示。螺旋桨在较低转速时有较高效率，因此大型直接传动推进装置一般都采用低速柴油机。它的特点是结构简单、使用寿命长、燃料费用低、维修保养方便、传动损失少、推进效率高等。其缺点是质量尺寸大、利用发动机倒车机动性差、非设计工况下运转时经济性差、低速和微速航行受到限制。

直接传动推进装置特别适用于工况变化较少、航程较大的大型货船、客轮、军辅船等,所以在远洋运输船舶、沿海运输船舶中得到广泛应用。

2.2.2 齿轮箱减速传动

大直径低转速螺旋桨能有效地提高推进效率。为了提高推进效率、减少空泡,对于不同的船型,螺旋桨的转速范围大致为大型油船和货船为 90~120r/min,小快速定期货轮为 120~140r/min,客船为 140~200r/min,护卫舰、驱逐舰为 200~400r/min,炮艇、导弹艇为 400~800r/min,快艇、水翼艇为 800~1 600r/min。

以中、高速柴油机为主机的推进装置,因机桨转速不匹配,必须配置齿轮减速机组(包括减速齿轮箱,离合器和弹性联轴器等),把传动轴的转速降低到螺旋桨的最佳转速,以提高推进效率。渔船等多工况船舶,一般采用齿轮箱多速比传动,以满足不同工况下的功率及轴扭矩要求。齿轮传动推进装置的缺点是装置复杂性增加、初期投资大、传动效率相对降低。

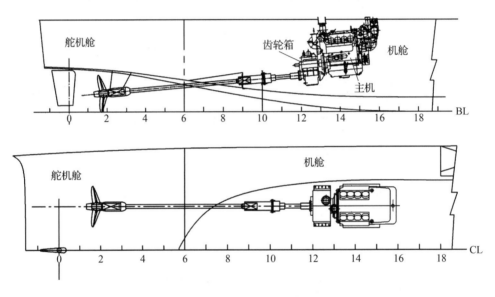

图 2-7 齿轮箱减速传动

一般轴系、主机和螺旋桨都布置在一直线上,但有些小型高速艇(如快艇、导弹艇),机舱短小,轴系直线布置有困难:把轴线拆成两段,中间以 V 型传动齿轮箱连接,图 2-8 是这种布置的示例。它的螺旋桨轴倾斜 $\alpha = 8°40'$,而主机呈水平状态。图 2-9 是某船 Z 型推进装置轴系布置简图。主机和螺旋桨不在一直线上,轴系成 Z 型布置。柴油机利用弹性联轴器,摩擦离合器,2 个万向联轴器和 2 根中间轴把功率通过 Z 型减速传动机组传至螺旋桨。采用 Z 型传动的装置不仅可改善机舱布置,而且可使船舶不再需要安装舵和反转机构。这种装置的螺旋桨可在水平面内做 360°转动,因此推力也随着做 360°方向变化,船的倒车、转弯机动性十分良好,在港作拖轮、救助拖轮上使用有很大优越性。

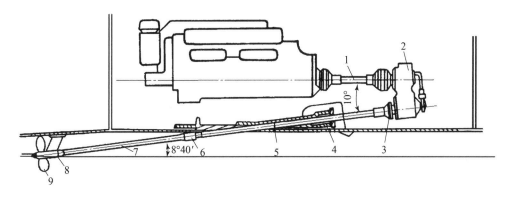

1—中间轴；2—V型减速齿轮箱；3—可拆法兰；4—艉轴管；5—艉轴；
6—可拆联轴器；7—螺旋桨轴；8—人字架；9—螺旋桨。

图 2-8　V 型传动轴系布置

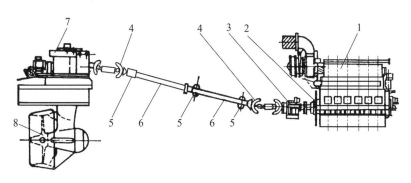

1—发动机；2—弹性联轴器；3—离合器；4—万向联轴器；5—中间轴承；
6—中间轴；7—Z型减速齿轮箱；8—螺旋桨。

图 2-9　Z 型传动推进装置轴系布置

2.3　船舶推进轴系的主要部件

2.3.1　推力轴与推力轴承

1. 推力轴

低速柴油机直接传动时，通常主机内自带推力轴承；采用间接传动的推进系统，推力轴承一般设置在减速齿轮箱内，和齿轮箱做成一体。这些情况下，轴系就不再设置单独的推力轴。

柴油机直接传动时，若主机不带推力轴承，在传动轴上须专设一个推力轴承将传动轴上的轴向力传给船体，以推动船体运动。通常将推力轴承所在的轴段称为推力轴。推力轴和推力轴承可以单独布置在发动机和中间轴之间，或在齿轮箱和中间轴之间。

推力轴两端的结构与中间轴类同，所不同的是推力轴的长度通常较短，只要能与推力轴承匹配即可。在滑动式（米切尔式）推力轴承中，推力轴的中部设有推力凸缘，与推力轴承的推力垫块配合,承受轴向力。推力轴的两端一般都带有整段法兰,在采用滚动式推力轴承时才使用可拆式法兰,如图2-10所示。

2. 推力轴承

推力轴承是轴系中的重要部件之一,它将螺旋桨所产生的轴向力(包括向前和向后)可靠地传递给船体。船舶建造规范规定其承载能力应不小于螺旋桨最大推力的1.2倍,同时应具有良好的耐磨性和尽可能小的摩擦因数,以减少传递损失。

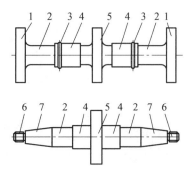

1—连接法兰;2—轴干;3—甩油环;
4—轴颈;5—推力环;
6—螺纹部分;7—锥体。

图2-10 推力轴

推力轴承应该在下述工况下均能可靠地工作:轴系正转时承受推力,反转时承受拉力,这种工况属于一般带定距桨的正常工况;轴系正转时,既承受推力也承受拉力,这属于带调距桨的正常工况;轴系正转,但承受拉力,如拖桨时为了减少拖桨损失而让轴系自由旋转时就是这种工况。

推力轴承均有一定的轴向间隙,这是为保证它正常工作所必需的,但这个间隙不能太大。例如:当它与柴油机曲轴刚性连接时,推力轴承轴向间隙引起的轴向移动必然会引起曲轴的轴向移动。若其轴向间隙值大于主机曲轴轴向定位轴承的间隙,则会导致轴系的轴向力全部转移到主机的轴向定位轴承上,而使它迅速损坏。因此推力轴承的轴向间隙应当小于主机曲轴定位轴承的间隙。又如:当推力轴与减速齿轮箱连接时,若采用刚性连接,同样会引起减速齿轮箱输出轴及位于其上的传动齿轮的轴向位移;当传动齿轮采用人字齿时,这个轴向位移将导致人字齿轮啮合状态被破坏,这是不能允许的。在这种情况下,通常要在推力轴与减速齿轮箱输出端之间增设一个补偿轴向间隙的联轴节。推力轴承的安装位置还应尽量地靠近主机或减速齿轮箱,目的是避免温度变化时,轴系的温差变形对主机曲轴定位轴承和齿轮箱齿轮正常啮合状态发生不良影响。

目前船舶上采用的结构型式通常为滑动式(米切尔式)和滚动式两种。

3. 滚动式推力轴承

图2-11为滚动轴承的一种结构型式。它作为一个单独的部件装在轴系中,核心是两只分别用来承受推力和拉力的滚动式推力轴承。它们不转动的座圈的背面为球面。设置球面的目的是要使推力轴承能适应推力轴在某些情况下可能发生的偏斜。另有一只双排径向支点轴承,用以支撑推力轴及其上面所有附件的质量。出于同样的目的,采用自动调心式,两者的球面中心是重合的。推力轴的两端分别装有可拆式法兰与中间轴、离合器相连接。轴承壳体由两半组成,用螺栓连成一体并通过轴承体上的凸缘固定在船体上。壳体两端装有油封和端盖,通常由循环滑油对它进行冷却。

滚动式推力轴承具有下述特点:

(1) 在较小的轴向载荷条件下,体积较小、质量较小。

(2) 许用转速较高。

(3) 能适应轴段的偏斜。

(4) 承受推力时与转向无关。

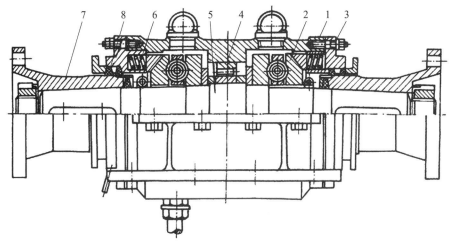

1—轴承盖；2—推力轴承；3—端盖；4—支点滚动轴承；5—推力轴；
6—弹簧；7—联轴节；8—填料。

图 2-11 滚动式推力轴承

(5) 承载能力较小。

因此，这种型式的推力轴承大多用在直径为 200mm 以下的高速轴系中。滚动式推力轴承的型式很多，也可直接装在齿轮箱内，可根据轴向力和转速等参数具体选择。

4. 滑动式推力轴承

米切尔式推力轴承是滑动式推力轴承中目前最常见的一种。其工作原理如图 2-12 所示，推力垫块为浮动的扇形块，其背面的销子顶在固紧于轴承体上的销子上，推力环按箭头旋转时，推力作用力 P 和销子的球面支点间有偏心距，对支点构成一力矩，此力矩使扇形推力块倾斜。同时，滑油流过间隙，作用在推力块表面的油摩擦力对球面支点也构成一力矩，这两力矩大小相等、方向相反，因而形成稳定油楔，推力垫块得到液体润滑。推力垫块单位面积的承压能力可达 2.8MPa，在设计选型时，对于自然润滑的轴承，许用承压一般取 2MPa；当为压力润滑时，可取 2.5MPa。

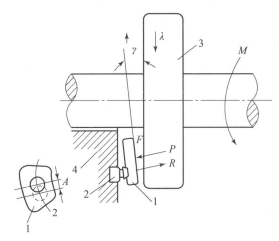

1—扇形块；2—销子；3—推力环；4—轴承体。
图 2-12 单环式滑动推力轴承工作原理图

滑动式推力轴承的特点,如下:
(1) 承载大,许用承压 2~3.5MPa,适用于推力比较大的舰船。
(2) 承力方向与轴的转动方向有关,即单转向作用。
(3) 正常工作时,也存在液体摩擦,有一定的发热功率,需要不间断的冷却。润滑的方式有两种:一是压力润滑,即供给压力滑油,先受热后抽出,再经外冷却器冷却后循环使用;二是单独润滑,靠自带滑油飞溅润滑,用蛇形水管冷却。
(4) 结构复杂,安装要求高。推力轴承的轴向间隙应小于柴油机曲轴的定位间隙。推力轴承的位置应尽量靠近主机或齿轮箱端,以防轴系因温差变形而影响柴油机曲轴或齿轮箱功率输出轴的轴向位置。
(5) 在使用管理中,对于单轴定距桨舰船,轴上的正、倒车推力块是可以互换的。
(6) 当不工作螺旋桨被拖转时(称为水涡轮工况),其推力轴承不能正常工作,在使用管理中,应注意刹轴。若脱轴自由旋转时,应加强润滑、冷却。

由于推力块受力不均匀,实际结构采用平衡垫块结构,如图 2-13 所示是带平衡垫块的米切尔式推力轴承的典型结构。每个推力块由两个平衡垫块支撑,平衡垫块沿圆周安装。当其中一个推力块由于某些原因而受力较大时,使得与推力环之间的油楔增大,推力也相应减小,而相邻的两块推力块与推力环的油楔在平衡垫块的作用下变小,承受的推力增大,从而能自动地平衡所有推力块的负荷。这种结构的推力块的承载能力可达 3.5MPa。

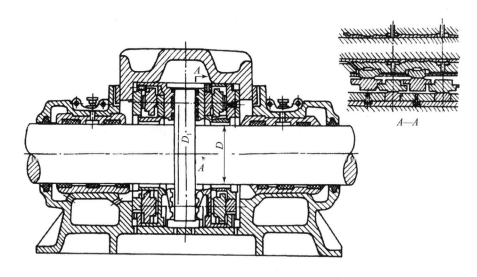

图 2-13 带平衡垫块的米切尔推力轴承

5. 辅助推力轴承

辅助推力轴承一般用在护卫舰、驱逐舰等大中型舰船上,它的功用有以下三个。
(1) 在正常情况下作一般的支点轴承用。
(2) 在主推力轴承故障时,可以承受螺旋桨的部分推力。舰船建造规范规定,辅助推力轴承的承载能力应不小于主推力轴承的 35%。
(3) 在部分轴系或主机有故障必须停车而舰船还需航行时,可将艉轴与整个轴系之间的速拆式联轴器拆开,这时螺旋桨在水动力作用下按正转向方向自由旋转,且轴向力为拉力,这个拉力由辅助推力轴承来承受。在这种情况下螺旋桨的附加阻力比刹住不转时小得多,对提高部分螺旋桨工作时的航速有好处。

辅助推力轴承的结构同主推力轴承一样,主体部分与主推力轴承没有差别,通常也采用米切尔式结构。区别在于辅助推力轴承不工作时,推力块与推力环之间有一个较大的轴向间隙为 10～12mm,它的推力垫块可以通过人员的操纵迅速地投入和撤出工作,就是在轴承的左、右各附加了一套能使推力垫块投入和撤出工作状态的操纵机构。

2.3.2　中间轴与中间轴承

中间轴置于推力轴与螺旋桨轴之间。它是一个锻造整体,两端带有整锻法兰,轴段长短和数量是由船体长度和机舱位置而定。某些舰船,为了减轻质量,采用空心轴。每根中间轴通常只设置 1 只中间轴承,它的安装位置一般不在轴段中央,而偏在一端,约在中间轴长度 20% 处,以利于安装及减振。中间轴承的结构形式主要有滑动式和滚动式两种,而以滑动式使用较为广泛。

中间轴承分滑动式与滚动式两种。滑动轴承的优点是工作可靠、维护简便;制造成本低且不需要专门设备,故而一般工厂均能制造;安装与维修较方便,被大量采用在转速较低的轴系中。滚动轴承的摩擦损失小,其摩擦因数为 0.002～0.003(滑动轴承为 0.01～0.02);由轴系对中不良引起的附加负荷对它的正常工作影响不大;但安装困难,为了安装轴承,轴的一端必须是可拆卸式联轴节,因此增加了轴系的质量和造价。当轴系比较长时,拆装的困难就更大。它一般应用在高速和较高转速的直径较细的轴系中。滑动轴承有不少系列化的定型产品可供选择,具体的结构、工作原理可参阅机械零件手册和有关产品目录。选择的依据是轴径圆周速度、承载能力和轴瓦长度 L 与轴径 d 之比。油盘式润滑适用于轴颈圆周速度为 3～10m/s;油杯、油芯式润滑适用于速度为 1.5～3m/s。通常建议 $L/d = 0.7～0.8$,船舶建造规范要求小于等于 1。自然润滑轴承许用比压通常为 0.3MPa,随着结构、材料、工艺等因素的改进,目前有的已增大到 0.6MPa,当选用系列化产品时,可参考其说明书选取;当重新设计时,可根据母型选取。当参照母型选定结构后,不进行专门的润滑计算,而是进行摩擦功和轴承散热量的校核。

2.3.3　螺旋桨轴

螺旋桨轴位于轴系最后端,其后端装有螺旋桨,前端穿过艉轴管轴承与中间轴相连接。螺旋桨轴工作条件比其他轴段恶劣,大型船舶螺旋桨重达几十吨,使螺旋桨轴受较大悬臂梁负荷,产生较大弯曲应力,同时还承受螺旋桨运转时不均匀动载荷和艉部振动力造成的附加应力。为了保证螺旋桨轴可靠工作,必须选择合理的结构和材料,使它具备足够的强度、刚度、抗腐蚀性,以及尽可能轻的质量。双轴系船的螺旋桨轴很长,为了加工和拆装方便,可一分为二,前者称为艉轴,后者称为螺旋桨轴。

螺旋桨轴位于轴系最末端,其艉部安装螺旋桨,前端穿过艉管与中间轴相连接。螺旋桨轴的工作条件相当恶劣,除了承受巨大的螺旋桨质量以外,同时还承受螺旋桨运行时的不均匀动负荷、艉部振动产生的附加应力等。为保证螺旋桨轴可靠地工作，设计时除必须考虑合理的结构外，还需选用合适的材料。螺旋桨轴常用材料为 30#、35#、40#、45#等优质碳钢，常为锻造，对舰艇常用合金钢。螺旋桨轴应用抗腐蚀能力，采用水润滑的艉轴承，为避免海水对钢材的腐蚀及减少螺旋桨轴的磨损，一般在其轴径处安装有铜衬套，铜套和钢材在海水中形成一对电极，使螺旋桨轴受到电化腐蚀，此外在海水中运行的轴段也会产生化学腐蚀，因而必须采取防腐蚀措施，对电化腐蚀常采用"阴极保护法"，对海水化学腐蚀主要采用涂防腐漆或包玻璃钢保护层或橡胶保护层等方法。螺旋桨轴与螺旋桨的连接常用三种方法：一是机械连接法，依靠螺旋桨的锥孔与轴的锥体紧密配合和键的功用传递扭矩和推力，并用螺帽锁紧螺旋桨承受拉力；二是液压连接法，将螺旋桨套在轴上后，用油泵将高压油打入螺旋桨轴与桨的锥面配合处，使桨壳产生弹性变形并被胀开同时将螺旋桨向前推进至规定值，当高压油释放后，由于桨壳弹性变形的恢复，使螺旋桨紧配在艉轴上；三是环氧树脂黏结法，在中、小型船舶得到广泛应用。

2.3.4 艉轴管装置

1. 艉轴管装置组成

船舶艉轴管装置是用来支承螺旋桨轴，并保证它可靠地通过船体，满足水密要求，不使船外的水漏入船内，也不使润滑油外泄。一般它由艉管、艉管轴承、密封装置和润滑、冷却系统等组成，是推进装置中重要的组成部件之一。

由于艉轴管装置位于水线以下，且有一部分部件浸于水中，故它的使用可靠性及其寿命如何，将影响到船舶的营运和收益。为此，对其各组成部件的结构、材料均须认真设计和严格要求。

艉管材料一般采用铸钢，也有用铸铁或球墨铸铁的。在双轴系中，艉管较长，可做成可拆式结构由几段组成，分为前艉管、中艉管和后艉管。中艉管常用钢板卷成或用无缝钢管制成。由于艉管内部设置承受动力负荷很大的艉管轴承，所以艉管必须具有足够强度和刚度。一般安装前要进行水压试验（$20 \sim 40 \text{N/cm}^2$）。

艉轴管装置按其润滑的方式可分为油润滑和水润滑两种。由于润滑方式不同，艉管轴承的材料也不同。油润滑轴承材料选用白合金，水润滑轴承材料可用铁梨木、硬橡胶和层压板等。

密封装置是艉轴管装置的一个重要部件。性能良好、完善的艉轴管密封装置，除了能承受最大的船外水压力，防止滑油外泄，装拆方便，结构简单外，还需保证螺旋桨轴因各种原因产生变形和位移时，仍能保持良好的密封性并确保轴系旋转自由。

因此，国内外造船界十分重视对它的研究，并取得了进展。目前船上采用的艉轴管密封装置主要有如下几种：

图 2 – 14、图 2 – 15 是典型的艉轴管装置结构，分别为油润滑轴承和水润滑轴承。采用油润滑轴承的艉轴管装置必须两端都要安装密封装置，以防止艉轴管内润滑油的外泄和船外水渗入船舱内。对于水润滑轴承只需要设置前密封装置，以防止作为润滑剂的舷外水渗入舱内。另外，为防止海水对艉轴的腐蚀，一般在艉轴上包覆铜套或其他形式的轴包覆，浸于海水中的轴段应涂防腐剂或用玻璃钢包覆。艉轴管装置工作条

件恶劣，其可靠性不仅影响船舶的正常运行，甚至危及船舶的生命力，因此对其各组成部件的结构、材料都应严格按照规范和要求进行设计。

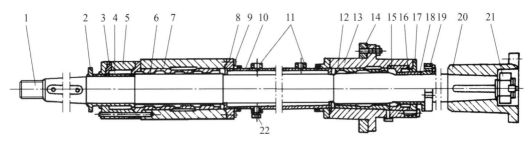

1—螺旋桨轴；2—防磨衬套；3—压盖；4—密封填料；5—密封件外壳；6—后艉轴承；7—人字架毂；8—锁紧法兰；9—锁紧螺母；10—艉管；11—油管接头；12—前艉轴承；13—前支承；14—垫板；15—密封支座；16—密封填料；17—压盖；18—前防磨衬套；19—锁紧环；20—联轴器；21—螺帽；22—放油螺塞。

图 2 – 14　油润滑的双轴系艉轴管装置

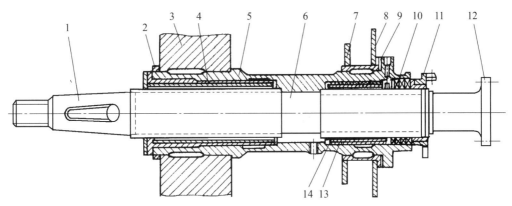

1—螺旋桨键；2—锁紧螺帽；3—艇柱；4—后艉轴；5—艉管；6—螺旋桨轴；7—轴承支座；8—隔舱壁；9—垫板；10—密封填料；11—压盖；12—联轴器；13—前艉轴承；14—轴包覆。

图 2 – 15　水润滑的单轴系艉轴管装置

艉轴管的材料目前一般采用铸钢、铸铁或球墨铸铁；对长度比较长的艉轴管可制成分段式结构，中间部分常常采用钢板或无缝钢管焊接。艉轴管内部设置承受悬臂负荷和较大动负荷的艉轴承，因而艉轴管必须有足够的强度和刚度，在安装前要做水压试验。如前面所述，艉管轴承按照润滑方式不同可分为两大类，即水润滑轴承和油润滑轴承。水润滑轴承所用材料有铁梨木、层压板、橡胶、尼龙等，油润滑轴承所用材料一般为白合金，小型船舶也常用青铜。

2. 艉轴承材料

1）铁梨木轴承

铁梨木是海船中常用的一种艉轴承材料。它的木质坚硬、有韧性、耐海水腐蚀，且在海水中与铜合金组成摩擦系数很小的摩擦副，几乎不伤害轴上的铜套，是一种理想的轴承材料。但它属于天然生长的木材，生长速度慢，我国的产量较少，以进口为主，价格昂贵。此外当在轴承与轴套间进入砂粒时，磨损速度将显著增加，因此不适用于近海船舶。

这种轴承的结构如图 2 – 16 所示。铁梨木制成板条状，按桶状排列在轴承衬管内。

为了防止铁梨木板条转动,在轴承两侧镶装青铜定位板条,定位板条的厚度为铁梨木厚度的 60%,以避免铁梨木磨损后擦伤艉轴上的铜轴套。在相邻两块铁梨木板条之间开有凹槽作为海水通道,用来润滑和冷却轴承。铁梨木横断面上的材料的硬度大,耐磨性也比顺纤维方向好。因此,承压的下半圆板条的纤维方向要与轴颈表面垂直,上半圆板条的纤维方向可以和轴向平行,以节约材料。铁梨木板条在镶配到衬管内之前,应先用水浸泡 2~3 周,使其足够膨胀。安装完毕后,在轴向两端还应留出一定的间隙,允许其继续膨胀。铁梨木轴承装入衬管后,在船舶下水之前,应保证其处于湿润状态,防止由于干裂收缩造成松动。

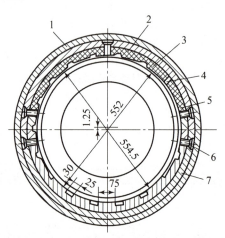

1—艉轴管;2—衬管;3—铁梨木(上半圆);4—通水凹槽;5—定位板;
6—固定螺钉;7—铁梨木(下半圆)。

图 2-16 铁梨木轴承

2)层压板轴承

由于铁梨木的产量有限、价格贵、使用受限制,因此要寻找代用材料,层压板是较好的材料之一。它是用酚醛树脂浸泡过的厚为 0.4~0.5mm 的桦树板在 16~20MPa 的压力和 145~160℃ 的温度下胶合起来的板料。由于层压板浸泡过树脂,且在加热条件下压缩,因而具有耐磨、耐腐蚀等性能。它在海水中能与青铜配成良好的摩擦副,艉轴铜套的材料采用锡青铜(QSn10-2)。层压板的端面耐磨性能更好些,故板条的纤维方向应与轴径表面垂直。层压板是在干状态下镶入衬管的,板条间紧密贴合,不留水通道,靠止动条低于板条所形成的空隙让水流通。板条浸水后沿圆周方向的膨胀力使相互间贴合更紧密,同时也在止动条上形成高达 20MPa 的压强,因此止动条的结构很有讲究。板条组成的承压面占整个圆周的角度不应小于 100°~110°。轴承衬管的长度应比板条长 2%,使在板条的端部留有足够的轴向间隙,允许板条浸水后自由膨胀。层压板轴承的许用比压为 0.3MPa,许用线速度小于 5m/s。

3)橡胶轴承

橡胶与青铜在有足够充分的海水供应情况下能组成良好的摩擦副。它具有很多特点:弹性好,能吸收轴回旋振动和冲击,因此工作平稳、无噪声,且能在含砂海水中工作;耐磨,在正常情况下的使用寿命比其他材料长,可达 10 年以上。

橡胶轴承一般不能镗孔,其精度要靠高精度的模具保证。此外其传热差,工作温度不能超过65℃，即使在20℃以上也会较快老化，在 -40℃ 时还会变脆。橡胶中的硫会腐蚀轴套，因此在停航时要经常转动轴系。当冷却水不够充分时，不能可靠工作。当中断供应冷却水 1～2min 时，就会引起摩擦因数剧增而烧坏轴承或将轴径咬住。橡胶轴承已被广泛地应用在各种舰艇上，我国现有产品橡胶材料为氯丁胶和氰丁胶两种。其结构可以做成橡胶-金属板条结构或整体式结构。前者用于轴径较粗的场合，后者适用于轴径较细的场合，如图 2-17（a）、(b) 所示。

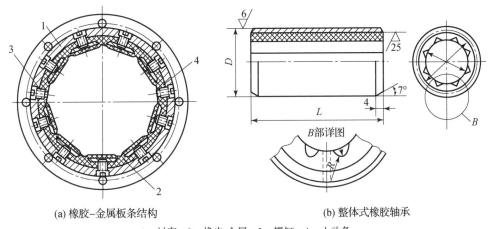

(a) 橡胶-金属板条结构　　(b) 整体式橡胶轴承

1—衬套；2—橡皮-金属；3—螺钉；4—止动条。

图 2-17　橡胶轴承结构

4) 白合金轴承

白合金轴承的材料分为两大类：锡基合金（锡的含量约占83%）和铅基合金（锡含量占16%左右）。前者性能优越，后者价格低。其主体结构与前面所述的滑动式中间轴承大同小异，但两端的密封性要求特别高，由于泥沙、海水的渗入会急速损害轴承，同时润滑油外泄会影响隐蔽性和污染环境，此外应充分考虑润滑和冷却。

白合金轴承在有滑油润滑情况下，耐磨性好、不伤轴径，允许比压高，散热快、不易发生烧轴事故。但其制造和修理复杂，价格贵。采用白合金轴承后，轴上不必再装青铜轴套。

3. 艉轴管密封装置

艉密封装置是艉轴管装置的一个重要部件。工作条件比较恶劣，除了受到剧烈的磨损及摩擦产生的高温外，由于艉轴承有径向间隙和推力轴承的轴向间隙，在螺旋桨不均匀推力作用下及由正车到倒车的变工况过渡过程中，轴段和密封元件会产生剧烈的径向跳动和轴向窜动。此外，密封元件还受到油压或水压及其压力差的作用，以及海水的腐蚀和泥沙的浸入等影响。尤其是随着船舶大型化和高速化，吃水深度增加，轴功率增大，艉轴直径加粗，致使艉轴的线速度也随之提高，对密封装置的工作可靠性提出了更为苛刻的要求。

1) 填料函型水密封装置

如图 2-18 所示是一种广泛使用的水密封装置。填料函 3 装在套管 4 中，借填料压盖 1 及压盖衬套 2 的压紧力使填料函与艉轴紧密接触，以达到封水目的。

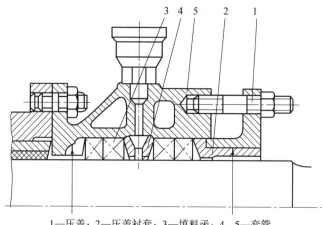

1—压盖；2—压盖衬套；3—填料函；4，5—套管。

图 2-18 填料函型密封装置

这种密封装置优点是结构简单，制造维修方便（在航行中也能更换密封填料）。缺点是要使密封性能良好，必须拧紧螺母，增加压盖压力，会使轴功率损失增大，并使艉轴或套管磨损加快，影响使用寿命。所以，航行时，要稍放松压盖，允许少量水漏泄。填料常用渗油脂的麻索或石棉制品制成。为避免海水腐蚀，图 2-18 中填料函压盖衬套 2 和套管 5 常用青铜或黄铜合金制成。

2）橡皮环径向密封装置

橡皮环径向密封装置是油润滑艉管装置上用得最普遍的一种。早在 20 世纪 40 年代已在船上应用，称为辛泼莱克司（Simplex）型，经过不断改进提高，已逐渐趋于完善。图 2-19 为辛泼莱克司改进型艉部密封结构，采用 4 只呈球形橡胶密封环。这种密封环的腰部做得较长，弹性和跟随性很好，密封环本身和轴衬套接触时，径向借助于弹簧、油或水的压力压紧在轴衬套上，加之球鼻型密封环唇口与轴衬套的接触宽度小（0.5～1mm），形成线接触状态，使接触压力较集中，只要能形成油膜（厚度仅几微米），唇口接触处的压力可达润滑油压的几十倍，完全可以阻挡油从唇口处沿轴表面浸润流动，故其密封效果良好，使用寿命长，是目前大中型船舶上广泛应用的密封装置。艉部密封装置位于船体之处，工作环境更为恶劣，船舶航行时又无法检查，因此要求比首密封严格得多，一般采用要 3 只甚至 4 只球鼻形橡胶密封环，并设置 1 只防渔网的保护环，如图 2-19、图 2-20 所示。

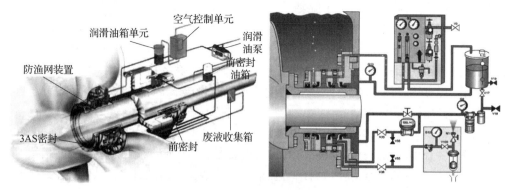

图 2-19 3AS 艉轴密封装置

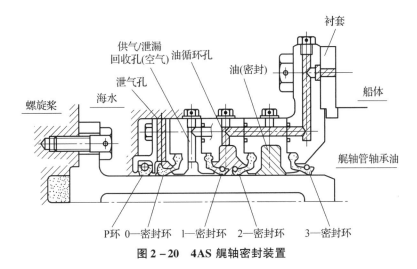

图 2-20　4AS 艉轴密封装置

3）端面密封装置

端面密封装置以瑞典百年老厂赛德瓦尔公司（Cerdervall）的产品为代表，故称为赛德瓦尔型。经过长期的发展，现已趋成熟，20 世纪 70 年代末又获得重大技术突破后，其使用寿命长达 15 年，结构简单和价格低廉等优势，市场占有率迅速提高。塞德瓦尔型密封装置可以承受船体和艉轴较大的变形与振动，耐低温性能好，在不拆卸艉轴和螺旋桨的条件下也可装拆密封装置，所以特别适合于如破冰船、渔船、挖泥船和调距桨船等于恶劣环境工作的船舶。

端面密封装置是瑞典 Cerdervall 公司的典型产品，国内有其合作制造公司。该装置可以承受船体较大变形和艉轴较强的振动，耐低温性好。采用分裂式结构，在不拆卸艉轴和螺旋桨的情况下可装拆密封装置，拆卸空间要求小；不受污水或含沙水的影响；正常运行下油耗为（1~3L）/24h。图 2-21 是该装置结构原理图。如图 2-21（a）所示，定环 1 固定于船体，动环 7 固定于桨毂，与动环 7 相连的动环 6 随艉轴移动；

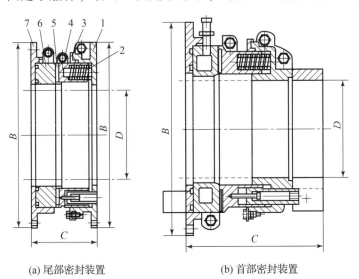

(a) 尾部密封装置　　　　(b) 首部密封装置

1—定环；2—弹簧；4—浮环；3—限位环；5—白合金；6—动环；7—动环。

图 2-21　端面密封装置

限位环3与定环1相连，浮环4受一组弹簧2和限位环3的作用，允许做轴向移动，可补偿安装误差和白合金5的磨损；铸在浮环内的白合金外表面向内倾斜，白合金5与外环6接触面处呈内宽外窄的楔形缝隙，轴系运行时，润滑油充满这一缝隙而形成楔形油膜，在离心力的作用下，油膜外缘形成很高的压力，能防止海水和泥沙的入侵，从而达到密封的效果。停车时，由于弹簧2的压力作用，油楔外缘封闭，防止了漏油。除弹簧2外，其他环形部件均做成两个半环的组合体，所以拆装和检修内外密封时，不必卸下螺旋桨，更无需抽出艉轴。图2-22是端面密封装置。

图2-22 端面密封装置

2.4 传动轴的设计

2.4.1 传动轴的材料

船舶轴系中的传动轴（中间轴，推力轴、艉轴等）为重要锻钢件。民用船舶广泛采用优质碳素钢作为轴的材料。一般的材料可采用30#、35#、40#、45#等钢号锻制，其中比较普遍的是选用35#钢；舰艇及少数快速客轮为减轻轴系重量也可采用合金钢，但合金钢不仅价贵，而且对各种形式的凹槽（如键槽）、表面伤痕和轴径的突变等较敏感，应力集中系数高，要求精密的机械加工，因此非必要时应避免采用。对于有些小型海船为了避免海水的腐蚀也常采用不锈钢轴（主要用于水润滑艉管装置）。采用热轧圆钢制造传动轴，其直径应不超过200mm。用作轴材料的锻钢件，其化学成分、抗拉能力、耐冲击性能、低倍组织检查和高倍金相分析等必须符合规范要求。

2.4.2 传动轴的具体设计

1. 基本轴径计算

目前我国民用船舶轴系设计时，传动轴的直径一般都是按我国的有关船规计算确定，必要时再作一些强度验算。军用舰艇的轴径遵照海军有关规范计算的，一般还需进行强度校核。我国的船舶检验部门所制订的《钢质海船入级与建造规范》《长江水系钢船建造规范》和《长江水系小型钢船建造规范》中，均有轴系的有关计算公式和规定，这是根据长期航行的经验和资料，通过理论分析后加工所得，可作为轴系设计计算的基本依据。

在船舶轴系中为计算方便，通常先将中间轴作为基本轴，根据中间轴直径再计算推力轴、艉轴和螺旋桨轴等的直径。

按船舶建造规范计算推力轴、艉轴和螺旋桨轴等直径的方法如下：

1）按1989年钢质海船规范计算

轴的直径 d 应不小于下式计算的值：

$$d = 100C \sqrt[3]{\frac{P}{n_e} \frac{608}{\sigma_b + 176.5}} \text{（mm）} \qquad (2-1)$$

式中：P 为轴传递的最大持续功率（kW）；n_e 为轴传递 P 时的转速（r/min）；σ_b 为轴材料的抗拉强度，对于螺旋桨轴和艉管轴，若 $\sigma_b > 600\text{N/mm}^2$ 时取 600N/mm^2；C 为系数，其值按下列情况选取：$C = 1.0$ 为适用于中间轴的基本直径，$C = 1.1$ 为适用于推力轴在推力环处向外等于一个推力轴直径的部分，其余部分可按圆锥减小到中间轴直径，$C = 1.22$ 为适用于油润滑，且具有油封装置的或装有连续轴套的油压无键套或法兰连接的螺旋桨，$C = 1.26$ 为适用于油润滑，且具有油封装置的或装有连续轴套的有键螺旋桨轴。艉尖舱舱壁前的螺旋桨轴或艉管轴可以向前逐渐减小到中间直径。

在下列情况时，计算轴颈要进行修正，如下：

对于轴的中空直径 d_0 大于 $0.4d$ 时，需按下式进行修正。

$$d_c = d \sqrt[3]{\frac{d}{1 - \left(\frac{d_0}{d}\right)^4}} \text{（mm）} \qquad (2-2)$$

式中：d_c 为修正后轴的直径（mm）；d 为按式（2-1）计算的轴直径。

对于有键槽的直轴，至少在键槽及从键槽两端延伸到轴的直径长度的20%范围内，其直径应增加10%。

对于有径向孔的轴，至少在孔及从孔两边缘延伸到轴的直径长度20%范围内，轴直径应增加10%。孔径应不大于规定的轴的直径的30%。

对于有纵向槽的轴，至少在槽及从槽两边延伸到轴直径的30%长度范围内，轴的直径应增大20%。槽的长度和宽度应分别不大于规定的轴直径的1.4倍和0.2倍。轴上的槽或孔的边缘应磨光滑。

对于仅在港口内航行的船舶轴系直径，可按上述相应减少3%。

2）按长江钢船规范计算

中间轴直径：

$$d_m = 87.8K\sqrt{\dfrac{1.36P}{n_e}\eta(1+\varepsilon)} \quad (\text{mm}) \tag{2-3}$$

式中：P 为柴油机额定功率（kW）；η 为轴系传动装置效率，可按说明书提供的数据计算；n_e 为中间轴额定转速（r/min）；ε 为系数，可按下列不同情况选取。

对电力推进的中间轴，$\varepsilon=0$。

对直接传动式轴系装有齿轮减速，液力或气压离合器的中间轴，ε 值按表2-1所列选取。

表2-1 系数 ε

冲程	缸数						
	1~2	3	4	6	8	10	12
二冲程	1.08	0.66	0.45	0.25	0.11	0.08	0.03
四冲程	0.83	0.8	0.8	0.52	0.35	0.16	0.03

K 为材料修正系数，可按表2-2所列选取或按公式（2-4）计算。

$$K = \sqrt[3]{\dfrac{44}{44+\dfrac{2}{3}(9.81\sigma_b-44)}} \tag{2-4}$$

式中：σ_b 为轴材料抗拉强度下限值（N/mm²）。

表2-2 材料修正系数

σ_b	K	σ_b	K	σ_b	K	σ_b	K	σ_b	K
431.64	1	510.12	0.962	588.6	0.93	667.08	0.902	735.75	0.879
451.26	0.99	529.74	0.954	608.22	0.922	686.7	0.895	—	—
470.88	0.98	549.36	0.946	627.84	0.915	706.32	0.889	—	—
490.5	0.971	568.98	0.938	647.46	0.909	725.94	0.882		

推力轴在推力环区的直径应按中间轴的计算直径增加10%，其余部分可逐渐减小到中间轴直径。

螺旋桨轴直径 d_p 应不小于按下式计算所得之值，且不小于 $1.12d_m$：

$$d_P = 1.05d_m + K_1 \cdot D_P (\text{mm}) \tag{2-5}$$

式中：D_p 为螺旋桨直径（mm）；d_m 为中间轴直径（mm），按材料修正以前的计算值；K_1 为系数：仅在淡水工作的轴，$K_1=0.07$；可能与海水接触的轴，$K_1=0.01$；艉轴在内套筒到联轴节法兰之间,可逐渐减小到 $1.1d_m$。

中间轴、推力轴、螺旋桨轴的中孔直径 $d_c > 0.4d_m$ 时,按下式修正,即

$$d_{mc} = \alpha \cdot d_m \qquad (2-6)$$

式中:d_{mc} 为修正后的中间轴,推力轴、螺旋桨轴最小直径(mm);α 为系数,按式(2-7)计算或按表 2-3 查取。

$$\alpha = \sqrt[3]{\frac{1}{1-\left(\dfrac{d_0}{d_m}\right)^4}} \qquad (2-7)$$

式中:d_0 为轴的中孔直径(mm);d_m 为按上面方法所计算出的中间轴、推力轴、螺旋桨轴的直径(mm)。

表 2-3　α 系数

d_0/d_m	α	d_0/d_m	α	d_0/d_m	α	d_0/d_m	α
0.40	1.006	0.50	1.022	0.60	1.047	0.70	1.096
0.45	1.014	0.55	1.032	0.65	1.067	—	—

对于长江水系小船,应按最新的长江水系小船的规范进行计算。

2.4.3　传动轴的强度校核

由于实船轴系受力的复杂性,故目前国内外主要依靠规范的经验公式来确定轴径,可是规范的一些公式对其来龙去脉并未阐明,为了便于应用所学的力学知识反映某些问题的实质,也为了对规范所计算的轴径进行校核,特介绍以下近似的强度计算方法。这种方法主要是先计算出传动轴在静载荷条件下的合成应力,再引用实际经验所确定的安全系数来考虑动载荷的作用。

1. 中间轴的强度计算

将轴看成是一根自由放置在两个支点上的简支梁,其所受的外力(扭矩 M_T、推力 T 和自重 q 等,这里不考虑相邻跨距的影响),如图 2-23 所示,图中 G 为法兰重量。

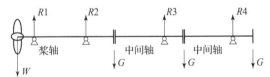

图 2-23　传动轴强度计算示意图

螺旋桨的推力可按下式估算,

$$T = 1945.2 \frac{P_{\max}}{V_s} \eta_P \qquad (2-8)$$

式中:T 为螺旋桨最大推力(N);$P_{\max}$ 为传递的最大功率(kW);V_s 为船的航速(kn);η_P 为螺旋桨效率,具体数据为

推拖轮:$\eta_P = 0.3 \sim 0.6$

商船:$\eta_P = 0.6 \sim 0.78$

快艇、小艇：$\eta_P = 0.45 \sim 0.70$

（1）由主机扭矩引起的剪应力为

$$\tau = \frac{M_K}{W_{MW}} \quad (\text{N/cm}^2) \qquad (2-9)$$

式中：M_K 为主机最大功率时的扭矩为

$$M_K = 955525.39 \frac{P_{\max} \cdot i \cdot \eta}{n_{\max}} \quad (\text{N/cm}) \qquad (2-10)$$

式中：$P_{\max}$ 为主机最大功率（kW）；$n_{\max}$ 为相应主机最大功率时的转速（r/min）；i 为减速箱传动比；η 为减速箱传动效率；W_{MW} 为中间轴抗扭截面模数（cm²）。

空心轴：
$$W_{MW} = \frac{\pi d_m^2}{16}(1 - m^4) \qquad (2-11)$$

实心轴：
$$W_{MW} = \frac{\pi d_m^2}{16} \qquad (2-12)$$

式中：m 为中空系数。

（2）由中间轴本身重量所产生的弯曲应力为

$$\sigma_W = \frac{M_W}{W_W} \quad (\text{N/cm}^2) \qquad (2-13)$$

式中：W_W 为中间轴抗弯截面模数 (cm)²，对

空心轴：
$$W_W = \frac{\pi d_m^3}{32}(1 - m^4) \qquad (2-14)$$

实心轴：
$$W_W = \frac{\pi d_m^3}{32} \qquad (2-15)$$

式中：M_W 为轴本身及法兰重量所产生的最大弯矩（N/cm）。

（3）由螺旋桨推力产生的压缩应力为

$$\sigma_y = \frac{T}{F_W} \quad (\text{N/cm}^2) \qquad (2-16)$$

式中：F_W 为中间轴截面积（cm²）。

（4）由安装误差引起的弯曲应力可按经验选取

$$\sigma_{Wz} = 1471.5 \sim 2943 \quad (\text{N/cm}^2) \qquad (2-17)$$

（5）合成应力，根据强度理论计算其合成应力，即

$$\sigma_{Wz} = \sqrt{(\sigma_y + \sigma_W + \sigma_{Wz})^2 + 3\tau^2} \quad (\text{N/cm}^2) \qquad (2-18)$$

（6）安全系数为

$$K = \frac{\sigma_S}{\sigma_H} \geqslant [K] \qquad (2-19)$$

式中：σ_S 为材料屈服极限；σ_H 为传动轴强度计算合成应力；$[K]$ 为许用安全系数，可按表 2-4 所列取值。

许用安全系数一般由经验来确定，选择时应考虑下面原则。

艉轴工作条件比中间轴差，如受力复杂及与海水接触等，安全系数应取得大些。对刚性传动的轴系，由于受到发动机交变扭矩负荷，材料易发生疲劳，故其安全系数也应取得比柔性传动的轴系大一些。

表2-4 许用安全系数 [K]

推进方式	轴的类别	一般船舶	军用船舶
刚性直接传动	中间轴	2.5~5.5	3.5
	螺旋桨轴	2.8~5.8	4.0
液力偶合、电磁离合器或电传动	中间轴	1.7~2.5	2.0
	螺旋桨轴	2.0~2.8	2.2

材料性质及加工和装配质量,如选用合金钢,其安全系数比碳钢为高。因为合金钢对各种形式的凹槽、表面伤痕和轴径的突变较敏感,应力集中系数较高,若制造与装配不易达到要求,安全系数也应取大一些。

军用船舶轴系工作条件比一般商船有利,在计算轴径时,都是按最大负荷作计算依据的。实际上军用船舶在轻负荷下航行较多,故为了减轻轴的重量,采用较高的许用应力和较低的安全系数。

2. 螺旋桨轴的强度计算

螺旋桨轴因为受螺旋桨悬臂动载荷的作用,且又与海水接触,故其受力比较复杂严重。目前主要采用与中间轴强度计算相似的计算合成应力的方法,或采用考虑弯曲应力影响系数的方法,先将螺旋桨轴的扭、压复合应力求出后,再乘以弯曲应力影响系数 ξ。

(1) 主机扭矩引起的剪切应力为

$$\tau = \frac{M_K}{W_C} \ (\text{N/cm}^2) \tag{2-20}$$

式中:W_C 为螺旋桨轴的抗扭截面模数 cm^2;M_K 为主机最大的功率时的扭矩(N/cm)。

(2) 螺旋桨推力引起的压缩应力为

$$\sigma_y = \frac{T}{F_C} \ (\text{N/cm}^2) \tag{2-21}$$

式中:F_C 为螺旋桨轴的截面积 cm^2。

(3) 合成应力为

$$\sigma_H = \xi \sqrt{\sigma_y^2 + 3\tau^2} \ (\text{N/cm}^2) \tag{2-22}$$

式中:ξ 取 1.02~1.06。

2.5 船舶推进轴系的布置设计

船舶轴系的设计工作一般是从轴系的布置开始。当机舱、主机和螺旋桨位置已初步决定,并对船体艉部线型与结构和轴系结构有充分了解和考虑后,首先是确定轴线数目、位置和长度,初步选定轴承位置与间距后,然后选用或设计轴系部件,进行轴系强度计算和振动验算,最后绘制轴系布置及安装总图,完成船舶轴系的设计工作。

设计时，可从几个不同方案中选择最佳方案。

2.5.1 轴线的确定

1. 轴线数目

从主机到螺旋桨之间的轴系，往往是由好几段位于同一直线的轴互相连接起来的，这种位于同一直线上的轴系称为轴线。轴线数目往往取决于船舶的类型、航行性能、生命力、主机型式及特性、装置在多种工况下的经济性及工作可靠性等。一般民用船舶轴线数目都不超过三根，大型远洋商船往往用一根，航速较快、经常进出港口的客轮或集装箱船及特殊要求的船舶往往用两根。军用船舶为了提高航速及生命力和机动性，一般采用两根或三根，特殊类型军用船舶多达四根。

一般单轴系的轴线，常将其布置在船舶的纵舯剖面上；双轴系的船舶，轴线往往对称地布置在两舷；三轴系的船舶，往往将其中一根轴线布置在船舶的纵舯剖面上，而其余两轴线对称地布置在两舷。轴系一般是从主机伸向艉部，但在个别特种船舶中，如汽车、火车渡轮等，为了离靠码头方便，除了具有艉部轴线外，常在船舶艏部也布置有轴线。

2. 轴线的长度与位置

轴线是一根直线，它的位置和长度决定于其两端点的位置，一个端点是螺旋桨中心，另一个端点是主机的输出轴法兰中心。

主机位置的确定主要遵循如下原则：

（1）对称布置。考虑到重量平衡及方便布置与操作。对单机而言，一般布置在机舱中心线上；对双机而言，一般布置在机舱中心线的两侧。

（2）轴线尽量考虑成与船体龙骨线（基线）水平。如主机位置不能放低，则为保证螺旋桨浸入水面下一定距离，轴线向艉部倾斜角 α 一般限制在 $0 \sim 5°$（图 2-24），以保证较高的有效推力。双轴线与船舶纵舯垂面偏角 β（扩散角）在 $0 \sim 3°$。

（3）主机尽量靠近艉部，以使轴系长度较短。

图 2-24 轴线布置

螺旋桨的布置与定位均由船体设计决定，一般考虑原则是保证螺旋桨可靠而有效的工作，所以一是螺旋桨应浸入水面下一定距离，二是螺旋桨的边缘一般不应超出舯部轮廓之外，三是螺旋桨与船体的最小间隙应保持如表 2-5 所列的范围内，如图 2-25 所示。

表 2-5 螺旋桨与船体的间隙

螺旋桨边缘与舵间隙 a	螺旋桨边缘与艉柱间隙 b	螺旋桨边缘与船壳间隙 c	螺旋桨边缘与龙骨间隙 d
$0.12D$	$0.2D$	$0.14D$	$0.04D$

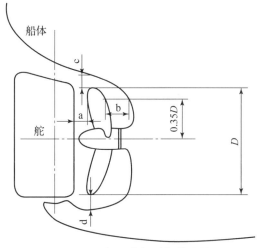

图 2-25 螺旋桨相对船体位置

图 2-25 及表 2-5 是《钢质海船入级规范》提出的单桨船螺旋桨相对船体位置最低限度的间隙要求。为了满足上述要求，某些船的轴线布置在纵向有倾斜角 α（一般 $\alpha = 0 \sim 5°$），在双轴系船上，轴线还可能和纵中削面有偏斜角 β（一般 $\beta = 0 \sim 3°$）。

对于一般船舶，$\alpha \leqslant 5°$、$\beta \leqslant 3°$ 的数值范围是能满足的。但是，对于一些小型高速艇，因主机功率大、艇体狭小、吃水浅、艉部结构特殊，α 和 β 数值很难满足上述要求，习惯上以 $\alpha < 15°$ 为限。图 2-26 为轴系倾斜低于基线的布置。

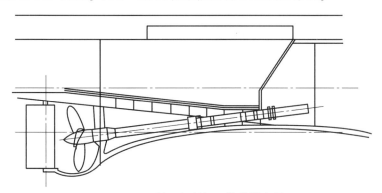

图 2-26 轴系倾斜低于基线的布置

2.5.2 中间轴承位置与间距

对于机舱布置在船艉部的大型船舶，轴系长度有的达几十米，有的甚至长达百米以上，每根中间轴均由 1 道中间轴承支承，而轴承底座靠螺栓与船体相连。如果轴承位置安排不当，在船体变形时将会使轴承负荷增大好几倍，即使在正常情况，由于轴承位置不当，也可使轴承负荷不均匀，从而造成轴承的严重发热和迅速磨损，因此轴承位置与间距的合理确定将决定轴系运行的可靠程度。

一般而言，适当减少轴承数量，增加轴承间距，会使轴系柔性增加，工作更为可靠。因为对轴系的变形牵制减少，轴承额外负荷反而减小。但是，轴承间距是和轴承负荷，轴系校中和振动都有一定的关系，必须考虑各方面的影响，然后确定轴承间距。

先假设在一长轴系中有三根连在一起的等直径中间轴，每根轴分别由一个中间轴承支承，各轴承的跨距与各轴的长度相等为 L，如图 2-27 所示。此时，每个中间轴承受的静重为 $\pi d^2 \gamma L/4$，又按中间轴承标准，轴承长度为 $0.7 \sim 0.8d$，现取 $0.8d$，允许最大比压为 58.86N/cm^2，则得如下等式：

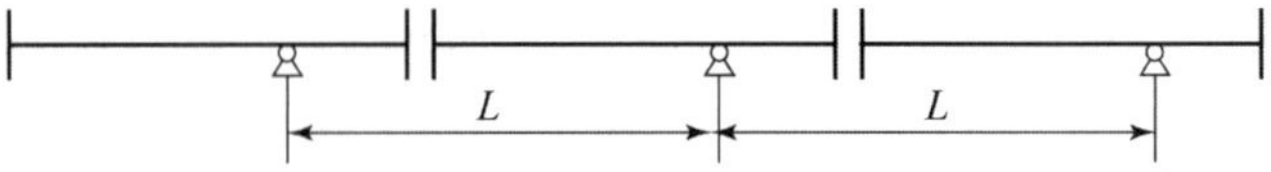

图 2-27 中间轴承支座布置

$$0.8d^2 \times 58.86 = \frac{\pi d^2}{4} \gamma L \tag{2-23}$$

式中：d 为中间轴直径（cm）；L 为两轴承间距；γ 为轴的重度，取 γ 为 0.0769N/cm^3。由式（2-23）可得中间轴承允许比压所确定的轴承间距为

$$L \leqslant 778.54\text{cm} \tag{2-24}$$

考虑轴系轴承由于安装误差、船体变形等原因会使轴承引起附加负荷。因此，轴承间距越小，附加负荷越大，可以由简单模型推出影响系数，如果安装误差最大允许量为 0.25mm，轴承附加比压不超过 $3.43 \times 10^5 \text{Pa}$，可得

$$L_{\min} \geqslant 24.9 \sqrt[3]{d^2} \text{ (cm)} \tag{2-25}$$

对于一般轴径的轴承间距，$L_{\min}$ 的下限仍为 $24.9\sqrt[3]{d^2}$，而上限可参考如下经验公式：

苏联尼古拉也夫推荐的公式：

$$L_{\max} \leqslant 125\sqrt{d} \text{ (cm)} \tag{2-26}$$

式中：d 为中间轴径（cm）。

德国船级社推荐的公式：

$$L_{\max} \leqslant 142\sqrt{d} \text{ (cm)} \tag{2-27}$$

在轴系布置时，轴承间距可用上述推荐的公式来考虑，但轴承间距不宜过大。因为轴承间距过大，易产生轴系的回旋振动与横向振动；其振动的固有频率是随跨距 L 的增大而降低，容易造成在轴系的运转范围中出现共振临界转速。轴承间距太大，所相应的轴线挠度也会增加，将造成轴承负荷不均匀。中间轴长度不希望超过 9m，如果跨距太大，则中间轴长度过长，受到船厂加工条件的限制及造成实船安装困难。

轴承跨距决定以后，在定轴承位置时，应注意尽量不使两轴段连接法兰的位置处于两轴承位置中部，否则易使相应轴段产生过大的挠度，造成法兰对中安装困难。中间轴承应安装在靠近法兰处，并尽可能使轴承中心到连接法兰中心线的距离等于 $0.2L$，如图 2-28 所示。

2.5.3 轴承负荷

进行轴系布置时，应尽量使各轴承负荷比较均匀，但在设计计算时，往往会发生如下情况。

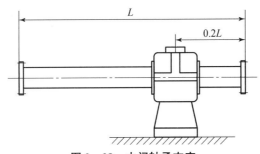

图 2-28 中间轴承支座

1. 负荷过重

负荷过重是指轴承负荷超过轴承比压允许值。设计者不可任意加大轴承长度来降低轴承比压。因为造成轴承负荷过重的原因主要是轴承间距太大,设计者应先将轴承间距减小,并重新布置轴系,再进行校核计算和调整,往往可以解决问题。

2. 负荷是负值

负荷为负是指轴承上反作用力是向下的,这种情况也应该避免。负荷产生了负值,可能使邻近的轴承负荷过重。造成轴承负荷为负值的主要原因是轴承间距太小,设计者应增大轴承间距,甚至取消一道轴承,以改变受力情况。

3. 轴承负荷是零或很小

轴承负荷是零,表示这道轴承可有可无,不起作用。实际上由于船体变形或其他原因,这道轴承可能受到正值与负值的交变负荷,这是不希望有的情况。

轴承负荷为零,轴承间隙又较大时,轴瓦将脱离下轴瓦,一方面使计算轴承负荷与实际相符合,另一方面也使横向振动频率的计算与实际运行情况有很大的差别,有可能使横向频率在临界转速范围之内。

总之,轴承负荷过大、过小或零都是不宜的。一般地说,轴承负荷至少要求不得小于两旁跨距轴重量之和的 20%。

由于处于艉轴端的螺旋桨重量较大,使其回旋振动的临界转速会有所降低,加之螺旋桨在运行时悬臂动载荷的影响,故艉轴轴承间距不宜太大。通过大量计算和实船调查,轴承间距 L 和艉轴基本直径 D 的比值大致推荐如下:

$$D = 400 \sim 650 \text{mm},\ L/D \geqslant 12$$
$$D = 230 \sim 400 \text{mm},\ L/D = 14 \sim 25$$
$$D = 80 \sim 230 \text{mm},\ L/D = 16 \sim 40$$

对艉机型的油轮或货轮,由于受到空间限制,L 有时候只有 $8 \sim 9D$,甚至更小。

对于双轴系的船,其螺旋桨轴往往较长,为此可采取下列措施:

(1) 将艉部船体钣凸出,装置艉管支架来支承螺旋桨重量;

(2) 在艉部增加一道"美人架"来支持;

(3) 如果螺旋桨轴太长,可将其分为两段,并可在适当位置增加支承托架。

一般双轴系的艉轴承的间距比单轴系为大,必要时可用三个艉轴承支承一根螺旋桨轴。

2.6 船舶推进轴系校中设计

轴系校中设计就是确定各中间轴承和艉管轴承的间距与垂直高度位置，以及主机轴承的垂向位置，以保证各轴承负荷在允许范围内并尽可能均匀分布。

轴系校中质量的优劣，直接影响到动力装置工作的可靠性与安全航行。由于随着船舶的大型化和高功率化，因此螺旋桨重量和轴系刚性增加，船体结构相对变得"柔软"；由于校中不良导致艉轴承磨损加剧，甚至烧损，减速箱齿轮啮合不良，轴系振动情况恶化等事故不断出现，因此越来越引起人们对轴系校中的重视。

与轴系校中有关的轴承负荷和轴系应力，包括由于轴承自重及螺旋桨、齿轮、联轴节等的重量在轴承上产生的负荷和轴上产生的弯曲应力，以及由于安装误差而引起的附加负荷和附加弯曲应力，这些力称为静态负荷和应力。此外，由于环境的影响和运转中工况的变化、船体变形及螺旋桨推力偏心等影响，将会引起动态的附加负荷和弯矩。因此，理想的轴系校中应当全面考虑以上各种动态和静态的负荷及应力。

随着船舶向大型化、高速化、自动化方向的不断发展，因此对动力装置的要求越来越高，螺旋桨的尺寸和重量显著增加。如果将轴系安装成直线，往往会使艉管后轴承的载荷非常严重，轴系上各轴承的负荷分配也极不均匀，某些轴承负荷甚至会出现负值。为改善轴系上各轴承的负荷分配状况，目前国内外普遍采用"合理校中技术"。它是按照规定的负荷、应力、转角等约束条件，计算出各个轴承合理的垂向位置，人为地把轴承调整成曲线状态，使各轴承上的负荷分配合理。轴承位置调整后，可能会使某些轴段的弯曲应力大大增加，因此可以说合理校中是以增加轴的应力为代价的。

校中计算的方法有三弯矩法、有限单元法、力矩分配法等。校中计算要计算轴系的弯矩和支反力，同时也要计算各轴承的影响数，即计算各轴承由于某一轴承单位变位（如变位为0.1mm）而引起的支反力的变化。

影响数小表示轴承变位对其他轴承影响不大，轴承间距布置可认为是满意的。这也表示对安装对中工艺的要求可以降低；反之，影响数大表示轴承变位对其他轴承较为敏感，轴承布置应予修改，因为这样的布置即使安装工艺有严格要求，也可能使轴承容易出现事故。

这里所谓影响数大小是相对轴承负荷而言的。具体的说，假如轴承负荷只有几十牛，而影响数也有几十牛，那么这个影响数便是大的；反之，如果轴承负荷有几万牛，那么即使影响数有上百或上千牛，这个影响数还算小的。

将各轴承垂直高度位置有意调高或降低，使轴承负荷过高者降低，轴承负荷过小者增大，轴系安装成在一曲线状态。

2.6.1 轴系模型简化

实际推进轴系中各轴段为复杂的阶梯轴，为简化计算必须对其进行简化。各轴承有不同的宽度，轴承支点位置的取法对校中计算结果影响较大。

1. 螺旋桨载荷简化处理

常用的螺旋桨材料为黄铜（密度为 8300kg/m³）、铸钢（密度为 7800kg/m³）、镍铝合金（密度为 7500kg/m³），最重与最轻材料重量差别约为 10%。由于船的航速不同及吃水深度的差异，螺旋桨的附水质量实际上也是一个变量。按经验数据附水质量约取螺旋桨质量的 10%～30%。由于螺旋桨质量在整个轴系中是最大的集中质量，而螺旋桨悬臂重量又对轴承负荷分配影响较大，所以计算轴承负荷时要慎重对待。

可能有人认为在设计阶段所有重量都取得大一些，这样偏于"安全"。其实不然，有时螺旋桨重量轻一些反对某道轴承是不利的。故为了安全可靠起见，有时将最轻和最重的情况都计算一下。而螺旋桨质量有组合式和整体式两种不同的处理方式，两种螺旋桨重量约差 20%，其质量应由螺旋桨设计者提供。

螺旋桨作为集中载荷处理，作用点在螺旋桨的重心垂线与螺旋桨轴中心线交点。重心位置未知时，通常取自桨叶中心线 $0.7R$ 处向轴中心线所引垂线的交点，或近似取为桨毂中点。集中载荷大小要考虑到浮力的影响，分为全浸水和部分浸水两种状态。

（1）全浸水状态为

$$W_p = W_{pa} \cdot (\gamma_p - \gamma_w)/\gamma_p \qquad (2-28)$$

式中：通常近似取 $W_p = (0.869 \sim 0.871)W_{pa}$。

（2）部分浸水状态为

$$W_p = W_{sw} \cdot (\gamma_p - \gamma_w)/\gamma_p + W_{ns} \qquad (2-29)$$

式中　通常近似取 $W_p = (0.935 \sim 0.947)W_{pa}$；

W_{pa}——螺旋桨在空气中的重量（N）；

W_{sw}——螺旋桨浸水部分的重量（N）；

W_{ns}——螺旋桨未浸水部分的重量（N）；

γ_p, γ_w——螺旋桨材料及海水的重度（N）。

2. 轴段重量与截面的处理

各轴段有关部分重量简化处理方法如下：

（1）减速器齿轮轴、推力轴等各轴段的重量均作为均匀载荷处理，锥形轴段用直径为其平均直径的等截面轴代替，浸入海水或滑油中的轴段应考虑所受浮力的影响，这个浮力影响可以其在空气中的重量的基础上乘以系数 0.87 或 0.90。

（2）桨轴螺帽、轴套均作为均布载荷计入相应轴段。

（3）联轴器、飞轮、减速器大齿轮，根据其实际结构尺寸算出重量，可作为均布载荷计入相应轴段。或按集中载荷处理，集中载荷的作用点位于相应中剖面上。

（4）柴油机曲轴，可作为与主轴颈等同的光轴，按均布载荷处理。

（5）柴油机各缸的往复及回转运动部件的重量，作为集中载荷作用在曲柄销中剖面上。

船舶轴系在各轴段的连接处都有法兰，艉轴、推力轴与中间轴连接处都有过渡段，而且过渡段都不在轴承处。因此整个轴系实际上是一个变截面的连续梁。在工程应用中，通常将各轴段中的法兰、轴套、过渡段等的重量进行平均分摊，并将其作为均布载荷处理，轴段的重量，也常用以下方法确定：通过计算先求得实心光轴的单位重量

q_0，再将其乘以修正系数 ψ，用以求得相应的带有法兰或轴套等的轴段重量。根据大量统计数据所得到的螺旋桨轴、中间轴、推力轴的修正系数 ψ 值，如图 2-29～图 2-31 所示。图中的上限和下限为两根点划线，一般取其中间值（图中实线）。这样，各轴段的平均载荷可按下式求得

$$q = \psi \cdot q_0 \tag{2-30}$$

式中 q_0——不考虑法兰等重量的载荷，即实心钢轴载荷（N/m）；

ψ——修正系数；

q——轴段平均计算载荷（N/m）。

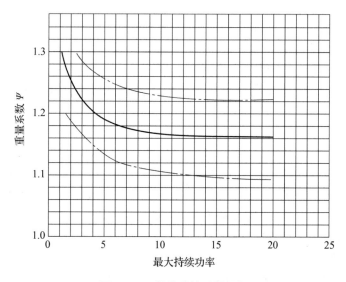

图 2-29 螺旋桨轴重量系数

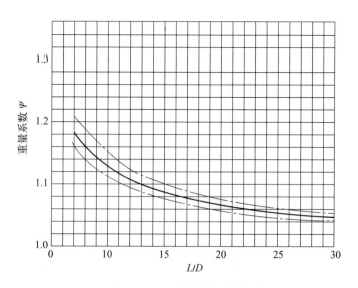

图 2-30 中间轴重量系数

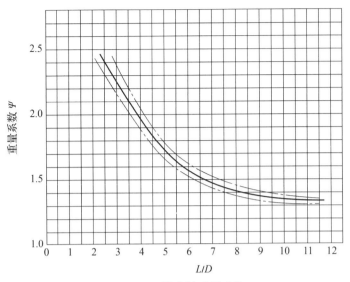

图 2-31 推力轴重量系数

在轴段截面的简化方面，由于螺旋桨质量，轴承支点等都是近似的，加之螺旋桨水动力不均所产生的偏心力等没有考虑进去，所以没有必要将轴系作为变截面梁来处理。通常这样计算的结果，误差在工程允许范围之内。为了计算方便，其面积惯性矩和轴段载荷可做如下处理：一般把两支承间的分段等截面化作平均等截面梁来计算。这里的等截面是指同一跨距内截面不变，对不同跨距允许有不同的截面。如图 2-32 所示，轴段 AB 是由两个不同的等截面轴段组成，惯性矩 I_1、I_2 所相应的轴段长度分别为 l_1、l_2，则其平均惯性矩 $\bar{I}$ 可按下式计算，即

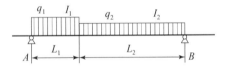

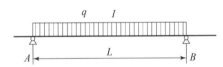

图 2-32 等效处理

$$\bar{I} = \frac{l_1 I_1 + l_2 I_2}{L} \tag{2-31}$$

如果有两个以上的截面时，则可得

$$\bar{I} = \frac{\sum l_i I_i}{L} \tag{2-32}$$

在某跨距承受不同载荷的轴段，也可按上面的方法同样处理。设分段 AB 间，由两种不同的均布载荷组成，一段长 l_1，相应的均布载荷 q_1，另段长 l_2，相应的均布载荷 q_2，则平均载荷 $\bar{q}$ 为

$$\bar{q} = \frac{l_1 q_1 + l_2 q_2}{L} \tag{2-33}$$

如果有两种以上的均布载荷时，则可得

$$\bar{q} = \frac{\sum l_i q_i}{L} \tag{2-34}$$

这样就可把各跨内分段不等截面的轴段,化简成每两支承之间只有一个均布载荷的连续梁来处理。当各分段直径或载荷的差异不是太大时,采用上面的方法近似处理,一般能满足要求。

3. 轴承支点位置的确定

对于中间轴承、推力轴承及艉管前轴承,轴承支点可取在1/2轴承长度处。艉管后轴承因受螺旋桨悬臂作用,压力中心后移,其支点与轴承后端面的距离可在下面范围内选取,L为艉管后轴承衬长度。

白合金轴承为

$$S_b = \left(\frac{1}{7} \cdots \frac{1}{3}\right) \cdot L$$

铁梨木轴承为

$$S_t = \left(\frac{1}{4} \cdots \frac{1}{3}\right) \cdot L$$

2.6.2 力矩分配法

力矩分配法属于位移法类型的一种渐近方法,在计算过程中采用逐步近似的步骤,其计算结果的精确度随计算次数的增加而提高。这种方法较简便,特别是对于多轴承的长轴系,更显示其优点。

1. 力矩分配法基本概念

在力矩分配法中,首先将连续梁中每一跨距都作为固定梁来看待,然后根据节点情况,加以平衡分配。例如:图2-33(a)中有连续梁 ABC,首先跨距 AB 中由于载荷,可得固定力矩30和-100;同样跨距 BC 中,可得固定力矩80和-20。在 B 点的两侧,力矩应该是相等的,但由于人为地将它固定住,产生了($-100+80=-20$)的不平衡力矩。将节点 B "放松",将不平衡力矩20分配平衡在 B 的两侧,如图2-33(b)所示(这里假设分配数为12和8)。这两个弯矩又影响到节点 A 和 C,因此又分别传递6和4到 A 和 C,如图2-33所示箭头。这样节点 B 便得到平衡,但是从其他跨距的力矩可能又要影响节点 B,要进行分配、平衡。力矩分配法是一种逐次近似法。

1)传递系数

图2-34所示为一端简支,另一端固定的梁,简支端就是前面所说的放松节点。求出由弯矩 M_A 引起的弯矩 M_B。

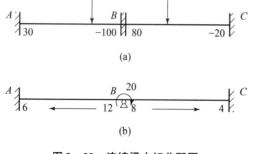

图2-33 连续梁力矩分配图

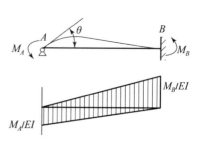

图2-34 变形弯矩图

因为 A 端的挠度等于零，根据材料力学的"力矩面积法"第二定理，可由力矩图得

$$\left(\frac{l}{2}\frac{M_B}{EI}\right)\left(\frac{2}{3}l\right) - \left(\frac{l}{2}\frac{M_A}{EI}\right)\left(\frac{1}{3}l\right) = 0 \qquad (2-35)$$

式中：l 为跨距；E 为弹性模数；I 为截面惯性矩。

假设整个跨距中 E 和 I 为常数，所以式（2-35）可以写成

$$M_B = 0.5M_A \qquad (2-36)$$

式中：M_B/M_A 称为传递系数，而在等截面梁中，这个常数总是等于 0.5。这就是说，在固定端梁中，一端的弯矩变化对另一端的影响是 0.5。在变截面梁中，由于力矩图并不是如图 2-34 所示的直线关系，所以 0.5 这个数字不成立。

2）单位刚度和分配系数

求 M_A 所引起的倾角 θ。从材料力学力矩面积法第一定理中，可得

$$\theta = \frac{1}{2}\left(\frac{M_A}{EI}\right)(l) - \frac{1}{2}\left(\frac{M_B}{EI}\right)(l) = 0 \qquad (2-37)$$

将式（2-36）的关系代入式（2-37），可得

$$\theta = \frac{1}{4}\frac{M_A l}{EI} \qquad (2-38)$$

令 $K = \frac{4EI}{l}$，则式（2-38）可写成

$$M_A = K\theta \qquad (2-39)$$

式中：K 为单位刚度。影响计算的是 K 的相对值，一般计算时采用相对刚度 I/l 而不用 $4EI/l$。在一般情况下，轴都是由钢材制成，所以弹性模数 E 是一个常数。虽然采用相对刚度是可以的，但在轴系中有弹性联轴节时就要相应的调整。例如：橡胶弹性联轴节的相对刚度应除以 E_s/E_r（钢材和橡胶弹性模数之比）。E_s 一般在 $(19.62 \sim 20.60) \times 10^6 \text{N/cm}^2$，变化范围不大，但 E_r 由于配方成分不同，变化范围很大。E_s/E_r 由于其比值可由几十到几万，所以 E_r 的数值应从橡胶制造厂获得。

从单位刚度，可以求出分配系数。在图 2-35 中，假设有一个力矩 M 作用在具有分支系统的节点 J 上，因为是刚性连接，所以在 J 点四根梁转过的 θ 角相等。从式（2-39）可得

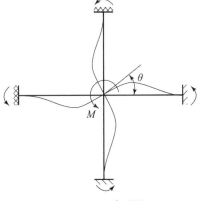

图 2-35 变形图

$$M = M_1 + M_2 + M_3 + M_4 = (K_1 + K_2 + K_3 + K_4) \cdot \theta = \theta \cdot \sum K \qquad (2-40)$$

从式（2-40）可得

$$\begin{cases} M_1 = \dfrac{K_1}{\sum K} \cdot M, \ M_2 = \dfrac{K_2}{\sum K} \cdot M \\ M_3 = \dfrac{K_3}{\sum K} \cdot M, \ M_4 = \dfrac{K_4}{\sum K} \cdot M \end{cases} \qquad (2-41)$$

式中：M_1、M_2、M_3、M_4 为各分支梁分配的力矩；K_1、K_2、K_3、K_4 为各分支梁的单位刚度。

分配系数为

$$\lambda_1 = K_1/\sum K, \quad \lambda_2 = K_2/\sum K, \quad \lambda_3 = K_3/\sum K, \quad \lambda_4 = K_4/\sum K \tag{2-42}$$

3) 习用符号

如图 2-36 所示，在力矩分配法中，作用在节点上的力矩如为顺时针方向就定为正号，否则便为负号。

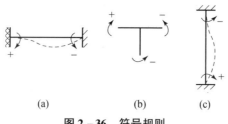

图 2-36 符号规则

有一点要注意：这个规定与材料力学中所用的不同，常用符号只能用于节点上，不能应用在轴系中部非节点处，也不能应用它来作力矩图。

2. 平衡和分配力矩的步骤

设有一连续梁，E 和 I 都相等，载荷、跨距等如图 2-37 所示。

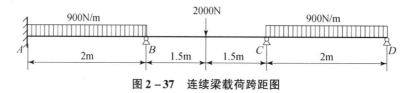

图 2-37 连续梁载荷跨距图

首先求出相对刚度 k（也可以求单位刚度）：

杆 AB 为

$$k_{AB} = I/2$$

杆 BC 为

$$k_{BC} = I/3$$

杆 CD 为

$$k_{CD} = I/2$$

根据上面所述，B 点和 C 点的分配系数分别为

$$\begin{cases} \lambda'_B = \dfrac{k_{AB}}{k_{AB}+k_{BC}} = 0.6, \lambda''_B = \dfrac{k_{BC}}{k_{AB}+k_{BC}} = 0.4 \\ \lambda'_C = \dfrac{k_{BC}}{k_{BC}+k_{CD}} = 0.4, \lambda''_C = \dfrac{k_{CD}}{k_{BC}+k_{CD}} = 0.6 \end{cases}$$

在 I 相等的梁中，分配系数也可以直接从长度中求出，因为这时分配系数与长度成反比例。

A 点是固定端，所以分配系数是零，也就是说固定端总是锁住不放松的。D 点是简支端，所以分配系数等于1.0，也就是说简支端总是放松的，全部力矩传到另一端去。

各跨矩固定弯矩可参见材料力学求出。

在节点 B 处可以看到不平衡弯矩 $(750-300)=450\mathrm{N\cdot m}$，因此需要用 $-450\mathrm{N\cdot m}$ 按照式（2-41）来分配平衡这个节点，也就是在 B 点左边分配 $-450\times0.6=-270\mathrm{N\cdot m}$，右边分配 $-450\times0.4=-180\mathrm{N\cdot m}$。节点 B 平衡以后，影响到节点 A 和 C，所以按照式（2-36）将力矩传递到节点 A 和 C。

其他节点也照样处理，如表 2-6 所列。在表 2-6 中，传递力矩都用箭头表示出来。经过六、七次的传递、分配以后，得到全部平衡。因为力矩分配法是一个逐渐近似的方法，每次分配到的力矩比上一次小（这里所谓全部平衡也不是绝对的，只是近似的）。在工程应用中，分配力矩到1%左右就可以认为满意，不必再传递了。各力矩的总和就是最后结果。

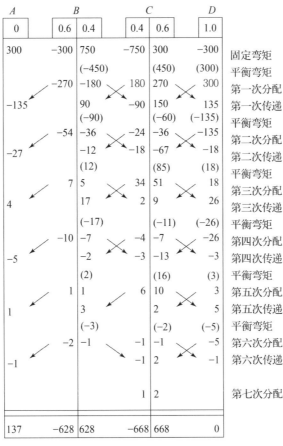

表 2-6　力矩分配表

从上面的例题中，可以写出力矩分配法解题步骤如下：

（1）计算出各跨距的固定力矩，使用习用符号表示在表上。

（2）算出各节点的分配系数，表示在表上。

（3）将各节点的不平衡力矩变号，按分配系数平衡，分配力矩等于分配系数乘不平衡力矩。平衡后在数目下画一横线，以便于查阅，此时节点上所有力矩的代数和必须等于零。

（4）将传递力矩记录在杆件的另一端，传递力矩与平衡力矩为同一符号，但大小只有平衡力矩的一半。

（5）重复上面步骤（3）和步骤（4），直到完全平衡为止。

（6）当各节点完全平衡后，将各节点每边的力相加，其代数和就是最后力矩大小。

从力矩分配法得到了各节点的力矩后，就可以求各节点的支反力。在前面的例子中，图 2-38 表示跨距 AB 的分体图（因为节点 B 的支反力由跨距 AB 和 BC 组成，这里用 B_1 表示左边组成部分），注意弯矩方向。

图 2-38 中考虑 B_1 支点，有

$$\sum M_{B_1} = 0$$

$$\frac{1}{2}(900 \times 2) \times 2 + 137 = 2 \times R_A + 628$$

$$R_A = 655\text{N}$$

考虑 A 支点，有

$$\sum M_A = 0$$

$$\frac{1}{2}(900 \times 2) \times 2 + 628 = 2 \times R_{B_1} + 137$$

$$R_{B_1} = 1145\text{N}$$

图 2-39 中考虑 C_1 支点，有

$$\sum M_{C_1} = 0$$

$$200 \times 1.5 + 628 = 3 \times R_{B_2} + 668$$

$$R_{B_2} = 987\text{N}$$

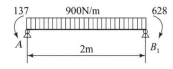

图 2-38 跨距 AB 的分体图

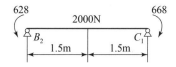

图 2-39 跨距 BC 的分体图

因此，节点 B 处的支反力为

$$R_B = R_{B_1} + R_{B_2} = 1145 + 987 = 2132\text{N}$$

考虑 B_2 支点，有

$$\sum M_{B_2} = 0$$

$$200 \times 1.5 + 668 = 3 \times R_{C_1} + 628$$

$$R_{C_1} = 1013\text{N}$$

图 2-40 中考虑 D 支点，有

$$\sum M_D = 0$$

$$\frac{1}{2}(900 \times 2) \times 2 + 668 = 2 \times R_{C_2}$$

$$R_{C_2} = 1234\text{N}$$

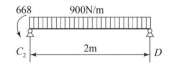

图 2-40 跨距 CD 的分体图

因此，节点 C 处的支反力为

$$R_C = R_{C_1} + R_{C_2} = 1013 + 1234 = 2247\text{N}$$

考虑 C_2 支点，有

$$\sum M_{C_2} = 0$$

$$\frac{1}{2}(900 \times 2) \times 2 = 2 \times R_D + 668$$

$$R_D = 566\text{N}$$

校核：
支反力为

$$R = R_A + R_B + R_C + R_D = 5600\text{N}$$

载荷重量为

$$F = 900 \times 2 + 2000 + 900 \times 2 = 5600\text{N}$$

则 $R = F$，计算正确。

3. 力矩分配法中的改进

在表 2-6 中实际上并不需要对每一个节点都一起分配、传递。可以有选择地先将异号的弯矩传递到另一端，这样能使不平衡弯矩的数值降低。例如：在表 2-7 中，先将 C 点分配的弯矩 270 传递到 D 点，这样 D 点的不平衡弯矩就只剩下 165。这样就比前面的例子中简单，最后结果还是一样。C 点为 667，相差 1 是由于 4 舍 5 入的缘故。

在力矩分配法中，各点的分配、传递次序是无关紧要的，甚至可以将某一节点的不平衡弯矩留到最后再分配，也不会影响到最后结果，但不可遗漏。因此，可以选择最有利情况参与分配、传递。

表 2-7 力矩分配表

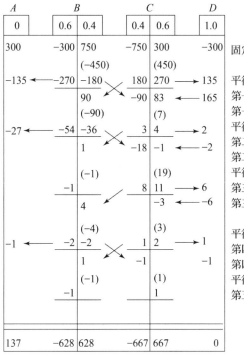

另外,在简支点的情况下,如图 2-41 所示,在简支端的另一端,通过传递、分配一个循环后,原来弯矩 M 成了 $0.75M$,根据式(2-40)分配到的弯矩与刚度成正比例。因此,可以将杆件原来的刚度 K 当作 $0.75K$ 来处理,而使简支端不参与分配、传递工作。

$$M \longrightarrow 0.5M$$
$$-0.25M \longleftarrow -0.5M$$
$$0.75M$$

图 2-41 简支点图

还是可以用图 2-37 来说明问题。这里 D 是简支点,杆件 BC 和 CD 的相对刚度分别为 2 和 3。

$$杆\ BC\ k_{BC} = 2$$
$$杆\ CD\ k_{CD} = 0.75 \times 3 = 2.25$$

因此,节点 C 处的分配系数,即

$$\lambda'_C = \frac{k_{BC}}{k_{BC} + k_{CD}} = 0.47, \quad \lambda''_C = \frac{k_{CD}}{k_{BC} + k_{CD}} = 0.53$$

表 2-8 就是根据这个分配系数的力矩分配计算结果,可以看到最后结果与前例一致。在轴系中,接近螺旋桨的第一道轴承就是一个简支点,但这是一个悬臂的简支点。

表 2-8 力矩分配表

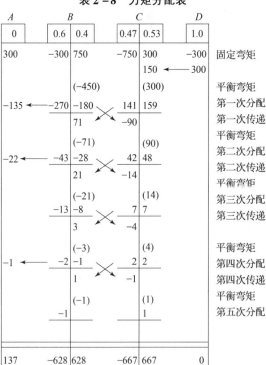

4. 节点变位的计算

前面均假设节点在同一水平上。下面来考虑节点变位引起的弯矩。

图 2-42 中杆件的两个端点都没有转动,而一端有变位 δ,假设杆件为等截面梁(惯性矩 I 不变),根据材料力学,从力矩图可得

$$\delta = \left(\frac{M}{EI}\frac{l}{2}\right)\frac{2}{3}l - \left(\frac{M}{EI}\frac{l}{2}\right)\frac{1}{3}l = \frac{Ml^2}{6EI} = \frac{Ml}{6Ek}$$

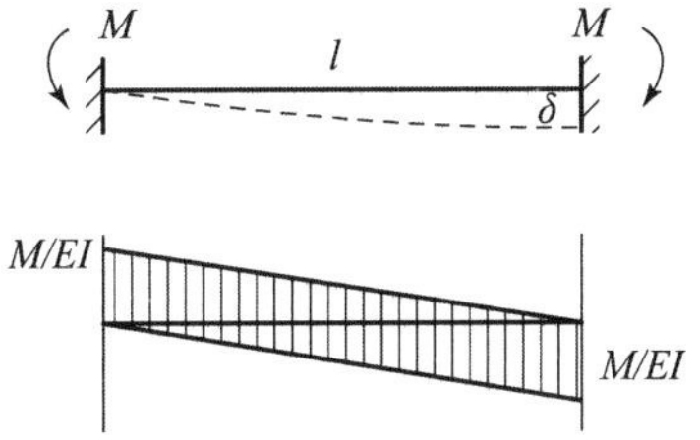

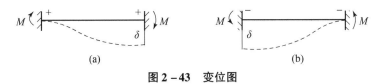

图 2－42 变位图

或

$$M = \frac{6Ek}{l}\delta \qquad (2-43)$$

式中：k 为相对刚度。

如果已知 E、l、I（或 k），那么由于 δ 而引起的固定弯矩就能求得，其正负符号如图 2－43 所示。

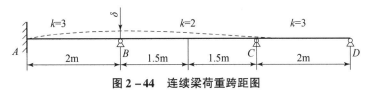

图 2－43 变位图

下面举一个例子来说明计算方法。

在图 2－44 的连续梁中，节点 B 向上变位 0.1mm。本例题就是前例的结构图形，只是由于考虑变形，其载荷未表示在图上，因此所有分配系数与前面是一样的。

图 2－44 连续梁荷重跨距图

这里 $\delta = 0.1\text{mm} = 0.01\text{cm}$。

考虑跨距 AB 与跨距 BC 的变形，产生的弯矩为

$$M_{AB} = M_{BA} = -\frac{6 \times 20.6 \times 10^6 \times 3}{200} \times 0.01 = -18540\text{N} \cdot \text{cm}$$

$$M_{BC} = M_{CB} = \frac{6 \times 20.6 \times 10^6 \times 2}{300} \times 0.01 = 8240\text{N} \cdot \text{cm}$$

其他力矩分配方法与前面一样，如表 2－9 所列。

5. 实例

某万吨远洋干货轮轴系，中间轴径为 445mm，因此按式（2－25）和式（2－26），轴承间距可在 3200～8300mm 内变动布置。根据船体隔舱及机舱布置情况，轴系考虑了四个方案进行选择，如图 2－45 所示。计算结果如表 2－10 所列。

表 2-9 力矩分配表

A		B		C		D	
0		0.6	0.4	0.47	0.53	1.0	
18540	−18540		8240	8240	0	0	固定弯矩
			(10300)	(−8240)			平衡弯矩
3090 ←	6180		4120 ⤫ −3873	−4367			第一次分配
			−1936	2060			第一次传递
			(1936)	(−2060)			平衡弯矩
581 ←	1162		775 ⤫ −968	−1092			第二次分配
			−484	387			第二次传递
			(484)	(−387)			平衡弯矩
145 ←	290		194 ⤫ −182	−205			第三次分配
			−91	97			第三次传递
			(91)	(−97)			平衡弯矩
28 ←	55		36 ⤫ −46	−51			第四次分配
			−23	18			第四次传递
			(23)	(−18)			平衡弯矩
7 ←	14		9 ⤫ −8	−10			第五次分配
			−4	5			第五次传递
			(4)	(−5)			平衡弯矩
1 ←	2		2 ⤫ −2	−3			第六次分配
			−1	1			第六次传递
−14688	−10836		10836	5729	−5729	0	

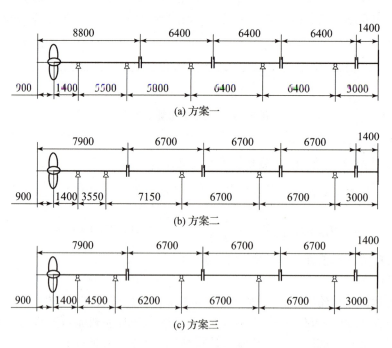

(a) 方案一

(b) 方案二

(c) 方案三

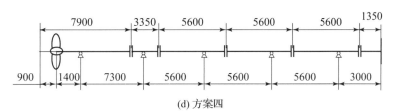

(d) 方案四

图 2-45 轴承布置四个方案

表 2-10 四方案轴承负荷计算结果

支承点	轴承负荷/N			
	方案一	方案二	方案三	方案四
A	361008.0	365913.0	361989.0	360027.0
B	31882.5	5003.1	13243.5	46891.8
C	92606.4	103691.7	97217.1	83581.2
D	84758.4	86720.4	88878.6	73378.8
E	83090.7	88093.8	8730.9	73182.6
F	57584.7	55426.5	55818.9	61116.3

以上四个方案中，方案二轴承 B 负荷太轻，方案四相对来说轴承负荷比较均匀，所以初步选定方案四。如果在影响数校核过程中发现不够满意，可另行考虑其他方案。方案四的计算演示如下。其载荷情况如图 2-46 所示。

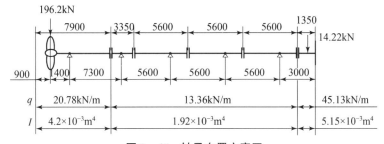

图 2-46 轴承布置方案四

对艉轴：　　　　　　$q = 1.17 \times 17.76 = 20.78 \text{kN/m}$
对中间轴：　　　　　$q = 1.09 \times 12.26 = 13.36 \text{kN/m}$
对推力轴：　　　　　$q = 2.3 \times 19.62 = 45.13 \text{kN/m}$

轴系载荷采用图 2-46 所示的方式处理。忽略跨距 AB 中少量受截面的影响，而在跨距 EF 中截面变化的惯性矩取平均值。各杆件相对刚度如下：

$$k_{AB} = \frac{I_{AB}}{l} = \frac{4.2 \times 10^{-3}}{7.105} = 0.59 \times 10^{-3} \text{ (m}^3\text{)}$$

$$0.75 k_{AB} = 0.75 \times 0.59 \times 10^{-3} = 0.443 \times 10^{-3} \text{ (m}^3\text{)}$$

$$k_{BC} = k_{CD} = k_{DE} = \frac{1.92 \times 10^{-3}}{5.6} = 0.343 \times 10^{-3} \text{ (m}^3\text{)}$$

$$k_{EF} = \frac{05(1.92+5.515) \times 10^{-3}}{3} = 1.18 \times 10^{-3} \ (m^3)$$

作用在 A 点的悬臂力矩为

$$M = -196.2 \times 1.4 - \frac{1}{2} \times 20.58 \times 2.3^2 = -329.11 \ (kN/m)$$

注意符号：按照图 2-46 所示的布置，因悬臂力矩为逆时针方向，所以是负的；如果螺旋桨布置在另一端，则悬臂力矩将为正号。

各跨距的固定弯矩可按材料力学公式求得，各节点分配系数按前面方法求得。力矩分配法步骤不再重述，各支点反作用力已在表 2-10 所列。

校核：

总重量：$F = 196.2 + 14.22 + 20.58 \times 7.7 + 13.34 \times 20.155 + 45.12 \times 1.35 = 698.66$（kN）

总支反力：$R = 360.027 + 46.891 + 83.581 + 73.38 + 73.18 + 61.116 = 698.67$（kN）

所以总重量近似等于反作用力，误差是由计算过程中有效数字引起的。

这个方案前轴承比压如表 2-11 所列。

表 2-11 轴承比压 P

轴承支点	比压/（N/cm²）	轴承支点	比压/（N/cm²）	轴承支点	比压/（N/cm²）
A	25.11	B	16.38	C	34.34
轴承支点	比压/（N/cm²）	轴承支点	比压/（N/cm²）	—	—
D	30.21	E	30.12	—	—

各轴承的影响数（轴承升高 0.1mm），如表 2-12 所列。表 2-12 只给出一半数据，其他一半数据是对称的，所以省略了。因为根据力学原理，某道轴承 X 升高 δ 对另一道轴承 Y 的影响等于 Y 轴承升高 δ 对 X 轴承的影响。

在具体计算过程中，由于计算精度不高（如本例弯矩采用单位为 kN/m，而反作用力采用单位为 kN；或分配过程中采用四舍五入等），对角线两侧数字可能略有出入，此时可采用平均值等方法加以调整，使对角线两侧对称。但在调整时必须注意，使纵横两个方向数值的代数和等于零。

表 2-12 各轴承影响数

支承点	轴承负荷/N					
	A	B	C	D	E	F
A	451.3	-1039.9	735.3	-196.2	78.5	-29.43
B		2668.3	-2393.6	1059.5	-412	117.72
C			3453.1	-2629.1	1648	-814.2
D				-3865.1	-4865.8	2864.5
E					18737.1	-15185.8
F						13047.3

从表 2-12 可以看出，选定方案的影响数不是很大，按直线安装轴系问题也不是很大，不会产生任何运转问题。

如果按合理曲线安装，可以使轴承 B 调高 0.5mm，此时各轴承负荷分配如表 2-13 所列。

表 2-13 轴承调高后的轴承负荷

方案	轴承负荷/N					
	A	B	C	D	E	F
直线校中	360027	46891.8	83581.2	73378.8	73182.6	61116.3
B 调高 0.5mm	-5199.3	13341.6	-11968.2	5297.4	2060.1	588.6
最后负荷	354827.7	60233.4	71618	78676.2	75242.7	61704.9

从表 2-13 可以看出，采用合理曲线安装能使轴承负荷改善。但是不同的设计者采用不同的调整曲线方法，如也可以用降低轴承 C 的方法以改善轴承负荷，也可以同时调整几道轴承。哪一种调整方法最好，属于最佳较中计算问题。

2.6.3 三弯矩方法

1. 计算步骤

（1）轴系结构要素的处理，建立计算模型。
（2）计算直线校中时的弯矩、挠度、反力、转角等参数。
（3）计算轴系负荷影响系数。
（4）按规定的限制条件，确定各轴承最佳位置。
（5）各轴承最佳位置时，计算轴系截面的弯矩、挠度、剪力、转角等分布图及各轴承支反力。
（6）计算校中工艺参数，各对法兰上的偏移曲折值。
（7）计算检验参数，轴承负荷顶举系数。
（8）绘制合理校中状态图。

2. 三弯矩方程

为计算方便，假定各轴段材质均匀，轴承间轴段按等效均匀轴处理。

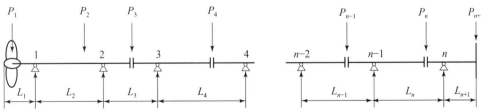

L_i——支座跨距（cm）； E——材料弹性模量（N/cm^2）； Y_i——挠度（位移），向上为正（cm）；
P_i——集中载荷，向下为正（N）； I_i——截面惯性矩（cm^4）； M_i——弯曲力矩，使梁下凹为正（N/cm）；
q_i——均布载荷，向下为正（N/cm）。

图 2-47 轴系受力简化模型

如图 2-48 所示，取第 i 个支座左右两跨梁的脱离体，根据材料力学，考虑 L_i 轴段，在 i 支承处的截面转角为

$$\theta'_i = \frac{q_i \cdot L_i^3}{24E_iI_i} + \frac{M_{i-1} \cdot L_i}{6E_iI_i} + \frac{M_i \cdot L_i}{3E_iI_i} + \frac{P_i \cdot a_i \cdot (L_i^2 - a_i^2)}{6E_iI_iL_i} - \frac{Y_{i-1} - Y_i}{L_i} \quad (2-44)$$

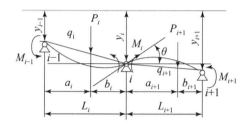

图 2-48　第 i 支承座左右两跨梁的脱离体

考虑 L_{i+1} 轴段，在 i 支承处的截面转角为

$$\theta''_i = -\frac{q_{i+1} \cdot L_{i+1}^3}{24E_{i+1}I_{i+1}} - \frac{M_{i+1} \cdot L_{i+1}}{6E_{i+1}I_{i+1}} - \frac{M_i \cdot L_{i+1}}{3E_{i+1}I_{i+1}} - \frac{P_{i+1} \cdot a_{i+1} \cdot (L_{i+1}^2 - a_{i+1}^2)}{6E_{i+1}I_{i+1}L_{i+1}} - \frac{Y_i - Y_{i+1}}{L_{i+1}}$$

$$(2-45)$$

由连续梁，$\theta'_i = \theta''_i$，整理得三弯矩方程为

$$\frac{L_i}{E_iI_i}M_{i-1} + 2\left(\frac{L_i}{E_iI_i} + \frac{L_{i+1}}{E_{i+1}I_{i+1}}\right)M_i + \frac{L_{i+1}}{E_{i+1}I_{i+1}}M_{i+1} = 6\frac{Y_{i-1}}{L_i} - 6\left(\frac{1}{L_i} + \frac{1}{L_{i+1}}\right)Y_i + 6\frac{Y_{i+1}}{L_{i+1}} -$$

$$\frac{q_iL_i^3}{4E_iI_i} - \frac{q_{i+1}L_{i+1}^3}{4E_{i+1}I_{i+1}} - \frac{P_{i+1} \cdot a_{i+1} \cdot (L_{i+1}^2 - a_{i+1}^2)}{6E_{i+1}I_{i+1}L_{i+1}} - \frac{P_i \cdot a_i \cdot (L_i^2 - a_i^2)}{6E_iI_iL_i} \quad (2-46)$$

考虑如图 2-47 所示模型，支承 1 处的弯矩为

$$M_1 = -P \cdot L_1 - \frac{1}{2}q_1L_1^2 \quad (2-47)$$

$$\frac{L_1}{E_1I_1}M_1 = -\frac{P \cdot L_1^2}{E_1I_1} - \frac{q_1L_1^3}{2E_1I_1} \quad (2-48)$$

在支承 2 处的三弯矩方程为

$$\frac{L_2}{E_2I_2}M_1 + 2\left(\frac{L_2}{E_2I_2} + \frac{L_3}{E_3I_3}\right)M_2 + \frac{L_3}{E_3I_3}M_3 = 6\frac{Y_1}{L_2} - 6\left(\frac{1}{L_2} + \frac{1}{L_3}\right)Y_2 +$$

$$6\frac{Y_3}{L_3} - \frac{q_2L_2^3}{4E_2I_2} - \frac{q_3L_3^3}{4E_2I_2} - \frac{P_3 \cdot a_3 \cdot (L_3^2 - a_3^2)}{6E_3I_3L_3} - \frac{P_2 \cdot a_2 \cdot (L_2^2 - a_2^2)}{6E_2I_2L_2} \quad (2-49)$$

支承 n 处的弯矩为

$$M_n = -P_{n+1} \cdot L_{n+1} - \frac{1}{2}q_{n+1}L_{n+1}^2 \quad (2-50)$$

或

$$\frac{L_{n+1}}{E_{n+1}I_{n+1}}M_n = -\frac{q_{n+1}L_{n+1}^3}{2E_{n+1}I_{n+1}} - \frac{P_{n+1}a_{n+1}L_{n+1}}{E_{n+1}I_{n+1}} \quad (2-51)$$

用矩阵表示上述方程组为

$$A \times M = B + C \quad (2-52)$$

式中：

$$A = \begin{bmatrix} \dfrac{L_1}{E_1I_1} & & & & \\ \dfrac{L_2}{E_2I_2} & 2\left(\dfrac{L_2}{E_2I_2}+\dfrac{L_3}{E_3I_3}\right) & \dfrac{L_3}{E_3I_3} & & \\ & & & & \\ & \cdots & \dfrac{L_{n-1}}{E_{n-1}I_{n-1}} & 2\left(\dfrac{L_{n-1}}{E_{n-1}I_{n-1}}+\dfrac{L_n}{E_nI_n}\right) & \dfrac{L_n}{E_nI_n} \\ & & & & \dfrac{L_{n+1}}{E_{n+1}I_{n+1}} \end{bmatrix}, M = \begin{bmatrix} M_1 \\ M_2 \\ \vdots \\ M_n \end{bmatrix};$$

$$B = \begin{bmatrix} -\dfrac{q_1 L_1^3}{2E_1 I_1} \\ -\dfrac{q_2 L_2^3}{4E_2 I_2} - \dfrac{q_3 L_3^3}{4E_3 I_3} \\ \vdots \\ -\dfrac{q_{n-1} L_{n-1}^3}{4E_{n-1} I_{n-1}} - \dfrac{q_n L_n^3}{4E_n I_n} \\ -\dfrac{q_{n+1} L_{n+1}^3}{2E_{n+1} I_{n+1}} \end{bmatrix} + \begin{bmatrix} -\dfrac{P_1 b_1 L_1}{2E_1 I_1} \\ -\dfrac{P_2 a_2 (L_2^2 - a_2^2)}{E_2 I_2 L_2} - \dfrac{P_3 a_3 (L_3^2 - a_3^2)}{E_3 I_3 L_3} \\ \vdots \\ -\dfrac{P_n a_n (L_n^2 - a_n^2)}{E_n I_n L_n} - \dfrac{P_{n+1} a_{n+1} (L_{n+1}^2 - a_{n+1}^2)}{E_{n+1} I_{n+1} L_{n+1}} \\ -\dfrac{P_{n+1} a_{n+1} L_{n+1}}{E_{n+1} I_{n+1}} \end{bmatrix};$$

$$C = \begin{bmatrix} 0 \\ 6\dfrac{Y_1}{L_2} - 6\left(\dfrac{1}{L_2}+\dfrac{1}{L_3}\right)Y_2 + 6\dfrac{Y_3}{L_3} \\ \vdots \\ 6\dfrac{Y_{n-2}}{L_{n-1}} - 6\left(\dfrac{1}{L_{n-1}}+\dfrac{1}{L_n}\right)Y_{n-1} + 6\dfrac{Y_n}{L_n} \\ 0 \end{bmatrix} =$$

$$6\begin{bmatrix} 0 & 0 & & & \\ \dfrac{1}{L_2} & -\left(\dfrac{1}{L_2}+\dfrac{1}{L_3}\right) & \dfrac{1}{L_3} & & \\ & \vdots & & & \\ & \dfrac{1}{L_{n-1}} & -\left(\dfrac{1}{L_{n-1}}+\dfrac{1}{L_n}\right) & \dfrac{1}{L_n} \\ & & 0 & 0 \end{bmatrix} \begin{bmatrix} Y_1 \\ Y_2 \\ \vdots \\ Y_n \end{bmatrix} = 6DY_\circ$$

$$A \times M = B + C = B + 6DY \tag{2-53}$$

$$M = A^{-1}(B+C) = A^{-1}B + 6A^{-1}DY = M_0 + \Delta M \cdot Y \tag{2-54}$$

式中：$M_0 = A^{-1}B$ 为轴系直线安装时各支承处的弯矩；$\Delta M = 6A^{-1}D$ 为轴承变位时的弯

矩影响系数矩阵。

第 i 号支承的支反力为

$$R_i = \frac{M_{i-1} - M_i}{L_i} + \frac{M_{i+1} - M_i}{L_{i+1}} + \frac{1}{2}q_i L_i + \frac{1}{2}q_{i+1}L_{i+1} + \frac{P_i a_i}{L_i} + \frac{P_{i+1}a_{i+1}}{L_{i+1}} \quad (2-55)$$

对于 1 号支承，支反力为

$$R_1 = \frac{-M_1}{L_2} + \frac{M_2}{L_2} + q_1 L_1 + \frac{1}{2}q_2 L_2 + P_1 + \frac{P_2 a_2}{L_2} \quad (2-56)$$

对于 n 号支承，支反力为

$$R_n = \frac{M_{n-1} - M_n}{L_n} + \frac{1}{2}q_n L_n + q_{n+1}L_{n+1} + \frac{P_n a_n}{L_n} + P_{n+1} \quad (2-57)$$

用矩阵表示上述方程组为

$$R = D_1 \cdot M + F \quad (2-58)$$

式中：

$$D_1 = \begin{bmatrix} -\frac{1}{L_2} & \frac{1}{L_2} & & & \\ \frac{1}{L_2} & -\left(\frac{1}{L_2}+\frac{1}{L_3}\right) & \frac{1}{L_3} & & \\ & & \vdots & & \\ & \frac{1}{L_{n-1}} & -\left(\frac{1}{L_{n-1}}+\frac{1}{L_n}\right) & \frac{1}{L_n} \\ & & & \frac{1}{L_n} & -\frac{1}{L_n} \end{bmatrix};$$

$$F = \begin{bmatrix} q_1 L_1 + \frac{1}{2}q_2 L_2 \\ \frac{1}{2}q_2 L_2 + \frac{1}{2}q_3 L_3 \\ \vdots \\ \frac{1}{2}q_{n-1}L_{n-1} + \frac{1}{2}q_n L_n \\ \frac{1}{2}q_n L_n + q_{n+1}L_{n+1} \end{bmatrix} + \begin{bmatrix} P_1 + \frac{P_2 b_2}{L_2} \\ \frac{P_2 b_2}{L_2} + \frac{P_3 b_3}{L_3} \\ \vdots \\ \frac{P_{n-1}b_{n-1}}{L_{n-1}} + \frac{P_n b_n}{L_n} \\ \frac{P_n b_n}{L_n} + P_{n+1} \end{bmatrix}。$$

所以

$$R = D_1 \cdot M + F = (D_1 A^{-1} B + F) + 6D_1 A^{-1} DY = R_0 + \Delta R \cdot Y \quad (2-59)$$

式中：$R_0 = D_1 A^{-1} B + F$ 为轴系直线安装时各轴承支承反力；$\Delta R = 6D_1 A^{-1} D$ 为轴承变位时的负荷影响系数矩阵。

优化处理：

给出目标函数，如使艉管后轴承的负荷最小，即

$$R_{\min} = R_0 + \sum_{j=1}^{n} \Delta R_{0,j} Y_j \quad (2-60)$$

约束集为

$$[R_i]_{\min} \leqslant R_i = R_{i0} + \sum_{j=1}^{n} \Delta R_{i,j} Y_j \leqslant [R_i]_{\max}$$

$$[M_i]_{\min} \leqslant M_i = M_{i0} + \sum_{j=1}^{n} \Delta M_{i,j} Y_j \leqslant [M_i]_{\max}$$

可编程求解。

上述计算结果为热态时各轴承的位移量,在冷态安装时需考虑热膨胀因素,修正量通常由厂家给出,也可按下式近似计算:

$$\Delta H = \lambda \cdot H \cdot \Delta t \tag{2-61}$$

式中 ΔH——轴承升高量;

λ ——材料线性膨胀系数,焊接钢结构可取为 $1.17 \times 10^{-5}/℃$;

H——机座底部面板到轴承中心线距离(mm);

Δt——温度差,一般可取 20~30℃。

习 题

1. 轴系的任务是什么?有哪些组成?
2. 轴系的传动型式与特点是什么,应用场合是什么?
3. 什么称为轴系倾斜角、扩散角?为什么要对倾斜角和扩散角进行限制?限制值为多少?
4. 推力轴承的工作原理是怎样的?有哪些型式?布置在何处?
5. 中间轴承布置有何特点?
6. 螺旋桨轴与螺旋桨的连接有哪些方法?
7. 艉轴管装置按其润滑有哪些方式,相应的轴承材料是什么?
8. 艉密封装置有哪些型式?各有什么特点?
9. 轴系设计中需进行哪些强度校核?校核的方法和步骤是怎样的?
10. 轴承位置如何确定?
11. 轴系校中有哪些方法?什么是轴系合理校中设计?
12. 轴系校中计算有哪些方法?
13. 计算题图 2-1 中轴系轴承负荷、影响系数,画出弯矩图、应力图,如何优化布置?

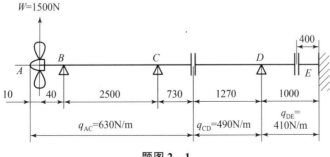

题图 2-1

14. 计算题图 2-2 中轴系轴承负荷、影响系数，画出弯矩图、应力图，如何优化布置？

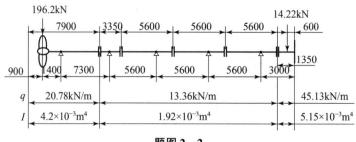

题图 2-2

第 3 章　推进系统的后传动装置

在船舶推进系统中,为了满足船舶性能的要求,通常主动力装置的主机和轴系之间配置一些起特殊作用的部件或装置,组成推进单元或推进模块。其主要有齿轮箱、离合器或液力偶合器、联轴器及与之配套的润滑冷却设备等,习惯上将它们称为后传动装置。

后传动装置根据所配置的部件不同,可以实现的主要功能:减速、倒车、离合、并车、分车、减振、隔振、缓冲、补偿对中的误差等。

3.1　齿轮传动装置

3.1.1　齿轮传动装置的功能和种类

螺旋桨在低速下运行效率较高,当主机采用中高速柴油机、燃气轮机、蒸汽轮机等时,要采用减速齿轮箱传动,使轴系转速符合螺旋桨转速的要求。

船用齿轮箱主要由倒顺减速齿轮、离合器、弹性联轴器及相应的润滑冷却系统组成。其主要功能有减速、变速、倒车、离合、减振等。

船用齿轮箱按功能的不同分为减速机组、倒顺减速机组和并车机组。

1. 减速机组

减速机组是指具有减速功能而无倒车功能的机组,主要用于主机为可正反转的中速柴油机的轴系。这类机组分单级减速机组和两级或多级减速机组。

1) 单级减速机组

大多数柴油机动力装置均采用单级减速机组,根据布置的不同单级减速机组有水平异心布置和垂直异心布置。

如图 3-1 所示,水平异心布置主机中心低,所占机舱面积比较大,适合用于中部机舱和双机双桨的动力装置;对于单机单桨的动力装置,主机在机舱中横向偏离中心位置,使机舱布置不对称;垂直异心布置的特点是所占机舱容积小,适合用于艉机舱布置,但主机的位置比较高,影响船舶的稳定性,而且箱壳有时会影响双层底结构。

一般来说,由于异心布置传动装置的输入与输出轴中心位置的布置相对比较自由,因此应用较多,但它的最小中心距受齿轮强度的制约。若机舱位于艉部且主机输出轴中心线比螺旋桨轴线高时,则可采用垂直异心布置的方案。但是对于双机双桨的舰船,为了避免垂直异心布置方案齿轮中心距对机座设计的影响,可采用水平异心布置。

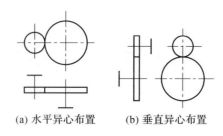

(a) 水平异心布置　　　　(b) 垂直异心布置

图 3-1　单级减速机组

2) 两级或多级减速机组

如图 3-2 (a)、(b)、(c) 所示两级减速机组为同心输出，既可以降低主机高度，又能保证发动机和螺旋桨不发生偏置，比较适合单机单桨。如果第二对齿轮是同一规格尺寸的，它实际所完成的是单级减速。两级减速机组齿轮强度可提高，传递扭矩大，但传动效率低，重量和成本提高。如主机的单机功率较大，则可用功率两分支或行星齿轮传动方案，如图 3-2 (d)、(e) 所示。

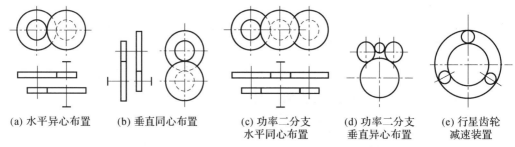

(a) 水平异心布置　　(b) 垂直同心布置　　(c) 功率二分支水平同心布置　　(d) 功率二分支垂直异心布置　　(e) 行星齿轮减速装置

图 3-2　两级减速机组

对于燃气轮机或蒸汽轮机，由于转速很高、减速比大，单级是不能满足的，必须用二级及其以上的齿轮箱。

2. 倒顺减速机组

如图 3-3 所示，倒顺齿轮箱结构种类较多，但是正车元件基本上只有多摩擦片式离合器和双锥体同步机构加牙嵌式离合器两种形式；倒车元件主要是多摩擦片离合器及行星齿轮系加刹住其周转轮外表面两种形式，而行星齿轮主要采用伞形行星齿轮和圆柱形行星齿轮两种形式。

按离合器和倒车轮系的不同，倒顺减速机组有几种不同的形式，如下：

(1) 行星伞齿轮组成的倒顺减速机组。由于倒车时所使用的伞齿轮承载能力差，加工困难，所以不适宜对倒车功率要求高的船舶。

(2) 行星圆柱齿轮组成的倒顺减速机组。行星圆柱齿轮组成的倒顺减速机组的正倒车都使用圆柱齿轮，承载能力增大。正倒车的速比可以不同，倒车时采用行星圆柱齿轮，要求轮系之间负荷平衡，加工和装配精度要求高。

(3) 平行轴惰轮组成的圆柱齿轮倒顺减速机组。对大功率机组，通常采用平行轴惰轮组成的圆柱齿轮倒顺减速机组，可以避免以上两种机组的弱点。其机构比较简单、工作可靠性好、能传递较大的功率，但尺寸质量大，惰轮承受对称交变负荷，抗弯能力差，只有一般齿轮的 2/3。为了避免这个缺点可采用辅助轴代替惰轮。

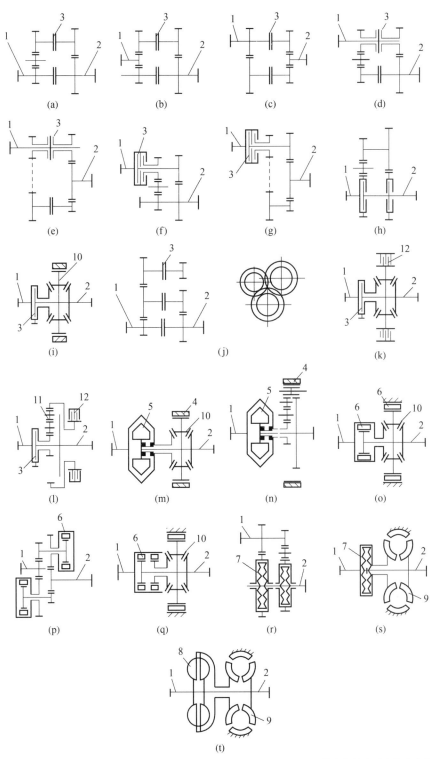

1—输入轴；2—输出轴；3—湿式多片摩擦离合器；4—带式制动器；5—双锥体摩擦同步牙嵌接合式离合器；6—气胎离合器或制动器；7—环牙离合器；8—液力偶合器；9—倒车液力变扭器；10—倒车圆锥行星齿轮动；11—倒车圆柱行星齿轮动；12—湿式多片摩擦制动器。

图 3-3 倒顺齿轮箱结构

3. 并车机组

船上最为常见的并车机组是双机并车,此外也有三机或四机并车的。双机并车的布置如图 3-4 所示。图 3-4(a)为三齿轮形式,齿轮数目少、结构简单,易于实现标准化,但大齿轮直径大,加工困难,且不利于箱体设计。图 3-4(b)是五齿轮形式,当并车的两台主机曲轴中心距较大时采用这种结构设计。它的齿轮数目虽然增加了,但尺寸减小,使箱体尺寸减小。这种结构随着速比的变化,惰轮轴孔的位置要改变,不利于箱体标准化。图 3-4(c)的七齿轮布置就解决了上面的问题,采用两级减速,可在不改变中心距的条件下任意改变速比。图 3-4(d)是功率分配传动,当传递的功率很大时,这种结构可以避免主动小齿轮尺寸过小和负荷过高。

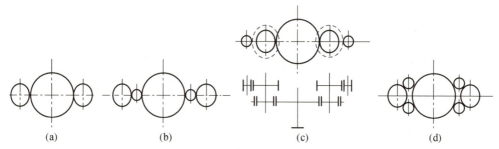

图 3-4 双机并车减速机组方案

多机并车装置使中速柴油机得到了更为广泛的应用,与低速机比较,它有以下优点。

(1) 尺寸小、质量轻。采用中速机,在相同功率条件下,装置的质量可减轻 1/4,高度降低 1/2~1/3,有利于机舱的总体布置。

(2) 单轴功率增大。

(3) 经济性提高。在巡航或低速航行时,可停运部分发动机,使工作的柴油机处于较好的经济区域运行。

(4) 提高了舰艇的生命力及主机寿命。部分发动机损坏时,船舶在不停航检修的情况下,仍能保持 70%~80% 的航速。而且可以轮换进行主机大修。

(5) 提高了舰艇的机动性。正倒车时,只要先脱开离合器,两台主机作正反转,操纵离合器就可完成,而不用让主机频繁换向。

(6) 有利于零备件的标准化。

多机并车装置使用中速柴油机的缺点:并车机构复杂,加工困难;各台主机之间负荷分配不均时会使某台主机过载;发动机数目过多时,操纵控制复杂。

3.1.2 齿轮传动装置选型设计

1. 船用齿轮箱的主要性能参数

1) 标定传递能力

标定传递能力一般以齿轮箱的标定功率与标定转速之比来表示,即 P_{gH}/n_{gH}。在标定工况时,它等于主机的 P_{eH}/n_{eH},其标定扭矩为

$$M = 9.55 \frac{P_{gH}}{n_{gH}} = 9.55 \frac{P_{eH}}{n_{eH}} \quad (kN/m) \qquad (3-1)$$

表示齿轮箱工作能力的大小。同一型号的齿轮箱由于减速比的不同，传递能力也不同。

2）标定输入转速

标定输入转速为齿轮箱输入轴所允许的最大转速。

3）输入轴、输出轴的转向

从尾部向前看，输入轴有右旋（顺时针）或左旋（逆时针）。输出轴也有顺时针或逆时针（与输入轴同向或反向）。输入轴的转向主要考虑主机的转向，输出轴的转向必须考虑匹配螺旋桨的转向。

4）减速比

齿轮箱输入轴转速 n_1 与输出轴转速 n_2 之比，用 i 表示，即 $i=n_1/n_2$。同一型号的齿轮箱一般配有几挡速比，并有倒车速比，它可以与正车速比不同；有的还分快、慢挡前进速比，以适应螺旋桨与变工况船舶，取得高的螺旋桨效率，提高船舶经济性。

5）标定螺旋桨推力

标定螺旋桨推力为齿轮箱推力轴承所能承受的螺旋桨推力，还有倒车推力，国外齿轮箱一般正、倒车推力相同。

6）中心距

齿轮箱输入轴与输出轴之间的距离称为中心距。不同系列、不同型号的齿轮箱有不同的中心距，要根据主机轴线位置、机舱布置等来选择。

7）允许工作倾斜度

一般齿轮箱允许纵倾 10°、横倾 15°。

8）换向时间

齿轮箱从正车到倒车或倒车到正车所需时间为换向时间，一般不大于 10s。

9）操纵方式

操纵方式是指使齿轮箱处于正、倒车或空车位置的操纵方式。一般有机械人力操纵及液压操纵两种。前者为机旁操纵，后者为驾驶室或集控台用钢丝、液压、压缩空气、电控系统等控制齿轮箱换向机构，是离合器处于不同的工作状态，应急时也可在机旁操纵。

10）重量尺寸

一般齿轮箱是指干重量，尺寸为外形尺寸，用于选配、布置等。

2. 船用齿轮传动装置的选型要求

船用齿轮传动装置选型的优劣直接影响到船舶动力装置的可靠性、经济性及机动性。由于船舶的一些固有工作特点，因此船用齿轮传动装置的选型有如下要求：

1）承载能力要大

随着中速机的单机持续功率增大，齿轮传动装置的输入轴、输出轴扭矩大大增加。轴系扭振等使齿轮的轮齿间产生严重的冲击，导致轮齿的点蚀和折断，甚至会造成严重的海损事故。船舶在运行过程中，在紧急状态下要求船舶全速倒车，此时产生的瞬时扭矩可达额定扭矩的 1~2 倍。有时长时间满舵转弯，在高速情况下可使扭矩提高到额定扭矩值的 125%~140%。船舶在狂风大浪中航行时，船体的变形较大，这些变形可造成齿轮箱体变形，破坏轴系的对中，从而使齿轮轴线间产生过大的不平行度和倾斜度偏差，造成齿轮轮齿间载荷集中，影响了齿轮传动的寿命。所以，船用齿轮传动装置设计时必须考虑适当的超负荷系数。

2) 尺寸要小，重量要轻

因受机舱容积的限制，其尺寸和重量必须尽量减小。采用磨齿硬齿面的齿轮及圆弧齿轮，可使齿轮传动装置的比重量减小到 1/2 以上。

3) 高度安全可靠性

船舶航行往往数十天甚至数月不靠岸，它的各部分设备和系统特别是推进系统必须具有高度的安全性和可靠性。

进行齿轮传动装置选型与设计时，主要解决两大问题：一是采用何种形式的齿轮传动装置，二是应合理选择齿轮传动装置的参数。

3. 齿轮传动装置型式的选择

按主机的型式与数量来考虑，对于不同转速柴油机，根据需要的减速比配置齿轮传动装置。对多机并车配置并车齿轮传动装置，单机双桨传动选用分车齿轮传动装置，若主机不可反转时应选用倒顺车齿轮传动装置。对于高速快艇，由于船底抬离水面，若机舱布置在船艉，则必须采用折角或直角齿轮传动装置。

按机舱布置的情况来考虑，对单级减速传动装置，按输入轴和输出轴的相互位置有垂直异心传动装置、水平异心传动装置及同心传动装置。对艉机舱，由于机舱面积小，故可选用垂直异心传动装置，但主机重心要升高。对中部机舱，机舱面积较大，双机双桨装置布置方便，故可采用水平异心传动装置。若设备布置上无限制条件时，则可选用同心传动装置，但由于多了一对过桥齿轮，传动效率受到一定的影响。

4. 齿轮传动装置参数的选择

设计船用齿轮传动装置时，其传递功率、输入转速在主机选定后即可确定，而输出转速往往与螺旋桨转速相同。这些参数确定后，则可着手设计齿轮传动装置，合理地选择齿轮传动装置的参数。

1) 减速比 i 及级数

一般减速比主要根据主机转速和螺旋桨转速来决定。齿轮传动的级数，通常从重量、尺寸及成本等方面来看，推荐减速比在 5 以下时用单级，在 5 以上时用多级。

2) 齿形

为了满足减小振动和噪声、提高齿的承载能力等要求，齿轮的接触情况必须良好，要求齿轮传动具有正确的齿距、齿形和螺旋角等。我国目前船用齿轮大多采用标准渐开线齿形，为了进一步提高渐开线齿轮的承载能力和传动平稳性，还要采用变位、修缘等修正方法对齿形进行修正。

3) 模数

模数是确定齿轮各部分尺寸的主要因素。在外径一定的情况下，模数小齿数就多，这对减小噪声有利。随着船舶柴油机功率不断增大，为了提高齿轮的弯曲强度与齿面强度，必须采用大模数的齿轮。绝大多数齿轮都采用硬齿面（渗碳淬硬或氮化等），模数可取 8~14mm，甚至更大。

4) 压力角 α_0

小的压力角可以增加重合度，从而可提高传动的平稳性，减小噪声和振动。对一般高速齿轮传动装置建议采用较小的压力角。压力角增大，齿廓曲率半径增大，齿根部分齿厚增加，从而增加了轮齿的齿面强度和弯曲强度，因而对于船用柴油机齿轮传动装置建议可采用 $\alpha_0 = 25°$。

5）螺旋角 β

与直齿轮（$\beta = 0$）相比，斜齿轮（$\beta > 0$）的刚度变化小，对负荷变化敏感性也较小。因此，为了提高传动的平稳性和增加承载能力，在船用柴油机主传动齿轮中多采用斜齿轮。且螺旋角越大，传动平稳性越高。但采用单斜齿轮时，产生轴向力，故轴承和整个传动装置尺寸增大，传动效率降低，因而螺旋角不能增加太大。一般单斜齿轮可采用 $\beta = 7° \sim 25°$，通常采用 $\beta = 8° \sim 15°$。

船用齿轮传动装置采用双斜齿轮（人字齿轮）时，左右两边轮齿的轴向推力正好大小相等，方向相反而相互抵消，故螺旋角可取较大的数值，常采用 $\beta = 25° \sim 35°$，甚至高达 $45°$。斜齿因加工困难，有时采用两个螺旋方向相反的两个单斜齿在轴上拼装而成的结构。

6）齿宽

受机舱容积和主机布置的限制而使齿轮径向尺寸不能过大时，为了能传递大功率，常采用齿宽较大的齿轮，使单位齿宽上的平均负荷值不超过许用值。但齿宽过大，负荷沿齿宽分布不均匀，不能更好地改善齿根的受力情况，所以齿轮的承载能力并不能随齿宽增大而成比例地增大。特别是在单机单桨传动装置，大多中心距较小，齿轮齿宽与齿轮节圆直径比值（b/d_0）均较大，这时不仅要注意两齿轮在啮合时能否保证充分接触，还必须考虑到小齿轮轮齿的弯曲和扭转挠度。通常 b/d_0 取小于 1.2。

宽径比 b/d_0（mm）值一般常根据经验来确定，推荐双斜齿：

$$d_0 \leqslant 500mm \quad b/d_0 \leqslant 1$$
$$d_0 > 500mm \quad b/d_0 \leqslant 0.8$$

单斜齿： $\qquad b/d_0 \leqslant 1.2$

5. 齿轮传动机组总体设计中应考虑的几个问题

1）齿轮机组输入、输出端的挠性（或弹性）连接

由于船体是一个弹性体，在温度变化，负荷变化和海面情况变化下，双层底结构会产生变形，从而使轴系各段的对中发生变化，引起中间轴承负荷增加，严重时轴承烧坏。对中间轴、传动机组箱体、发动机三者之间也必然引起轴向的、径向的位移和角度方面的挠曲，引起传动箱体的齿轮轴承变位和发动机飞轮端轴承变位，从而使齿轮啮合不均匀，产生严重噪声进而损坏轮齿，使齿轮箱寿命大为降低。发动机飞轮端轴承负荷的额外增加，同样会降低发动机的使用寿命，因此在设计中必须采用下列措施：

（1）主机和齿轮机组间采用弹性联轴节或挠性联轴节，在需要离合器的装置中，可装设具有弹性的离合器，使发动机和传动机组箱体分离成两个独立的刚体。这种挠性连接，常称为第一点铰连接（又称为第一关节）。

（2）为了改善大型齿轮减速机组中主动小齿轮和从动大齿轮之间的啮合均匀性，常常在减速机组内部采用所谓第二点铰连接。其位置设在输入小轴（和弹性联轴节相接的扭力轴）与小齿轮之间。因为在扭力轴上相对弹性联轴节的另一端常常配置有形式不一的离合器（片式、气胎式等），扭力轴的扭矩通过离合器再输送给小齿轮，所以

第二铰接点有设在扭力轴与离合器之间、离合器和主动小齿轮之间的两种方案。由于小齿轮是通过第二铰接点与输入扭力轴相连接，因此它受到的是纯扭矩，扭力轴的各种变形影响不会干扰到小齿轮；由于第一铰接点的设置使发动机的振动也不直接输入扭力轴，因此，这种双关节铰连接的方案，使发动机、离合器等外来的不良影响，不能传入小齿轮而影响与大齿轮的良好啮合状态（根据文献资料，它可以补偿轴系对中有 2mm 的径向偏移）。

（3）为了解决中间轴系对传动机组的影响，设计上常采用下列的办法：一是如果推力轴承设在传动机组箱体内部形成一体，则宜将该箱体和第一号中间轴承之间的距离拉开，使轴段增长，使之有较大的弹性柔度，以改善大齿轮轴承的负荷和位移情况；二是大型齿轮变速传动机组布置时，推力轴承单独固定在双层底座上而不与齿轮箱底座连接，减少推力对齿轮箱的影响。为了解决来自螺旋桨端的冲击扭矩不致影响大型齿轮箱，在单独设置的推力轴承和机组输出轴之间，采用弹性联轴节连接，做到传动机组前或发动机后和中间轴系完全弹性隔离。

2）减少来自双层底机座的影响

在大功率动力装置中，传动机组的箱体尺寸很大，尤其是并车传动机组，其两旁输入小齿轮之间的距离，有的达 5m 以上。这样一个框架结构，不可避免地受到船体这个大型框架结构变形的影响，有时使传动机组壳体变形达 0.6mm 以上，形成传动齿轮系轴承的严重变位，破坏轮齿的啮合状态，引起齿面应力分布不匀，负荷集中，大大影响传动机组的可靠性。

3）减小齿轮传动机组的噪声

降低齿轮噪声，大多从轮齿和齿箱的设计及工艺上采取措施，如降低齿负荷，采用小节距，大齿轮用大螺旋角等，达到积极防噪。齿轮啮合噪声几乎全是通过金属体而不是由空气传输出去的，应采用阻尼或隔声设备，以堵塞噪声的传播路线，使噪声衰减。

3.2 液力偶合器

3.2.1 液力偶合器的功能和种类

1. 液力偶合器的功能

液力偶合器依靠工作液体在叶轮内的动能变化来传递动力，在船舶动力装置中应用广泛，主要有以下功能。

（1）缓和冲击和隔振。由于液力偶合器以液体传递扭矩，因而具有良好的隔振性能，能够隔离柴油主机的脉动扭矩。此外，由于泵轮和涡轮之间不存在机械联系，因而将轴系分为两个互不联系的振动系统，提高了柴油机至泵轮这一段轴系的自振频率，因而比较容易在工作转速范围内避开共振，使整个系统获得良好的减振效果。

（2）无级调速。根据液力偶合器的通用特性和部分充油特性，可以实现无级调速，船舶的微速航行，因此对于一些有特殊使命的工程船舶和扫雷舰艇具有较好的适应性。

(3) 离合功能。对于大惯量的传动系统，如柴-燃联合动力装置的巡航机驱动系统，可以使柴油机只带泵轮空载启动，从而改善了启动性能。

(4) 过载保护功能。液力偶合器能够比较好地适应舰船多工况的要求，具有良好的过载保护功能。它既能在制动或螺旋桨被卡住的工况下工作，也能在倒车工况下工作。

(5) 在多机并车装置中可以均衡负荷。

液力偶合器也存在一些固有的缺点，如下：

(1) 工作时有滑差，传动效率比摩擦离合器低。

(2) 必须增设一套冷却工作液体的冷却系统。

(3) 在额定转速较低的场合下，外形尺寸及质量都比较大，可能引起布置上的困难。

(4) 充放油的时间比较长，一般充油时间为 5~18s，分离时间为 8~30s。

2. 液力偶合器的种类

1) 定充满度液力偶合器

定充满度液力偶合器是把工作油液密闭在工作腔中，不需要外部的循环油系统。因此，工作油充入后就不再变化了，既不能再充入，也不能排出，故其不具备离合作用，只能当联轴器使用，起减振、缓和冲击的作用。这种偶合器在工作中产生的热量只能靠空气冷却，因而限制了它所能传递的功率。图 3-5 是定充满度型的导流管式液力偶合器。它有一对油腔和一根导流管，导流管固定不动，一端固定在出油室上，另一端伸入副油腔外缘，管口对着油液的旋转方向。油的动能在管头处变成压头，油进入弯管并经出油室排至外面，落入油池。循环油泵将油池中的热油吸出，在经过冷却器冷却后，从偶合器的进油室进入，向工作腔补充。

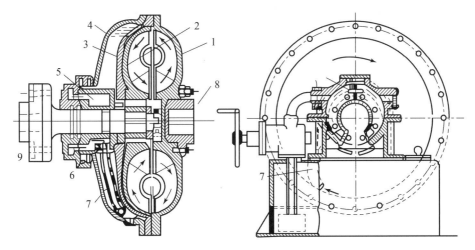

1—泵轮；2—涡轮；3—内罩；4—转动外壳；5—进油室；6—排油室；
7—单角管式排油着；8—连动轴；9—从动轴。

图 3-5 定充满度型的导流管式液力偶合器

2) 可充排油式液力偶合器

可充排油式液力偶合器通过对偶合器的充排油、实现离合并通过工作油的外部循环带走工作中产生的热量。它是目前舰船上采用最多的一种偶合器,既起联轴器的作用,也起离合器的作用。

可充排油式液力偶合器根据充排油方式的不同,主要有两种典型结构,即滑环式充排油液型和阀片式充排油液型液力偶合器。滑环式充排量型液力偶合器的结构如图 3-6 所示。在其转动外壳的周围有一环状放泄阀,用导键与转动的外壳相连,称为滑环(呈 T 形或 n 形)。滑环随转动的外壳一起旋转;在转动外壳和滑环的圆周上相应位置处设有多个泄放孔。若泄放孔和放泄阀相互错开,则工作油被封闭在工作腔内,偶合器呈接合状态;若要脱开时,通过放油阀操纵机构将滑环轴向移动,至滑环上的泄放孔与转动外壳上的泄放阀互相重叠时,工作腔中的油液在压力和离心力的作用下,通过泄放孔自动排空工作腔中的油液而使偶合器呈脱开状态。

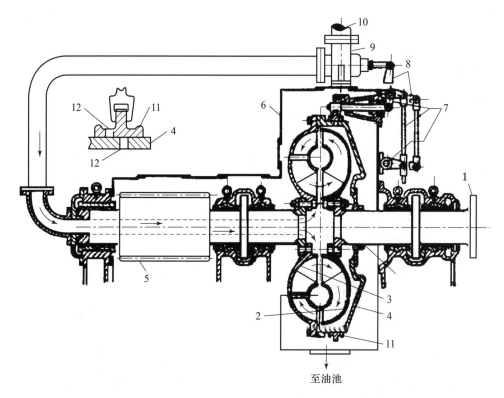

1—主动轴;2—泵轮;3—涡轮;4—传动外壳;5—小齿轮;6—机组外罩;7—放油阀操纵机构;8—充油阀操纵机构;9—充油阀;10—进油管;11—放油环;12—放油孔。

图 3-6 滑环式充排量型液力偶合器

阀片式充排量型液力偶合器如图 3-7 所示。转动外壳外周设置若干快速排油阀(离心阀),当供油泵把工作油充入工作腔时,油液也同时供应到离心阀的背面,离心阀受到进油压力的作用后立即处于关闭状态,偶合器处于接合状态。需要脱开偶合器时,停止供油,油压消失,离心阀背面的压力减小,离心阀在其自身离心力和循环圆内腔油压的共同作用下打开,工作腔中的油液可在短时排出,完成偶合器的脱开动作。

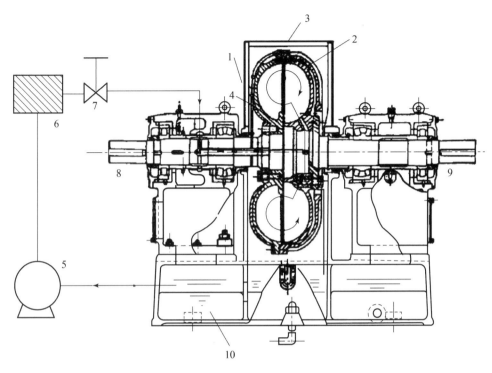

1—泵轮；2—涡轮；3—快速排油阀；4—排油阀进油管；5—循环油泵；
6—冷却器；7—进油截止阀；8—输入轴；9—输出轴；10—循环油池。

图 3-7 阀片式充排量型液力偶合器

上面两种型式的偶合器在正常工作时，依靠泵轮上开设的循环油小孔排出适量的热油，经循环泵泵入冷却器后再补充进入工作腔，把功率损失转变成的热量带走，保证油温的恒定。

对于大功率推进装置，也有采用并联双腔式结构的液力偶合器，如图 3-8 所示。

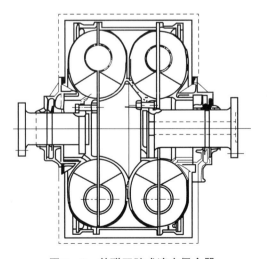

图 3-8 并联双腔式液力偶合器

3) 调速型液力偶合器

调速型液力偶合器在运转过程中，通过调节偶合器的充油度，以达到改变所传递的扭矩和转速的目的。调节偶合器充油度的方法通常有以下两种：

（1）调节进油口控制阀的开度。调节进油口控制阀的开度可以在一定程度上改变偶合器的充油度，调节范围一般可达 85%。

（2）用导流管。这种结构特点是增加了一个与循环工作腔相通的副油腔，在该腔中装有适量的叶片。在稳定工况下，副油腔中油液的转速与泵轮相同。副油腔中的油环液面和工作腔中的油液容量具有一定的比例关系。导流管布置在副油腔中，不随工作轮转动，但可以随操纵杆在副油腔的径向作往复运动。导流管的移动可以用任何形式的操纵机构进行遥控或自动控制。这种结构的偶合器一般具有坚实的箱体支持，因而可传递较大的功率并适应较宽的转速范围。图 3-9 为调速型偶合器的结构示意图。

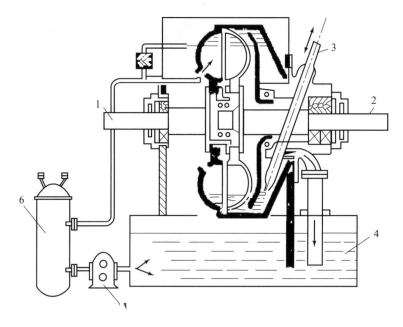

1—输入轴；2—输出抽；3—勺管；4—油箱；5—供油泵；6—冷却器。

图 3-9 调速型偶合器

4) 倒顺车用液力传动装置

倒顺车用液力传动装置，主要由倒车用液力变扭器、液力偶合器（图 3-10）分别与齿轮系或机械离合器所组成。对于柴油机动力装置，倒顺车齿轮箱中的大多数是建立在使用摩擦离合器的基础之上。但是，对于大功率的燃气轮机推进系统来说，由摩擦离合器实现倒顺车的方式所能传递的功率很可能不能满足需要。在这种情况下，可以有两种选择：一是使用液力变扭器，二是使用调距桨。尽管在燃气轮机推进系统中已经越来越多地使用调距桨，但是由倒顺车液力偶合器实现正倒车的方法仍具有自己的特色。

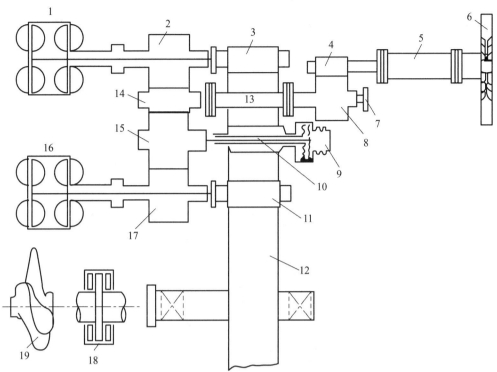

1—顺车液力耦合器；2—第二级操纵大齿轮；3—末级操纵小齿轮；4—初级小齿轮；
5—燃气轮机辅入柔性联轴器；6—动力透平转子；7—瞬时制动器；8—第一级大齿轮；
9—同步联合器；10—末级直接正车小齿轮；11—末级操纵小齿轮；12—主齿轮；
13—垫片联轴器；14—第二级小齿轮；15—第二级大齿轮；16—倒车液力偶合器；
17—第二级操纵大齿轮；18—独立的主止推座；19—推进器。

图 3 – 10 倒顺车液力偶合器原理

3.2.2 液力偶合器的工作原理

1. 液力偶合器的基本结构及工作原理

液力偶合器基本结构如图 3 – 11 所示。其主要部件是两个工作轮、与输入轴连结的泵轮、与输出轴连结的涡轮。主动轴和从动轴位于同一轴线上。泵轮和涡轮不仅在布置上是对称的，而且其外形尺寸完全相同，结构也基本相同。在工作轮内部设有若干径向布置的直叶片。两个叶轮中充满了工作液体，工作液体在泵轮的涡轮之间的圆环形工作腔中不断地循环流动。两轮留有一定的轴向间隙，因而彼此之间不存在任何机构联系。转动外壳一般和泵轮相连，随泵轮一起转动，以防止工作液体漏出。转动外壳与泵轮之间没有叶片。工作腔的最大直径称为有效直径，是液力偶合器的特征尺寸，即规格大小的标志尺寸。

当原动机通过液力偶合器的主动轴带动泵轮转动时，泵轮工作腔中的液体在叶片的作用下产生一个复合运动，既随泵轮作圆周运动，又对泵轮作相对运动。工作液体质点相对于叶轮的运动状态由叶轮和叶片的形状所决定。因为叶片为径向直叶片，故若假设泵轮、涡轮内叶片的数量有无限多、每片的厚度为无限薄，则工作液体质点只能沿着叶片和泵轮工作腔表面所组成的流道内流动。

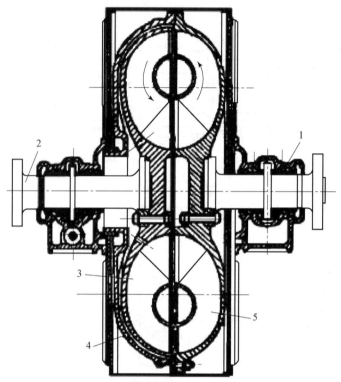

1—主动轴；2—从动轴；3—转动外壳；4—叶片。

图 3-11 液力偶合器原理简图

由于旋转运动离心力的作用，进入泵轮工作腔的内半径处（也就是泵轮工作腔的进口处）的工作液体质点被叶片强迫增加其切线速度（牵连速度）并抛向泵轮工作腔的外半径处（也就是泵轮工作腔的出口处），因此泵轮工作腔的外半径明显地大于泵轮工作腔的内半径。在这段过程中，工作液体质点从泵轮的叶片处吸收了其旋转的机械能量并转化成液体能量（液体的动能和势能之总和），也可用其动量矩的增加来表示。

在泵轮的出口处，工作液体质点必然以较高的速度和压强冲向涡轮的叶片（涡轮的进口），并沿着由涡轮和涡轮叶片组成的流道流向涡轮的出口。因此，工作液体质点在这段流动过程中是属于向心减速运动。工作液体质点的能量（液体的动能和势能之总和）不断因释放而减少，也可以认为其动量矩的减少。工作液体质点能量（动量矩）的释放减少过程，也就是转变成涡轮获得机械能的过程，即推动涡轮旋转做功的过程。当工作液体质点的能量释放减少后，由涡轮出口处再度进入泵轮的进口，开始下一轮的能量转换的流动，如此不断地循环。工作液体在泵轮-涡轮所组成的工作轮中的流动，称为环流。液力偶合器工作腔中环流的运动轨迹如图 3-12 所示。

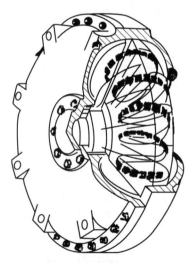

图 3-12 液力偶合器工作腔中环流

在液力偶合器运转的两次能量转换过程中，不可避免地伴随有能量消耗并使工作液体发热、温度升高，同时使涡轮的转速低于泵轮转速。因此，液力偶合器在运转过程中泵轮和涡轮之间必然存在转速差。在泵轮出口处的液体之所以能够冲入涡轮，是由于在液力偶合器在运转过程中泵轮的转速始终高于涡轮，泵轮出口处液体的压强始终高于涡轮进口处液体的压强。

2. 液力偶合器的外特性

液力偶合器的外特性是指在工作液体的密度 ρ 和泵轮的角速度 ω_B 为某个定值的情况下，偶合器泵轮的扭矩 M_B、涡轮扭矩 M_T 和偶合器的效率 η 随涡轮角速度 ω_T（或转速 n_T）的变化关系。这些参数之间的关系对于作为动力装置传动单元的液力偶合器的使用和研究都十分重要。

通过理论分析可得循环圆流量为

$$Q = \frac{1}{30}\pi^2 rb\psi D_2 \sqrt{(1-\alpha^2)(n_B^2 - n_T^2)} \quad (3-2)$$

式中　r、b——循环圆中任一通道截面的半径和径向宽度；

　　　ψ——阻塞性系数；

　　　α——无因次尺寸系数，$\alpha = D_1/D_2 < 1$，进出口直径之比，$D_1 = 2r_{1B} = 2r_{2T} = 2r_1$，$D_2 = 2r_{2B} = 2r_{1T} = 2r_2$，如图 3-13 所示；

　　　n_T、n_B——为涡轮、泵轮转速（r/min）。

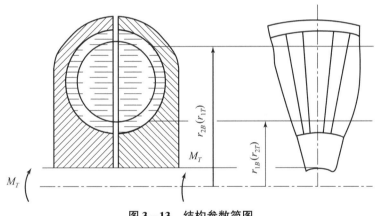

图 3-13　结构参数简图

传递扭矩为

$$M = M_B = \frac{1}{30}\pi\rho Q r_{2B}^2 n_B [1-(r_{2T}/r_{2B})^2 n_T/n_B] = \frac{1}{30}\pi\rho Q r_2^2 n_B [1-(r_1/r_2)^2 n_T/n_B] \quad (3-3)$$

式中：γ 为工作液体比重。令转速比 $i = n_T/n_B$，由式（3-2）、式（3-3）可分析得出：当 $i = n_T/n_B = 1$，$Q = 0$，$M = 0$，不能传递扭矩；当 $i = n_T/n_B = 0$，$n_T = 0$，循环圆流量最大，传扭能力最大；当 $i = n_T/n_B = -1$，$Q = 0$，$M = 0$，不能传递扭矩；当 $0 < i < 1$，$0 < n_T < n_B$，循环圆流量按椭圆规律变化而影响偶合器的传扭能力。

由式（3-3）可知，M 是 Q 与 $P = \frac{1}{30}\pi\rho r_{2B}^2 n_B [1-(r_{2T}/r_{2B})^2 n_T/n_B]$ 的乘积，在结构

参数已经确定且 n_B 为某一常数情况下,P 与 n_T 成线性关系,如图 3-14 所示的直线函数。Q 与 n_T 的关系为一椭圆曲线。此椭圆与直线函数相乘,即液力偶合器的理论外特性线。

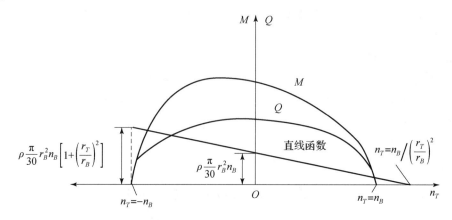

图 3-14 液力偶合器的理论外特性

实际偶合器在运转中摩擦损失大体与转速差的平方成正比。考虑到泵轮与涡轮之间的摩擦转矩之后,其实际扭矩外特性如图 3-15 所示。其中,理论扭矩外特性为 M,实际扭矩外特性为 M',两者的差值为摩擦扭矩。

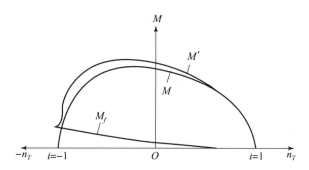

图 3-15 实际和理论扭矩外特性

当涡轮和泵轮之间的环流空间未被液体完全充满时,由于环流的各种参数会随之变化而导致液力离合器扭矩外特性的变化。图 3-16 中横坐标 S 为转差率,$S=[(n_B-n_T)/n_B]\times100\%$,$q$ 为液体充满的程度。从图 3-16 可看出,在某一个充油度下的扭矩外特性与全部充满时的形状都为椭圆形,但在阴影区内会出现强烈的振动,这是由于环流不稳定所致。在没有设置防不稳定环流装置时,一定要注意充放油的时机和完成充放油动作的延续时间,避免引起长时间剧烈的振动。若液力离合器必须在部分充油状态下长期运行,则需要选用特殊结构的液力离合器。

液力偶合器效率为

$$\eta = \frac{M_T n_T}{M_B n_B}\eta_{Bm}\eta_{Tm} \approx \frac{n_T}{n_B}\eta_{Bm}\eta_{Tm} = i\eta_m \tag{3-4}$$

式中:η_{Bm}、η_{Tm} 是泵轮和涡轮的机械效率,$\eta_m = \eta_{Bm} \cdot \eta_{Tm}$,一般为 0.98~0.99。

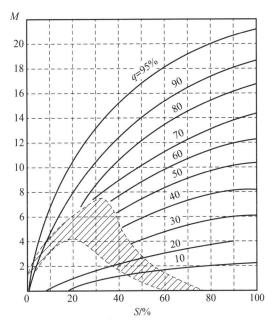

图 3-16　不同充满度下的扭矩外特性

因此效率特性与转速比 $i=n_T/n_B$ 成正比。当 n_B 为常数时，效率与涡轮转速 n_T 成线性正比关系，如图 3-17 所示。当效率逐渐上升到 A 点时，泵轮和涡轮的转速差非常小，此后，转速差更小，环流量也急剧降低，能传递的扭矩已十分微小。在这种情况下，离合器所受到的空气阻力矩、轴承等机械摩擦力矩所占的比例相对较大。从 A 点以后就不适合线性关系而转向虚线所示方向，到 $i=n_T/n_B=1$ 时环流量为 0，说明液力离合器的效率永远不能达到 1，一般最大值为 0.985。

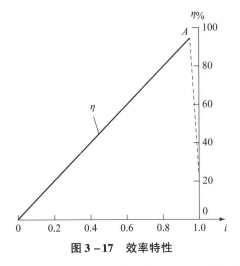

图 3-17　效率特性

如果将扭矩特性线上不同 n_B 下的相同效率点连起来，就可得到等效率曲线，也称为液力离合器的通用外特性曲线，如图 3-18 所示。由于离合器最高效率一般只能达到 0.985，因此图 3-18 中的 0.985 能作为液力离合器的工作范围。

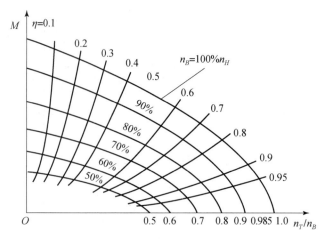

图 3-18 通用外特性

3.2.3 液力偶合器的设计

目前,液力偶合器的设计通常采用两种方法:第一种方法是相似设计法,即按照相似理论,同一种类型的两个液力偶合器,若它们的雷诺数相等,则具有相同的无因次特性。从这个特点出发,可选用某一种综合指标较好的液力偶合器作为母型,在确定设计的液力偶合器叶轮的有效直径后,其余各结构尺寸即可按比例放大或缩小,进行相似设计。第二种方法是液力计算法,在没有合适的母型可供选择时,利用液力机械的基本原理和流体力学的理论进行设计计算,确定液力偶合器叶轮的有效直径、腔型尺寸、叶片数目等几何参数,并据此进行设计制造,造出样机,再进行试验验证,经反复试验、修改,直到液力偶合器的各项性能指标达到设计任务书的要求为止。实际设计工作中大多采用相似设计法。

1. 几何尺寸的确定

液力偶合器几何尺寸取决于循环圆尺寸。循环圆的几何尺寸,一般由下列参数表示:有效直径(D_k)、内外直径比(d_0/D_k)、过渡圆弧半径、连接直线段、流道宽度(B)、间隙(Δ)、有无挡板和内环、辅助油室形状大小、叶片数和叶片倾角等。其中,以有效直径(D_k)最为重要,因为循环圆的有关尺寸,都是相对于它来表示的。

液体在循环圆内的流动情况比较复杂。循环圆流道形状不同,流动阻力就不同,传扭能力和传动效率也有差别。到目前为止,还没有一个纯理论计算公式,可以精确确定有效直径和循环圆的其他几何尺寸,一般都需要结合一系列试验修正后,才能达到预期性能。这样,就使设计试制周期延长。所以,在实际中又很少采用这种试验修正的方法进行偶合器的设计。符合相似准则的两个偶合器,扭矩系数特性相同,利用这个结论可以选用一个母型偶合器,以其循环圆尺寸为母型,进行相似放大或缩小,来决定所要设计偶合器的循环圆的几何尺寸。

在某一传动效率时的偶合器有效直径为

$$D_k = \left(\frac{M_e}{\gamma \cdot \lambda_M \cdot n_e^2}\right)^{1/5} = \left(\frac{9555P}{\gamma \cdot \lambda_M \cdot n_e^3}\right)^{1/5} \text{(m)} \tag{3-5}$$

式中　D_k——偶合器有效直径（m）；
　　　M_e——发动机额定扭矩（N·m）；
　　　P——发动机额定功率（kW）；
　　　n_e——发动机额定转速（r/min）；
　　　γ——工作油重度（N/m³）；
　　　λ_M——设计工况的扭矩系数（min²/m）。它是母型偶合器传动效率为 $\eta = i_e$ 时的扭矩系数值。

母型偶合器扭矩系数特性 $\lambda_M = f(i)$，一般是经过理论和试验研究已经确定的。有效直径 D_k 确定后，循环圆其他几何尺寸是将母型偶合器循环圆有关尺寸乘以类比系数 $\delta = D_k/D_k'$（式中：D_k' 为母型偶合器有效直径）即可。在循环圆几何尺寸确定后，再进行一些必要的结构工艺设计，就能确定偶合器几何尺寸。

2. 母型偶合器选型

有效直径计算公式是简单的，关键是选定合适的母型偶合器。它涉及传动效率的选定，并与推进装置使用场合对扭矩系数提出的要求等有关。

1）工况比较稳定的装置上应用的偶合器

在这种装置上，偶合器主要作为离合器和联轴节使用，要求高的效率和尽可能小的尺寸。船用偶合器通常选用 $\eta = 0.97$，但对于重量尺寸要求严格或对材料强度成为主要矛盾的高速偶合器，可以适当降低效率，以换取较大的扭矩系数。因为扭矩系数提高一倍，有效直径减小 13%，圆周速度相应降低，工作时的离心力下降 24% 左右，所以有的高速偶合器选取 $\eta = 0.95$，个别情况还可更低一些。这就要求母型偶合器在高效率区段具有较大的扭矩系数。

2）对于工况变化比较大，涡轮转速有可能为零的装置上应用的偶合器

例如：破冰船、挖泥船、登陆舰和浅水航行的船舶，它们的螺旋桨或泵有可能因搁浅或阻塞而停止转动，要求偶合器保护柴油机，不使柴油机突然熄火，以免它的部件因惯性力而损坏。这时偶合器除了考虑正常工况下效率与扭矩系数的关系外，还要考虑时 $\eta = 0$ 时扭矩系数的大小，并根据已确定的有效直径，校验发动机转速 n_0 能否大于最低稳定转速 $n_{\min}$，而 n_0 的大小，完全取决于母型偶合器的特性。

$$n_0 = \sqrt{\frac{M_e}{\gamma \cdot \lambda_{\eta=0} \cdot D_K^5}} \geq n_{\min} \qquad (3-6)$$

由式（3-6）可知，要使偶合器具有防护性能，不仅要求母型偶合器在高效率区段有大的扭矩系数，而且要求 $\eta = 0$ 时（螺旋桨转速为 0）扭矩系数小，具有这种性能的偶合器称为限矩型偶合器。

防护性能的好坏，一般用相对值，即过载系数 K_G 表示。假定设计工况 $\eta = 0.97$，则

$$K_{G0} = \frac{\lambda_{\eta=0}}{\lambda_{\eta=0.97}} = \frac{M_{\eta=0}}{M_{\eta=0.97}}$$
$$K_{G\max} = \frac{\lambda_{\max}}{\lambda_{\eta=0.97}} = \frac{M_{\max}}{M_{\eta=0.97}} \qquad (3-7)$$

式中：K_{G0} 是持续过载系数，反映螺旋桨转速为 0 时，传递的扭矩是设计工况（$\eta =$

0.97）时所传递扭矩的倍数；$K_{G\max}$ 是瞬时过载系数。如把过载系数代入式（3-6），就可改写成

$$n_0 = \frac{n_e}{\sqrt{K_{G0}}} \geq n_{\min} \tag{3-8}$$

过载系数小，说明过载防护性能好，即限矩性能好。一般认为 $K_{G0} \leq 3.5 \sim 4.0$ 的偶合器能满足推进装置过载防护要求，可使螺旋桨转速为零时发动机不熄火。循坏圆流道结构型式不同，过载系数有很大差别（$K_{G0} \leq 2 \sim 120$）。

3）关于经常处于空转状态上应用的偶合器

双机或多机并车装置中，当单机运转时，一端的偶合器处于空转状态。柴-燃联合装置中，柴油机上采用偶合器作离合器，当燃气轮机加速时，此偶合器处于空转状态，一般带有偶合器的推进装置，在码头试车不带螺旋桨转动时，偶合器处于空转状态。在以上这些工况下工作的偶合器，除了要求正常工况时有大的扭矩系数，减小重量、尺寸外，还要求有良好的脱离性能，即要求空转时传递扭矩小。因为空转时虽然不充油，但工作腔内有空气，发动机运转时使偶合器上空气为介质运转，也要传递一定数值的扭矩。所不同的仅是空气的重度比油的重度小，一般情况下数值不大，但如果 $i=0$，$\lambda_{i=0}$ 较大时，会使空转扭矩较大，引起偶合器带转，但它无法脱开，还会发生空转发热现象，严重时使工作轮产生较大的附加热应力，以致损坏。空转时扭矩大小可用下式计算：

$$\begin{cases} M_{K0} = \gamma \cdot \lambda_{\eta=0} \cdot n_B^2 \cdot D_K^2 = \gamma \cdot K_{G0} \cdot \lambda_{\eta=0.97} \cdot n_B^2 \cdot D_K^2 \ (\text{N} \cdot \text{m}) \\ P_{K0} = \frac{1}{9555} \cdot M_{K0} \cdot n_B \ (\text{kW}) \end{cases} \tag{3-9}$$

式中　γ——空气重度；

$\lambda_{\eta=0}$——$\eta=0$ 时母型偶合器扭矩系数；

$\lambda_{\eta=0.97}$——$\eta=0.97$ 时母型偶合器扭矩系数；

n_B——空转转速（r/min）；

D_k——偶合器有效直径（m）；

M_{k0}——空转时传递的扭矩（N·m）；

P_{k0}——空转时传递的功率（kW）。

4）倒车装置上应用的偶合器

利用偶合器实现倒车、顺车的装置。正常运转时，倒车偶合器处于 $\eta=-i$ 长期空转状态，此时也要传递一定的扭矩和空转发热。倒车鼓风空损扭矩 M_{k-1} 和鼓风空损功率 P_{k-1} 一般可按下式计算：

$$\begin{cases} M_{K-1} = \gamma \cdot \lambda_{\eta=-1} \cdot n_B^2 \cdot D_K^5 \\ P_{K-1} = 2 \frac{M_{K-1} \cdot n_B}{9555} \end{cases} \tag{3-10}$$

对于一般流道偶合器，$\lambda_\eta = -1$ 约等于 $\eta = 0.95 \sim 0.97$ 时之 λ_M 值。系数 2 是考虑这种偶合器运转时，泵轮和涡轮两侧同时输入扭矩，并假定两侧输入功率相同。

5）偶合器工作轮叶片的考虑

偶合器叶片一般为平面叶片。叶片安装角常用的有径向垂直和前倾两种，后倾叶

片比较少用。径向垂直叶片是沿半径方向直线放射布置，使进口角均为 90°，前倾叶片的泵轮出口角 β_{2B} 和涡轮进口角 β_{1T} 大于 90°。对于泵轮来说，叶片倾斜是顺旋转方向，对涡轮来说，叶片倾斜是逆旋转方向。前倾叶片反向旋转就是后倾叶片。

6）偶合器的轴向力和冷却

偶合器在运转中，由于工作液体具有压力（静压力和动压力），对工作轮作用的不平衡性将产生轴向力，使泵轮和涡轮有互相靠拢或分开的趋势。所以，偶合器上都设有推力轴承或采取其他结构措施，以吸收或抵消轴向推力，保证安全可靠。

3.3 摩擦离合器

3.3.1 摩擦离合器的功能和种类

1. 摩擦离合器的功能及布置

摩擦离合器是船舶推进轴系的重要部件之一，它利用摩擦面之间的机械摩擦力，把扭矩由主动轴传到从动轴，并且根据工作需要可使主机与从动轴接合或脱离。通常以非反转式发动机（高速柴油机）作为主机的各种功率的推进系统多采用摩擦离合器。近年来，在大功率中速柴油机单机或并车传动机组中，离合器也得到广泛应用。摩擦离合器的作用除传递动力外，还要在适当的时候使主动轴与从动轴接合或脱开，利于主机空载启动。多机并车时，通过摩擦离合器实现部分机组或全部机组工作。对于非反转柴油机可实现倒车和双速传动，可实现微速航行。

摩擦离合器一般位于发动机和齿轮箱之间，或与齿轮组合成具有离合、正倒车功能的齿轮箱总成，是发动机与轴系之间连接的主要部件。离合器的输出轴就是齿轮箱的输入轴。如果发动机和负载之间没有离合器，则发动机一启动，就会产生很大的惯性力，对发动机形成巨大的阻力矩，造成发动机转速急剧下降甚至熄火。若发动机启动时有离合器，可先利用离合器将发动机与齿轮箱分离，然后在加大油门的同时与离合器逐步接合，经过离合器传动的扭矩逐步增加，船舶的推进力也逐步增加。当推进力大于行驶阻力时，船舶就由静止状态开始运动并逐步加速，因而保证船舶的平稳起航是离合器的主要功能之一。离合器还有一个功能是保证工况切换平稳。当紧急制动时如果没有离合器，巨大的惯性力会使传动系统超负荷工作，不仅影响传动装置甚至会破坏发动机零部件。此外，离合器和齿轮的组合可使传动装置具有倒车功能。

2. 摩擦离合器的工作状态

无论何种形式的离合器，主从动摩擦元件之间的相对运动有三种工作状态。

（1）接合状态。$n_主 = n_从$，$M_主 = M_从 = M_f$，这时要保证摩擦面之间不大滑。$M_{f\max} = KM_主$，K 要大于 1，但又不能太大，否则离合器尺寸增加，接合时的平稳性下降，热应力也增大。一般 $K = 1.5 \sim 2.5$。

（2）脱开状态。$M_从 = M_f = 0$，主从动摩擦片式之间要有适当的间距，特别是湿式摩擦片式离合器，以防止"带排"。

（3）滑摩状态这是一种非稳定状态。$n_主 > n_从$，$M_主 > M_f$，滑摩结束时 $M_主 = M_f$。滑摩时间一般为 6~8s。

如果发动机的额定扭矩：

$$M_{eH} = 9.55 \frac{P_{eH}}{n_{eH}} \quad (kN \cdot m) \qquad (3-11)$$

推进系统中采用直接传动时，离合器所传递的扭矩，即发动机的额定扭矩；采用减速传动时离合器所传递的扭矩为

$$M_f = 9.55 \frac{P_{eH}}{n_{eH}} \cdot i \cdot \eta \quad (kN \cdot m) \qquad (3-12)$$

式中　i——减速箱的实际传动比；

　　　η——减速箱的传动效率。

3. 摩擦离合器的种类

摩擦离合器按摩擦面的工作状态分有干式、半干式和湿式摩擦离合器，按工作面形状分为盘式、片式、圆柱形和圆锥形摩擦离合器。目前船舶上应用较为广泛的有多片式摩擦离合器、锥形摩擦离合器和气胎摩擦离合器。

1) 片式摩擦离合器

摩擦片两个侧面上都安装摩擦材料（图 3-19）。它的内圈有花键，套在从动轴的外花键上。主动轴与带有内齿圈的鼓轮固定在一起，压板外圆的外齿圈镶嵌在鼓轮的内齿圈中。当压板将摩擦片紧压在鼓轮的内平面上时，扭矩就通过鼓轮和压板同时传给摩擦片，从而带动从动轴转动。当压板略向右移动一个距离时，摩擦片立即处于自由状态，主动轴可继续运转而从动轴立即停止转动。

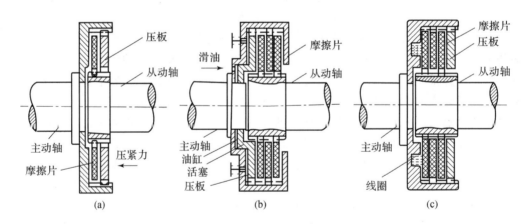

图 3-19　片式摩擦离合器

2) 气胎离合器

气胎离合器工作表面为圆柱面，外鼓轮通过圆盘安装在主动轴上，其内部固定有气胎、气胎表面固定有摩擦材料。内鼓轮是一个圆柱状钢质圆轮，固定在从动轴上，当压缩空气进入气胎时（向内膨胀），将具有摩擦材料的面紧压在内鼓轮上，主从动部分即处于结合状态。当不充入压缩空气时，主从动部分处于分离状态。

如图 3-20 所示，压缩空气通过圆盘内气道向气胎充气，气胎膨胀内径缩小，摩擦块压紧内鼓轮，离合器接合。当气胎中的压缩空气放出时，由于气胎的弹性和离心

力的作用，使其恢复原来的形状，离合器脱开，摩擦块与内鼓轮之间有 4～5mm 的间隙，保证需要时完全脱开，无"带排"现象。气胎离合器的缺点是正常工作温度范围小，一般在 30～50℃，转速不宜过高。

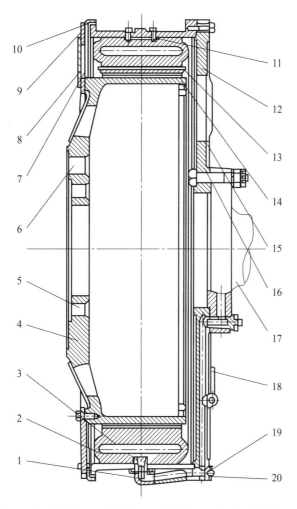

1—段管；2—固紧螺母；3—空气接头；4—内鼓轮；5—连接孔；6—柴油机连接孔；7—外壳；8—观察孔；9—防护罩；10—盘车齿轮；11—连接钢板；12—气胎；13—销钉；14—摩擦块；15—盖板；16—圆盘；17—空气分配轴；18—压力信号接管；19—密封接头；20—应急阀接头。

图 3-20 气胎离合器结构

图 3-21 为一双列式气胎摩擦离合器，最大传递扭矩达 23kN·m，供气压力为 0.9～1.0MPa。图 3-22 所示为双锥气动低弹性摩擦离合器。它由罗曼公司生产，具有轴向弹性、硬性多层橡胶元件的双锥式气动低弹性摩擦离合器（图 3-22 中左边一半）。能允许摩擦锥轴向位移，并产生使摩擦锥复位的弹力。当与各种高弹性联轴节组合时（图 3-22 中的右边一半），可用于主传动。双锥体摩擦离合器和气胎离合器由于有橡胶轮胎，除了传递扭矩外，还有减振隔声的作用，因此有一定的弹性，有弹性联轴器的功能。

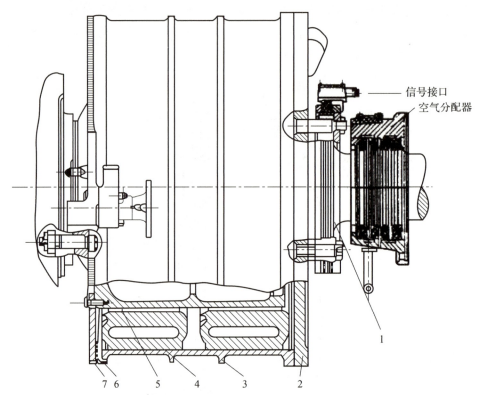

1—推力轴；2—圆盘；3—外鼓轮；4—胎；5—内鼓轮；6—护罩；7—齿圈。

图 3-21 双列气胎式摩擦离合器

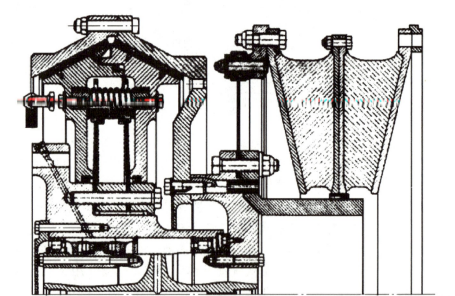

图 3-22 双锥气动低弹性摩擦离合器

3）伏尔康双锥气动弹性离合器

图 3-23 是伏尔康双锥体气动弹性离合器的结构及改进型的结构图。外层是双锥体摩擦离合器，内层为伏尔康高弹性联轴节，结构较紧凑。

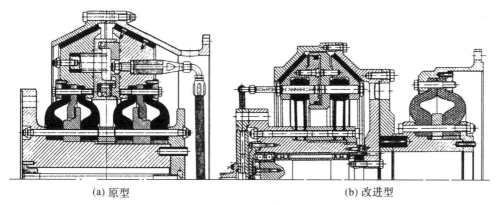

(a) 原型　　　　　　　　　　　　　(b) 改进型

图 3-23　伏尔康双锥体离合器

3.3.2　摩擦离合器的设计

1. 选用摩擦离合器的基本要求

选用的摩擦离合器应满足下列要求：

（1）工作可靠，使用寿命长。
（2）足够的传扭能力。
（3）结合平稳柔和，分离迅速彻底，不发生"带排"现象。
（4）散热性能好。
（5）内部作用力平衡，以免影响主机或齿轮箱的正常工作。
（6）结构简单、维修方便。

2. 片式摩擦离合器

1）摩擦面的摩擦力矩

如图 3-24 所示，摩擦片外半径为 r_{max}，摩擦片内半径为 r_{min}。假设接合力 Q 均匀地作用在摩擦片整个环形面积上，则单位面积上的法向载荷为

$$q = \frac{Q}{F} = \frac{Q}{\pi(r_{max}^2 - r_{min}^2)} \quad (3-13)$$

令任意半径 r 处的环带，其环带周长为 $2\pi r$，宽度 dr，在该微分环带上正压力引起的摩擦力矩为

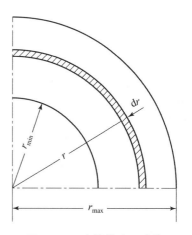

图 3-24　摩擦片比压计算

$$dm = 2\pi \cdot r \cdot dr \cdot q \cdot \mu \cdot r \quad (3-14)$$

则在整个摩擦工作面上的摩擦力矩为

$$\begin{cases} M_T = \int_{r_{min}}^{r_{max}} dm = \int_{r_{min}}^{r_{max}} 2\pi r q \mu r dr = 2\pi \mu q \int_{r_{min}}^{r_{max}} r^2 dr \\ M_T = \frac{2}{3}\pi \cdot \mu \cdot q \cdot (r_{max}^3 - r_{min}^3) \end{cases} \quad (3-15)$$

当离合器中有 z 个摩擦面时，摩擦力矩为

$$\begin{cases} M_T = \dfrac{2}{3} z \cdot \pi \cdot \mu \cdot q \cdot (r_{\max}^3 - r_{\min}^3) \\ z = m + n - 1 \end{cases} \quad (3-16)$$

式中：m 为主动摩擦片数；n 为从动摩擦片数。

若令 $C = r_{\min}/r_{\max}$，其中：C 称为摩擦片尺寸系数，则

$$M_T = \dfrac{2}{3} z \cdot \pi \cdot \mu \cdot q \cdot r_{\max}^3 (1 - C^3) \quad (3-17)$$

则有

$$M_T = z \cdot \mu \cdot Q \cdot \left(\dfrac{2}{3} \cdot \dfrac{r_{\max}^3 - r_{\min}^3}{r_{\max}^2 - r_{\min}^2} \right) \quad (3-18)$$

若令

$$R_T = \dfrac{2}{3} \cdot \dfrac{r_{\max}^3 - r_{\min}^3}{r_{\max}^2 - r_{\min}^2} \quad (3-19)$$

式中：R_T 称为摩擦半径（cm），则摩擦力矩计算式简化为

$$M_T = z \cdot \mu \cdot Q \cdot R_T \quad (3-20)$$

2）离合器各主要参数间的关系

由前面所述，当已知离合器主动轴上的额定扭矩 M_H 时，应使离合器的摩擦力矩为

$$M_T = K \cdot M_H \quad (3-21)$$

式中：K 为扭矩贮备系数或称传扭余度系数。

$$M_T = K \cdot M_H = \dfrac{2z\pi\mu q}{3} \cdot r_{\max}^3 (1 - C^3) \quad (3-22)$$

$$r_{\max} = 0.78 \sqrt[3]{\dfrac{K \cdot M_H}{\mu q z (1 - C^3)}} \quad (3-23)$$

由式（3-23）可见，摩擦面的尺寸，主要决定于 μ、q、z、C，以及所传递的额定扭矩 M_H，而各参数间又相互影响。在上述参数中，摩擦系数 μ 和比压值 q 主要取决于材料的摩擦性质和强度。这里重点对 K、C 和 z 三个参数进行讨论。

离合器要确保主机输出扭矩不均匀和当发生过载现象时摩擦片不打滑，以及摩擦系数 μ 值下降时不打滑，应有一定的传扭余度系数。K 值应取得合适，K 值取得过大，会使离合器尺寸过大，当离合时可能动作过猛，造成冲击。当发生意外情况，如螺旋桨被卡住时，K 值太大，则不能对主机和传动设备起有效的保护作用。通常对多缸的高速柴油机，K 值取 1.5~2.5 范围内，少数取 2.8。柴油机气缸数越少，K 应取大值，反之，K 应取小值，对燃气轮机可取 $K = 1.5$。

尺寸系数 C 选择是否恰当，直接影响摩擦片面积有效利用的大小，以及离合器能否正常、可靠地工作。C 值大，意味着摩擦片工作环带狭窄，好处是有效摩擦半径增大，以及沿摩擦片宽度方向上的滑摩线速度差小。因而磨损、发热均匀，摩擦片不会因为内外圈温差太大而引起翘曲，但是也带来一些坏处，如有效工作面积减小，单位面积比压 q 值和热负荷相应升高，以及因摩擦片太狭窄，刚度下降，容易变形等。C 值小，则情况正好相反。因此，C 值不能取得过大，也不能取得过小，一般 $C = 0.65 \sim 0.80$。

摩擦面数 z 值取得多些，可使传扭能力成比例提高，或在相同的传扭能力下，可以减小离合器径向尺寸。但是摩擦片数太多将使离合器在空车时片与片之间不容易充分

脱开，当需要实现空车时，从动轴仍然旋转，造成带排，使操纵失灵，容易引起事故。此外，片数太多将引起离合器轴向尺寸增加，液压活塞的行程也相应增大，故一般限制 $z_{max} = 5$，设计时尽量取 $z \leqslant z_{max} = 8$。

液压活塞行程 S 为

$$S = 2\delta$$

式中：δ 为相邻摩擦面的间隙，通常取 $\delta = 0.4 \sim 0.8 \text{mm}$，直径大者，取大值。

3. 圆锥摩擦离合器

如图 3-25 所示，离合器在接合力 Q 作用下，压紧了内外锥面，此时锥面间法向正压力为 N。由 N 引起圆周摩擦力 P 和摩擦力矩 M_T，将主动轴扭矩给从动轴。锥面的主要几何参数为平均半径为

$$\bar{r} = \frac{r_{max} - r_{min}}{2}$$

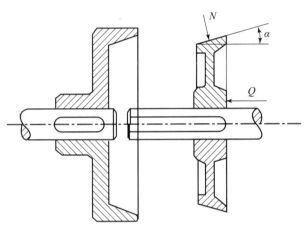

图 3-25 圆锥摩擦离合器计算简图

锥面宽度 b 和锥角 α。

当离合器主动轴直径 d 确定后，根据机组情况和参考同类型结构，可初步取 $\bar{r} = (3 \sim 5)d$，对高弹性摩擦离合器，还须考虑弹性元件和气缸在离合器内结构布置所需的尺寸。

锥面间正压力 N 引起的摩擦力 P，其大小为 $P = \mu N$，作用在平均半径 $\bar{r}$ 处，方向沿 $\bar{r}$ 圆周的切向，故

$$M_T = P \cdot \bar{r} = \mu \cdot N \cdot \bar{r} \tag{3-24}$$

由图 3-26 所示锥体所受轴向作用力有接合力 Q、法向力 N 沿轴向的分力 $N\sin\alpha$，以及锥面由于压紧趋势产生摩擦力在轴向的分力 $\mu N\cos\alpha$。

根据轴向力的平衡条件可知

$$N \cdot \sin\alpha + \mu \cdot N \cdot \cos\alpha - Q = 0 \tag{3-25}$$

$$N = \frac{Q}{\sin\alpha + \mu\cos\alpha} \tag{3-26}$$

$$M_T = \left(\frac{1}{\sin\alpha + \mu\cos\alpha}\right) \cdot Q \cdot \mu \cdot \bar{r} \tag{3-27}$$

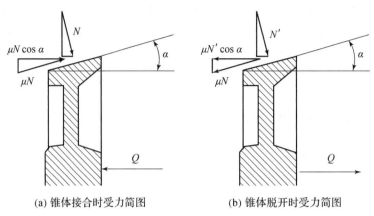

(a) 锥体接合时受力简图　　　　(b) 锥体脱开时受力简图

图 3-26　锥体受力简图

可以看出，锥面与圆盘摩擦面相比，在几何尺寸和接合力相同的条件下，传扭能力提高了 $1/(\sin\alpha + \mu\cos\alpha)$ 倍。

由式（3.26）得接合力 Q，即

$$Q = N \cdot (\sin\alpha + \mu \cdot \cos\alpha) \quad (3-28)$$

由式（3.27）可得

$$Q = \frac{M_T \cdot (\sin\alpha + \mu \cdot \cos\alpha)}{\mu \cdot \bar{r}} \quad (3-29)$$

$$Q = \frac{K \cdot M_H \cdot (\sin\alpha + \mu \cdot \cos\alpha)}{\mu \cdot \bar{r}} \quad (3-30)$$

可以看出，锥角 α 越小，产生同样摩擦力矩所需的接合力越小。在接合力相同情况下，锥角 α 越小时，摩擦力矩更大。但锥角 α 又不能取得太小，因为摩擦锥面接合后可能发生自锁，当接合力 Q 消失后，离合器不能自行脱开，必须施以拉力才能脱开。

下面分析什么情况下，锥面摩擦离合器可能自锁。

内外圆锥接触面之间作用力的关系，如图 3-26（b）所示。当接合力消失后，在内外圆锥接触面之间仍有残余正压力 N'，这是由于接合时内锥孔和外锥面弹性变形而产生的恢复力。由于压力 N' 的作用，使外锥体受有自动脱出趋势的轴向力，即 N' 的轴向分量 $N'\sin\alpha$。当锥体有脱出趋势时又受到阻止其脱开的摩擦力 $\mu N'\cos\alpha$；当脱出力大于摩擦阻力时，$N'\sin\alpha > \mu N'\cos\alpha$ 就可以避免自锁。所以，锥面摩擦离合器不自锁的条件为

$$\frac{\sin\alpha}{\cos\alpha} > \mu$$

即

$$\alpha > \arctan\mu \quad (3-31)$$

对不同摩擦材料，干湿状态不同，摩擦系数各异，故一般对于湿式锥体摩擦离合器取 $\alpha = 5° \sim 15°$，对于干式锥体摩擦离合器取 $\alpha = 15° \sim 25°$。

锥面摩擦离合器自锁条件为

$$\alpha \leqslant \arctan\mu \quad (3-32)$$

发生自锁后，为使摩擦锥分离脱开，就必须加脱开拉力
$$Q' = N'\mu \cdot \cos\alpha - N'\sin\alpha \tag{3-33}$$
锥面工作宽度 b 主要由摩擦面许用比压决定。

摩擦锥面面积为
$$F = \pi \cdot d \cdot b$$

摩擦面法向力为
$$N = \frac{Q}{\sin\alpha + \mu\cos\alpha} \tag{3-34}$$

摩擦面比压值为
$$q = \frac{N}{F} = \frac{Q}{\pi \cdot d \cdot b \cdot (\sin\alpha + \mu\cos\alpha)} \tag{3-35}$$

则锥面工作宽度为
$$b \geq \frac{Q}{\pi \cdot d \cdot q \cdot (\sin\alpha + \mu\cos\alpha)} \tag{3-36}$$

实际使用的锥体摩擦离合器，大部分为双锥体式摩擦离合器，因为它不仅可以成倍提高传扭能力，而且可使作用于锥体上的轴向力在离合器内部得以平衡，从而使设计简化。

4. 摩擦离合器的布置

图 3-27 为离合器在轴系中的布置方案：布置在与发动机直接相连的高速轴上，布置在与螺旋桨轴相连的低速轴上，布置在另设的增速轴上。若假设它们发动机的功率、转速、摩擦元件的摩擦系数、单位比压以及换向时间等参数均相同，则这三种布置形式具有下面不同点。

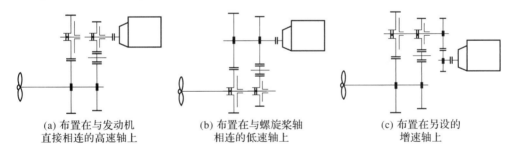

(a) 布置在与发动机直接相连的高速轴上　　(b) 布置在与螺旋桨轴相连的低速轴上　　(c) 布置在另设的增速轴上

图 3-27　离合器在轴系中的布置方案

1) 在离合器的尺寸、质量方面的影响

布置在低速轴上的离合器所传递的扭矩最大，故尺寸、质量也最大，布置在高速轴上的离合器较小，布置在增速轴上的最小。

2) 对滑摩功大小的影响

设在结合过程中发动机的转速 ω_1 不变，扭矩 M_1 也不变，忽略传动机械效率的影响，摩擦扭矩 $M_T = iM_1$，从动轴转速 ω_2 从零开始按照匀角加速度规律上升，则从动轴平均转速为 $\bar{\omega}_2 = \omega_1/2i$，离合器的滑摩功均为 $M_T\omega_1 T/2$，T 为滑摩持续时间。

3) 对结构复杂性的影响

因为增加了一对增速齿轮及其附带的轴和轴承等零件，布置在增速轴上的结构最

为复杂。综上所述，为了减小离合器的尺寸和质量，同时结构也不要过于复杂，在一般情况下，多数把离合器布置在高速轴上，仅在特殊情况下，才把离合器布置在低速轴或增速轴上。

设计时除考虑上述几点外，对不同类型的船舶，不同类型的主机，工作条件和要求不同，必须作具体分析，提出合理要求和设计方案。

3.4 自动同步离合器

3.4.1 自动同步离合器的工作原理

在联合动力装置中，要求系统能在加速工况与巡航工况之间自动转换，而不中断推进动力的传递，一般由自动同步离合器来实现。由于巡航机组和加速机组的转矩、转速都很大，因此要求自动同步离合器传扭能力大、传动效率高、尺寸质量轻小、可靠性好，所需的附属设备尽可能地少。

自动同步离合器的结构如图3-28所示。其主要由3个部分组成：一是离合圈，其左端和输入轴用键连接成一体，右端装有一圈直齿内花键。二是带有螺旋齿外花键的中空套轴，它的中空部分恰好套在输出轴上，且用键将两者联结成一体。三是同步圈，其左端有支持外花键与离合圈配合，可以允许作相对轴向移动。它的内部有与中空套轴上的螺旋齿外花键轴相配合的螺旋齿内花键，当两者有相对轴向位移时，同时发生一定角度的相对转动，或者两者有一定角度的相对转动时，同时发生相对的轴向移动。此外，自动同步离合器上面还装有两只对置的爪。图3-28所示为自动同步离合器的基本结构和工作原理，实际使用的同步离合器结构要复杂得多。

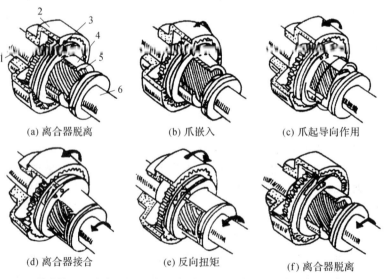

1—输入轴；2—离合圈；3—爪；4—同步圈；5—螺旋花键轴；6—输出轴。
图3-28 自动同步离合器的基本结构和工作原理

下面分析自动同步离合器的工作原理：

1. 脱开状态

图 3-28（a）所示为脱开状态。当输入轴和输出轴没有相对转动时，如都处于静止状态或都以同速同向旋转，同步圈的支持外花键正好处于离合圈左面的无齿部位，两者不啮合，因此输入轴不可能向输出轴传递动力。此时，同步圈上的两只爪位于离合圈的内齿圈中，且两者之间相对静止。

2. 结合过程

当加速机开始加速时，输入轴的转速大于输出轴的转速，离合圈就带动两只爪使同步圈的转速大于螺旋花键轴。也就是，输出轴的转速，由于螺旋花键的作用，使同步圈在相对螺旋花键轴作相对转动时，还相对于螺旋花键轴作向右的轴向移动，如图 3-28（b）所示。当同步圈右移到它的支持外花键与离合圈的直齿内花键开始轴向接触时，由于直齿外花键、两只爪以及螺旋花键副的相对位置设计得很精确，正好是直齿花键副处于能互相啮合的位置。于是，同步圈左端的直齿外花键进入离合圈的直齿内花键内，进入啮合状态，同步圈继续右移，直到同步圈的右端和输出轴上的法兰接触并被轴向顶住为止。此时，两只爪已处于离合圈的右外端，而不在离合圈的直齿内花键内。上面的动作由图 3-28（b）、（c）所示。动作完成后，由于输入轴的转速略大于输出轴的转速，因此加速机的动力机通过输入轴 1—离合圈 2 的直齿内花键—同步圈的直齿外花键—同步圈的螺旋齿内花键—螺旋齿外花键轴（含输出轴上的法兰）—输出轴。输出轴立即开始加速。上面的过程如图 3-28（d）所示。于是，加速机自动进入带负荷运行状态。

3. 脱开过程

当加速机减速并准备撤离时，输入轴的转速显然要低于输出轴，因为巡航机仍在工作，所以输出轴仍以一定的转速也就是与巡航机转速相应的某一转速转动。这时，可以认为离合圈相对输出轴作相反方向的转动，如图 3-28（e）所示。因此，由螺旋齿花键副的作用又进入到离合圈的直齿内花键内，恢复到图 3-28（a）所示的脱开状态。如果加速机停止转动而巡航机继续运转，则输出轴继续转动如图 3-28（f）所示。此时两只爪在离合圈的直齿内花键中不停地跳动，加速机与输出轴完全脱离。如果加速机又要投入工作，则重复上述的结合过程。

3.4.2 自动同步离合器的特点

自动同步离合器有如下的特点。

（1）自动可靠。自动同步离合器是一种带有同步机构的齿形离合器，由棘爪机构和螺旋花键副组成同步机构。棘爪机构起感受是否同步的作用，螺旋花键副起直齿花键副在结合和脱离时所需的轴向位移的作用，并与支持花键副、输出轴上的法兰一起起传递动力的作用。当输入轴和输出轴的转速经过同步点时，由棘爪机构推动螺旋花键副运动而使直齿花键副啮合。若有一个反向力矩，则离合器就自动脱离。因此，它的结合和脱离完全是自动的，不依赖任何其他机构，工作非常可靠。这种离合器即使在输入轴静止不动、输出轴较高速情况下，因其棘爪在内齿圈中不停地跳动，就能确保加速机与巡航机完全脱离。只要采取适当措施，棘爪不易磨损，因而具有较高的寿命且能允许巡航机高速运转。由于棘爪只是克服两套花键副在相对运动中很小的摩擦力和质量不大的同步圈的惯性而不传递动力,因此棘爪的工作条件较好。

(2) 传扭能力大、传动效率高。由于靠花键副传递动力,因此传递的动力可相当大,传递效率为1。目前这种单个离合器能传递的功率已达 3×10^4 kW。

(3) 尺寸小、质量轻。

(4) 适用于双机并车场合。从工作原理知道,自动同步离合器只能用在输入轴和输出轴能经过同步点的场合,对于单机传动齿轮箱的场合就不能起到离合作用,因此多用在双机以上的并车场合。即使在这种场合下,如果要保证所有机组都能空车运行,则通常还需要在机组与同步离合器之间再设置一个前面所述的其他类型离合器。

(5) 单转向离合器。当离合器的结构一旦确定后,只能以一个固定的转向运转。若图 3-28(f) 所示的输出轴按相反方向运转,则离合器立即会发生冲击接合并导致严重破坏,同步机构根本不起任何保护作用。因此,在选用和设计时,必须考虑到输出轴有无反转的可能性。如果在加速机停转情况下输出轴会反转,则必需在这种离合器上附设一套能在输出轴倒转时防止同步圈右移的装置。有时需要输入轴反向转动时也能传递动力,则需要一套在输入轴正车投入工作后防止同步圈左移退出接合状态的机构,以保证能传递双向动力。

(6) 设置缓冲机构。如果输出轴在很大的角加速度下进行结合,则经过同步点后,同步圈右端和输出轴法兰端面相碰时会有较大的冲击,在这冲击的一瞬间会使传递的动力突然增加,可能引起同步圈又向左反跳回去,甚至导致螺旋花键的损坏。为了防止这种冲击和反跳而使同步离合器可靠地接合,通常在同步圈和螺旋花键之间设置一个缓冲机构,使离合器在同步接合过程中,当两只爪把同步圈的直齿外花键引入离合圈的直齿内花键中以后,同步圈在一定的阻尼下缓慢地向右移动,这样可减少冲击和防止反跳。

(7) 设置高阻尼弹性联轴节。由于自动同步离合器是刚性离合器,对所传递的动力中的周期脉动十分敏感。因此,工作之前必须先设置高阻尼弹性联轴节。

(8) 棘爪机构自动与离合圈脱离与接触。为减少棘爪机构的磨损,使其具有较长的寿命,应改善润滑条件;当已经接合后,爪能自动与离合圈脱离接触,直到脱开后下次再进行结合时自动与离合圈接触。

3.5 弹性联轴器

3.5.1 弹性联轴器的功能和种类

由于柴油机功率地不断提高,其输出转矩的脉动幅值也越来越大,轴系的扭转振动问题更为严重。对于带有减速齿轮箱的推进系统,其中的齿轮对柴油机输出转矩的脉动相当敏感,当齿轮箱主动轴上的脉动扭矩幅值超过柴油机的平均输出扭矩时,齿面上会承受负扭矩,造成齿面间相互产生敲击,既增加了机舱内的噪声,又容易引起齿面的点蚀而损坏齿轮。此外,舰船轴系在对中时不可避免地会存在误差,这个误差在外界复杂的干扰力的作用下还会增加，使齿轮箱在运转中齿面接触情况变差、轴系运转不平稳，甚至发生轴承过载或咬死等故障。

因此，现代船舶推进轴系中一般加装弹性联轴器，主要功能如下：

（1）缓冲作用。由于柴油机输出扭矩不均匀，对轴系会产生冲击，加装冲击能量，起到缓冲的作用，降低变扭矩对齿轮的影响。

（2）调频避振、减振的作用。弹性联轴器的弹性与阻尼，不仅可以改变轴系的自振频率，而且可以大大降低振动的振幅。

（3）降低对中要求。利用弹性联轴器的弹性，安装时轴线比较容易校中。

根据其弹性元件所用材料的不同，弹性联轴器可分成金属弹性元件联轴节和橡胶弹性元件联轴节两大类。

3.5.2　非金属弹性元件联轴节

1. 非金属弹性元件联轴器的特点及种类

非金属弹性元件联轴器主要利用橡胶元件或塑料元件的压缩变形、压缩－拉伸变形、剪切－拉伸变形、弯曲变形以及各种变形的组合来传递扭矩。在这类弹性联轴器中，又以橡胶元件弹性联轴器的应用更为广泛。

1）橡胶元件弹性联轴器的优点

（1）结构简单、造价低、加工成型方便。

（2）扭转方向的弹性大，对扭转振动和冲击具有良好的隔振和减振作用。

（3）能补偿对中误差和轴段运转时产生的偏差。

（4）对特定频域的结构噪声具有较好的隔离作用。

2）橡胶元件弹性联轴器的缺点

（1）耐油和耐热性差。

（2）在空气中容易老化。

（3）由于制造中橡胶硬度的偏差较大，因而其负荷性能不易控制。

3）橡胶元件弹性联轴器的种类

按照橡胶弹性元件受力情况来区分，橡胶元件弹性联轴器有以下四种主要型式。

（1）压缩型。有弹性柱销式、圆柱式、梯形块式等。它们是将橡胶压制成各种形状的弹性元件装入主、从金属法兰形构件中所组成的。由于橡胶的体积基本上不能被压缩，因此这类弹性联轴器的扭转刚度较大，故又称为低弹性联轴器。这类联轴器对降低变动扭矩、调节轴系扭转振动固有频率的作用不大，对补偿轴线偏移的效果也不明显，因此性能较差。但是其结构简单、橡胶元件压制方便、造价低、更换容易，故还有一定的应用。

（2）压缩－拉伸型。例如：多角橡胶联轴器等。

（3）纯剪切型。例如：在主、从法兰之间装有圆鼓形橡胶圈的弹性联轴器等，多用于电机驱动的泵、鼓风机等场合。

（4）剪切－拉伸型。例如：单盘式、轮胎式、双皮碗式等弹性联轴器。

2. 高弹性整圈式橡胶联轴器

高弹性整圈式橡胶联轴器具有很大的弹性，还具有一定的滞后阻尼特性，可以较有效地改变系统的自振频率，以达到在常用转速范围内避开严重共振转速的目的。高弹性整圈式橡胶联轴器的结构简单，如图3-29所示。其主要部件是两个整圈式橡胶弹性环，输入法兰和输出法兰分别与弹性环的外环和内环连接。扭矩传递一般是1→2和3→4或相反。

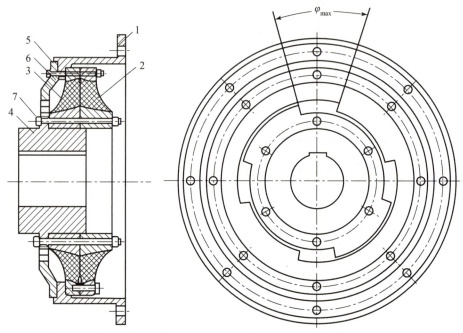

1—输入法兰；2、3—橡胶弹性环；4—内法兰（输出法兰）；5—限位装置环；6、7—螺栓。

图3-29 高弹性整圈式橡胶联轴器

为防止启动和瞬时过大的扭转角引起橡胶元件的损坏，高弹性整圈式橡胶联轴器在结构上设有限位装置，即位于输入法兰上的限位装置环和内法兰（输出法兰）的凸出部分。图3-29中的φ_{max}是弹性环最大扭转角，大于该值时限位装置起作用，内外环直接接触。

为了提高联轴器的柔度，可以将联轴器串联布置。图3-30为传递大扭矩的串联结构。这类联轴器具有很好的弹性和减振性能，能够补偿轴线间较大的相对偏差。一般地说，其许用相对径向位移为1.2~6.2mm，许用相对轴向位移为0.7~3.5mm，许用相对角位移为3.2°，两半联轴器的相对扭转角$\varphi \leqslant 10°$，瞬时最大扭矩时相对扭转角为$\varphi \leqslant 25°$。这种联轴器适用于内燃机等冲击较大的两轴之间的连接。

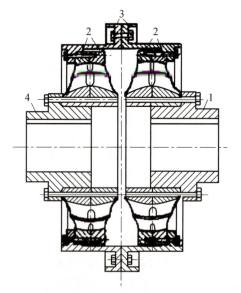

1—轴套；2—橡胶弹性环；
3—联接法兰；4—轴套。

图3-30 串联结构高弹性整圈式橡胶联轴器

扭转角和扭转刚度如图 3-31 所示，在扭矩作用下，橡胶环的扭转角 φ 为

$$\varphi = \int_{r_1}^{r_2} \mathrm{d}\varphi = \int_{r_1}^{r_2} \frac{\tau \mathrm{d}r}{Gr} = \frac{\tau}{G} \ln \frac{r_2}{r_1} \tag{3-37}$$

式中：τ 为橡胶的剪应力；G 为橡胶的剪切弹性模量。

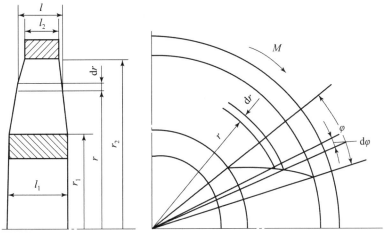

图 3-31 扭转角和扭转刚度

单个橡胶环的扭转刚度 K 为

$$K = M/\varphi \tag{3-38}$$

一对橡胶环的扭转刚度为

$$K' = 2K$$

3. RATO 型高弹性联轴器

RATO 型高弹性联轴器（图 3-32）是一种用橡胶与金属黏接结构的剪切型高弹性联轴器。该型联轴器主要由扭转弹性部件、膜片部件和联接件组成。其中，扭转弹性部件主要由多个扇形橡胶块组成。扇形橡胶块的截面呈锥形。橡胶块与金属片黏接，依靠橡胶块的剪切变形来传递扭矩。根据联轴器的结构尺寸和刚度级别的要求，橡胶弹性元件可以布置成单排或多排。在多排型联轴器中，橡胶扇形块采取错开布置方式，可使橡胶元件获得良好的通风冷却条件。有一些型号的橡胶扇形块还配置了辅助通风孔，如图 3-32（b）所示。

膜片部件一般有两种结构形式。一种结构为圆环形膜片，它的外端用锥形橡胶衬套夹紧；另一种结构为挠性杆式结构，由多条按正切方向布置的挠性杆组成，如图 3-33 所示。这两种联轴器的膜片部件均布置在弹性部件的后端并允许承受轴向位移。该联轴器能适应轴向、径向和角度方向的相对位移，对特定频域的结构噪声有较好的隔离功能，同时还具有较好的扭转特性和阻尼特性，能够改善旋转系统的扭振状态。目前其多被用于舰船推进模块、柴油发电机组等场合，还可与万向联轴器串联使用。需要注意的是，这种联轴器在扭矩的作用下，它的橡胶弹性元件会沿轴向收缩，从而产生附加的轴向力作用在主、从轴上，使主、从轴的轴承承受附加的轴向载荷。RATO 型弹性联轴器已经系列化，总体设计时可参考产品目录选用。选择时，应使实际的额定扭矩、最大扭矩允许额定扭矩和变动扭矩小于允许值。

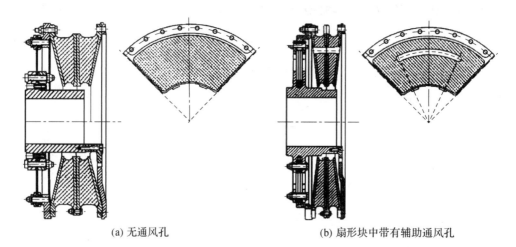

(a) 无通风孔　　　　　　　　(b) 扇形块中带有辅助通风孔

图 3-32　RATO 型高弹性联轴器

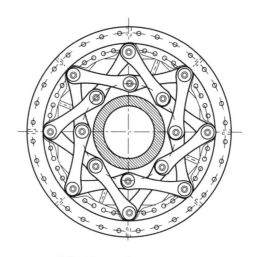

图 3-33　带挠性杆式结构 RATO 型高弹性联轴器

3.5.3　金属弹性元件联轴器

1. 金属弹性元件联轴器的特点

金属弹性元件联轴器利用金属簧片、卷簧、板簧、膜盘、钢丝绳等作为元件的弹性联轴器。与非金属弹性联轴器相比，其主要有以下特点。

(1) 弹性元件具有较高的强度，传扭能力大。
(2) 减振性能稳定，适用于高速运转。
(3) 物理、化学性能稳定，具有较长的使用寿命。
(4) 基本不受温度的影响。
(5) 结构复杂，制造成本高。

此外，这类联轴器还能依靠改变金属弹性元件受力部分的长度、预紧力或数量等方法来改变弹性元件的刚度，使其具有定刚度或非线性刚度的特性。

2. 金属弹性元件联轴器的种类

1）高阻尼簧片联轴器

高阻尼簧片联轴器是盖斯林格联轴器的一种，其结构如图 3-34 所示。其主要由内轮和外轮两部分组成。内轮部分的主要零件是花键轴；外轮部分的主要零件是侧板、中间块的压紧螺栓、锥形环、外套圈、限位块、带法兰的侧板等。在内外轮之间，径向布置着若干组金属簧片束，其一端与外轮固定，另一端嵌入花键轴的花键槽中。利用簧片束的自由支撑作用，使内外轮保持同心度并传递主、从动轴之间的扭矩。簧片束还与主、从动部件之间形成油腔，这些油腔始终充满起阻尼作用的油。当主从部件间有相对位移时，簧片束会挠曲，使阻尼油在相邻的油腔之间流动，从而增加主从部件之间的运动阻尼，达到降低传递扭转振动幅值的目的。在传递扭矩时金属簧片束的挠曲变形使联轴器具有一定的柔度，起到缓冲作用。

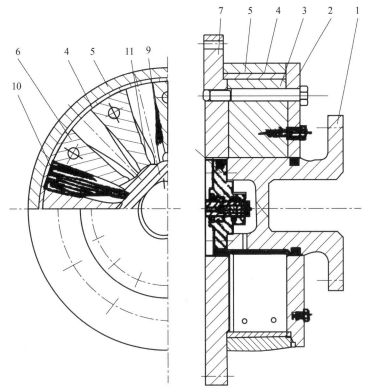

1—花键轴；2—侧板；3—压紧螺栓；4—锥形环；5—外套圈；6—限位块；
7—带法兰的侧板；9—油腔；10—簧片束；11—油腔。

图 3-34　高阻尼簧片联轴器

每组簧片束由若干金属弹簧片组成，其中长度相等的 2 片为主片，沿传递扭矩一侧的长度不等的簧片组成等强度结构，另一侧有几片副片，防止启动和紧急停车时主片的受力过大。

为了保护簧片束在超载时不致因变形过大而断裂，在限位块的小端设有行程限位块。当联轴器承受达 1.3 倍额定扭矩时，簧片束主片的端部将与其贴靠而不再继续弯曲。

为了防止起阻尼作用的滑油产生有害的轴向力，花键轴的两端均装有直径相同的

"O"形密封圈，使两端的承压面积相等，故联轴器本身不存在轴向力。

高阻尼簧片联轴器主要具有扭转弹性好、缓冲作用显著。其静扭转角度一般为2°~6°。可以利用它的弹性调器系统的自振频率，使主临界转速被排除在原动机工作转速之外，有较好的调频作用；阻尼性能好。利用它的高阻尼特性，阻尼力与弹力之比为0.5~0.9，且在很大范围内与振动的频率无关，可吸收处在工作范围内的其他谐频的共振能量，对这些谐频振动起减振作用；结构紧凑、尺寸小、质量较轻；工作可靠、耐久性好；能对主、从轴的对中误差起一定的补偿作用。许用相对径向位移一般为0.45~0.9mm，许用相对轴向位移一般为1.5~5mm，许用相对角位移一般为0.2°左右；结构复杂，要配置专用的滑油系统，造价较高。

图3-35为变刚度高阻尼簧片式联轴器。在部分负荷时，只有簧片1、2、3、4起作用，此时其柔度大（刚度低），整个系统的固有扭转振动转速低，能把最危险的共振转速控制在主机的最低转速以下。在主机高速高负荷时，簧片1、2、3、4的变形已经大到与簧片5相接触，就是簧片5也同时起作用，联轴器的刚度急剧增大，整个系统的固有扭转振动转速相应升高到主机的最高转速以上。这样，可避免在主机的全转速区域内出现最危险的共振转速。

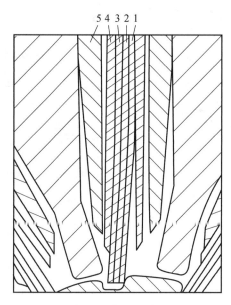

图3-35 变刚度高阻尼簧片式联轴器

2）金属膜盘式挠性联轴器

金属膜盘式挠性联轴器是一种通过极薄的双曲线型面的挠性盘来传递扭矩的装置，实际结构如图3-36所示。该类联轴器利用膜盘材料的挠性来补偿输入与输出轴之间的相对位移，利用双曲线型膜盘壁来传递扭矩和提供挠性，利用其内、外径处的刚性轮缘和轮毂，在相邻膜盘和输入、输出法兰之间传递扭矩。膜盘之间，以及膜盘与主、从动构件法兰之间的连接方式，可根据不同的使用要求分别采用螺栓、端面齿、夹紧环、焊接或铆接。

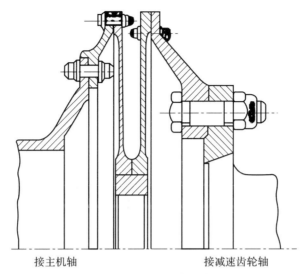

图 3-36　某船燃气轮机与齿轮箱之间的连接

膜盘式联轴器工作可靠、寿命长；传递功率可达 100000kW；适用转速可达 10000r/min；补偿主、从轴之间相对位移的能力也大；不需润滑；无噪声；可以在恶劣的环境下工作；安装、维护简便；作用在系统中的附加载荷小。由于具有这些优点，在现代高速旋转机械中被广泛采用，大量应用于航空、舰船和工业透平系统中。挠性很大的膜盘可以足够补偿动力涡轮轴的热膨胀变形和对中误差。

3）卷簧式弹性联轴器

卷簧式弹性联轴器的结构如图 3-37 所示。它由两个半联轴器、中间环、卷簧组件和限制块等构成。工作时，通过卷簧组件受力后的压缩和弯曲变形，起缓冲吸振作用。除此而外，卷簧变形时还使充满的滑油在限制块两边来回流动，滑油地来回流动也能吸收一部分扭振能量，由滑油带出向外自然散热。所以，滑油既起润滑作用，也起冷却卷簧的作用。

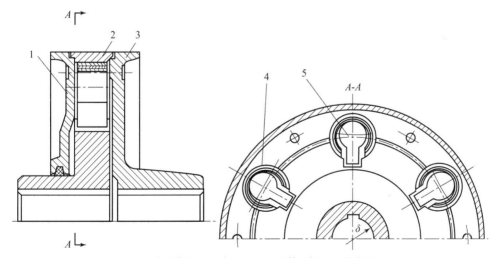

1，3—半联轴器；2—中间环；4—卷簧组件；5—限制块。

图 3-37　卷簧式弹性联轴器

卷簧组件由若干片弹簧钢板制成的开口圆环组成，板的厚度由外圈向内圈逐层减薄，以便使所有弹簧片在相同的弯曲变形时，它们的弯曲应力基本相同。

4) 圆柱螺旋弹簧式联轴器

如图 3-38 所示，这种联轴器由一对半联轴器通过螺旋弹簧压于弓形块并用螺栓连接以传递扭矩。通过螺旋弹簧与弓形块之间为平面接触。允许被联接的两轴间的径向位移达 $0.01D$，角位移达 $2°$，轴向位移达 $0.05D$。

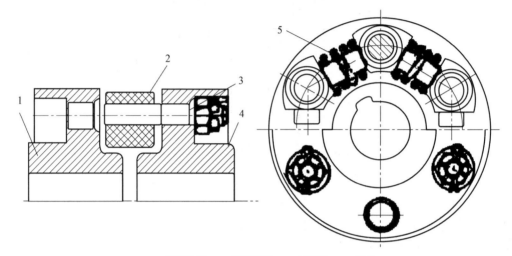

1，4—半联轴器；5—螺旋弹簧；2—弓形块；3—螺栓。

图 3-38 圆柱螺旋弹簧式联轴器

3.5.4 弹性联轴器选型设计

橡胶弹性联轴器具有结构简单、造价低、加工成型方便等优点。尤其是高弹性整圈橡胶联轴器和伏尔肯型橡胶联轴器，不仅结构简单、重量尺寸小，而且具有较大柔度，良好的减振防冲击性能，如表 3-1 所列。加之，其使用功率范围大，不仅在中小功率装置上，也能在几十到上力十瓦功率的中速柴油机装置上应用，是当前柴油机装置上应用最广泛的弹性联轴器。

表 3-1 联轴器扭转角比较

联轴器型式	额定扭矩时扭转角/(°)	联轴器型式	额定扭矩时扭转角/(°)
高弹性整圈橡胶联轴器	6~12	气胎离合器	0.5~1.0
伏尔康型弹性联轴器	3.8~15.2	塞块式橡胶联轴器	2~3
高阻尼簧片联轴器	2~6	柱销式橡胶联轴器	0.5~1.5

高弹性整圈橡胶联轴器在我国已标准化（XL 型），传递扭矩为 690~8830N·m，分 15 挡。它的额定扭转角为 $10°$，瞬时最大扭矩为额定扭矩的 2.5 倍。选型时，要求按发动机额定扭矩值选定型号。按扭振计算校核共振转速时作用在联轴器上的最大扭矩值 M_R。

$$M_R = M_0 + M_W = M_0 + M_i \frac{I_2}{I_1 + I_2} V \tag{3-39}$$

式中：M_W 为变动力矩幅值；M_0 为额定扭矩。

当 $M_R < M_{\max}$ 时认为选用的联轴器是合适的，可以安全运行。

当 $M_R > M_{\max}$ 时，需要先重新选型，再进行扭矩计算，以校核联轴器上的最大扭矩值。$M_{\max}$ 为该型号联轴器允许承受的瞬时最大扭矩。

金属弹簧联轴器径向和角度允许偏差不如橡胶联轴器大（表 3-2）。我国已引进 Geislinger 联轴器专利，已经系列生产该联轴器。其主要有三种不同刚性系列的联轴器（额定扭转角为 3.6°、5°、9.2°）。传扭能力（以中等刚性系列为例），从最小 3100N·m 到最大 630000N·m，有 33 种型号。这种联轴器选型根据是发动机的平均扭矩。选用的联轴器名义扭矩等于或大于平均扭矩即可。然而进行扭振计算，校核联轴器上的振动扭矩，必须使其阻尼扭矩和弹性扭矩小于联轴器所规定的许用值，否则要重新选型。为了改善这种联轴器主动轴和从动轴角度偏差小的缺点，应用时经常和挠性联轴器组合使用。

表 3-2 径向和角度允许偏差

型式（允许偏差）	轴向位移/mm	径向位移/mm	角度偏差/(°)
XL 型高弹性橡胶联轴器	0.7~3.5	1.2~6.8	3.2
EZ 型伏尔康橡胶联轴器	4~8	2~6	3~4
高阻尼簧片联轴器	1.5~5	0.45~1.0	0.2

习　题

1. 船舶推进轴系中有哪些后传动装置？各自的功能是什么？
2. 齿轮箱的作用是什么？有哪些种类？
3. 齿轮箱的有哪些主要技术指标可作为选型依据？
4. 液力偶合器的基本原理是什么？有何特点？
5. 液力偶合器的工作外特性是怎样的？使用中应侧重注意什么问题？
6. 摩擦离合器有哪些类型？各自有何特点？适用什么场合？
7. 摩擦离合器传递扭矩的大小与哪些因素有关？其接合时间、接合过程中的摩擦功与哪些因素有关？
8. 气胎式摩擦离合器的特点是什么？
9. 为什么有些推进装置要加装弹性联轴器？它有哪些型式？请举例说明。
10. 弹性联轴器与刚性联轴器有何异同点？

第4章 船舶推进轴系振动

4.1 轴系振动的形式和危害

4.1.1 轴系振动的形式

船舶推进轴系振动有扭转振动、纵向振动、回旋振动及耦合振动等形式。

由于柴油机的间隙性喷油燃烧、输出扭矩的不均匀性、螺旋桨负荷扭矩的不均匀性，使推进轴系在周期性交变力矩作用下运转，当交变力矩的频率和推进轴系的扭振固有频率相同时，将会产生共振。在这种共振情况下，包括曲轴在内的整个轴系的多个轴段将发生来回摆动的强迫振动现象，这就是推进轴系的扭转振动。

轴系在螺旋桨的交变推力及柴油机运动件产生的等效轴向激振力等作用下，激起轴系的纵向来回振动。当扭转振动频率与纵振频率相同或相近时，产生扭振与纵振的耦合振动。

回旋振动实质上是轴系的进动，即轴系以某一角速度绕其自身的几何中心线（动挠度曲线）旋转，同时弯曲的几何中心线又以某一角速度绕支承中心线旋转。前一种旋转相当于自转，后一种旋转相当于公转。公转角速度又称为进动角速度或回旋角速度。

船舶推进轴系的尾部是一个带有巨大螺旋桨的悬臂端，当轴系作回旋振动时，螺旋桨轴中心线在空间的轨迹是一个以轴系中心线为对称轴的圆锥面或椭圆锥面，螺旋桨盘面将随转轴的回旋产生偏摆，螺旋桨的动量矩矢量的方向将不断变化。此时，螺旋桨对转轴除有惯性力作用外，还有惯性力矩（陀螺力矩）的作用。中间轴段由于质量偏心，如由于安装误差原因引起法兰盘处的质量偏心等，也会引起中间轴段的回旋振动。

4.1.2 轴系振动的危害

除对轴系产生危害外，对其他部件及船体结构等也会产生不利影响，如表 4-1 所列。

表 4-1 振动危害

振动	艉管	轴系	推力轴承	机架振动	局部振动	上层建筑	船体振动
扭转振动		√	√	√	√	√	

续表

振动	艉管	轴系	推力轴承	机架振动	局部振动	上层建筑	船体振动
纵向振动		√	√	√	√	√	√
回旋振动	√	√	√				

在扭转振动时，柴油机曲轴及其传动轴系除了承受带动螺旋桨工作的扭矩，产生一定扭转应力外，还叠加由于扭转振动所造成的交变附加应力。当两应力之和超过材料的扭转疲劳极限时就会产生事故。

1. 扭转振动的危害性

（1）导致曲轴、中间轴断裂。

（2）多弹性联轴器连接螺钉切断、弹性元件碎裂。

（3）传动齿轮齿面点蚀和齿断裂、凸轮轴断裂、局部轴段发热等。

由于柴油机功率和载荷不断地提高及柴油机动力装置型式的多样化，因此当扭转激振力矩较大时，多机装置比单机装置有更为密集的固有频率。

船舶推进轴系是一个弹性系统，在柴油机气体压力和往复惯性力产生的径向力，以及不规则伴流中螺旋桨产生的周期变化的推力作用下，产生轴系的纵向振动现象（又称为轴向振动）。当轴向激振频率与轴向振动固有频率相同时就产生了纵向共振。

2. 纵向振动的危害性

（1）导致柴油机、传动装置与轴系的故障。例如：曲柄销的弯曲应力和拉压应力过大，曲轴弯曲疲劳破坏；推力轴承的松动；艉轴管的早期磨损；传动齿轮轮齿过大的附加弯曲负荷造成齿面磨损甚至破坏；推力轴承的附加变负荷等。

（2）导致机架振动，并通过双层底诱发船体梁垂向振动与上层建筑纵向振动。

（3）通过推力轴承引起双层底构件、船体梁的垂向振动，以及上层建筑的纵向振动。

轴系纵振是上层建筑纵向振动的主要原因之一。轴系扭转振动也可能激起纵振动，特别是在扭转振动频率与纵振固有频率相同或相近时，这种振动的耦合主要是通过曲轴和螺旋桨完成的。轴系回旋振动在理论上也可能激起纵向振动，但它们之间的耦合一般比较微弱。

3. 回旋振动的危害性

（1）螺旋桨轴锥形大端处产生过大的弯曲应力，对于叶片次回旋振动，这种交变弯曲应力的变化谐次为 $Z_p \pm 1$ 次（Z_p 为螺旋桨叶片数）。该应力又会因螺旋桨轴端螺帽松动、桨在锥部振跳而加剧。如果考虑到海水腐蚀作用而引起钢的弯曲疲劳极限急剧下降，则桨轴锥形大端将出现龟裂以致折损等重大疲劳破坏事故。

（2）艉管轴承早期磨损，并导致轴衬套腐蚀、密封装置损坏等故障。

（3）船艉结构局部振动。

4.2 轴系振动激振力

4.2.1 柴油机激振力

1. 气缸内气体压力产生的激振力

柴油机稳定运转时,可把气缸内气体压力 p_g 视为周期变化的,这样切向激振力 T_g、径向激振力 N_g 也将是一个复杂的周期变化函数,其变化周期与气体压力变化周期相同。对切向力 T_g 和径向力 N_g 作简谐分析,可得

$$\begin{cases} T_g = T_{g0} + \sum_{v=1}^{\infty} T_{gv} \sin(v\omega t + \psi_v) \\ N_g = N_{g0} + \sum_{v=1}^{\infty} N_{gv} \sin(v\omega t + \varphi_v) \end{cases} \quad (4-1)$$

式中:v 称为柴油机简谐次数。对于二冲程柴油机,$v = 1, 2, 3\cdots$;对于四冲程柴油机,$v = 1/2, 1, 3/2, \cdots$。

为了便于与运动部件惯性力产生的激振力合成,式(4-1)常写成另一种形式,即

$$\begin{cases} T_g = T_{g0} + \sum [T_{gvs} \sin v\omega t + T_{gvc} \cos v\omega t] \\ N_g = N_{g0} + \sum [N_{gvs} \sin v\omega t + N_{gvc} \cos v\omega t] \end{cases} \quad (4-2)$$

式中:T_{gv}、Ψ_v 与 T_{gvs}、T_{gvc} 之间的关系为

$$\begin{cases} T_{gv} = \sqrt{T_{gvs}^2 + T_{gvc}^2} \\ \text{tg}\psi_v = T_{gvc}/T_{gvs} \end{cases}$$

N_{gv}、φ_v 与 N_{gvs}、N_{gvc} 之间的关系为

$$\begin{cases} N_{gv} = \sqrt{N_{gvs}^2 + N_{gvc}^2} \\ \text{tg}\varphi_v = N_{gvc}/N_{gvs} \end{cases}$$

以上讨论了气体压力产生的激振力的计算方法。对一个具体的柴油机,确定其激振力简谐系数及初相角的方法大致有以下三种。

(1)根据有关权威机构提供的简谐系数通用曲线或经验公式确定。

图 4-1、图 4-2 是英国劳埃德船级社推荐的切向力简谐系数通用曲线,可根据柴油机平均指示压力 p_i 求得 1~12 次切向力 T_{gv} 简谐系数和 1~4 次 T_{gvs} 和 T_{gvc} 值。对于二冲程柴油机及对置活塞式柴油机 T_{gv}、T_{gvs} 和 T_{gvc} 值应加倍。

图 4-3 是我国船舶检验局推荐的径向力简谐系数曲线,也是按柴油机平均指示压力求得。

当实际要求计算系统在各次激振力下的总响应时,除有激振力简谐系数外还应给出各简谐力的初相角。图 4-3(d)为各径向简谐力初相角 φ_v 与 p_i 的关系曲线。

我国船舶检验局推荐的计算各次切向力简谐系数的经验公式为

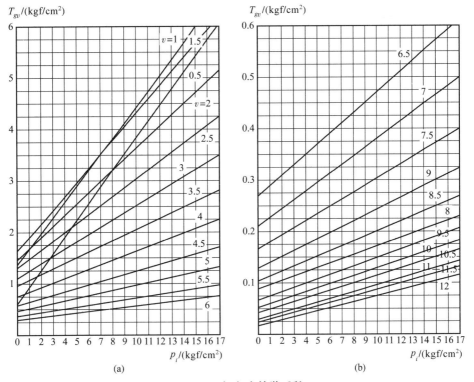

图 4-1 切向力简谐系数

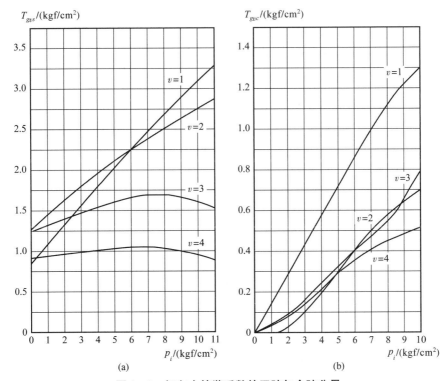

图 4-2 切向力简谐系数的正弦与余弦分量

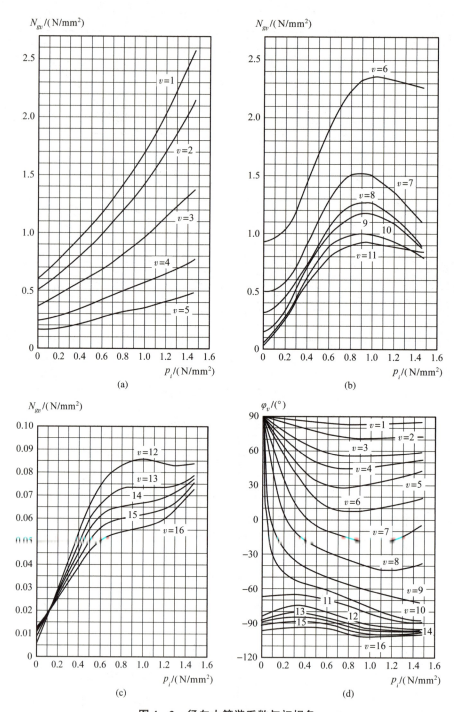

图 4-3 径向力简谐系数与初相角

$$T_{gv} = a_v p_i + b_v \tag{4-3}$$

式中：a_v、b_v 系数，一般由柴油机制造厂提供。如无确切数据，可由表 4-2 查取。对于二冲程柴油机应将 T_{gv} 值加倍；对于长冲程柴油机，在无确切数据时，可按下式取值：

$$T_{gv}=4\lambda\left(\frac{R}{D}a_v p_i+b_v\right) \qquad (4-4)$$

表4-2　气体压力系数

v	a_v	b_v	v	a_v	b_v
0.5	0.31625	0.06127	8.5	0.00963	0.01029
1.0	0.30705	0.13358	9.0	0.00875	0.00833
1.5	0.26875	0.15686	9.5	0.00820	0.00683
2.0	0.21125	0.14583	10.0	0.00770	0.00544
2.5	0.17250	0.12868	10.5	0.00713	0.00441
3.0	0.14000	0.11029	11.0	0.00650	0.00355
3.5	0.11050	0.09314	11.5	0.00600	0.00282
4.0	0.08500	0.07598	12.0	0.00550	0.00221
4.5	0.06750	0.05882	12.5	0.00510	0.00182
5.0	0.04850	0.04902	13.0	0.00470	0.00142
5.5	0.03450	0.03970	13.5	0.00440	0.00117
6.0	0.02625	0.03309	14.0	0.00410	0.00091
6.5	0.02075	0.02598	14.5	0.00380	0.00075
7.0	0.01675	0.02047	15.0	0.00360	0.00058
7.5	0.01433	0.01598	15.5	0.00340	0.00048
8.0	0.01138	0.01263	16.0	0.00320	0.00037

按下述公式确定，对于船舶推进用柴油机平均指示压力为

$$p_i=19.1\times10^3\frac{m_s N_e}{zD^2 Rn_e}\left[\frac{1-\eta_m}{\eta_m}+\left(\frac{n}{n_e}\right)^2\right] \text{（N/mm}^2\text{）} \qquad (4-5)$$

式中：p_i 为平均指示压力（N/mm²）。

对发电用柴油机平均指示压力为

$$p_i=19.1\times10^3\frac{m_s N}{zD^2 Rn\eta_m\eta_g} \text{（N/mm}^2\text{）} \qquad (4-6)$$

式中　N_e——柴油机额定功率（kW）；

　　　n_e——柴油机额定转速（r/min）；

　　　N——计算工况下柴油机功率（kW）；

　　　n——计算工况下柴油机转速（r/min）；

　　　z——柴油机气缸数；

　　　D——气缸直径（mm）；

m_s——冲程系数,四冲程取 4,二冲程取 2;

η_m——柴油机机械效率;

η_g——发电机效率,无确切数据时,取 $\eta_g = 0.9$。

在给出的通用曲线中,都只考虑平均指示压力一个因素的影响,得到的简谐系数显然是比较粗糙的。当平均指示压力进一步提高和对振动响应计算有更高精度要求的时候,应该寻求更精确的数据。

(2)根据柴油机实测示功图作简谐分析后求得。

根据柴油机实测示功图作简谐分析是最为理想的方法。由于测量技术的提高和分析仪器的发展,现在已有可以迅速把测到的气体压力变化转换为数字信号,通过计算机分析直接得到各次简谐系数,整个过程是实时的。至于工作过程的随机性可以由多次平均予以消除。

国外大型低速柴油机制造厂向用户提供相应的气体压力激振力简谐系数曲线或数据,特别是切向激振力简谐系数曲线,这种曲线一般都是用实测示功图的方法而获得的。例如:Sulzer 公司用的计算大型低速二冲程柴油机 1~16 次切向力简谐系数的公式为

$$T_{g1} = 0.729p_i + 1.070, T_{g2} = 0.770p_i + 0.980, T_{g3} = 0.467p_i + 1.050, T_{g4} = 0.276p_i + 0.987,$$
$$T_{g5} = 0.157p_i + 0.680, T_{g6} = 0.093p_i + 0.407, T_{g7} = 0.0568p_i + 0.291,$$
$$T_{g8} = 0.0279p_i + 0.230, T_{g9} = 0.0143p_i + 0.203, T_{g10} = 0.0122p_i + 0.136,$$
$$T_{g11} = 0.0106p_i + 0.0918, T_{g12} = 0.087p_i + 0.0578, T_{g13} = 0.00736p_i + 0.0429,$$
$$T_{g14} = 0.00545p_i + 0.0376, T_{g15} = 0.00336p_i + 0.0360, T_{g16} = 0.002p_i + 0.0280$$

(4-7)

对平均指示压力的计算,该公司采用如下公式:

$$p_i = p_{ei}\left[0.332\left(\frac{n}{n_e}\right)^3 + 0.456\left(\frac{n}{n_e}\right)^2 + 0.0112\left(\frac{n_e}{n}\right) + 0.203\right] \text{ (N/mm}^2\text{)} \quad (4-8)$$

式中 p_{ei}——额定工况下的平均指示压力(N/mm^2);

n_e——额定转速(r/min)。

(3)先根据实测的(或计算的)柴油机工作过程特性参数配置示功图,再进行简谐分析求得各次简谐系数。

2. 运动部件惯性力产生的激振力

活塞、连杆、曲柄等运动部件的惯性力有往复运动部件产生的往复惯性力,不平衡旋转质量产生的离心惯性力,以及连杆摆动时产生的惯性力。

1)连杆质量处理

连杆惯性力的精确分析比较复杂,一般按静力等效条件将连杆用两质量的等效系统来代替,即将连杆的总质量 m_c 离散为两个质量 m_{c1}、m_{c2},并使 m_{c1} 集中在连杆小端中心作往复运动,使 m_{c2} 集中在连杆大端中心做旋转运动。质量 m_{c1} 与 m_{c2} 的分配原则如下:

(1)离散质量 m_{c1} 与 m_{c2} 之和等于连杆总质量 m_c。

(2)两离散质量的重心位置与连杆的重心位置重合,即

$$\begin{cases} m_{c1} = \dfrac{L_B}{L} m_c \\ m_{c2} = \dfrac{L_A}{L} m_c \end{cases} \quad (4-9)$$

式中：L 为连杆长度；L_A 为连杆重心到连杆小端中心之距离；L_{AB} 为连杆重心到连杆大端中心之距离。

m_{c1} 与 m_{c2} 的大小可按结构图纸求出，如有实物可以用秤直接称出，如缺乏实物和图纸资料，可按表 4-3 所列数据近似估算。

表 4-3 连杆大小端质量分配比例

机 型	小 端	大 端
高速机	1/4	3/4
中速机	1/3	2/3
低速机	2/5	3/5

这样，柴油机曲柄、连杆机构运动部件的惯性力分为两部分，即往复运动部件的往复惯性力和旋转运动部件的离心惯性力。其中，往复惯性力作用在活塞销中心或十字头中心，并通过连杆，最后作用在曲柄销上；离心惯性力始终通过曲轴中心。

2）往复惯性力产生的激振力

对于图 4-4 所示的活塞曲柄连杆结构，活塞位移 x 的近似公式为

$$\begin{aligned} x &= R(1-\cos\alpha) + L\dfrac{1}{4}\lambda^2(1-\cos2\alpha) \\ &= R\left[\left(1+\dfrac{1}{4}\lambda\right) - \cos\omega t - \dfrac{\lambda}{4}\cos2\omega t\right] \end{aligned} \quad (4-10)$$

活塞速度与加速度的近似公式分别为

$$\dot{x} = R\omega\left(\sin\omega t + \dfrac{\lambda}{2}\sin2\omega t\right)$$

$$\ddot{x} = R\omega^2(\cos\omega t + \lambda\cos2\omega t) \quad (4-11)$$

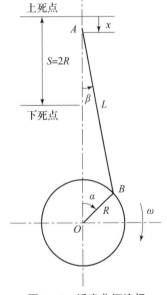

图 4-4 活塞曲柄连杆

往复惯性力 P_j 为

$$P_j = -\dfrac{G_j}{g} R\omega^2(\cos\omega t + \lambda\cos2\omega t) \quad (4-12)$$

式中：G_j 为往复运动部件总重量，一般包括活塞组件、活塞杆、十字头和连杆小端等重量；g 为重力加速度。

由式（4-13）可知，往复惯性力主要由两个简谐分量组成。一个简谐分量幅值为 $G_j R\omega^2/g$，其频率等于曲轴角速度 ω，称为一次惯性力。另一个简谐分量幅值为 $G_j R\omega^2\lambda/g$，其频率等于 2 倍的曲轴角速度 ω，称为二次惯性力。很明显，二次惯性力

比一次惯性力小得多。

为方便计算,将往复惯性力 P_j 用单位活塞面积上的力 p_j 表示,即

$$p_j = \frac{4}{\pi D^2} P_j (\text{N/mm}^2) \qquad (4-13)$$

式中:D 为活塞直径(mm)。

则单位活塞面积上惯性力产生的作用在曲柄销上的切向力 T_j 和径向力 N_j,分别为

$$\begin{cases} T_j = p_{ej}\sin(\alpha+\beta) = \dfrac{p_j\sin(\alpha+\beta)}{\cos\beta} \\ N_j = p_{ej}\cos(\alpha+\beta) = \dfrac{p_j\cos(\alpha+\beta)}{\cos\beta} \end{cases} \qquad (4-14)$$

式中:p_{ej} 为 p_j 产生的连杆推力。

将式(4-12)、式(4-13)代入式(4-14),经适当变换,可得

$$\begin{cases} T_j = \dfrac{G_j}{g}\dfrac{4}{\pi D^2}R\omega^2\left(\dfrac{\lambda}{4}\sin\omega t - \dfrac{1}{2}\sin2\omega t - \dfrac{3}{4}\sin3\omega t - \dfrac{\lambda^2}{4}\sin4\omega t + \dfrac{5}{32}\lambda^3\sin5\omega t\right) \\ N_j = \dfrac{G_j}{g}\dfrac{4}{\pi D^2}R\omega^2\left(-\dfrac{1}{2} - \dfrac{\lambda^2}{4} - \dfrac{\lambda}{4}\cos\omega t - \dfrac{1-\lambda^2}{2}\cos2\omega t - \dfrac{3}{4}\lambda\cos3\omega t - \dfrac{\lambda}{4}\cos4\omega t\right) \end{cases} \qquad (4-15)$$

从上面可以看到,往复惯性力产生的切向激振力主要由五个简谐分量组成,其角频率分别是曲轴角速度 ω 的 1~5 倍。它产生的径向激振力主要由一个直流分量和四个简谐分量组成,各简谐分量的角频率分别是曲轴角速度 ω 的 1~4 倍。切向和径向激振力各简谐分量的幅值、频率、相位可用表格表示(表4-4)。

表4-4 往复惯性力产生激振力各次分量的幅值、频率、初相角

谐次	切向激振力			径向激振力		
	幅值 d_{Tv}	频率	初相角	幅值 d_{Tv}	频率	初相角
1	$0.25\lambda k$	ω	0°	$0.25\lambda k$	ω	270°
2	$0.5k$	2ω	180°	$0.5(1-\lambda^2)k$	2ω	270°
3	$0.75\lambda k$	3ω	180°	$0.75\lambda k$	3ω	270°
4	$0.25\lambda^2 k$	4ω	180°	$0.25\lambda^2 k$	4ω	270°
5	$0.156\lambda^2 k$	5ω	0°	—	—	—

注:$k = \dfrac{G_j}{g}R\omega^2 \dfrac{4}{\pi D^2}$。

3)离心惯性力

曲柄、连杆机构偏心旋转质量 m_r,包括曲柄的等效偏心质量及连杆大端质量。它产生的惯性力 P_r 为

$$P_r = -m_r R\omega^2 = -\frac{G_r}{g}R\omega^2 \qquad (4-16)$$

式中:G_r 为等效偏心旋转质量。

可见,当曲轴等速旋转时,离心力大小不变,其方向随曲轴旋转并沿曲柄半径向

外,总是通过旋转中心。一般它不会直接激起曲轴和轴系的扭转振动与纵向振动,但可能激起曲轴的横向回旋振动,并产生耦合的扭振和纵振。

3. 运动部件重力产生的激振力

低速重型柴油机因零件重量较大,需要考虑其运动件重量产生的激振力,对其他类型的机器可忽略不计。

运动部件重力包括往复运动件总重量 G_j 和旋转运动件作用在曲柄销中心上的当量偏心旋转重量 G_r,其方向都是垂直向上。旋转重量 G_r 产生的切向和径向激振力分别为 $G_r\sin\omega t$ 和 $G_r\cos\omega t$,这是频率等于曲轴角速度的一次简谐分量。单位活塞面积上往复运动件重里 G_j 产生的切向和径向激振力 T_{wj}、N_{wj} 分别为

$$\begin{cases} T_{wj} \cong G_j \dfrac{4}{\pi D^2}\left(\sin\omega t + \dfrac{\lambda}{2}\sin 2\omega t\right) \\ N_{wj} \cong G_j \dfrac{4}{\pi D^2}\left(-\dfrac{\lambda}{2} + \cos\omega t + \dfrac{\lambda}{2}\cos 2\omega t\right) \end{cases} \quad (4-17)$$

它们主要包含一次与二次简谐分量,径向激振力还包含一个直流成分。这样,产生的单位活塞面积上的总切向和径向激振力为

$$\begin{cases} T_w \cong \dfrac{4}{\pi D^2}\left[(G_r + G_j)\sin\omega t + G_j\dfrac{\lambda}{2}\sin 2\omega t\right] = \sum\limits_{v=1}^{2} T_{wv}\sin v\omega t \\ N_w \cong G_j \dfrac{4}{\pi D^2}\left[-G_j\dfrac{\lambda}{2} - (G_r + G_j)\cos\omega t + G_j\dfrac{\lambda}{2}\cos 2\omega t\right] = \sum\limits_{v=1}^{2} N_{wv}\cos v\omega t \end{cases}$$

$$(4-18)$$

4. 各激振力的总和

柴油机各项激振力总和作用下的单位活塞面积轴向和径向各次简谐激振力幅值 C_{Tv}、C_{Nv} 为

$$\begin{cases} C_{Tv} = \sqrt{(T_{gvs} + d_{Tv} + T_{wv})^2 + T_{gvc}^2} \\ C_{Nv} = \sqrt{(N_{gvs} + d_{Nv} + N_{wv})^2 + N_{gvs}^2} \end{cases} \quad (4-19)$$

式中:C_{Tv}、C_{Nv} 也称为切向力和径向力简谐系数。在近似计算中,如不考虑重量影响,也可按下式合成。

在近似计算中,如不考虑影响,也可按下计算:

$$\begin{cases} C_{Tv} \cong T_{gv} + d_{Tv} \\ C_{Nv} \cong N_{gv} + d_{Nv} \end{cases} \quad (4-20)$$

因为惯性力产生的激振力只考虑到四次分量为止,所以没有 $v=4$ 以上次数的曲线。为便于合成,需将气体压力产生 1 次简谐激振力分解为正弦和余弦两分量。

4.2.2 螺旋桨激振力

螺旋桨激振力包含轴频激振力、叶频激振力两部分。

1. 轴频激振力

轴频激振力是由螺旋桨制造或安装误差导致机械不平衡或水动力不均匀引起的。其变化频率等于轴的旋转频率。

2. 叶频激振力

叶频激振力是螺旋桨在不均匀伴流场中运转时，由作用在桨叶上的水流引起的。其变化频率为叶频（桨叶数乘以轴的旋转频率）或倍叶频（叶频的整数倍）。

螺旋桨在船艉伴流场中运转时，它所受的力、力矩（图4-5），有轴向推力 F_x、水平横推力 F_y、垂直横推力 F_z、扭矩 M_x、水平弯矩 M_y、垂直弯矩 M_z。常称上述三个力和三个力矩为螺旋桨轴承力。

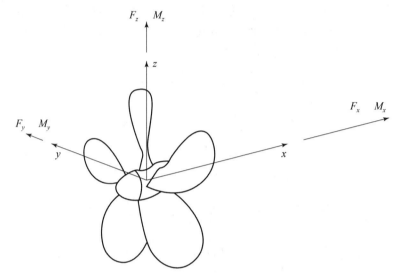

图4-5 螺旋桨激振力的符号与方向规定

确定螺旋桨激振力和激振力矩有三种途径：模型试验、经验公式、理论计算方法。理论计算方法有准定常理论计算方法及修正的准定常理论计算法。

如果缺乏伴流场数据而无法按理论方法计算时，可按经验公式计算螺旋桨激振力，下面介绍几个经验系数。

（1）螺旋桨叶片次激振可按下式求得，即

$$M_{xZ_p} = \beta M_{x0} \sin(\Sigma_p \omega t + \varepsilon_p) \tag{4-21}$$

式中：M_{x0} 为螺旋桨的平均扭矩；ε_p 为初相角，它实际上是个未知数；β 为系数，当桨叶数为偶数时 $\beta = 0.15 \sim 0.2$，当桨叶数为奇数时 $\beta = 0.03 \sim 0.07$。

（2）螺旋桨的 kZ_p 次轴向推力 F_{xk} 可按下式求得，即

$$F_{xk} = \beta_k F_{x0} \sin(kZ_p \omega t + \varepsilon_k) \tag{4-22}$$

式中：β_k 为常数，由表4-5查取；F_{x0} 螺旋桨平均推力，在额定转速下的平均推力可由下式计算：

$$F_{x0} = 1943.3 \frac{N_e \eta_p \eta_t}{V_s(1-t)} \text{ (N)} \tag{4-23}$$

式中 N_e——发动机额定功率（kW）；

η_p——螺旋桨推进效率；

η_t——传递效率，中机舱 $\eta_t = 1/1.05$，艉机舱 $\eta_t = 1/1.03$；

V_s——船速（kn）；

t——轴向推力减额，$\eta_p/(1-t)$ 一般可取 0.89，对船速大于或等于 17（kn）的

高速船，可取 0.90，对载重大于 30000t 的油轮可取 0.93。

同样，初相位 ε_k 是不知道的，一般均予忽略不计。

表 4-5 轴向推力系数

桨叶数 Z_p	次数 k	β_k	次数 k	β_k	次数 k	β_k	次数 k	β_k
3	3	0.07~0.01	6	0.03~0.01	9	0.011~0.003	12	0.009~0.001
4	4	0.13~0.09	8	0.04~0.02	12	0.015~0.005	16	0.01~0.002
5	5	0.035~0.025	10	0.03~0.02	15	0.008~0.002	—	—
6	6	0.09~0.05	12	0.03~0.02	18	0.015~0.005	—	—

4.3 轴系扭振的计算

4.3.1 轴系扭振计算的当量模型

常规的推进轴系扭转振动计算中，大多采用集总参数模型。此模型由三种基本元件组成，即刚性匀质圆盘元件、无惯量阻尼元件、无惯量扭转弹簧元件。

1. 模型简化方法

（1）柴油机的每一个气缸的运动部件（包括单位曲柄、连杆、活塞组件）简化成一个匀质圆盘元件。该元件放在曲轴轴线的气缸位置，对于多列柴油机，将在同一排上气缸的运动部件合并成为一个匀质圆盘，各缸圆盘元件之间的连接弹簧元件刚度等于单位曲柄刚度。

（2）传动齿轮、飞轮、推力盘、螺旋桨、发电机转子、干摩擦片离合器都作为绝对刚体简化为匀质圆盘元件。该元件放在各部件重心或几何中心位置。

（3）中间轴、艉轴和螺旋桨轴的转动惯量按需要适当等分后简化为若干匀质圆盘元件，通常是等距离地排列在轴中心线上，各元件之间的连接弹簧刚度等于它们之间轴段的刚度。对于艉机型短轴系，一根轴的转动惯量转化为两个圆盘元件，分别放在两端法兰端面位置即可。对于中机型长轴系，一根轴的转动惯量适当细分为两个以上的圆盘元件，这有助于绘制更精确的振型图。

实际计算中常将中间轴、艉轴和螺旋桨轴按自然分段为等截面均质轴段元件，这样可使简化模型更接近实际系统，同时又不使计算分析过于复杂。

（4）柴油机的附件分支，如凸轮轴、水泵、滑油泵等，在计算分析曲轴轴系扭振性能时，一般可不予考虑。显然，如果它们牵涉到该附件分支的扭振性能时，则应计入模型中。这时将泵的转子简化为匀质圆盘元件，每个凸轮及其传动的运动件用一圆盘元件代替，各圆盘之间的连接弹簧刚度等于相应轴段的扭转刚度。

（5）弹性联轴器、弹性扭振减振器的主动与从动部件分别简化为匀质圆盘元件，它们之间的连接弹簧刚度等于联轴器弹性元件刚度。如弹性元件的转动惯量不可忽略，则可一分为二分别计入主、从动圆盘元件内。

(6) 硅油减振器简化为匀质圆盘元件,其转动惯量等于壳体转动惯量与二分之一惯性轮转动惯量之和。

(7) 忽略轴承对系统扭振的约束。

(8) 一般不考虑齿轮啮合刚度和油膜刚度。

(9) 皮带、液力偶合器均可视为扭转刚度极小的传动件,它们所联系的部分可视为扭振特性相互独立的两个系统。

(10) 在自由振动计算中,如系统无大的阻尼元件,一般可不计入阻尼的影响。在振动响应计算中,柴油机阻尼、螺旋桨阻尼、减振器阻尼、发电机阻尼等多采用等效线性黏性阻尼器模型。

2. 转动惯量计算

推进轴系作扭转振动时,其运动部件基本上可分为两大类:旋转运动和往复运动件。往复运动件主要包括柴油机活塞组件及连杆小端。

物体绕某一轴旋转时的转动惯量为

$$I = \int_0^m r^2 \mathrm{d}m = mR^2 \ (\mathrm{kg \cdot m^2}) \tag{4-24}$$

式中 $\mathrm{d}m$——物体上任意微元的质量(kg);

r——该微元至旋转轴的距离(m);

m——物体总质量(kg);

R——物体对旋转轴的惯性半径(m)。

具有规则几何形状的物体,它们绕过重心轴转动惯量或惯性半径,一般都可以查表求得。应用平行移轴原理,即可求得物体绕任一与过重心轴平行的轴旋转时的转动惯量 I,即

$$I = I_0 + mH^2 \tag{4-25}$$

式中 I_0——物体绕过重心轴旋转的转动惯量(kg·m²);

H——任意旋转轴与过重心轴的平行距离(m)。

下面给出几种常见的简单规则形状物体转动惯量的计算公式。

(1) 同心圆轴的转动惯量为

$$I = \frac{\pi}{32}\rho(D^4 - d^4)L \tag{4-26}$$

式中 ρ——材料的密度(kg/m³);

D、d 分别为轴的外径和内径(m);

L——轴的长度(m)。

这是转动惯量计算的基本公式,许多形状复杂的物体,通常可视为由若干空心轴(或圆柱体)组成。

(2) 圆锥台的转动惯量为

$$I = \frac{\pi}{160}\frac{D^5 - d^5}{D - d}\rho L \tag{4-27}$$

式中:D、d 分别为圆锥台大小端直径(m),其余符号意义相同。

3. 扭振刚度计算

设一等截面、长度为 L 的轴段，当两端受扭矩 M 作用时，轴段被扭转某一角度 $\Delta\varphi$，由材料力学可知

$$\Delta\varphi = \frac{ML}{GJ_p} = \frac{M}{GJ_p/L} \ (\text{rad}) \tag{4-28}$$

式中　G——轴段材料剪切弹性模数，钢 $G = 8.14933 \times 10^{10} \text{N/m}^2$，球墨铸铁 $G = 6.76659 \times 10^{10} \text{N/m}^2$；

　　　J_p——轴段截面极惯性矩（m^4）；

　　　GJ_p/L——轴段刚度，常以 k 表示，它等于轴段被扭转一单位角度所需的扭矩（Nm/rad）。

轴段刚度的倒数 L/GJ_p 称为轴段扭转柔度，常以 e 表示。它等于单位扭矩作用下轴段的扭转的变形角，其单位为 rad/Nm。

可以看出，在弹性范围内决定轴段刚度和柔度的三个参数 G，J_p，L 都是轴段的固有参数。因此，对于一根具体的轴来说，刚度或柔度可视为不随运转条件变化的定值。

1）直圆轴

外径为 D、内径为 d、长度为 L 的直圆轴的扭转刚度为

$$k = \frac{\pi}{32}\frac{G}{L}(D^4 - d^4) \ (\text{Nm/rad}) \tag{4-29}$$

2）阶梯圆轴

阶梯圆轴可视为不同的直径轴段的串联，一般当过渡圆角较大，相邻两轴段直径变化不大时，可以按式 $k = M/\Delta\varphi$ 计算刚度。如果两轴段直径相差较大，则由于直径的突然变化，会使过渡处的应力不能立即均匀地分布到材料中，在大截面上有一部分材料不能参与传递扭矩，因此实际效果是过渡部分粗轴的刚度减小。具体的方法是使细轴增加一段长度 ΔL，粗轴部分减少一段长度 ΔL。ΔL 的大小与直径比 D_2/D_1 弧半径 r 有关，可以用经验曲线求得，如图 4-6 所示。

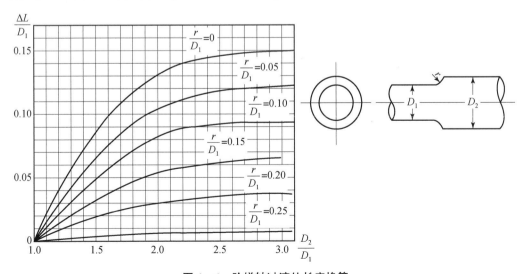

图 4-6　阶梯轴过渡处长度换算

对于轴端的连接法兰与推力轴上的推力环,一般也按阶梯轴处理,但当法兰与推力环的厚度 $t < 0.2D_1$ 时,直径的变大可认为对轴的刚度不产生影响,仍按直轴处理。

3) 单位曲柄

单位曲柄(图 4-7)在扭矩作用下的变形计算十分复杂,受到众多因素的影响。实测单位曲柄或整根曲柄的刚度值也许是理想的方法,但受到设备条件的限制。对于船用柴油机,目前是由主机制造厂提供该机有关扭振的动力学参数(包括曲柄刚度),这些数据多经过直接或间接实测修正,一般是比较正确的。

在设计阶段或无确切资料时,仍需半经验公式估算单位曲柄刚度。下面介绍几个常见的计算公式。这些公式都包含三项,分别对应于主轴颈,曲柄销和曲臂的刚度。

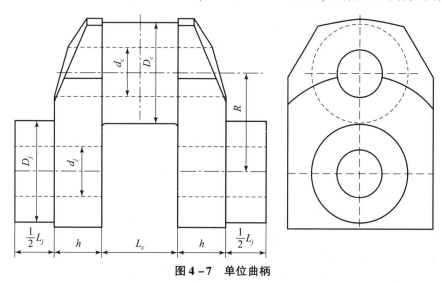

图 4-7 单位曲柄

我国船检局公式:

$$k = \frac{\pi G}{32}\left[\frac{L_j + 0.7h}{D_j^4 - d_j^4} + \frac{L_c + 0.7h}{D_c^4 - d_c^4} + \frac{bR}{hB^3}\right]^{-1} \text{(Nm/rad)} \tag{4-30}$$

式中 b——系数,曲柄销与主轴颈有重叠度时 $b = 0.7$,无重叠时 $b = 0.8$。

ЗиМаНеНКО 公式:

$$k = \frac{\pi G}{32}\left[\frac{L_j + \frac{0.6hD_j}{L_j}}{D_j^4 - d_j^4} + \frac{0.8L_c + \frac{0.2BD_j}{R}}{D_c^4 + d_c^4} + \frac{R}{hB^3}\sqrt{\frac{R}{D_c}}\right]^{-1} \text{(Nm/rad)} \tag{4-31}$$

克·威尔逊(Ker Wilson)公式:

$$k = \frac{\pi G}{32}\left[\frac{L_j + 0.4D_j}{D_j^4 - d_j^4} + \frac{L_c + 0.4D_c}{D_c^4 - d_c^4} + \frac{R - 0.2(D_j + D_c)}{hB^3}\right]^{-1} \text{(Nm/rad)} \tag{4-32}$$

4. 齿轮传动简化

对于齿轮传动,通常简化成按主动轴转速(曲轴转速)回转的系统,设减速比为

$$i = \frac{n_主}{n_从} \tag{4-33}$$

则简化系统如图 4-8 所示。

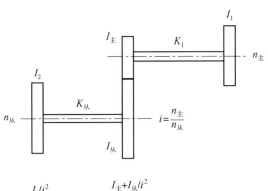

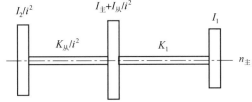

图 4-8 齿轮传动简化

4.3.2 轴系扭振的自由振动计算

1. 轴系扭振当量系统

推进轴系扭转振动的简化模型称为当量系统。在计算时，对系统各元件编号，编号从柴油机自由端开始，最后到达螺旋桨。

图 4-9 所示的多质量扭振当量系统中，各质量的无阻尼自由振动方程式为

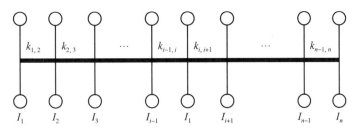

图 4-9 多质量扭振系统

$$\begin{cases} I_1\ddot{\varphi}_1 + k_{1,2}(\varphi_1 - \varphi_2) = 0 \\ I_2\ddot{\varphi}_2 + k_{1,2}(\varphi_2 - \varphi_1) + k_{2,3}(\varphi_2 - \varphi_3) = 0 \\ \vdots \\ I_i\ddot{\varphi}_i + k_{i-1,i}(\varphi_i - \varphi_{i-1}) + k_{i,i+1}(\varphi_i - \varphi_{i+1}) = 0 \\ \vdots \\ I_n\ddot{\varphi}_n + k_{n-1,n}(\varphi_n - \varphi_{n-1}) = 0 \end{cases} \quad (4-34)$$

式中 I_i——i 圆盘的转动惯量；

$k_{i,i+1}$——圆盘 I_i 与 I_{i+1} 间轴段的扭转刚度；

$\varphi_i, \ddot{\varphi}_i$ 分别为圆盘 I_i 的扭振角位移和角加速度。

2. 矩阵求解

一组二阶线性微分方程式，可用矩阵形式简化表示为

$$I\ddot{\phi} + K\phi = 0 \qquad (4-35)$$

式中 I——惯量矩阵，为 n 阶对角阵，即 $I = \begin{bmatrix} I_1 & & & & & \\ & I_2 & & & & \\ & & \cdot & & & \\ & & & \cdot & & \\ & & & & \cdot & \\ & & & & & I_n \end{bmatrix}$;

K——刚度矩阵，

$$K = \begin{bmatrix} k_{1,2} & -k_{1,2} & 0 & \cdots & 0 & 0 & 0 \\ -k_{1,2} & k_{1,2}+k_{2,3} & -k_{2,3} & \cdots & 0 & 0 & 0 \\ \cdots & \cdots & \cdots & \cdots & \cdots & \cdots & \cdots \\ 0 & 0 & 0 & \cdots & -k_{n-2,n-1} & k_{n-2,n-1}+k_{n-1,n} & -k_{n-1,n} \\ 0 & 0 & 0 & \cdots & 0 & -k_{n-1,n} & k_{n-1,n} \end{bmatrix};$$

$\phi, \ddot{\phi}$ 分别为角位移和角加速度列矢量，其中

$$\phi = \{\varphi_1 \varphi_2 \cdots \varphi_n\}^T$$
$$\ddot{\phi} = \{\ddot{\varphi}_1 \ddot{\varphi}_2 \cdots \ddot{\varphi}_n\}^T$$

设解为

$$\phi = A\theta^{j\omega_n t}$$

式中 A——角位移幅值列矢量 $A = \{A_1 A_2 \cdots A_n\}^T$;
ω_n——自由振动角频率。

代入方程式 (4-35)，得

$$(K - \omega_n^2 I)A = 0 \qquad (4-36)$$

3. Holzer 法求解

1) 单支系统自由振动计算

当自由振动系统以角频率 ω 作简谐振动时，设

$$u_i = A_i \sin\omega t = \alpha_i A_1 \sin\omega t \quad (i=1,2,\cdots,n) \qquad (4-37)$$

式中：$\alpha_i = A_i/A_1$，对圆盘 I_1 的相对振幅为

$$\alpha_1 = 1 \qquad (4-38)$$

由式 (4-34)，对圆盘 I_1 有

$$k_{1,2}(\alpha_2 A_1 - A_1) = -I_1 \omega^2 A_1 \qquad (4-39)$$

可得

$$\alpha_2 = \alpha_1 \left(1 - \frac{I_1 \omega^2}{k_{1,2}}\right) \qquad (4-40)$$

对质量 m_2 有

$$\alpha_3 = \alpha_2 - \frac{I_1 \omega^2 \alpha_1 + I_2 \omega^2 \alpha_2}{k_{2,3}} \qquad (4-41)$$

依次类推，对圆盘 I_i 有

$$\alpha_i = \alpha_{(i-1)} - \frac{\sum_{j=1}^{i-1} I_j \omega^2 \alpha_j}{k_{i-1,i}} \qquad (4-42)$$

将上面方程组式（4-40）~式（4-42）相加，可知当 ω 为系统自由振动固有频率时，系统惯性力矩之和等于零，即

$$\sum_{i=1}^{n} I_i \omega^2 \alpha_i = 0 \qquad (4-43)$$

若 ω 不是系统自由振动固有频率时，系统惯性力矩之和不等于零，令剩余力矩为

$$R = \sum_{i=1}^{n} I_i \omega^2 \alpha_i \qquad (4-44)$$

Holzer 法具体计算步骤，如下：

（1）选取初始试算频率 ω_0。

（2）按式（4-42）依次计算 $\alpha_2, \alpha_3, \cdots, \alpha_n$。

（3）计算剩余力矩，检查该值是否等于零或小于某一预定数值，以此判断试算频率是否为系统固有频率。

（4）按一定步长或变步长频率增量 $\Delta\omega$，选取另一试算频率 $\omega_1 = \omega_0 + \Delta\omega$，并重复上述过程，可得剩余力矩 $R(\omega^2)$ 与试算频率 ω^2 的关系，如图 4-10 所示。

（5）当相邻两次计算所得剩余力矩值为异号时，该两次试算频率之间必有一个固有频率，可用插值法按要求精度搜索求得，$\omega_{n1}, \omega_{n2}, \omega_{n3}\cdots$ 就构成相应的固有振型。

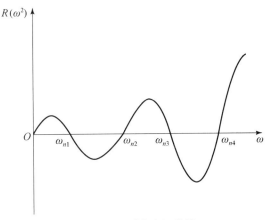

图 4-10 剩余力矩曲线

采用 Holzer 试凑法进行自由振动计算时，应注意试算频率值的选取，以便使计算迅速收敛到固有频率。

第一次试算频率值可根据轴系特点灵活选择。通常是系统简化为双质量或三质量系统，以其固有频率作初始试算值。

双质量系统固有频率的计算式为

$$\omega_n^2 = \frac{I_1 + I_2}{I_1 I_2} k_{1,2} \qquad (4-45)$$

三质量系统固有频率的计算式为

$$\omega_n^2 = \frac{1}{2}\left(\frac{I_1+I_2}{I_1 I_2}k_{1,2} + \frac{I_2+I_3}{I_2 I_3}k_{2,3}\right) \pm \sqrt{\frac{1}{4}\left(\frac{I_1+I_2}{I_1 I_2}k_{1,2} + \frac{I_2+I_3}{I_2 I_3}k_{2,3}\right)^2 - \frac{I_1+I_2+I_3}{I_1 I_2 I_3}k_{1,2}k_{2,3}}$$

(4-46)

第一次试算后,第二次以及接下来的试算频率可按某一给定的频率增量 $\Delta\omega$ 等步长逐次计算,直到两次试算得到的剩余力矩为异号时,再用插值法逼近固有频率。这个方法目前用得颇为广泛。由于事先并不知道系统相继两个固有频率的间隔,因此频率增量如选得太大,可能会漏根,如选得太小,试算次数将大为增加。

Holzer 法求得的固有频率只是一个近似值,对于任意要求的精度均可经过多次插值达到,实际使用中计算精度要求常用以下两个判别式予以规定。

$$\frac{2(\omega_b - \omega_a)}{(\omega_b + \omega_a)} \leq \varepsilon \tag{4-47}$$

式中 ω_a、ω_b——具有异号剩余力矩的两相邻试算频率;

ε——预先规定的小数,一般可取 0.001。

$$\frac{R(\omega^2)}{\sum_{i=1}^{n-1} I_i \omega^2 \alpha_{ai}} \leq \varepsilon \tag{4-48}$$

式中 $R(\omega^2)$——剩余力矩;

$\sum_{i=1}^{n-1} I_i \omega^2 \alpha_{ai}$——系统第 $(n-1)$ 轴段弹性力矩。

2) 分支系统自由振动计算(图 4-11)

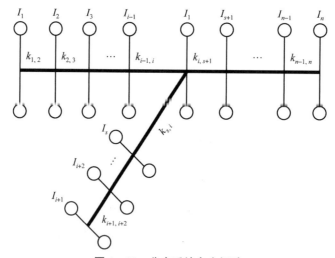

图 4-11 分支系统自由振动

分支系统(图 4-11)从各分支向分支点递推,有

$$\alpha_{ai} = \alpha_{a(i-1)} - \frac{\sum_{j=1}^{i-1} I_j \omega^2 \alpha_{aj}}{k_{i-1,i}} \tag{4-49}$$

$$\alpha'_{ai} = \alpha_{as} - \frac{\sum_{j=i+1}^{s} I_j \omega^2 \alpha_{aj}}{k_{s,i}} \tag{4-50}$$

应有
$$\alpha_{ai} = \alpha'_{ai} \tag{4-51}$$

可得分支系统各质量扭振振幅相对值。

分支点后递推公式为

$$\alpha_{a(s+1)} = \alpha_{ai} - \frac{\sum_{k=1}^{i} I_k \omega^2 \alpha_{ak} + \sum_{k=i+1}^{s} I_k \omega^2 \alpha_{ak}}{k_{j+1,j}} \tag{4-52}$$

$$\alpha_{a(j+1)} = \alpha_{aj} - \frac{\sum_{k=1}^{i} I_k \omega^2 \alpha_{ak} + \sum_{k=i+1}^{s} I_k \omega^2 \alpha_{ak} + \sum_{k=s+1}^{k} I_k \omega^2 \alpha_{ak}}{k_{j+1,j}} \quad (j = s+1, s+2, \cdots, s+n)$$
$$\tag{4-53}$$

对于多分支系统，可按相同方法处理。

3) 参数无因次化

为提高计算精度及防止数据溢出，通常将扭振模型动力学参数无因次化，即采用无因次转动惯量、无因次扭转刚度和无因次幅值是三个基本无因次参数，其他无因次量均可由此派生求得。

无因次转动惯量 I^* 为
$$I^* = I/I_s \tag{4-54}$$

式中：I_s 为选取的基准转动惯量，通常取柴油机单缸转动惯量。

无因次刚度 k^* 为
$$k^* = k/k_s \tag{4-55}$$

式中：k_s 为选取的基准刚度，通常取柴油机单位曲柄刚度。

无因次幅值 A^* 为
$$A^* = A/A_s \tag{4-56}$$

式中：A_s 为基准幅值，通常取系统第一惯性元件或柴油机第一缸惯性元件的幅值。

无因次圆频率 ω_n^* 为
$$\omega_n^* = \sqrt{k^*/I^*} = \omega_n \sqrt{\frac{I_s}{k_s}} \tag{4-57}$$

无因次惯性力矩 M_i^* 为
$$M_i^* = I^* \cdot \omega_n^{*2} \cdot A^* = \frac{I\omega^2 A}{k_s A_s} \tag{4-58}$$

无因次弹性力矩 $U_{i,i+1}^*$ 为
$$U_{i,i+1}^* = \sum_{j=1}^{i} I_j^* \omega_n^{*2} A_j^* \tag{4-59}$$

实际圆频率为
$$\omega_n = \omega_n^* \sqrt{\frac{k_s}{I_s}} \tag{4-60}$$

实际弹性力矩为

$$U_{i,i+1} = k_s A_s U_{i,i+1}^* \quad (4-61)$$

各轴段扭振剪应力为

$$\tau_{i,i+1} = \frac{U_{i,i+1}}{W_{i,i+1}} = \frac{U_{i,i+1}^*}{W_{i,i+1}} k_s A_s \quad (4-62)$$

应力尺标为

$$\frac{\tau_{i,i+1}}{A_s} = \frac{U_{i,i+1}^*}{W_{i,i+1}} k_s \quad (4-63)$$

4.3.3 轴系扭振的强迫振动计算

1. 用能量法求强迫振动的近似解

利用能量法求多质量系统的强迫振动振幅值具有下列3个假定条件。

(1) 共振工况是稳定的，简谐干扰力矩输入系统的能量中各类阻尼所消耗，即 $W_m = W_c$。

(2) 共振工况下，与系统自振频率不等的各次简谐干扰力矩所引起的振幅远小于与系统自振频率相等的那次简谐干扰力矩激起的振幅值，因此计算时只考虑共振频率的那次干扰力矩作用，其他简谐的干扰力矩可忽略不计。

(3) 共振时，激起共振的干扰力矩频率与系统自由振动振型相似，各个集中质量的振幅呈线性比例。

显然，上述条件（2）、条件（3）两点假设与实际情况不符合。首先由于存在阻尼，使共振频率发生偏离，还使共振干扰工况下各质量的振幅产生相位差。其次非共振干扰力矩对共振振型有一定影响，因此用能量法求解只能是近似的。

柴油机正常工作时，各缸激振力矩具有相同的变化规律，第 v 次干扰力矩所作的总功代表式为

$$W_v = \pi \sum_{k=1}^{Z} M_{vk} A_k \sin(v\xi_{1,k} + \varepsilon) = \pi M_v A_1 \sum_{k=1}^{Z} \alpha_k \sin(v\xi_{1,k} + \varepsilon)$$
$$= \pi M_v A_1 \left[\cos(\varepsilon) \sum_{k=1}^{a} \alpha_k \sin(v\xi_{1,k}) + \sin(\varepsilon) \sum_{k=1}^{a} \alpha_k \cos(v\xi_{1,k}) \right] \quad (4-64)$$

W_v 的最大值为

$$W_{v\max} = \pi M_v A_1 \sqrt{\left(\sum_{k=1}^{Z} \alpha_k \sin(v\xi_{1,k}) \right)^2 + \left(\sum_{k=1}^{Z} \alpha_k \cos(v\xi_{1,k}) \right)^2} = \pi M_v A_1 \sum_{k=1}^{Z} \alpha_k$$
$$(4-65)$$

式中：$\sum_{k=1}^{Z} \alpha_k$ 为相对振幅矢量和。它是各缸相对振幅矢量进行相加所求得的合矢量：

$$\sum_{k=1}^{Z} \alpha_k = \sqrt{\left(\sum_{k=1}^{Z} \alpha_k \sin(v\xi_{1,k}) \right)^2 + \left(\sum_{k=1}^{Z} \alpha_k \cos(v\xi_{1,k}) \right)^2} \quad (4-66)$$

如在曲柄两端面看曲柄排列图中有 q 个曲柄，则对于二冲程机，由 q 个不同相对振幅矢量图，对于四冲程机，由 $2q$ 个不同形式相对振幅矢量图。当简谐系数等于 q 的整数倍时，矢量图上所有矢量方向相同，得到一个最大的 $\sum_{k=1}^{Z} \alpha_k$，激起最强烈共振，称

为主简谐,应特别予以重视。

通常,多列式发动机每列各缸的发火顺序、发火间隔角都一一相同,每列气缸的相对振幅矢量和也都相等。在求多列式发动机相对振幅矢量和时,可先求出一列气缸的相对振幅矢量和,再按各列气缸夹角和简谐次数矢量相加而得,即

$$\sum_{k=1}^{Z} \boldsymbol{\alpha}_k = \left(\sum_{k=1}^{Z} \boldsymbol{\alpha}_k\right)_1 \sqrt{\left(1 + \sum_{k=2}^{n} \cos(v\gamma_{1,k})\right)^2 + \left(\sum_{k=2}^{n} \sin(v\gamma_{1,k})\right)^2} \quad (4-67)$$

式中 $\left(\sum_{k=1}^{Z} \boldsymbol{\alpha}_k\right)_1$——第一列气缸的相对振幅矢量和;

$\gamma_{1,k}$——第 i 列气缸与第一列气缸的夹角;

n——发动机列数。

对 V 型发动机,式(4-67)可简化为

$$\sum_{k=1}^{Z} \boldsymbol{\alpha}_k = \left(\sum_{k=1}^{Z} \boldsymbol{\alpha}_k\right)_1 \times 2\cos\frac{v\gamma_{1,2}}{2} \quad (4-68)$$

如果多列式发动机各列发火顺序不同,则可先将同一排上各缸激振力矩矢量相加后,作出相应的激振力矩矢量图,然后求出总的相对振幅矢量和。

对扭振有重要影响的阻尼有发动机阻尼、轴系阻尼、螺旋桨阻尼等。发动机阻尼是曲轴和主轴承、活塞和气缸壁之间摩擦产生的阻尼,这些阻尼统称摩擦阻尼(又称为外阻尼)。其大小与发动机的结构特点、使用情况等因素有关。轴系阻尼是轴段以及橡胶弹性联轴器等部件在干扰力矩作用下变形过程中材料分子之间产生内部滞后摩擦,消耗了干扰力矩能量,从而起到了衰减扭振作用,一般称为滞后阻尼(又称为内阻尼)。它与振动频率关系不大,而与材料的最大切应力幅值、橡胶材料硬度有关。螺旋桨阻尼是由于振动时桨叶不断受到水摩擦阻力而引起的外阻尼,因此它与螺旋桨振动速度、船速和水流等因素有关。

对有 i 个外阻尼质量点和 j 个轴段的系统,总的阻尼功为

$$W_c = -m\pi\omega A_1^2 \left[\sum_{k=1}^{i} c_k \alpha_k^2 + \sum_{k=1}^{j} c_{k,k+1}(\alpha_k - \alpha_{k+1})^2\right] \quad (4-69)$$

式中:c 为阻尼系数;$c_{k,k+1}$ 为轴段阻尼。

由于阻尼系数很难确定,所以式(4-69)只是理论上的公式,实际上阻尼功都是用经验公式加以估算,而附带一定具体条件。

发动机阻尼功(Holzer 公式)为

$$R_k = 0.126 I_s \omega^2 A_1^2 \sum_{k=1}^{Z} \alpha_k^2 = 0.126 \frac{\Delta}{e_s} A_1^2 \sum_{k=1}^{Z} \alpha_k^2 = T_1 A_1^2 \quad (4-70)$$

式中:e_s 为单位曲柄柔度;Δ 为无因次圆频率;Z 为气缸数。

螺旋桨阻尼功为

$$R_p = 112 \times 10^4 \frac{P_{p\max}}{n_{\max}^3} n_v \omega_n \left[4.55 + \frac{\frac{H}{D_p} \cdot \frac{A}{A_d}}{\left(\frac{H}{D_p} \cdot \frac{A}{A_d} + 0.133\right)\left(\frac{h}{D_p} + 0.07\right)}\right] \alpha_p^2 A_1^2 = T_2 A_1^2 \quad (4-71)$$

式中:$P_{p\max}$、$n_{\max}$ 分别为桨最大功率和转速;n_v 为共振工况的桨转速;H/D_p 为桨的螺距比;A/A_d 为桨的盘面比;h 为桨叶厚。

轴段阻尼功为

$$R_l = 25 \times 10^{-8} \frac{A_1^{7/3}}{e_s^{7/3}} \sum_{k=1}^{p-1} \left\{ (u_{k,k+1})^{\frac{7}{3}} \sum_{i=1}^{j} \frac{K_i l_i}{d_i^5} \right\} = T_3 A_1^{\frac{7}{3}} \qquad (4-72)$$

式中：j 为轴段数；K_i、l_i 分别为轴的直径系数和轴段长；ρ、d_i 分别为轴的内外径比、轴段外径。

如令干扰力矩 $\pi M_v A_1 \sum_{k=1}^{z} \vec{\alpha}_k = RA_1$，那么可得能量平衡式为

$$RA_1 = T_1 A_1^2 + T_2 A_1^2 + T_3 A_1^{\frac{7}{3}} \qquad (4-73)$$

解式（4-73）即可得共振工况下第一质量的实际振幅 A_1，再根据自振频率计算表可得各质量的共振振幅值及轴段的应力值。上述是利用能量平衡式求解共振振幅的经典方法，其精度受到阻尼功精度的影响；而阻尼功精度取决于大量实验资料，由于实验上的难度，影响了这方面工作的进展。因此，试验工作相对容易的放大系数法广泛地用来求解强迫振动的共振振幅值。

2. 放大系数法求解共振振幅

放大系数法求解共振振幅方法的基本思路和假定条件与能量法一样，方法要点如下：

（1）根据干扰功和阻尼功相等为条件，运用放大系数概念，设法求得第一质量的共振振幅 A_1。

（2）用所得 A_1 值和自由振动所得的振型图（α_k 值），推算出各质量的实际共振振幅 $A_k(A_k = A_1 \alpha_k)$ 以及求出各轴段上应力 $\tau_{k,k+1}(\tau_{k,k+1} = \tau_0 A_1)$，$\tau_0$ 为应力标尺。

平衡振幅是将干扰力矩作静力矩作用在系统上，而系统按能量平衡关系产生的振动所具有的振幅。对于两端自由的轴系所简化的多质量系统，在干扰力矩作用下，实际振幅与平衡振幅 A_0 之比称为系统的放大系数。为了计算方便，一般以第一质量为讨论对象，即第一质量实际振幅与第一质量平衡振幅之比称为该系统的放大系数，即 $m = A_1/A_{01}$。

由于假设系统处于静力矩作用，因而可忽略阻尼的影响，即多质量系统在无阻尼情况下受静态干扰力矩 M_v 作用。这时干扰力矩所作的功应当与系统弹性势能平衡。

第 k 质量处的弹性势能为

$$\frac{1}{2} u_{k,k+1} A_k = \frac{1}{2} K_{k,k+1} A_k^2 = \frac{1}{2} I_k \omega_n^2 A_k^2 = \frac{1}{2} \omega_n^2 A_1^2 I_k \alpha_k^2 \qquad (4-74)$$

式中：$K_{k,k+1}$ 为轴段刚度。

因此，多质量系统的弹性势能应等于 $\frac{1}{2} \omega_n^2 A_1^2 \sum_{k=1}^{z} I_k \alpha_K^2$。

当多缸机干扰力矩作为静力矩作用在系统上时，每一循环做功的平均值为

$$\frac{1}{2\pi} \pi M_v A_1 \sum_{k=1}^{z} \vec{\alpha}_k = \frac{1}{2} M_v A_1 \sum_{k=1}^{z} \vec{\alpha}_k$$

两者平衡可得

$$A_{01} = \frac{M_v \sum_{k=1}^{z} \vec{\alpha}_k}{\omega_n^2 \sum_{k=1}^{n} I_k \alpha_k^2} \qquad (4-75)$$

由此可知，平衡振幅是无阻尼振动振型下，以 v 次干扰力矩幅值作静力矩，按能量平衡关系求得的振幅值。显然，平衡振幅不是一个常数，不同质点处都不同。

根据放大系数定义，第一质量实际振幅值为

$$A_1 = A_{01} m_0 \tag{4-76}$$

柴油机放大系数 m_e 为

$$m_e = \frac{\sum\limits_{k=1}^{n} I_k \alpha_k^2}{a \sum\limits_{k=1}^{z} I_k \alpha_k^2} \tag{4-77}$$

式中　α——阻尼因子，一般 $\alpha = 0.04$，直列式柴油机轴系双结和三结振动 $\alpha = 0.025$；

　　　z——气缸数；

　　　n——位质点数。

轴段放大系数 m_h 为

$$m_h = \frac{\pi \omega_n^2 \sum\limits_{k=1}^{n} I_k \alpha_k^2}{0.032 \sum\limits_{k=s}^{n} \frac{(\alpha_k - \alpha_{k+1})^2}{e_{k,k+1}}} \tag{4-78}$$

式中：轴段指除曲轴及弹性联轴器等弹性元件以外的所有轴段，n 为质点数，ω_n 为系统自振频率。

螺旋桨放大系数 m_p 为

$$m_p = \frac{v n_c^3 \sum\limits_{k=1}^{n} I_k \alpha_k^2}{91190 \alpha P_p a_p^2} \tag{4-79}$$

式中　P_p——额定转速时螺旋桨功率；

　　　α_p——桨相对振幅；

　　　α——系数，一般可取 $\alpha = 30$。如果桨数据齐全时，可根据盘面比、螺距比和力矩系数 A_g 确定。

硅油减振器放大系数 m_d 为

$$m_d = \frac{\sum\limits_{K=1}^{n} I_K \alpha_K^2}{\mu_d I_d \alpha_d^2} \tag{4-80}$$

式中　I_d——减振器惯量；

　　　A_d——减振器相对振幅；

　　　μ_d——阻尼因子，最佳调谐时 $\mu_d = 0.5$。

阻尼弹性减振器放大系数 m_d 为

$$m_d = \frac{\pi \omega_n^2 \sum\limits_{K=1}^{n} I_K \alpha_K^2}{\frac{1}{2} \varphi_d K_d (\Delta \alpha_d)^2} \tag{4-81}$$

式中　K_d——减振器惯量；

$\Delta\alpha_d$——减振器主从动端相对振幅差；

φ_d——减振器损失系数，由制造厂提供。

橡胶弹性联轴器放大系数 m_r 为

$$m_r = \frac{m_{r0}\omega_n^2 \sum_{K=1}^{n} I_K \alpha_K^2}{\frac{1}{e_r}(\Delta\alpha_r)^2} \qquad (4-82)$$

式中 e_r——弹性联轴器柔度；

$\Delta\alpha_r$——弹性联轴器主从动端相对振幅差；

m_r——基本放大系数；

$m_{r0} = \frac{2\pi}{\psi_r}$，其中：$\psi_r$ 为损失系数，由制造厂提供。

盖林斯格阻尼弹性联轴器放大系数 m_r 为

$$m_r = \frac{1}{c_x} \qquad (4-83)$$

式中 $c_x = \begin{cases} 0.20 + 0.5\dfrac{\omega}{\omega_0} & (0 \leqslant \omega \leqslant \omega_0), \\ 0.70 & (\omega > \omega_0); \end{cases}$

ω_0——弹性联轴器特征频率。

则总的放大系数为

$$\frac{1}{m_0} = \sum \frac{1}{m_i} = \frac{1}{m_e} + \frac{1}{m_h} + \frac{1}{m_p} + \frac{1}{m_d} + \frac{1}{m_r} \qquad (4-84)$$

这样可求出 A_1，然后根据振型相似假定，推进装置其他质量的振幅值就可按自由振动计算求得各质量的相对振幅值 $\alpha_k = \dfrac{A_k}{A_1}$ 而求的，即 $A_k = A_1\alpha_k$。

共振时，第 k、$k+1$ 质量之间的轴段应力为

$$\tau_{k,k+1} = \frac{\sum_{i=1}^{N} I_i\alpha_i\omega^2}{w_{k,k+1}}A_1 = \tau_{0k,k+1}A_1 \qquad (4-85)$$

式中：$A_1\sum_{i=1}^{K} I_i\alpha_i\omega^2$ 为第 k、$k+1$ 轴段上受到的弹性力矩；$\tau_{oK,K+1}$ 为第 k、$k+1$ 轴段上的应力标尺；$w_{K,K+1}$ 为第 k、$k+1$ 轴段截面模数，即

$$w_{K,K+1} = \frac{16}{\pi}d^3_{K,K+1}\left[1-\left(\frac{d_0}{d_{K,K+1}}\right)^4\right]$$

式中：$d_{K,K+1}$、d_0 为第 k、$k+1$ 轴段直径和轴中孔直径。对曲轴一般以曲柄销直径为准，对螺旋桨轴一般以后轴承到前隔舱密封填料函之间的最小直径为准。

经过计算，如果最大共振应力小于"船规"的许用应力，同时振幅也没有超过需用值，则认为该推进装置是能够安全工作的，计算工作也就到此结束。如果有某谐次共振应力超过需用值，则还要作非共振计算，以便作出扭振应力曲线，了解共振点附近扭振应力情况。

3. 非共振计算

非共振计算的准确性比共振计算更差一些，因为它是在下述 3 个假定条件下计算的。

（1）非共振情况下的振型和自由振动相同。

（2）计算时只考虑共振时的某一结谐干扰力矩作用，忽略其他干扰力矩的影响。

（3）非共振情况下阻尼作用和共振时相同。

非共振第一质量振幅和轴段应力，可按下式计算：

$$A'_1 = A_1 \left\{ \left[1 - \left(\frac{n}{n_c}\right)^2\right]^2 m_0^2 + \left(\frac{n}{n_c}\right)^2 \right\} \tag{4-86}$$

式中　A_1——共振时第一质量振幅；

　　　n, n_c——计算工况时发动机转速和某简谐次共振转速；

　　　m_0——共振时推进装置放大系数。

$$\tau'_{K,K+1} = \tau_{K,K+1} \left\{ \left[1 - \left(\frac{n}{n_c}\right)^2\right]^2 m_0^2 + \left(\frac{n}{n_c}\right)^2 \right\} \tag{4-87}$$

式中　$\tau_{K,K+1}$——共振时轴段应力。

4. 临界转速的确定

共振工况下相应的发动机转速称为临界转速，也可以称为"某结点某次临界转速"，表示扭振系统临界转速情况的图称为临界转速图。

在柴油机工作转速范围内工作时，将会遇到很多临界转速，大部分临界转速危险性不大，这是因为以下 3 方面。

（1）干扰力矩的强弱是各不相同的，从简谐分析可知，v 的谐次越高，干扰力矩幅值越小，当 v 大于 12 次以上时，由于干扰力矩幅值很小，常常忽略起作用。

（2）在多缸机中，同一结数振动形式的各种谐次，干扰力矩做功数值是有差异性的，有危险的往往是那些相对振幅矢量和较大的谐次，而那些相对振幅矢量和较小的谐次在振动中则可以忽略不计。

（3）由于干扰力矩仅在共振时对系统作用，有能量输入。当系统处于某一谐次的临界转速时，相对于其他处于非共振的谐次来说，这一谐次振动往往处于主导地位，其他的非共振的谐次就可以忽略其影响。

工作转速范围内相应的简谐次数可由下式来决定

$$\begin{cases} \dfrac{N_\text{I}}{1.2 n_e} \leqslant v \leqslant \dfrac{N_\text{I}}{0.8 n_{\min}} \\ \dfrac{N_\text{II}}{1.2 n_e} \leqslant v \leqslant \dfrac{N_\text{II}}{0.8 n_{\min}} \end{cases} \tag{4-88}$$

式中：N_I、N_II 为单、双结临界转速（r/min）；n_e、$n_{\min}$ 为发动机额定转速和最低稳定稳定转速（r/min）。

5. 许用应力

表 4-6 所列为曲轴扭振许用应力，表 4-7 所列为推力轴、螺旋桨轴、中间轴、艉轴扭振许用应力。其中，临界转速与额定转速的比值为

$$r = \frac{n_c}{n_e}$$

表4-6 曲轴扭振许用应力

运转工况	转速比范围	扭振许用应力
持续	$0 < r \leqslant 1.0$	$[\tau_c] = \pm[(52 - 0.031d) - (338 - 0.02d)r^2]$
瞬时	$1 \leqslant r < 0.8$	$[\tau_t] = \pm 2[\tau_c]$
超速	$1.0 < r \leqslant 1.15$	$[\tau_o] = \pm[(18.1 - 0.0113d) + (87.3 - 0.052d)\sqrt{r-1}]$

表4-7 推力轴、螺旋桨轴、中间轴、艉轴扭振许用应力

运转工况	转速比范围	扭振许用应力
持续	$0 < r \leqslant 0.9$	$[\tau_c] = \pm C_W C_K C_D (3 - 2r^2)$
瞬时	$1 \leqslant r < 0.8$	$[\tau_t] = \pm 1.7\tau_c/\sqrt{C_K}$
超速	$1.0 < r \leqslant 1.15$	$[\tau_o] = \pm 1.38 C_W C_K C_D$

表4-7中C_D为轴的尺度系数,由下式确定

$$C_D = 0.35 + 0.93 d^{-0.2}$$

式中:d为轴直径;C_W为材料系数,$C_W = (R_m + 160)/18$;R_m为抗拉强度,中间轴采用碳钢或锰钢时,如$R_m > 600 \text{N/mm}^2$时取600N/mm^2,中间轴采用合金钢时,如$R_m > 800 \text{N/mm}^2$时取800N/mm^2,对于螺旋桨轴和艉管轴,如$R_m > 600 \text{N/mm}^2$时取600N/mm^2。

C_K为形状系数,如表4-8所列。

表4-8 C_K的取值

中间轴					推力轴		螺旋桨轴	艉轴
整体法兰或过盈套合联轴器	键槽（圆锥联接）	键槽（圆柱联接）	径向孔	纵向槽	在推力坏两侧	滚柱推力轴承	有键或无键桨轴	—
1.0	0.6	0.45	0.50	0.30	0.85	0.85	0.55	0.80

4.3.4 轴系扭转振动的预防措施

通过扭转振动的校核计算,如果轴段的扭振附加应力超过"船规"规定的许用应力时,应该采取减振、避振措施,控制其振动,保证安全运行。

通常解决推进轴系危险共振的措施主要有三类:调频避振;平衡外干扰,减少输入系统能量的减振;增加系统阻尼的降振减幅。在工作转速范围内划禁区(采取操作中快速通过)的方法,仅是一个临时措施,只在万不得已的情况下才使用。《钢质海船入级规范》规定(0.8~1.05)的额定转速范围内不准划禁区,且不允许在常用转速法范围内存在单结主简谐振动,即使扭振应力超过许用值。

1. 调频避振

调频避振是调整系统固有频率，使系统主临界转速避开常用转速范围或使其相应应力在许用应力之下。

由振动理论可知，固有频率只取决于系统本身特性参数，改变系统上任何一个部件的惯量和弹性，或者改变它们在系统中所处的位置都可以引起系统固有频率的变化。但是，系统固有频率对各部件惯量和刚度的灵敏度是不同的。通常变更结点附近的柔度对自振频率影响大，远离结点处影响小。在改变转动惯量时，远离结点的转动惯量变化对固有频率影响较大。因此，可以调整单结振动固有频率的措施，对其他结点振动固有频率调整不一定有效。所以，调频方案的选取，对不同系统是不同的。

1）选择合适的飞轮惯量

在推进轴系中可以改变的转动惯量由曲轴平衡块惯量、螺旋桨惯量和飞轮惯量。通常，平衡块惯量由柴油机动力学平衡问题所决定，变动的余地不大。螺旋桨惯量由船体阻力和航速等决定，一般当材质确定后，惯量变化会影响螺旋量推进效率和航速等。飞轮惯量对动力装置影响比较小，对扭振影响很大。飞轮可以装在柴油机输出端，也可以装在柴油机自由端（调频飞轮）或者装在轴系中间某一位置上。现在许多种大型柴油机出厂时，除了基本惯量飞轮外，还有几种不同惯量飞轮供选用。

飞轮惯量变化对推进轴系固有频率和振型都有影响。飞轮惯量增加能使固有频率下降，并使结点向飞轮端靠拢。单结振动结点一般都在轴系上，飞轮惯量增大后，不仅能使自由频率下降，而且因结点向飞轮端靠拢，振型发生变化，使螺旋桨处振动增大。螺旋桨阻尼在单结振动中是整个系统阻尼的主要成分，且螺旋桨阻尼功与振幅平方成正比。采用大惯量飞轮使螺旋桨阻尼功作用明显增加，此时如果忽略柴油机和轴段阻尼影响，则系统总放大系数将减小，使 A_1 减小，从而使轴段扭振应力适当减小。

但是，飞轮惯量变化时，必须注意对单结、双结、三结振动的综合影响。一般说，对于艉轴型布置的轴系，为减小单结振动应力而选用较大惯量飞轮时，首先应注意避免把双结振动危险的共振转速压低到常用转速范围内产生新的矛盾；其次要注意飞轮惯量增大将使双结振动中曲轴上的那个结点位置向飞轮方向移动，使主简谐的相对振幅矢量和增大，而使曲轴应力增加。同理，如果常用转速范围内存在较大双结振动应力，就可选用较小惯量飞轮，让双结主临界转速超过额定转速，从而使常用转速范围避开危险的共振。

2）改变系统柔度

改变系统柔度主要是指改变发动机飞轮到螺旋桨之间连接轴的柔度。它是调节单结振动固有频率的极为有效方法，但对双结振动频率影响不大。一般有以下3种措施。

（1）改变轴系长度。在机舱布置允许的条件下，采用增加轴系长度，提高轴系柔度是降低单结振动固有频率的极为有效方法。

（2）轴系加装弹性联轴器。由于弹性联轴器柔度大，可使轴系柔度增加几倍到几十倍，而又不使轴系几何尺寸有大的变化。它可以较大幅度地降低系统的单结固有频率，使绝大部分低谐次的临界转速处于工作转速以下。

对于低速机装置，由于扭矩大，弹性联轴器加工制造比较困难，因而采用的比较少。对于中速机装置，它就成为调频避振的一个很有效的方法，尤其对尾机型装置更为适合。但是，选用弹性联轴器改善单结振动时，要注意是否会引起双结或三结振动频率变化，引起新的矛盾。弹性联轴器不仅能改善轴系的扭振特性，并使轴系容易对中，而且还能吸收齿轮传动装置上的波动扭矩，减少齿轮的"齿击"现象，从而保护齿轮。

（3）增大轴径。对某些轴系，尤其是采用低速二冲程少缸机（4，5 缸）的轴系，当轴系较短时，按"船规"计算轴的基本直径为基础而设计的轴系，主临界转速往往会落在主机工作转速范围之内，并会很靠近额定转速。按"船规"要求在 $(0.8 \sim 1.05) n_{eH}$ 范围内不准划禁区，且不存在单结主简谐共振，即使扭振应力未超过需用值。对于这种轴系调频避振的有效而简单办法是加大轴的直径，增加轴系刚度，把主临界转速移到额定转速以上。

轴径加大程度和轴系长度、螺旋桨飞轮矩大小有关。一般选取中间轴直径增大量比螺旋桨轴直径增加量大。这样处理，可使艉轴密封装置尺寸不致太大，对降低造价和保证密封装置可靠性有利。另外，艉柱轴毂尺寸和螺旋桨毂均可不必额外加大，可避免船体附体阻力增加，提高推进效率，从节能观点看也是有好处的。

3）选定适当的螺旋桨惯量

螺旋桨惯量由船体阻力、航速等决定，除非万不得已，一般不希望仅由于扭振而更改其设计，变动螺旋桨惯量。但是，对于相同参数的螺旋桨，若选用不同材料，它们的转动惯量也会不同。

螺旋桨惯量降低也能使系统单结点位置向飞轮处靠近，使螺旋桨处振幅增大，收到采用增大飞轮同样的减振效果，但固有频率有所增加。

2. 平衡外干扰，减少输入系统能量的降幅减振

根据柴油机扰动力矩对系统做功的关系是，在发动机参数一定（M_v 一定）时，减小相对振幅矢量和 $\sum \alpha_k$ 就等于减少输入系统能量，达到降幅减振的目的。影响相对振幅矢量和大小的主要因素是系统振型和扰动力矩矢量图。改变发火顺序，可以调整非主简谐次数相对振幅矢量和的大小，但不会改变主简谐次的相对振幅矢量和，因为主简谐的所有扰动力矩矢量相位为零。采用不规则的曲柄排列，可消除主简谐次的共振危险。但是，不规则的曲柄排列使发动机平衡性比较差，一般很少采用。在某些情况下，发动机自由端加装一只飞轮，能调节双结振型（调节曲柄上结点的位置），从而减少主简谐相对振幅矢量和。

常用减振措施包括减小螺旋桨伴流场的不均匀性；适当调整曲柄端面图上曲柄和螺旋桨叶片的相对夹角，使发动机和螺旋桨的扰动力矩产生的振动响应彼此抵消，使总的响应下降；采用动力减振器，利用它的惯量在共振工况下的振荡，平衡系统外干扰以消除共振危险。

3. 增加系统阻尼的降幅减振

在系统中安装各类阻尼减振器，增加系统阻尼以消散共振工况下外干扰力矩输入系统的能量，从而降低共振幅值，是扭振控制中一个极为有效的措施。

根据能量守恒和转化的定律，在稳定共振下干扰力矩输入系统的能量等于系统中阻尼消散的能量。一个振动周期中干扰力矩输入系统的功是强制振动幅值的线性函数 $W_m = f_1(A_1)$，而阻尼力矩一周中的做功是振动幅值的二次（或二次以上）函数 $W_c = f_2(A_1^2)$。

当稳定共振时，系统中 $W_m = W'_c$，这是共振振幅 A'_{10} 可能会超过轴系强度的允许值，如果这时系统中注入附加阻尼（阻尼减振器），共振振幅 A''_{10} 就会小于原来的 A'_{10}，共振危险有可能得到控制。

阻尼减振器大致可分为两大类：阻尼减振器和阻尼弹性减振器。

4.4 轴系纵振的计算

4.4.1 轴系纵振计算的当量模型

1. 模型简化方法

纵向振动计算通常采用集总参数模型，把质量集中在集中点处，它们之间由无质量的纵向刚性轴段相连接。柴油机推进轴系可转化为具有一个分支点的分支系统，分支点在推力环处。在推力环之前的系统中，质量是由自由端法兰（包括减振器、平衡重、前置飞轮等）、曲轴和推力环组成，它们之间用纵向刚度相连接。有的厂家把单位曲拐的质量集中在两主轴颈中间处，也有的集中在曲臂上或气缸中心线上。

对最末一缸半个曲拐到飞轮处的转化有三种方法：第一种方法是把最末一个主轴颈中间处、推力环和飞轮中间处分别作为三个质量集中点，分别集中后半拐质量、推力环与相邻部分轴段（一般取1/2）的质量，以及飞轮与相邻部分轴段的质量。第二种方法是将飞轮中间处与推力环中间处作为两个质量集中点。第三种方法是把上述质量全部集中在推力环中间处，因为最末一个主轴颈与推力轴的纵向刚度很大，对纵振频率影响不大。

轴系的质量转化有两种情况：一种情况是把轴的质量集中到两端的法兰上，另一种情况是把轴的质量集中在轴的中间处。螺旋桨的质量连同附加水的质量集中在螺旋桨锥型的中间处。

在柴油机直接传动的轴系中，一般按以下方法处理：

（1）将柴油机各缸单位曲柄的质量等分别集中在该曲柄主轴颈中央处。

（2）传动齿轮、链轮、飞轮、推力盘、螺旋桨等作为集总质量放在各部件重心或几何中心位置。螺旋桨还应计入附连水效应。

（3）中间轴、艉轴、螺旋桨轴按自然分段或其他方法离散为若干集总质量。质量在各离散点的分配应使其质心位置保持不变。通常应在轴承支撑位置处放一个集总质量，轴段也可按自然分段作为分布系统处理。

（4）理论上推力轴承分支可按图4-12（a）所示简化。图4-12中 k_0、c_0 为油膜刚度和油膜阻尼系数，m_b、k_b 为轴承座参振质量和刚度，m_s、k_s 为双层底、船体梁参振质量和刚度。但是，上述参数在一般条件下很难确定。实际上，常用一并联的线性弹簧和黏性阻尼器表示推力轴承分支。它们的一端与推力盘集总质量相连，另一端固定，如图4-12（b）所示。

（5）纵振减振器可用图4-13所示的简化模型表示。其左端为固定端，右端与柴油机曲轴相连，k_d 为减振器等效刚度，m_d 为油压缸集总质量，c_d 为减振器阻尼系数，m_{dp} 为活塞集总质量。

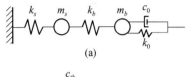

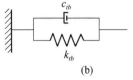

图4-12 推力轴承分支

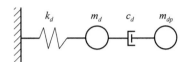

图4-13 纵振减振器模型

2. 纵向刚度计算

1) 直轴的纵向刚度

纵向刚度的米制单位的换算关系为 $1\text{N/mm} = 1.02\text{kgf/cm}$。

纵向刚度的倒数即为纵向柔度 e，即

$$k = \frac{\pi E d^2}{4L} = \frac{1}{e} \quad (\text{N/mm}) \tag{4-89}$$

式中 $E = 20.6 \times 10^4 \text{N/mm}^2 = 2.1 \times 10^6 \text{kgf/cm}^2$；

d——轴的直径（mm）；

L——轴的长度（mm）。

2) 锥形轴的纵向刚度

$$k = \frac{\pi E d_1 d_2}{4L} \quad (\text{N/mm}) \tag{4-90}$$

式中 d_1——锥部小端直径（mm）；

d_2——锥部大端直径（mm）；

L——锥部轴的长度（mm）。

3) 串联轴的纵向刚度

$$\frac{1}{k} = \frac{1}{k_1} + \frac{1}{k_2} + \cdots + \frac{1}{k_n} = \sum_{i=1}^{N} \frac{1}{k_i} \quad (\text{mm/N}) \tag{4-91}$$

4) 并联轴的纵向刚度

$$k = k_1 + k_2 + \cdots + k_n = \sum_{i=1}^{n} k_i \quad (\text{N/mm}) \tag{4-92}$$

5) 推力轴承的纵向刚度

推力轴承的纵向刚度，实际上是指推力环、推力块、油膜、推力轴承座、机座、底座和双层底等刚度的当量值。可按表4-9推荐的推力轴承刚度值选取。

表4-9 推荐的推力轴承刚度值

	主机型号	推力轴承刚度 $K_{th} \times 10^6 \text{N/mm}$
挪威船级社	推力轴承在柴油机外	1.7~2.3 (1.73~2.34)
	推力轴承在柴油机内	2.20~3.00 (2.24~3.06)

续表

	主机型号	推力轴承刚度 $K_{th} \times 10^6 \text{N/mm}$
苏尔寿公司	4~9RND68M	4.088(4.167)
	6~9RND76M	1.785(1.82)
	6~12RND90M	3.267(3.33)
	6~7RLA90	3.267(3.33)
	4~8RLB56	3.924(4.00)
	4~8RLB66	3.267(3.33)
	4~10RLB76	2.806(2.86)
	4~12RLB90	3.267(3.33)
B&W公司	K-EF,K-GF	D/7.14(D/7)
	VT2BF	D/17.34(D/17)
	VTBF,VBF	D/42.84(D/42)
三井公司	8L55GFCA	3.237(3.30)
	6L67GFCA	2.443(2.49)
日立公司	8L55GFCA	19.62(20.00)
	11K84EF	14.538(14.82)
国内	9ESDZ58/100	2.502(2.55)
	6ESDZ76/160	1.540(1.570)
	9ESDZ43/82	2.482(2.53)
	8L55GFCA	1.57(1.60)
B&W公司	KEF及GF机型	$k = \dfrac{D}{7.14} \times 10^6 \text{(N/mm)}$
	VT2BF机型	$k = \dfrac{D}{17.35} \times 10^6 \text{(N/mm)}$
	VTBF及VBF机型	$k = \dfrac{D}{42.86} \times 10^6 \text{(N/mm)}$ 其中:D为柴油机气缸直径(cm)

6）曲轴的纵向刚度

由于曲轴的结构形状复杂和受理复杂，因此准确的曲轴纵向刚度值应由柴油机制造厂通过试验确定，或在柴油机台架试验时进行轴系纵振固有频率测量，并结合推力轴承刚度值来校核曲轴的纵向刚度值。

典型的柴油机推进轴系的纵振计算模型，如图4-14所示。

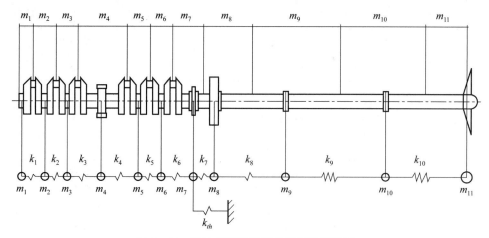

图 4-14 柴油机推进轴系的纵振计算模型

设有齿轮传动装置的推进轴系，可只计算大齿轮以后轴系的纵向振动。大齿轮作为质量集中点，把大齿轮及相邻轴段质量集中在大齿轮上，如图 4-16 所示。

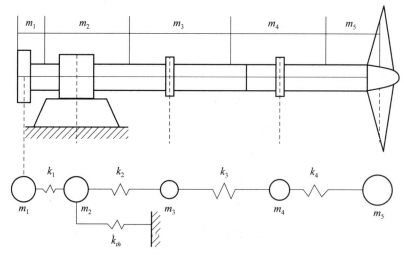

图 4-15 齿轮推进轴系纵振模型

轴系纵向振动与扭转振动，无论对离散系统模型还是分布系统模型，都具有完全相似的数学模型，只要按表 4-10 所列扭转振动的动力学参数改换为相应的纵振动力学参数。

表 4-10 直线运动系统与旋转系统的相似性

参数	直线运动系统	旋转系统
位移、角位移	$x(\mathrm{m})$	$\varphi(\mathrm{rad})$
速度、角速度	$\dot{x}(\mathrm{m/s})$	$\dot{\varphi}(\mathrm{rad/s})$
加速度、角加速度	$\ddot{x}(\mathrm{m/s^2})$	$\ddot{\varphi}(\mathrm{rad/s^2})$
质量、转动惯量	$m(\mathrm{kg})$	$J(\mathrm{kg \cdot m^2})$

续表

参数	直线运动系统	旋转系统
阻尼系数	$c(\mathrm{N\cdot s/m})$	$c(\mathrm{N\cdot m\cdot s/rad})$
刚度	$k(\mathrm{N/m})$	$k(\mathrm{N\cdot m/rad})$
力、力矩	$F = m\ddot{x}\ (\mathrm{N})$	$M = J\ddot{\varphi}\ (\mathrm{N\cdot m})$
动能	$E_k = \dfrac{1}{2}m\dot{x}^2\ (\mathrm{N\cdot m})$	$E_k = \dfrac{1}{2}J\dot{\varphi}^2\ (\mathrm{N\cdot m})$
势能	$E_p = \dfrac{1}{2}kx^2\ (\mathrm{N\cdot m})$	$E_p = \dfrac{1}{2}k\varphi^2\ (\mathrm{N\cdot m})$
功	$\int F\mathrm{d}x\ (\mathrm{N\cdot m})$	$\int M\mathrm{d}\theta\ (\mathrm{N\cdot m})$
固有频率	$\omega_n = \sqrt{k/m}\ (\mathrm{rad/s})$	$\omega_n = \sqrt{k/J}\ (\mathrm{rad/s})$
	$f_n = \omega_n/2\pi\ (\mathrm{Hz})$	$f_n = \omega_n/2\pi\ (\mathrm{Hz})$

4.4.2 轴系纵振的自由振动计算

柴油机轴系是多质量系统,特别是考虑激励力和阻尼力等因素时,因此为了方便理论计算,又保证计算结果具有一定的精度,这里做一些假设,如下:

(1) 计算轴系的纵振固有频率时,不考虑系统的阻尼力和激励力。
(2) 纵振共振时,强迫振动的总振振型与无阻尼自由纵向振动的振型相同。
(3) 纵振共振时,只有与系统发生共振的简谐力才对系统输入能量,而其他所有简谐力的影响都忽略不计。

在轴系纵向振动简化模型中,第一质量 m_1 的无阻尼自由振动方程式为

$$m_1\ddot{u}_1 - k_1(u_2 - u_1) = 0 \tag{4-93}$$

推力环分支点之前任一质量 m_i 的无阻尼自由振动方程式为

$$m_i\ddot{u}_i + k_{i-1}(u_i - u_{i-1}) - k_i(u_{i+1} - u_i) = 0 \quad (i = 2,\cdots,t-1) \tag{4-94}$$

分支点集总质量 m_t^* 的无阻尼自由振动方程式为

$$m_t^*\ddot{u}_t + k_{t-1}(u_t - u_{t-1}) - k_t(u_{t+1} - u_t) + k_{th}u_t = 0 \tag{4-95}$$

分支点后任一质量 m_i 无阻尼自由振动方程式为

$$m_i\ddot{u}_i + k_{i-1}(u_i - u_{i-1}) - k_i(u_{i+1} - u_i) + k_{th}u_t = 0 \quad (i = t+1,t+2,\cdots,n) \tag{4-96}$$

式中 k_i——质量间连接弹簧的纵向刚度;
k_{th}——推力轴承分支等效弹簧刚度;
$u_t, \ddot{u}_t$——分支点集总质量 m_t^* 的纵向位移和加速度;
$u_i, \ddot{u}_i$——集总质量 m_i 的纵向位移和加速度。

这是一组二阶线性微分方程式,可用 Holzer 法计算,计算过程与扭振计算相似。

当自由振动系统以角频率 ω 作简谐振动时,设

$$u_i = A_i\sin\omega t = \alpha_{ai}A_1\sin\omega t \quad (i = 1,2,\cdots,n) \tag{4-97}$$

式中：$\alpha_{ai} = A_i/A_1$，质量 m_i 的相对振幅。

$$\alpha_{a1} = 1 \tag{4-98}$$

由式（4-93），对质量 m_1 有

$$k_1(\alpha_{a2}A_1 - A_1) = -m_1\omega^2 A_1$$

可得

$$\alpha_{a2} = \alpha_{a1}\left(1 - \frac{m_1\omega^2}{k_1}\right) \tag{4-99}$$

对质量 m_2 有

$$\alpha_{a3} = \alpha_{a2} - \frac{m_1\omega^2\alpha_{a1} + m_2\omega^2\alpha_{a2}}{k_2} \tag{4-100}$$

以此类推，对推力轴承分支点质量 m_t^* 前一个质量 m_{t-1}，有

$$\alpha_{at} = \alpha_{a(t-1)} - \frac{\sum_{j=1}^{t-1} m_j\omega^2\alpha_{aj}}{k_{t-1}} \tag{4-101}$$

对推力轴承分支点质量 m_t^*，情况稍有不同，方程中多了一项 $k_{th}u_t$，故

$$k_t(A_{t+1} - A_t) = k_{t-1}(A_t - A_{t-1}) - m_t\omega^2 A_t + k_{th}A_t = \sum_{j=1}^{t-1} m_j\omega^2 A_j - \left(m_t^* - \frac{k_{th}}{\omega^2}\right)\omega^2 A_t \tag{4-102}$$

由式（4-102）可知，间谐振动时轴承等效弹簧 k_{th} 对分支点元件的效应如同使其质量 m_t^* 减小 k_{th}/ω^2，即

$$m_t = m_t^* - k_{th}/\omega^2 \tag{4-103}$$

按式（4-103）对分支点元件质量修正后，其递推式为

$$\alpha_{a(t+1)} = \alpha_{at} - \frac{\sum_{j=1}^{t} m_j\omega^2\alpha_{aj}}{k_t} \tag{4-104}$$

以此类推，可得统一递推公式为

$$\alpha_{a(i+1)} = \alpha_{ai} - \frac{\sum_{j=1}^{i} m_j\omega^2\alpha_{aj}}{k_i} \quad (i = 1,2,\cdots,n-1) \tag{4-105}$$

如在曲轴自由端安装轴系纵振调频器时，由于调频器对曲轴自由端有约束作用，因此可以简化为曲轴自由端。通过纵振调频器纵向刚度 K_d 与机架相连接，同样假定机架的质量为无穷大。这时调频器对第 1 质量的制约力 F_d 为

$$F_d = -\alpha_{a1}A_1K_d \tag{4-106}$$

这样，在第 1 质量与第 2 质量间的弹性力 U_{12} 为

$$U_{12} = m_1\omega_a^2\alpha_{a1} - \alpha_{a1}K_d = (m_1\omega_a^2 - K_d)\alpha_{a1} \tag{4-107}$$

对 0 节振动，由于它是整个轴系质量和螺旋桨质量（包括附加水质量），围绕推力轴承座一个固定点的简单同向振动，因此可用单质量弹簧系统的计算公式。

$$f_a = \frac{1}{2\pi}\sqrt{\frac{k_{th}}{\sum m}} \text{（Hz）} \tag{4-108}$$

式中 k_{th}——推力轴承刚度；

$\sum m$——轴系的总质量。

对于柴油机推进轴系，其质量包括从曲轴自由端到螺旋桨轴锥端为止，以螺旋桨轴径为直径的轴质量，螺旋桨质量及60%的螺旋桨附加水质量，对减速推进轴系，其质量是取大齿轮后面的质量之和。

4.4.3 轴系纵振的强迫振动计算

轴系纵向振动阻尼主要包括三部分，即轴承阻尼、螺旋桨阻尼和材料滞后阻尼。其中轴承阻尼贡献最大，螺旋桨阻尼视振型而定。在轴系纵向受迫振动简化模型中表现为质量阻尼（外阻尼，即轴承阻尼、螺旋桨阻尼）与轴段阻尼（内阻尼，即滞后阻尼）。在柴油机部分，集总质量都安放在主轴承中心位置。飞轮后的各轴端的集总质量也常常放在中间轴承、艉管轴承的相应位置上。这样，模型的每一个集总质量都放在轴承位置，因而每一集总质量处都有轴承阻尼作用。

1. 轴向激振力

1) 柴油机等效轴向激振力

从图4-16（a）可以看到，在径向力 N 的作用下，曲柄销产生弯曲变形从而相应产生主轴颈的径向位移 u_n。这表明，虽然径向力与曲轴中心线垂直，但由于曲轴结构上的复杂性，径向力也会与曲轴在纵向产生位移效应，其作用如同在曲轴中心线作用轴向力 P 一样，如图4-16（b）所示。

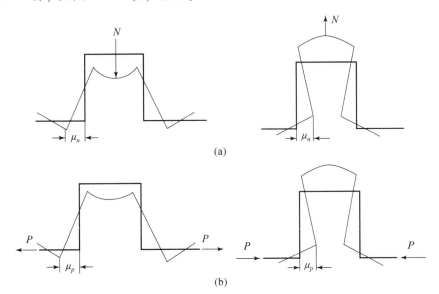

图4-16 等效轴向激振力

设径向力引起的主轴颈纵向力位移为

$$u_n = \varepsilon_n N \tag{4-109}$$

式中：ε_n 为单位径向力作用下主轴颈的纵向位移。

轴向力 P 引起的主轴颈纵向位移为

$$u_p = \varepsilon_p P \tag{4-110}$$

式中：ε_p 为单位轴向力作用下主轴径的纵向位移。令 $u_n = u_p$，则可建立径向力和轴向力之间的等效关系为

$$P = \frac{\varepsilon_n}{\varepsilon_p} N = \beta N \qquad (4-111)$$

式中：$\beta = \varepsilon_n/\varepsilon_p$，称为力转换系数。它与曲轴结构尺寸、相邻曲柄夹角等有关，可按下式计算：

$$\beta = 0.125 \frac{L}{\alpha_z R} \qquad (4-112)$$

式中　L——连杆长度；
　　　R——曲柄半径。

$$\alpha_z = \frac{1}{Z} \sum_{i=1}^{Z} \alpha_i \qquad (4-113)$$

式中　Z——柴油机缸数。

$$\alpha_i = \frac{1}{4}\left(\cos^2 \frac{\alpha_{i-1,i}}{2} + \cos^2 \frac{\alpha_{i,i+1}}{2}\right) \qquad (4-114)$$

式中　$\alpha_{i-1,i}, \alpha_{i,i+1}$——第 i 个曲柄销与第 i 个曲柄间夹角。

假设作用在曲柄销上的连杆径向推力转换为等效轴向推力时不发生相应的变化，对应于每一个简谐径向力，得到一个相应的等效简谐轴向力。

2）柴油机等效轴向激振力做功

设第 i 缸单位曲柄左右主轴颈上集总质量的纵向位移 u_i，u_{i+1} 分别为

$$\begin{cases} u_i = A_i \sin\omega_a t \\ u_{i+1} = A_{i+1} \sin\omega_a t \end{cases} \qquad (4-115)$$

第 v 次等效轴向力 P_{av} 在一个循环内所做的功为

$$W_{vi} = \int_0^{2\pi} P_{av}\sin(v\omega t + \varepsilon_{vi})du_{i+1} - \int_0^{2\pi} P_{av}\sin(v\omega t + \varepsilon_{vi})du_i$$
$$= \prod P_{av}A_{i+1}\sin\varepsilon_{vi} - \prod P_{av}A_i\sin\varepsilon_{vi} = \prod P_{av}(\Delta A_i)\sin\varepsilon_{vi} \qquad (4-116)$$

式中：$\Delta A_i = A_{i-1} - A_i$ 为第 i 缸单位曲柄左右两个集总质量的纵振位移幅值差。

对于多缸柴油机，假定各缸的 v 次径向力都有完全相同的变化规律，但彼此相差一固定相位角（等于各缸发火间隔角的 v 倍），则柴油机各缸的 v 次等效轴向力对系统作的总功为

$$W_v = \prod P_{av}(\Delta A_1)\sin\varepsilon_{v_1} + \prod P_{av}(\Delta A_2)\sin\varepsilon_{v_2} + \cdots + \prod P_{av}(\Delta A_3)\sin\varepsilon_{v_z}$$
$$= \prod P_{av} \sum_{i=1}^{Z} (\Delta A_i)\sin\varepsilon_{vi} \qquad (4-117)$$

如果系统各质量纵振位移幅值按自由振动模型分布，则

$$\Delta A_i = A_{i-1} - A_i = A_1(\alpha_{i+1} - \alpha_i) = A_1 \cdot \Delta\alpha_i \qquad (4-118)$$

$$W_v = \prod P_{av}A_1 \sum_{i=1}^{Z} (\Delta\alpha_i)\sin\varepsilon_{vi} \qquad (4-119)$$

式中：$\Delta\alpha_i = (\alpha_{i+1} - \alpha_i)$ 为第 i 缸单位曲柄左右两个质量及总质量的纵向相对振幅差，由自由振动振型求得。

$\sum_{i=1}^{Z}(\Delta\alpha_i)\sin\varepsilon_{vi}$ 是一组具有不同相位的矢量在水平方向的投影和,它等于该组矢量和在水平方向的投影,即

$$\sum_{i=1}^{Z}(\Delta\alpha_i)\sin\varepsilon_{vi} = \left(\sum_{i=1}^{Z}\Delta\vec{\alpha_i}\right)\sin\varepsilon_v \qquad (4-120)$$

式中:$\Delta\vec{\alpha_i}$ 为相对振幅矢量和。于是

$$W_v = \prod P_{av}A_1\left(\sum_{i=1}^{Z}\Delta\vec{\alpha_i}\right)\sin\varepsilon_v \qquad (4-121)$$

共振时,$\varepsilon_p = \pi/2$,式(4-121)变为

$$W_v = \prod P_{av}A_1\left(\sum_{i=1}^{Z}\Delta\vec{\alpha_i}\right) \qquad (4-122)$$

相对振幅差矢量和的解析计算式为

$$\sum_{i=1}^{Z}\Delta\vec{\alpha_i} = \sqrt{\left(\sum_{i=1}^{Z}\Delta\alpha_i\sin v\xi_{1,i}\right)^2 + \left(\sum_{i=1}^{Z}\Delta\alpha_i\cos v\xi_{1,i}\right)^2} \qquad (4-123)$$

式中 v——简谐次数;

$\xi_{1,i}$——第 i 缸与第 1 缸的发火间隔角。

2. 螺旋桨激振力

螺旋桨运转式时受到的流体轴向推力将直接激起轴系纵向振动。设螺旋桨的纵向位移 $u_p = A_p\sin\omega_a t$,螺旋桨激振力 $F_{xv}\sin(v\omega t + \varepsilon_p)$,其频率 $v\omega = kZ_p\omega(k=1,2,\cdots)$ 为叶频及其倍数。当 $\omega_a = kZ_p\omega$ 时,螺旋桨激振力在一个循环中所做的功为

$$W_p = \prod F_{xv}A_p\sin\varepsilon_p \qquad (4-124)$$

共振时 $\varepsilon_p = \pi/2$,式(4-124)变为

$$W_p = \prod F_{xv}A_p \qquad (4-125)$$

3. 轴向阻尼力

1) 轴承阻尼

轴承阻尼为流体黏性阻尼,一般可按式(4-126)计算轴承黏性阻尼系数 C_b,即

$$C_b = 2\xi_b\omega_n m \qquad (4-126)$$

式中 ω_n——固有振动频率;

m——轴承位置处的集总质量;

$\xi_b = 0.030 \sim 0.085$,在不考虑螺旋桨阻尼和轴段阻尼时,取上限值;如考虑这些阻尼时,则取下限值。

推力轴承的情况要复杂得多,Schwanecke H. 的实验与观察表明,在非共振工况下,阻尼系数与轴的角速度呈线性关系;在共振时,当纵振位移超过一定幅值后,推力轴承阻尼及推力轴承油膜刚度将急剧下降,表现了强烈的非线性现象。Schwanecke H. 将推力轴承阻尼系数 C_{th} 用轴承的基本参数表示如下:

$$C_{th} = S_{th}b_{th}^2\eta D_0/h_0^3(\text{Ns/m}) \qquad (4-127)$$

式中 S_{th}——推力块的有效面积(m²);

b_{th}——推力块的有效宽度(m);

η——滑油动力黏度(Ns/m);

h_0——最小油膜厚度,即在平均推力作用下按规范应保持的厚度(m);

D_0——油膜动态挤压承载能力数,一般需由实验求得。

在一个振动循环中,第 i 个轴承所消耗的功为

$$W_{bci} = \int C_{bi}\dot{u}_i^2 \mathrm{d}t = \pi C_{bi}\omega A_i^2 \qquad (4-128)$$

2) 螺旋桨阻尼

螺旋桨阻尼系数 C_p 可按式 (4-129) 计算:

$$C_p = \frac{1}{2\pi} \frac{\omega}{v} H_p D_p^2 \frac{\mathrm{d}C_t}{\mathrm{d}S} \quad (\mathrm{Ns/m}) \qquad (4-129)$$

式中 v——简谐次数;

H_p——螺旋桨螺距;

D_p——螺旋桨直径;

C_t——推力系数;

S——实际滑脱。

$\mathrm{d}C_t/\mathrm{d}S$ 可根据螺旋桨盘面比 A_p/A、螺距比 H_p/D_p 得到(由图 4-17 查得)。该曲线原适用于实际滑脱为 0.15~0.35 的三至五叶 Troost 系列螺旋桨,目前应用范围已扩大到六叶螺旋桨。考虑到单位换算,有图读取的 $\mathrm{d}C_t/\mathrm{d}S$ 数值应乘以 5.155×10^2。

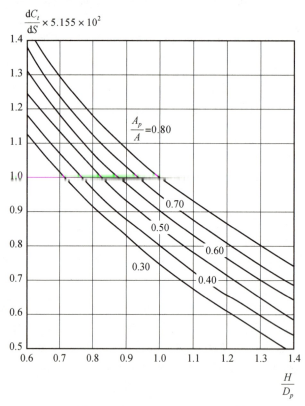

图 4-17　$\dfrac{\mathrm{d}C_t}{\mathrm{d}S}$ 与螺旋桨盘面比 $\dfrac{A_p}{A}$、螺距比 $\dfrac{H_p}{D_p}$ 的关系

Schwanecke H. 给出的螺旋桨阻尼系数 C_p 的公式为

$$C_p = 0.063\pi\rho D_p^3 \omega \frac{A_p}{A} \text{ (Ns/m)} \tag{4-130}$$

式中 ρ——水的密度；
D_p——螺旋桨直径；
ω——螺旋桨旋转角速度；
A_p/A——螺旋桨盘面比。

式（4-130）是把螺旋桨作为一个刚体并考虑三维修正而得到的，没有考虑个别叶片的振动效应。

螺旋桨阻尼力在一个振动循环所消耗的功为

$$W_{pc} = \int C_p \dot{u}_p^2 dt = \pi C_p \omega A_p^2 \tag{4-131}$$

式中：A_p 为螺旋桨处纵振位移幅值（m）。

3）材料滞后阻尼

轴段纵振时，单位体积材料在一个振动循环中的滞后阻尼功为

$$W_{sc} = 0.7248 \times 10^{-13} \sigma_\alpha^2 \tag{4-132}$$

式中：σ_α 为纵振时轴段的交变拉压应力，在受迫振动响应计算时，这是一个未知数，但可表达为

$$\sigma_\alpha = \frac{F}{\frac{\pi}{4}D^2}$$

式中 F——轴段纵振时的弹性力；
A——轴段的直径。

这样，飞轮后的轴段在一个振动循环中所消耗的滞后阻尼为

$$W_{sc} = 0.7248 \times 10^{-13} \sum \left[\left(\frac{F_i}{\frac{\pi}{4}D_i^2} \right)^2 \frac{\pi}{4} D_i^2 L_i \right] = 0.7248 \times 10^{-13} \pi \sum C_{asi} A_1^2 F_{ki}^2 \text{ (Nm)} \tag{4-133}$$

式中：L_i、D_i 分别为轴段的长度和直径。

单位曲柄滞后阻尼功 w_{cc}，可按曲柄销、主轴颈、曲臂分开计算，即

$$w_{cc} = 0.7248 \times 10^{-13} (V_p \sigma_p^2 + V_j \sigma_j^2 + V_w \sigma_w^2) \text{ (Nm)} \tag{4-134}$$

式中：V_p、V_j、V_w 分别为曲柄销、主轴颈、曲臂参与振动的体积；σ_p、σ_j、σ_w 分别为曲柄销、主轴颈、曲臂的纵向应力。

根据我国船舶柴油机推进轴系纵向振动计算标准，曲轴各部分参振体积与应力按下列公式计算。

（1）曲柄销：

$$\sigma_p = \frac{F_i}{\frac{\pi}{4}D_{pc}^2} + \frac{F_i R}{\frac{\pi}{32}D_{pc}^3} = \frac{\pi}{4} \frac{F_i}{D_{pc}^3}(D_{pc} + R) \tag{4-135}$$

$$V_p = \frac{\pi}{4} D_{pc}^2 L_p \tag{4-136}$$

（2）主轴颈：

$$\sigma_j = \frac{\pi F_i}{4D_j^2} \quad (4-137)$$

$$V_j = \frac{\pi}{4}D_{pc}^2 L_j \quad (4-138)$$

（3）曲臂：

$$\sigma_w = \frac{6F_i R}{Bh^2} \quad (4-139)$$

$$V_j = 2RBh \quad (4-140)$$

式中：D_{pc}、D_j 分别为曲柄销、主轴颈的直径；L_p、L_j 分别为曲柄销、主轴颈的长度；R 曲柄的半径；B、h 分别为曲臂的宽度和厚度；F_i 纵振时的弹性力。

将式（4-135）~式（4-140）代入式（4-134），经整理后得

$$w_{cc} = 0.7248 \times 10^{-13}(C_{ap} + C_{aj} + C_{aw})F_i^2 \,(\text{Nm}) \quad (4-141)$$

式中：$C_{ap} = 0.405 \dfrac{L_p}{D_{pc}^4}(D_{pc} + 8R)^2$；$C_{aj} = 0.405 \dfrac{L_j}{D_j^2}$；$C_{aw} = 22.918 \dfrac{R^3}{Bh^3}$。

曲轴总滞后阻尼功为

$$W_{cc} = 0.7248 \times 10^{-13}\pi(C_{ap} + C_{aj} + C_{aw})\sum_{i=1}^{Z} A_1^2 F_{ki}^2 \,(\text{Nm}) \quad (4-142)$$

4. 受迫振动响应的近似计算

假设系统在共振区振动时的振型与该固有频率下系统的无阻尼自由振动振型相同。所有纵振位移幅值 A_i 都可以表示为系统第一质量的振动幅值 A_1 与该质量自由振动相对振幅 α_i 的乘积。有关轴段的弹性力也可以表示为第一质量振动幅值 A_1 与单位位移弹性力 $\sum m_i \omega^2 \alpha_i$ 之乘积。

1）能量法

能量法基于能量平衡原则，即激振力输入系统的能量全被系统阻尼所消耗。如果螺旋桨激振力与柴油机激振力简谐次数相同，计算激振力输入系统的能量时，常忽略它们之间的相位差。因此，能量平衡方程式为

$$W_v + W_p = W_{pc} + W_{bc} + W_{sc} + W_{cc} \quad (4-143)$$

式中：左边为激振力输入系统的能量，含未知量 A_1 因子。右边为阻尼消耗的能量，含待定未知量 A_1 因子，经整理后得到系统第一质量的纵振位移幅值。

$$A_1 = \frac{P_{av}\sum \Delta\alpha + \overrightarrow{F_{xv}}\alpha_p}{\omega_n\left[C_p\alpha_p^2 + \sum C_{bi}\alpha_i^2 + \sum C_s\right] + 0.7248 \times 10^{-13}\left[(C_{ap} + C_{aj} + C_{aw})\sum_{i=1}^{Z} F_{ki}^2 + \sum C_{si}F_{ki}^2\right]}$$

$$(4-144)$$

对于齿轮传动装置推进轴系，大齿轮-螺旋桨系统中只有螺旋桨的激振力，这时大齿轮纵振位移幅值可按能量平衡方程式求得，即

$$A_1 = \frac{\overrightarrow{F_{xv}}\alpha_p}{\omega_n[C_p\alpha_p^2 + \sum C_{bi}\alpha_i^2] + 0.7248 \times 10^{-13}\sum C_{si}F_{ki}^2} \quad (4-145)$$

2）放大系数法

共振时系统第一质量出的纵振位移幅值为

$$A_1 = QA_{1st} \tag{4-146}$$

式中　Q——系统总放大系数；

　　　A_{1st}——系统第一质量的平衡振幅。

纵振中的平衡振幅概念与扭振中的平衡振幅概念相似。系统在一组大小相等的纵向静力作用下，各质量产生纵向位移，并设各质量的位移大小按自由振动振型规律分布，静力输入系统的能量为

$$\frac{1}{2}\sum P_{vi}\Delta A_i = \frac{1}{2}A_{1st}\sum P_{vi}\Delta\boldsymbol{\alpha} \tag{4-147}$$

全部变为系统弹性元件的变形能，当突然去掉所有静力后，系统将作自由振动，如忽略阻尼作用，自由振动的最大动能为

$$\frac{1}{2}\sum m_n\omega_n^2 A_i^2 = \frac{1}{2}\omega_n^2 A_{1st}^2 \sum m_i\alpha_i^2 \tag{4-148}$$

应等于静力输入系统的能量，即

$$\frac{1}{2}\beta N_v A_{1st}\sum\Delta\boldsymbol{\alpha} = \frac{1}{2}\omega_n^2 A_{1st}^2 \sum m_i\alpha_i^2 \tag{4-149}$$

可得第一质量的平衡振幅为

$$A_{1st} = \frac{\beta N_v \sum\Delta\boldsymbol{\alpha}}{\omega_n^2 \sum m_i\alpha_i^2} \tag{4-150}$$

如考虑螺旋桨激振力的影响，且忽略它与柴油机激振力间的相位差时，则

$$A_{1st} = \frac{\beta N_v \sum\Delta\boldsymbol{\alpha} + F_{xv}\alpha_p}{\omega_n^2 \sum m_i\alpha_i^2} \tag{4-151}$$

式中　β——转换系数；

　　　N——作用在曲柄销上的 v 次径向力幅值（N）；

　　　$\sum\Delta\boldsymbol{\alpha}$——相对振幅差矢量和；

　　　F_{xv}——螺旋桨的 v 次推力幅值（N）；

　　　α_p——螺旋桨处相对振幅；

　　　ω_n——与 v 次激振力共振的固有频率；

　　　m_i——系统第 i 质量（kg）；

　　　α_i——第 i 质量处的相对振幅。

3）非共振计算

在共振区范围内，第一质量的非共振位移幅值为

$$A_1 = \frac{A_{1st}}{\sqrt{\left[1-\left(\dfrac{n}{n_c}\right)^2\right]^2 + \dfrac{1}{Q^2}\left(\dfrac{n}{n_c}\right)^2}} \tag{4-152}$$

式中　A_{1st}——第一质量平衡振幅；

　　　n、n_c 分别为计算工况转速和共振转速；

　　　Q——共振时系统总放大系数。

其他质量处的非共振振幅可按自由振动振型确定。

4）纵振应力计算

系统中曲轴主轴颈、中间轴、艉轴和螺旋桨轴的纵振应力可按 Holzer 表中应力标尺 $[\sigma_i]$ 和第一质量振动位移幅值 A_1，由下式求得

$$\sigma_i = A_1 [\sigma_i] \tag{4-153}$$

柴油机曲轴曲柄销除受轴向力的拉压作用外，还受到轴向力所产生的弯矩作用，该弯矩 M_{pi} 可按下式计算：

$$M_{pi} = F_i R \tag{4-154}$$

式中　F_i——轴段弹性力；
　　　R——曲柄半径。

曲柄销上名义纵振应力为

$$\sigma_{pi} = \frac{F_i}{\frac{\pi}{4}(D_{pc}^2 - d_{pc}^2)} + \frac{F_i R}{\frac{\pi}{32}(D_{pc}^3 - d_{pc}^3)} \tag{4-155}$$

式中：D_{pc}、d_{pc} 分别为曲柄销外径和内径。

曲轴曲臂在纵振中受到的弯矩为

$$M_{wi} = F_i \left(R - \frac{1}{2}D_{pc}\right) \tag{4-156}$$

曲臂的名义纵振应力为

$$\sigma_{wi} = \frac{F_i \left(R - \frac{1}{2}D_{pc}\right)}{\frac{1}{6}Bh} \tag{4-157}$$

式中：B、h 分别为曲臂 $R/2$ 处的宽度和厚度。

5）一缸熄火对纵振的影响

由于熄火气缸的气体径向简谐力的相位角发生变化，因而不能按常规同相位来计算。但为了计算方便，仍假定各缸各简谐次数的径向简谐力相位角相同，只不过熄火气缸的激励力减小。

一缸熄火时简谐力所作的功 W_{emis} 为

$$W_{emis} = \pi \beta A_{a1} (P_{rmis} \Delta \alpha_1 \sin \psi_1 + \cdots + P_{ro} \Delta \alpha_k \sin \psi_k + \cdots) \frac{\pi}{4} D^2 \tag{4-158}$$

由于 P_{rmis} 和 P_{ro} 不同，可进一步整理得

$$W_{emis} = \pi \beta A_{a1} \frac{\pi}{4} D^2 P_{rmis} \left(\frac{P_{rmis}}{P_{rmis}} \Delta \alpha_1 \sin \psi_1 + \cdots + \frac{P_{ro}}{P_{rmis}} \Delta \alpha_k \sin \psi_k + \cdots\right)$$

$$= \pi \beta A_{a1} \frac{\pi}{4} D^2 P_{rmis} (C_1 \Delta \alpha_1 \sin \psi_1 + \cdots + C_k \Delta \alpha_k \sin \psi_k + \cdots) \tag{4-159}$$

式中：$\sum \Delta \boldsymbol{\alpha}_{mis}$ 称为一缸熄火的相对振幅差矢量和，可按下式计算，即

$$\sum \Delta \boldsymbol{\alpha}_{mis} = \sqrt{\left(\sum_{k=1}^{z} \Delta \alpha_k C_k \sin v \xi_{1k}\right)^2 + \left(\sum_{k=1}^{z} \Delta \alpha_k C_k \cos v \xi_{1k}\right)^2} \tag{4-160}$$

式中：ξ_{1k} 发火间隔角；C_k 系数，对熄火的气缸 $C_k = P_{ro}/P_{rmis}$，对其他气缸 $C_k = 1$。

一缸熄火时，由于整个轴系的运动件不变，故轴系的纵振固有频率不变，即共振转速不变，则第1质量的纵振振幅 A_{a1mis} 为

$$A_{a1mis} = \frac{1}{C_d}\sqrt{\left(\frac{\pi}{4}D^2\beta P_{rmis}\sum\Delta\boldsymbol{\alpha}_{mis}\right)^2 + \left[\rho_p T_0\left(\frac{n_c}{n_e}\right)^2\alpha_{ap}\right]^2 +}$$

$$\overline{2\left(\frac{\pi}{4}D^2\beta P_{rmis}\sum\Delta\boldsymbol{\alpha}_{mis}\right)\left[\rho_p T_0\left(\frac{n_c}{n_e}\right)^2\alpha_{ap}\right]\cos\varphi} \quad (4-161)$$

如果螺旋桨叶频次简谐次数与气体力简谐次数不同时，$\rho_p = 0$，则得

$$\begin{cases} \dfrac{A_{a1mis}}{A_{a1}} = \dfrac{P_{rmis}\sum\Delta\boldsymbol{\alpha}_{mis}}{P_r\sum\Delta\boldsymbol{\alpha}_k} \\ A_{a1mis} = \dfrac{P_{rmis}\sum\Delta\boldsymbol{\alpha}_{mis}}{P_r\sum\Delta\boldsymbol{\alpha}_k}A_{a1} \end{cases} \quad (4-162)$$

4.4.4 轴系纵振的预防措施

1. 减小激励力

产生轴系纵振的激励力有四种：柴油机轴向激振力、螺旋桨激振力、轴承阻尼力、螺旋桨阻尼力。根据纵振共振计算或实测结果，可分析出产生纵振的主要激励源，进而可采取相应的措施。

（1）改变发火顺序。柴油机主简谐的相对振幅差矢量和最大，副简谐一般比较小。如果纵振是由较强烈的副简谐产生的，那么可以改变发火顺序，即可使发火间隔角变化，从而使激励力减小。另外，由于发火顺序的变化，也将影响曲轴的刚度值，因而对系统的固有振动频率也产生一定的影响。对于主简谐，改变发火顺序是不能解决问题的，应采取加装纵振减振器的措施。纵振减振器可装在曲轴自由端，也可设在推力轴承处。

（2）改变螺旋桨安装角度。改变螺旋桨安装角度，使柴油机气体径向简谐力与螺旋桨简谐力方向相反。

（3）减小耦合振动。对于因扭振产生的轴向变形而引起的纵振，安装纵振减振器是没有效果的，应安装扭减振器，由减小扭振振幅而达到减小纵振振幅的目的，或采取使扭振频率与纵振频率尽量远离的措施。

2. 调频

调频的目的是改变轴系的纵振固有振动频率，而把危险的共振转速移开。

（1）安装调频器。图 4-18 所示的调频器是通过其活塞、滚动轴承与主机曲轴自由端相连接，调频器的液压缸固定在主机机架的横梁上。这样使曲轴的纵向运动受到约束，从而提高轴系的纵振固有振动频率，把危险的共振转速移到额定转速以上。

（2）改变推力轴承刚度。推力轴承刚度值在一定范围内对纵振频率影响较大，适当增强或减弱推力轴承底座的刚性，也可达到避振的目的。但对推力轴承底座要求较高，一般情况下很少采用。

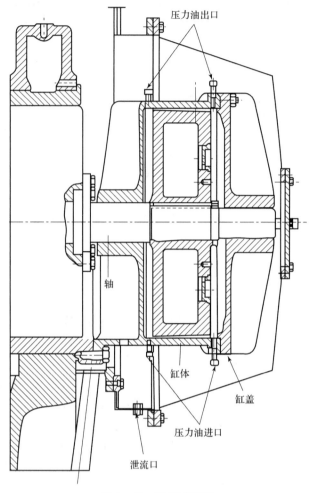

图 4-18 纵振减振器

(3) 改变螺旋桨叶片数。对于由螺旋桨叶频次产生的纵振，改变螺旋桨的叶片数可达到避振的目的。

(4) 改变轴系的刚度。改变轴的长度或直径，可提高或降低轴系的纵振固有振动频率，从而可把危险的共振转速移开。轴系结构尺寸改变对纵振固有振动频率影响程度，随装置情况、振动形式以及振型曲线的变化程度而不同。

(5) 轴系中安装附加质量。在轴系中纵振相对振幅较大处安装一个附加质量，不仅可降低整个轴系的固有振动频率值，还可以改变纵振振型曲线，从而达到避振和减振的目的。附加质量的大小根据需要由理论计算确定。

4.5 轴系回旋振动的计算

随着船舶大型化的发展，一些大型、超大型油轮和散装船为了获得较高的推进效率，常倾向于采用多推进轴系。这样除了在船体横截面中心线上的轴系外，其余的轴系必然有较长的部分远离船体伸入水中，船体外的这部分轴段由舷外的托架支撑，它们的刚度一般要比船体内的支撑刚度低。此外，基于结构上的原因，这类轴系最后两相邻轴承之间的距离较长，都导致轴系回旋振动固有频率的降低。另外，这类船舶的螺旋桨有 5 或 6 个桨叶，其转速也较高，就导致作用在螺旋桨上流体力的频率有可能接近于回旋振动频率，使轴系有可能产生共振的可能性。即使没有出现共振，在大功率船舶中，由于螺旋桨的激振力增加，也有可能使回旋振动响应大到不可忽略的程度。

4.5.1 轴系回旋振动的激振力

船舶推进轴系回旋振动的激振力，来自以下 3 个方面。

1. 旋转质量的不平衡离心力

不平衡离心力具有与转轴相同的旋转角速度和旋转方向。当轴系的一次正回旋固有频率和转速相等时，将出现一次共振，其后果相当的严重。

一般商用海船，螺旋桨转速大致在 100～200r/min，而推进轴系一次回旋振动固有频率，通常总在 500～600r/min，远远高于轴频。因此，除特种船舶外，一般不会发生由不平衡离心力引起的共振问题。

2. 作用在螺旋桨上的流体激振力

作用在螺旋桨上的流体激振力的频率为叶频及其倍频，当轴系频率与之相等时，将出现叶片次共振，这是产生事故的原因。

3. 螺旋桨偏心质量引起的激振力

螺旋桨偏心质量引起的激振力的频率为轴频的 2 倍，说明如下：

设轴系无振动，螺旋桨几何中心与旋转中心 O 重合，螺旋桨的偏心距为 ε，旋转时螺旋桨重心 G 的轨迹为半径是 ε 的圆，如图 4 – 19 所示。螺旋桨重量 mg 对旋转中心 O 形成一个交变力矩 $mg\varepsilon\sin\omega t$，该力矩使螺旋桨产生角加速度 a_θ，如忽略转轴的转动惯量，则

$$a_\theta = \frac{mg\varepsilon\sin\omega t}{mr^2} \tag{4-163}$$

式中：r 为螺旋桨惯性半径。

G 点处的切线加速度为

$$a = \frac{mg\varepsilon^2\sin\omega t}{mr^2} \tag{4-164}$$

这相当于在 G 点作用有一切向力 f_t，即

$$f_t = \frac{mg\varepsilon^2\sin\omega t}{r^2} \tag{4-165}$$

设切向力的垂直分量为

$$f_v = \left(\frac{mg\varepsilon^2\sin\omega t}{r^2}\right)\sin\omega t = \frac{mg\varepsilon^2}{r^2}(1 - \cos 2\omega t) \tag{4-166}$$

其直流分量 $mg\varepsilon^2/r^2$ 使螺旋桨挠度增加，交变分量 $mg\varepsilon^2\cos 2\omega t/r^2$ 就是频率等于两倍轴频的激振力。

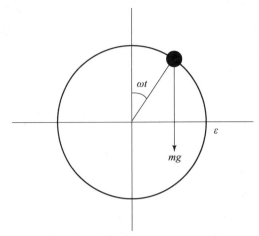

图 4-19 螺旋桨偏心重力引起的二次激振力

一般有偏心重力引起的二次激振力不大，只有当发生桨叶脱落等大的事故，偏心急剧增加时，才具有实际的意义。

4.5.2 轴系回旋振动的计算方法

轴系回旋振动计算方法主要有影响系数法、经验公式法及传递矩阵法等。

1. 影响系数法（表 4-11）

表 4-11 简单轴系的影响系数

序号	轴系	δ_w	ϕ_w, δ_m	ϕ_m
1		$\dfrac{l_1^3}{3EI_1}+\dfrac{l_1^2 l_2}{4EI_2}$	$\dfrac{l_1^2}{2EI_1}+\dfrac{l_1 l_2}{4EI_2}$	$\dfrac{l_1}{EI_2}+\dfrac{l_2}{4EI_2}$
2		$\dfrac{l_1^3}{3EI_1}+\dfrac{l_1^2 l_2}{3EI_2}$	$\dfrac{l_1^2}{2EI_1}+\dfrac{l_1 l_2}{3EI_2}$	$\dfrac{l_1}{EI_2}+\dfrac{l_2}{3EI_2}$
3		$\dfrac{l_1^3}{3EI_1}+\dfrac{l_1^2 l_2}{4EI_2}(1+C_\alpha)$ $C_\alpha=\dfrac{3\varepsilon}{1+\varepsilon}\left(1+\dfrac{2l_2}{3l_1}\right)$	$\dfrac{l_1^2}{2EI_1}+\dfrac{l_1 l_2}{4EI_2}(1+C_\beta)$ $C_\beta=\dfrac{3\varepsilon}{1+\varepsilon}\left(1+\dfrac{2l_2}{3l_1}\right)$	$\dfrac{l_1}{EI_2}+\dfrac{l_2}{3EI_2}(1+C_\gamma)$ $C_\gamma=\dfrac{3\varepsilon}{1+\varepsilon}$
4		$\dfrac{l_1^3}{3EI_1}+\dfrac{l_1^2 l_2}{3EI_2}(1+C_\alpha)$ $C_\alpha=\varepsilon\left(1+\dfrac{l_2}{l_1}\right)^2$	$\dfrac{l_1^2}{2EI_1}+\dfrac{l_1 l_2}{3EI_2}(1+C_\beta)$ $C_\beta=\varepsilon\left(1+\dfrac{l_2}{l_1}\right)$	$\dfrac{l_1}{EI_2}+\dfrac{l_2}{3EI_2}(1+C_\gamma)$ $C_\gamma=\varepsilon$

续表

序号	轴系	δ_w	ϕ_w, δ_m	ϕ_m
5		$\dfrac{l_1^3}{3EI_1}+\dfrac{l_1^2 l_2}{4EI_1}(1+C_\alpha)$ $C_\alpha=\dfrac{\sigma}{4+3\sigma}$	$\dfrac{l_1^2}{2EI_1}+\dfrac{l_1 l_2}{4EI_1}(1+C_\beta)$ $C_\beta=\dfrac{\sigma}{4+3\sigma}$	$\dfrac{l_1}{EI_2}+\dfrac{l_2}{4EI_2}(1+C_\gamma)$ $C_\gamma=\dfrac{\sigma}{4+3\sigma}$
6		$\dfrac{l_1^3}{3EI_1}+\dfrac{l_1^2 l_2}{4EI_1}(1+C_\alpha)$	$\dfrac{l_1^2}{2EI_1}+\dfrac{l_1 l_2}{4EI_1}(1+C_\beta)$	$\dfrac{l_1}{EI_2}+\dfrac{l_2}{4EI_2}(1+C_\gamma)$
		$C_\alpha=\dfrac{\sigma}{4+3\sigma+4\varepsilon}+\dfrac{12\varepsilon}{4+3\sigma+4\varepsilon}\left\{\left(1+\dfrac{2l_2}{3l_1}\right)^2+\dfrac{\sigma}{3}\left(1+\dfrac{l_2}{l_1}\right)^2\right\}$		
		$C_\beta=\dfrac{\sigma}{4+3\sigma+4\varepsilon}+\dfrac{12\varepsilon}{4+3\sigma+4\varepsilon}\left\{\left(1+\dfrac{2l_2}{3l_1}\right)+\dfrac{\sigma}{3}\left(1+\dfrac{l_2}{l_1}\right)\right\}$		
		$C_\gamma=\dfrac{\sigma}{4+3\sigma+4\varepsilon}+\dfrac{12\varepsilon}{4+3\sigma+4\varepsilon}\left(1+\dfrac{\sigma}{3}\right)$		
7		$\dfrac{l_1^3}{3EI_1}+\dfrac{l_1^2 l_2}{4EI_2}(1+C_\alpha)$	$\dfrac{l_1^2}{2EI_1}+\dfrac{l_1 l_2}{4EI_2}(1+C_\beta)$	$\dfrac{l_1}{EI_2}+\dfrac{l_2}{4EI_2}(1+C_\gamma)$
		$C_\alpha=\dfrac{\sigma}{4+3\sigma+4\varepsilon}+\dfrac{12\varepsilon}{4+3\sigma+4\varepsilon}\left\{\left(1+\dfrac{2l_2}{3l_1}\right)^2+\dfrac{\sigma}{3}\left(1+\dfrac{l_2}{l_1}\right)^2\right\}$		
		$C_\beta=\dfrac{\sigma}{4+3\sigma+4\varepsilon}+\dfrac{12\varepsilon}{4+3\sigma+4\varepsilon}\left\{\left(1+\dfrac{2l_2}{3l_1}\right)+\dfrac{\sigma}{3}\left(1+\dfrac{l_2}{l_1}\right)\right\}$		
		$C_\gamma=\dfrac{\sigma}{4+3\sigma+4\varepsilon}+\dfrac{12\varepsilon}{4+3\sigma+4\varepsilon}\left(1+\dfrac{\sigma}{3}\right)$		
8		$\dfrac{l_1^3}{3EI_1}+\dfrac{l_1^2 l_2}{4EI_2}(1+C_\alpha)$	$\dfrac{l_1^2}{2EI_1}+\dfrac{l_1 l_2}{4EI_2}(1+C_\beta)$	$\dfrac{l_1}{EI_2}+\dfrac{l_2}{4EI_2}(1+C_\gamma)$
		$C_\alpha=\dfrac{\sigma}{3(1+\sigma+\varepsilon)}+\dfrac{3\varepsilon}{1+\sigma+\varepsilon}\left\{\left(1+\dfrac{2l_2}{3l_1}\right)^2+\dfrac{4\sigma}{9}\left(1+\dfrac{l_2}{l_1}\right)^2\right\}$		
		$C_\beta=\dfrac{\sigma}{3(1+\sigma+\varepsilon)}+\dfrac{3\varepsilon}{1+\sigma+\varepsilon}\left\{\left(1+\dfrac{2l_2}{3l_1}\right)+\dfrac{4\sigma}{9}\left(1+\dfrac{l_2}{l_1}\right)\right\}$		
		$C_\gamma=\dfrac{\sigma}{3(1+\sigma+\varepsilon)}+\dfrac{3\varepsilon}{1+\sigma+\varepsilon}\left(1+\dfrac{4\sigma}{9}\right)$		

注:l_1、l_2、l_3 为轴段长度;EI_1、EI_2、EI 为各轴段的弯曲刚度;K 为弹性支承刚度;$\sigma=\dfrac{EI_2 l_3}{EI_3 l_2}$,$\varepsilon=\dfrac{3EI_2}{l_2^3 K}$。

经典的影响系数法中假设轴系影响系数为 δ_w、δ_m、ϕ_w、ϕ_m。其中,δ_w、ϕ_w 螺旋桨处受到单位力作用时,其几何中心 O_p 处轴产生的挠度和转角;δ_m、ϕ_m 螺旋桨处受到单位力矩作用时,其几何中心 O_p 处轴产生的挠度和转角。当支承刚度各向不同时,上述影响系数在 y、z 方向各不相同,以下标 y、z 表示。根据 Maxwell 互等定理,$\phi_w=\delta_m$。表 4-11 给出了各种简单轴系的影响系数。

如图 4-20 所示,螺旋桨在 y、z 轴方向的惯性力 f_y、f_z 分别为

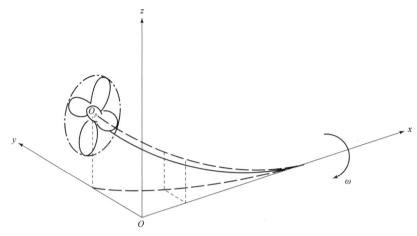

图 4-20 简单轴系的自由振动

$$\begin{cases} f_y = -m_p \ddot{y} \\ f_z = -m_p \ddot{z} \end{cases} \tag{4-167}$$

螺旋桨的惯性力矩为

$$\begin{cases} M_{gy} = -J_p \omega \dot{\theta}_z - J_d \ddot{\theta}_y \\ M_{gz} = J_p \omega \dot{\theta}_y - J_d \ddot{\theta}_z \end{cases} \tag{4-168}$$

式中：J_p 和 J_d 分别为螺旋桨圆盘的极转动惯量和径向转动惯量。

其几何中心 O_p 处轴的挠度 y、z 与转角 θ_y、θ_z 为

$$\begin{cases} y = \delta_{wy} f_y - \delta_{mz} M_{gz} \\ \theta_z = -\phi_{wy} f_y + \phi_{mz} M_{gz} \\ z = \delta_{wz} f_z + \delta_{my} M_{gy} \\ \theta_y = \phi_{wy} f_z + \phi_{my} M_{gy} \end{cases} \tag{4-169}$$

将式（4-167）、式（4-168）代入式（4-169），得

$$\begin{cases} y = -m_p \ddot{y} \delta_{wy} - J_p \omega \dot{\theta}_y \delta_{mz} + J_d \ddot{\theta}_z \delta_{mz} \\ \theta_z = m_p \ddot{y} \phi_{wy} + J_p \omega \dot{\theta}_y \phi_{mz} - J_d \ddot{\theta}_z \phi_{mz} \\ z = -m_p \ddot{z} \delta_{wz} - J_p \omega \dot{\theta}_z \delta_{my} - J_d \ddot{\theta}_y \delta_{my} \\ \theta_y = -m_p \ddot{z} \phi_{wz} - J_p \omega \dot{\theta}_z \phi_{my} - J_d \ddot{\theta}_y \phi_{my} \end{cases} \tag{4-170}$$

这就是螺旋桨推进轴系回旋自由振动方程式。

令方程的解为

$$\begin{cases} y = A_y \cos \omega_n t \\ \theta_z = \Theta_z \cos \omega_n t \\ z = A_z \sin \omega_n t \\ \theta_y = \Theta_y \sin \omega_n t \end{cases} \tag{4-171}$$

式中：A_y、Θ_z、A_z、Θ_y 为待定常数；ω_n 为回旋固有频率。

将式 (4-171) 代入式 (4-170), 可得

$$\begin{cases} (1 - m_p \omega_n^2 \delta_{wy}) A_y + J_d \omega_n^2 \delta_{mz} \Theta_z + J_p \omega \omega_n \delta_{mz} \Theta_y = 0 \\ m_p \omega_n^2 \phi_{wy} A_y + (1 - J_d \omega_n^2 \phi_{mz}) \Theta_z - J_p \omega \omega_n \phi_{mz} \Theta_y = 0 \\ -J_p \omega \omega_n \delta_{wy} \Theta_z + (1 - m_p \omega_n^2 \delta_{wz}) A_z - J_p \omega_n^2 \delta_{my} \Theta_y = 0 \\ -J_p \omega \omega_n \phi_{my} \Theta_z - m_p \omega_n^2 \phi_{wz} A_z + (1 - J_d \omega_n^2 \phi_{my}) \Theta_y = 0 \end{cases} \quad (4-172)$$

若使 A_y、Θ_z、A_z、Θ_y 等常数不恒为零, 则其系数行列式必为零, 由此可得回旋振动的频率方程式为

$$\begin{vmatrix} 1 - m_p \omega_n^2 \delta_{wy} & J_d \omega_n^2 \delta_{mz} & 0 & J_p \omega \omega_n \delta_{mz} \\ m_p \omega_n^2 \phi_{wy} & 1 - J_d \omega_n^2 \phi_{mz} & 0 & -J_p \omega \omega_n \phi_{mz} \\ 0 & -J_p \omega \omega_n \delta_{wy} & 1 - m_p \omega_n^2 \delta_{wz} & -J_p \omega_n^2 \delta_{my} \\ 0 & -J_p \omega \omega_n \phi_{my} & -m_p \omega_n^2 \phi_{wz} & 1 - J_d \omega_n^2 \phi_{my} \end{vmatrix} = 0 \quad (4-173)$$

这是 ω_n^2 的四次代数方程式。

频率方程式 (4-173) 表明, 固有频率 ω_n 与 m_p、J_p、J_d、ϕ_w、ϕ_m、δ_w、δ_m 及 ω 等参数有关。其中, 螺旋桨参数 m_p、J_p、J_d 及影响系数 ϕ_w、ϕ_m、δ_w、δ_m, 对一个具体轴系为常数, 只有轴系旋转角速度 ω 是变量。这说明对于不同的旋转角速度 ω, 轴系的固有频率是不同的。这是推进轴系回旋振动固有频率的重要特点, 造成这一现象的原因是螺旋桨的惯性力矩的大小随轴系旋转角速度而变化。

1) 支承刚度各向相同时

支承刚度各向相同时, y 向与 z 向的影响系数相等, 频率方程可简化为

$$\begin{vmatrix} 1 - m_p \omega_n^2 \delta_w & J_d \omega_n^2 \delta_m & 0 & J_p \omega \omega_n \delta_m \\ m_p \omega_n^2 \phi_w & 1 - J_d \omega_n^2 \phi_m & 0 & -J_p \omega \omega_n \phi_m \\ 0 & -J_p \omega \omega_n \delta_w & 1 - m_p \omega_n^2 \delta_w & -J_p \omega_n^2 \delta_m \\ 0 & -J_p \omega \omega_n \phi_m & -m_p \omega_n^2 \phi_w & 1 - J_d \omega_n^2 \phi_m \end{vmatrix} = 0 \quad (4-174)$$

式 (4-174) 左边行列式展开后, 经因式分解, 可得以下两个代数方程式, 即

$$m_p J_d (\delta_w \phi_m - \delta_m \phi_w) \omega_n^4 - m_p J_d (\delta_w \phi_m - \delta_m \phi_w) \omega \omega_n^3 - (\delta_w m_p + \phi_m J_d) \omega_n^2 + \phi_m J_p \omega \omega_n + 1 = 0 \quad (4-175)$$

$$m_p J_d (\delta_w \phi_m - \delta_m \phi_w) \omega_n^4 + m_p J_p (\delta_w \phi_m - \delta_m \phi_w) \omega \omega_n^3 - (\delta_w m_p + \phi_m J_d) \omega_n^2 - \phi_m J_p \omega \omega_n + 1 = 0 \quad (4-176)$$

对于一个具体的轴系, 在一定转速 ω 下, 由式 (4-175)、式 (4-176) 可以解得系统的四个固有频率。求得的正根为系统正回旋固有频率, 其负根为系统逆回旋固有频率。固有频率 ω_n 与旋转角速度 ω 的四根关系曲线如图 4-22 (a) 所示。可以看出, 四根曲线相对于原点是两两对称的。下面只讨论 ω 为正时的情况, 即总假定轴系的旋转角速度 ω 为正, 从船艉向艏端看, 轴系转向为顺时针。

为了使曲线图更紧凑些, 也为了能够更直观地了解各条曲线在数量上的关系, 实际常把图中 ω_n 为负值的两根曲线, 从横坐标下方翻到横坐标上方, 成为如图 4-21 (b) 所示的曲线。但应明白, 这两根曲线所对应的频率为负值, 这也就是说, 回旋的方向与角速度 ω 相反, 故为逆回旋。

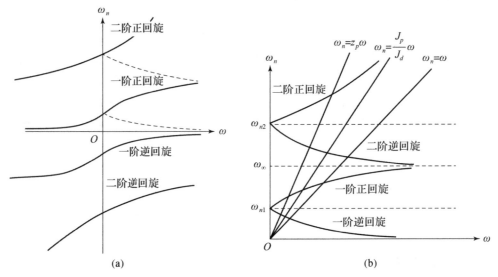

图 4-21 支承刚度各向相同时回旋振动固有频率曲线

下面进一步研究固有频率曲线的 3 个特征点。

（1）当 $\omega = 0$ 时，即轴不旋转时，由式（4-175）、式（4-176）可得两对固有频率，即

$$\Omega_{1,2}^2 = \frac{(\delta_w m_p + \phi_m J_d) \mp \sqrt{(\delta_w m_p + \phi_m J_d)^2 - 4 m_p J_d (\delta_w \phi_m - \delta_m \phi_w)}}{2 m_p J_d (\delta_w \phi_m - \delta_m \phi_w)} \quad (4-177)$$

每对固有频率在数值上相等，但方向相反。

（2）当 $\omega \to \infty$ 时，可得一对固有频率 $\pm \Omega_\infty$，即

$$\Omega_\infty^2 = \frac{\phi_m}{m_p (\delta_w \phi_m - \delta_m \phi_w)} \quad (4-178)$$

另一对固有频率为零。

（3）Ω_1、Ω_2、Ω_∞ 的大小关系为

$$\Omega_1 < \Omega_\infty < \Omega_2 \quad (4-179)$$

用式（4-175）表示的 ω_n 与 ω 的关系变换为用 Ω_1、Ω_2、Ω_∞ 表达，得

$$(\omega_n^2 - \Omega_1^2)(\omega_n^2 - \Omega_2^2) - \frac{J_p}{J_d} \omega \omega_n (\omega_n^2 - \Omega_\infty^2) = 0$$

$$\omega = \frac{J_d}{J_p} \frac{(\omega_n^2 - \Omega_1^2)(\omega_n^2 - \Omega_2^2)}{\omega_n (\omega_n^2 - \Omega_\infty^2)} \quad (4-180)$$

由图 4-21（b）可见，当 ω 由零逐渐上升时，原来两个在数值相等方向不同的固有频率便分为两个数值不等的两个固有频率，其中数值上大的为正回旋固有频率，较小的一个为逆回旋固有频率。当 ω 趋近无限大时，一阶正、逆回旋固有频率曲线分别趋近渐近线 $\omega_n = 0$ 与 $\omega_n = \Omega_\infty$，对于二阶正、逆回旋固有频率曲线分别趋于渐近线 $\Omega = \omega J_p / J_d$ 与 $\omega_n = \Omega_\infty$。

在实际工作中，并不需要计算运转转速范围内全部固有频率，这是因为只需要那些可能与激振力产生共振的固有频率。在推进轴系中，回旋振动激振力主要是流体作

用在螺旋桨上的轴承力和不平衡质量的离心力,这些激振力的频率是轴频、叶频及其倍频。因此只要计算等于轴频、叶频及其倍频等有限几个固有频率就够了。

这些固有频率在图 4-22 中就是频率曲线 $\omega_n = \omega$ 与 $\omega_n = kZ_p\omega(k=1,2,\cdots)$ 等直线的交点。当 $\omega/\omega_n > J_p/J_d$ 时,有四个交点,它们从小到大,依次对应于一阶逆回旋、一阶正回旋、二阶逆回旋、二阶正回旋的固有频率。

例如:当要求叶片次固有频率时,可把 $\omega = \omega_n/Z_p$ 的关系代入式(4-175)与式(4-176)中,得

$$(\delta_w\phi_m - \delta_m\phi_w)\left(m_pJ_d - \frac{1}{Z_p}m_pJ_p\right)\omega_n^4 - \left(\delta_wm_p + \phi_mJ_d - \frac{1}{Z_p}\phi_mJ_p\right)\omega_n^2 + 1 = 0 \quad (4-181)$$

$$(\delta_w\phi_m - \delta_m\phi_w)\left(m_pJ_d + \frac{1}{Z_p}m_pJ_p\right)\omega_n^4 - \left(\delta_wm_p + \phi_mJ_d + \frac{1}{Z_p}\phi_mJ_p\right)\omega_n^2 + 1 = 0 \quad (4-182)$$

由式(4-181)可得两个正回旋固有频率 ω_{f1}、ω_{f2},由式(4-182)可得两个逆回旋固有频率 ω_{b1}、ω_{b2},

$$\omega_{f1,f2}^2 = \frac{[\delta_wm_p + \phi_mJ_d(1-\beta)] \mp \sqrt{[\delta_wm_p + \phi_mJ_d(1-\beta)]^2 - 4m_pJ_d(1-\beta)(\delta_w\phi_m - \delta_m\phi_w)}}{2m_pJ_d(1-\beta)(\delta_w\phi_m - \delta_m\phi_w)}$$

(4-183)

$$\omega_{b1,b2}^2 = \frac{[\delta_wm_p + \phi_mJ_d(1+\beta)] \mp \sqrt{[\delta_wm_p + \phi_mJ_d(1+\beta)]^2 - 4m_pJ_d(1+\beta)(\delta_w\phi_m - \delta_m\phi_w)}}{2m_pJ_d(1+\beta)(\delta_w\phi_m - \delta_m\phi_w)}$$

(4-184)

式中:$\beta = J_p\omega/J_d\omega_n = j_0h$;$j_0 = J_p/J_d$ 为转动惯量比;$h = \omega/\omega_n$ 频率比,这里 $h = 1/Z_p$;ω_{f1}、ω_{f2}、ω_{b1}、ω_{b2} 只取正实根。

螺旋桨的极转动惯量 J_p 和径向转动惯量 J_d 之比,在不同阶次的回旋振动下变化不大(实际计算时认为 J_p/J_d 为常数),β 的大小主要取决于 ω/ω_n。如考虑的振动次数越高,h 就越小,β 也越小,由式(4-183)、式(4-184)得到的正、逆回旋频率的差别就越小。

2)支承刚度各向不相同时

当支承刚度各向不相同时,固有频率的分析方法和前相似,特征点频率如下:

(1)当 $\omega = 0$ 时,即轴不旋转时为

$$\Omega_{y1,y2}^2 = \frac{\delta_{wy}m_p + \phi_{mz}J_d \mp \sqrt{(\delta_{wy}m_p + \phi_{mz}J_d)^2 - 4m_pJ_d(\delta_{wy}\phi_{mz} - \delta_{mz}\phi_{wy})}}{2m_pJ_d(\delta_{wy}\phi_{mz} - \delta_{mz}\phi_{wy})}$$

$$\Omega_{z1,z2}^2 = \frac{\delta_{wz}m_p + \phi_{my}J_d \mp \sqrt{(\delta_{wz}m_p + \phi_{my}J_d)^2 - 4m_pJ_d(\delta_{wz}\phi_{my} - \delta_{my}\phi_{wz})}}{2m_pJ_d(\delta_{wz}\phi_{my} - \delta_{my}\phi_{wz})} \quad (4-185)$$

(2)当 $\omega \to \infty$ 时,即

$$\begin{cases} \Omega_{y\infty} = \dfrac{\phi_{mz}}{m_p(\delta_{wy}\phi_{mz} - \delta_{mz}\phi_{wy})} \\ \Omega_{z\infty} = \dfrac{\phi_{my}}{m_p(\delta_{wz}\phi_{my} - \delta_{my}\phi_{wz})} \end{cases} \quad (4-186)$$

以上各特征点频率均取正实根,它们的大小关系为

$$\begin{cases} \Omega_{y1} < \Omega_{y\infty} < \Omega_{y2} \\ \Omega_{z1} < \Omega_{z\infty} < \Omega_{z2} \end{cases} \tag{4-187}$$

将频率方程式 (4-174) 表达的 ω_n 与 ω 的关系式变换为解上述特征点频率表达，并令转速 ω 恒大于零，得

$$(\omega_n^2 - \Omega_{y1}^2)(\omega_n^2 - \Omega_{y2}^2)(\omega_n^2 - \Omega_{z1}^2)(\omega_n^2 - \Omega_{z2}^2) - \left(\frac{J_p}{J_d}\right)^2 \omega^2 \omega_n^2 (\omega_n^2 - \Omega_{y\infty}^2)(\omega_n^2 - \Omega_{z\infty}^2) = 0$$

或

$$\omega = \pm \frac{J_d}{J_p} \frac{1}{\omega_n} \sqrt{\frac{(\omega_n^2 - \Omega_{y1}^2)(\omega_n^2 - \Omega_{y2}^2)(\omega_n^2 - \Omega_{z1}^2)(\omega_n^2 - \Omega_{z2}^2)}{(\omega_n^2 - \Omega_{y\infty}^2)(\omega_n^2 - \Omega_{z\infty}^2)}} \tag{4-188}$$

式中：" $\pm$ " 分别对应 ω_n 为正值或负值。

如果垂直方向支承刚度大于水平方向支承刚度，但相差又不过大时，各特征点频率大小顺序约为 $\Omega_{y1} < \Omega_{z1} < \Omega_{y\infty} < \Omega_{z\infty} < \Omega_{y2} < \Omega_{z2}$，如图 4-22 所示。

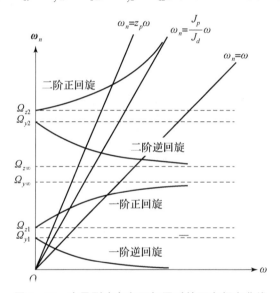

图 4-22 支承刚度各向不相同时的固有频率曲线

如果系统支承刚度各向相差很大时，系统的频率曲线将如图 4-23 所示。其中，一阶正回旋固有频率随转速 ω 的增加而下降。产生这种现象的原因是惯性力矩的作用。

2. 公式法

1）Panagopulos 公式

Panagopulos 采用如图 4-24 所示的两个刚性支承的悬臂轴简化模型，两个支承分别代表距螺旋桨最近的两个轴承。

Panagopulos 假定：螺旋桨轴系作回旋振动时，轴的动挠度曲线与在螺旋桨端部作用一弯矩时轴的挠度曲线完全相同。这意味着除支承点外，轴系各点的挠度与转角的比为一定值。设有静力矩 M_e 作用在螺旋桨端部，轴系的挠度曲线可分 AB、BC 两段并根据材料力学由下式确定。

AB 段：

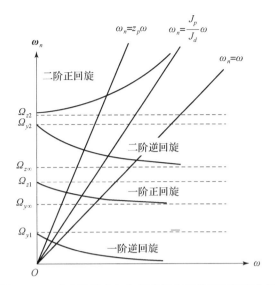

图 4-23 当支承刚度各向相差很大时的固有频率曲线

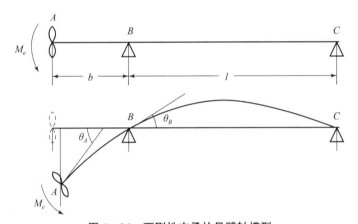

图 4-24 两刚性支承的悬臂轴模型

$$y_x = \frac{M_e}{EI}\left[\frac{1}{2}(x-b)^2 - \frac{l}{3}(x-b)\right] \quad (0 \leq x \leq b) \quad (4-189)$$

BC 段：

$$y_x = \frac{M_e}{EI}\left[\frac{x^2}{2} - \frac{x^3}{6l} - \frac{lx}{3}\right] \quad (0 \leq x \leq l) \quad (4-190)$$

在螺旋桨中心处的挠度 y_A 与转角 θ_A 为

$$y_A = \frac{M_e}{EI}b\left(\frac{b}{2} + \frac{l}{3}\right) \quad (4-191)$$

$$\theta_A = \frac{M_e}{EI}\left(b + \frac{l}{3}\right) \quad (4-192)$$

支承点 B 处轴的转角 θ_B 为

$$\theta_B = \frac{M_e}{EI}\frac{l}{3} \quad (4-193)$$

则系统在外部激振力矩 $M\sin\omega t$ 作用下的运动方程式可由点 B 的力矩平衡式求得。

作用在 B 点的力矩，如下：

（1）螺旋桨惯性力矩 $J_d\ddot{\theta}_A$，其中：J_d 为螺旋桨径向转动惯量，$\ddot{\theta}_A$ 为螺旋桨圆盘转角的角加速度。

（2）螺旋桨惯性力产生的力矩 $m_p a \ddot{y}_A$，其中：m_p 为螺旋桨质量，a 为螺旋桨中心至 B 点的实际距离，$\ddot{y}_A$ 为螺旋桨中心挠度加速度。

（3）C 点支承反力 R_c 产生的力矩 $R_c l = M_e$。

（4）AB 轴段均布质量惯性力产生的力矩为

$$\int_0^b \mu \ddot{y}_x (b - x)\,\mathrm{d}x$$

式中：μ 为轴单位长度质量；$\ddot{y}_x$ 为 x 处的挠度加速度；$x = 0$ 为螺旋桨端。

（5）BC 轴段均布质量惯性力产生的力矩为

$$\int_0^l \mu \ddot{y}_x x\,\mathrm{d}x$$

式中：x 从 B 点算起，$x = l$ 时为点 C。

上述五个力矩之和应等于激振力矩 $M\sin\omega t$，由此可得

$$J_d \ddot{\theta}_A + m_p a \ddot{y}_A + \int_0^b \mu \ddot{y}_x (b - x)\,\mathrm{d}x + \int_0^l \mu \ddot{y}_x x\,\mathrm{d}x + R_c l = M\sin\omega t \qquad (4-194)$$

如取 θ_B 作为系统广义坐标，有

$$\theta_A = \frac{3}{l}\left(b + \frac{l}{3}\right)\theta_B$$

$$y_A = \frac{3b}{l}\left(\frac{b}{2} + \frac{l}{3}\right)\theta_B$$

$$R_c l = \frac{3EI}{l}\theta_B$$

$$\int_0^b \mu \ddot{y}_x (b - x)\,\mathrm{d}x = \frac{3\mu}{l}\left(\frac{b^4}{8} + \frac{lb^3}{9}\right)\theta_B$$

$$\int_0^b \mu y_x x\,\mathrm{d}x = \frac{3\mu}{l}\frac{7l^4}{360}\theta_B$$

代入式（4-194）得

$$\frac{3}{l}\left[J_d\left(b + \frac{l}{3}\right) + m_p ab\left(\frac{b}{2} + \frac{l}{3}\right) + \mu\left(\frac{b^4}{8} + \frac{lb^3}{9} + \frac{7l^4}{360}\right)\right]\ddot{\theta}_B + \frac{3EI}{l}\theta_B = M\sin\omega t$$

$$(4-195)$$

可得系统的固有频率为

$$\omega_n^2 = \frac{EI}{J_d\left(b + \dfrac{l}{3}\right) + m_p ab\left(\dfrac{b}{2} + \dfrac{l}{3}\right) + \mu\left(\dfrac{b^4}{8} + \dfrac{lb^3}{9} + \dfrac{7l^4}{360}\right)}\;(\mathrm{rad/s}) \qquad (4-196)$$

这就是计算固有频率的 Panagopulos 公式。在其原始公式中，分母第二项为 $m_p b^2\left(\dfrac{b}{2} + \dfrac{l}{3}\right)$，但在计算惯性力产生的力矩时，力臂取螺旋桨中心到 B 点支承的实际距离 a 似乎更合理些。

考虑附连水影响时，螺旋桨质量附连水系数取 1.30，螺旋桨径向转动惯量附连水

系数取 1.6。由于螺旋桨简化为一匀质刚性薄圆盘，它在空气中的径向转动惯量 J_{da} 为极转动惯量 J_{pa} 的二分之一，故

$$J_d = 1.60 J_{da} = 0.8 J_{pa}$$

在一般情况下，式（4-196）计算的固有频率值偏低。所以，可以忽略轴段质量影响，令 $\mu = 0$，这样既可使计算的频率略为提高，又简化了计算。

求得固有频率后，即可求出一次临界转速为

$$n_{\nu=1} = 9.55\omega_n \,(\text{rad/min}) \tag{4-197}$$

叶片次临界转速为

$$n_{\nu=Z_p} = 9.55\omega_n / Z_p \,(\text{rad/min}) \tag{4-198}$$

式中：Z_p 为螺旋桨叶片数。

2）Jasper 公式

$$\omega_{n1,n2}^2 = \frac{2}{Q_2 \pm \sqrt{Q_2^2 - Q_1 Q_3}} \tag{4-199}$$

式中：$Q_1 = \delta_w \phi_m - \delta_m \phi_w$。其中：$\delta_w$、$\phi_w$ 为螺旋桨处受到单位力作用时，其桨几何中心处轴产生的挠度和转角；δ_m、ϕ_m 为螺旋桨处受到单位力矩作用时，其桨几何中心处轴产生的挠度和转角；$Q_2 = m_e \delta_w + (1 - j_0 h) J_d \phi_m$，$Q_3 = 4 m_e J_d (1 - j_0 h)$，$h = \omega / \Omega$，$m_e = m_{pw} + 0.38 m_s$ 为附水桨和桨轴的有效质量，$j_0 = J_{pw} / J_{dw}$ 为附水桨的极转动惯量与径向转动惯量之比，附水系数取 1.30。

式（4-199）中 ω_{n1}、ω_{n2} 只取正实根，当 h 取正值时，计算的是一阶、二阶正回旋固有频率。当 h 取负值时，得到是一阶、二阶逆回旋固有频率。

求出固有频率后，可得相应的临界转速为

$$n = 9.55 h \omega_n \,(\text{rad/min}) \tag{4-200}$$

3. 影响固有频率计算精度的因素

影响轴系回旋振动固有频率计算精度的因素大致有以下五个方面。

1）支承点位置

回旋振动计算分析中，把轴承简化为点支承。支承点的位置可以按动态校中由轴承轴向分布的支承反力的合力作用点确定。对于中间轴承、艉轴承，它们的宽度一般都不大，支承反力可以认为是均匀分布的。支承点也可以近似假定在轴承中央位置。

但对于艉管后轴承，由于悬臂端螺旋桨的作用，支反力沿轴承长度分布很不均匀，支反力合力的作用点总是偏向后端。螺旋桨越重，桨轴弯曲刚度越小，合力作用点偏离轴承中央位置就越多，支承点位置的选取对轴系固有频率的影响很大。

2）轴系校中状态

当轴系校中不良时，轴承出现负的支承反力（轴承脱空）时，回旋振动固有频率将大幅度下降，有使回旋振动临界转动速度落入到运转速度范围的危险。此外，当艉管后轴承的支承点随着磨损加剧而逐渐前移时，它直接影响回旋振动并使它的固有频率下降，还将影响艉管前轴承负荷，使之逐渐减小，对此应该注意。

3）螺旋桨附连水效应

螺旋桨在水中运转振动时，有一部分振动能量传递给水，在振动计算时常将参与振动的附连水质量及转动惯量加到螺旋桨质量及转动惯量，其结果将使轴系回旋振动

固有频率下降。通常不计螺旋桨几何尺寸，运动方向、转速、船速和水的密度，而是直接给螺旋桨质量与转动惯量乘以附连水系数。表4-12所列为螺旋桨附连水系数，第五行数据系根据Schwanecke给出的公式计算而得。另外，Toms给出的极转动惯量附连水系数中，对于材质比重大的（如锰、黄铜）螺旋桨，取1.25；对于材质比重小的（如铝青铜）螺旋桨，取1.30。

表4-12 螺旋桨附连水系数

序号	作者	附连水系数	极转动惯量附连水系数	径向转动惯量附连水系数
1	Panagopulos	1.30	—	1.60
2	Jasper	1.10	1.25	1.50
3	Volcy et al.	1.20	—	1.67
4	Toms et al.	1.15	1.25~1.30	1.60
5	Schwanecke	1.17	1.27	2.23

4）支承系统特性

轴承支承系统大致可分为三部分（图4-25（a））：第一部分为油膜，其动力特性用油膜刚度 k_0、油膜阻尼 c_0 表示；第二部分为轴承-轴承座，其动力特性用轴承参振质量 m_b、轴承刚度 k_b 表示；第三部分为船体基座，其动力特性用船体参振质量 m_s、船体刚度 k_s 表示。轴承-轴承座及船体部分一般均忽略阻尼的影响。上述刚度、阻尼参数，一般在水平、垂直两方向是不同的，且相互有耦合关系的。图4-25仅画出垂直方向的情况，没有表示与水平方向的耦合关系。更多的时候，支承系统简化为两部分：一部分为油膜，另一部分为轴承与船体基座，如图4-25（b）所示，或进一步简化成图4-25（c）。

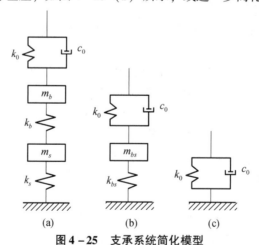

图4-25 支承系统简化模型

根据国内外实船数据，对于五万t以下的运输商船，艉管后轴承等效刚度约在 $0.5 \sim 2.0 \times 10^6 \text{N/mm}^2$ 范围内，艉管前轴承和中间轴承的等效刚度大致在 $5 \sim 10 \times 10^6 \text{N/mm}^2$ 范围内。油膜刚度与许多因素有关，在近似估算时，Jasper（1956）建议用下式计算：

$$k_0 = CP/\delta \text{ (N/mm)} \tag{4-201}$$

式中：P 为轴承静负荷（N）；δ 为轴承径向间隙（mm）；C 为系数，Jasper建议取2，但 Hylarides S. 1975 年根据油膜特性的理论分析计算结果与全尺寸装置观测比较后认为，系数 C 取 20 能给出更好的结果。

艉管轴承由于承受较大的负载，一般均有较大的油膜刚度，其垂直方向的油膜刚度大于水平方向。按图 4-25 中的支承等效刚度 k_e 可按下式计算：

$$k_e = \frac{k_0(k_{bs} - m_{bs}\omega^2)}{k_{bs} + k_0 - m_{bs}\omega^2} \quad (4-202)$$

式中：ω 为振动频率。有时为简化计，也可按下式计算：

$$\frac{1}{k_e} = \frac{1}{k_0} + \frac{1}{k_{bs}} \quad (4-203)$$

在艉管后轴承等效刚度中，油膜刚度贡献较小，等效刚度主要由支承结构刚度决定。在艉管前轴承中，该处船体刚度较大，等效刚度则以油膜刚度为主。对于中间轴承，结构刚度与油膜刚度不相上下，等效刚度接近于两者的平均值。英国劳埃德船级社 Toms A. E. 等认为，即使对于最轻型的结构，支承的等效刚度也大于 $0.5 \times 10^6 \text{N/mm}^2$。日本日立造船公司斋藤年正等认为，艉管后轴承的等效刚度约为 $2.5 \sim 4.0 \times 10^6 \text{N/mm}^2$。回旋振动固有频率随着艉管后轴承等效刚度的增加而增加。

5）螺旋效应、轴段剪力与推力

一般说来，螺旋桨的陀螺效应是不应该忽略的，螺旋桨的转动惯量和角速度之积越大，其影响越大。在轴向压力作用下，轴的扰度将增加，如同减少了轴的弯曲刚度，其固有频率将下降；反之，轴向拉力的作用下，轴的扰度将减小，其固有频率将提高。轴段剪切变形使轴的弯曲刚度降低，其固有频率将提高。

4.5.3 轴系回旋振动的预防措施

在轴系设计中，应在 $0.6n_e \sim 1.2n_e$ 转速范围内避免出现一次临界转速，在 $0.8n_e \sim 1.0n_e$ 转速范围内避免出现叶片次临界转速，这里 n_e 为额定转速。通常采用各种方法来调整系统固有频率。

1. 改变螺旋桨叶片数

奇数叶片的螺旋桨由于受力更不均匀，其激振力要比偶数叶片的螺旋桨大。改变螺旋桨叶片数，通常是减少叶片数。例如：五叶桨改为四叶桨，可能把叶片次临界转速提高很多，其效果往往是其他措施所不及的。

不过，振动问题并不是设计螺旋桨时唯一考虑的因素，在采取这一措施时往往还要权衡其他方面（如推进效率、结构等）的影响。一般说来，只有当其他措施无效或效果不显著时才被考虑。这一措施不能调整一次临界转速。

2. 改变螺旋桨轴的悬臂长度

螺旋桨轴悬臂长度对回旋振动固有频率的影响很大（特别是对于单桨商船）。实际上由于船体结构的限制，其可变的范围也有限。

3. 改变轴系尺寸

改变轴系尺寸主要是改变轴系直径，通常是加大螺旋桨轴径。增加轴径使刚度增加，同时也会使转动惯量和质量增加，但其综合效果是使固有频率增大，这个方法可取得较好的效果。

4. 改变螺旋桨材料

相同结构尺寸的螺旋桨采用不同的材料时，其重量相差可达10%，对固有频率有一定的影响。常用的螺旋桨材料有黄铜、铸钢、镍铝合金，它们的密度分别是 $8.3 g/cm^3$、$7.8 g/cm^3$ 和 $7.5 g/cm^3$。

5. 调整轴承间距

调整轴承间距，特别是调整艉管前后轴承或靠近螺旋桨的最后两个轴承之间的距离，对固有频率有较大影响。减小间距可使固有频率提高，但应防止由于间距过小而引起轴承负荷分配不合理、甚至轴承脱空等现象。

在大型船舶中，由于主机功率增大，螺旋桨激振力增加，即使在运转转速范围内没有产生共振，回旋振动响应也有可能大到不可忽视的程度。解决回旋振动的根本途径是减小作用在螺旋桨上的流体激振力，即减少输入系统的振动能量。在船型设计中，应尽可能选择不使伴流产生急剧变化的船形。一般说来，V形截面的船艉比U形船艉的伴流更为紊乱；双桨船的伴流场比单桨船的伴流场均匀。因此，增加船艉的刚度也有助于激振力的减小。

习 题

1. 轴系振动的形式及其危害是什么？
2. 轴系振动激振力有哪些？各有什么特点？
3. 轴系扭振的计算方法有哪些？
4. 轴系纵振的计算方法有哪些？
5. 轴系回旋振动的计算方法有哪些？
6. 轴系扭振当量系统，如何处理？
7. 什么是平衡振幅，什么是放大系数？
8. 轴系振动的预防措施是什么？
9. 4000t 海洋调查船轴系扭振计算

已知数据：

1）主机（题图4-1）

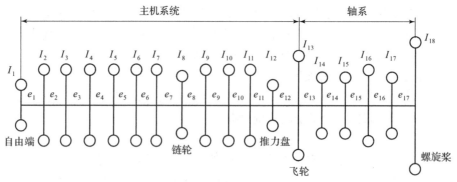

题图 4-1

9ESDZ43/82B 单列二冲程直流扫气废,废气透平增压,十字头式,单作用直接换向船用低速重型柴油机(题表4-1),参数如下:

气缸数:9;气缸直径:430mm;冲程:820mm;额定功率:4500HP;额定转速:200rpm;最大功率:4950HP;最高转速:206rpm;最低转速:70rpm;平均有效压力:9.45kg/cm²;机械效率:0.894;发火顺序:(右机正车)1—6—7—3—4—9—2—5—8。

题表4-1

序号	I/(kg·m²)	e/(10^{-8}rad/N·m)	序号	I/(kg·m²)	e/(10^{-8}rad/N·m)	序号	I/(kg·m²)	e/(10^{-8}rad/N·m)
1	25.203	8.800	7	272.219	7.912	13	409.777	104.980
2	272.219	7.912	8	9.332	7.684	14	37.145	105.750
3	272.219	7.912	9	272.219	7.912	15	36.853	105.750
4	272.219	7.912	10	272.219	7.912	16	44.126	85.890
5	272.219	7.912	11	272.219	7.144	17	160.636	72.140
6	272.219	7.912	12	59.161	5.803	18	2110.118	—

2)螺旋桨(题表4-2)

直径:316cm;盘面比:0.70;螺距比:1.207;叶根厚度:$t_0 = 143$mm;$t_{0.2} = 116.5$mm;叶梢厚度:12mm;转动惯量:16113(kg·cm·s²)。

自由端转动惯量分别为

题表4-2

I_1	I/(kg·m²)	I_1	I/(kg·m²)	I_1	I/(kg·m²)	I_1	I/(kg·m²)
1	25.203	3	245.166	5	462.341	7	588.399
2	147.100	4	343.233	6	490.333	—	—

根据上面的数据,试计算系统自由振动频率,振型图,对单结振动双结振动应考虑的阶次和对应的临界转速,以及计算各阶次下的相对振幅矢量和。

10. 试计算系统自由振动频率,振型图(题图4-2),对单结振动双结振动应考虑的阶次和对应的临界转速,以及计算各阶次下的相对振幅矢量和(题表4-3)。

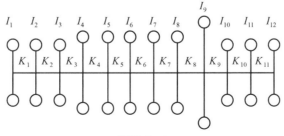

题图4-2

题表 4-3

序号	I/(kg·m²)	K/(10⁵N·m/rad)	序号	I/(kg·m²)	K/(10⁵N·m/rad)	序号	I/(kg·m²)	K/(10⁵N·m/rad)
1	5.864	8.2	5	2.857	112.78	9	50.468	0.5
2	1.059	392.2	6	2.857	112.78	10	0.588	0.5
3	1.020	150	7	2.857	112.78	11	1.093	50.29
4	2.857	112.78	8	2.857	169.66	12	3.868	—

11. 试计算分支系统自由振动频率，振型图（题图 4-3），对单结振动双结振动应考虑的阶次和对应的临界转速，以及计算各阶次下的相对振幅矢量和（题表 4-4）。

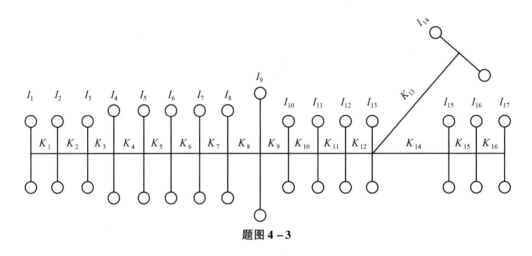

题图 4-3

题表 4-4

序号	I/(kg·m²)	K/(10⁵N·m/rad)	序号	I/(kg·m²)	K/(10⁵N·m/rad)	序号	I/(kg·m²)	K/(10⁵N·m/rad)
1	58.644	8.2	7	28.567	112.78	13	6.737	34.2
2	10.591	392.2	8	28.567	169.66	14	1.138	21.09
3	10.199	150	9	504.680	0.5	15	0.598	3.36
4	28.567	112.78	10	5.884	0.5	16	4.580	0.67
5	28.567	112.78	11	10.934	50.29	17	118.925	—
6	28.567	112.78	12	39.805	34.2	—	—	—

12. 试计算系统自由振动频率，振型图（题图 4-4），对单结振动双结振动应考虑的阶次和对应的临界转速，以及计算各阶次下的相对振幅矢量和（题表 4-5）。

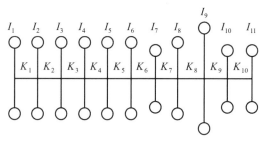

题图 4-4

题表 4-5

序号	$I/$ $(kg \cdot m^2)$	$K/$ $(10^5 N \cdot m/rad)$	序号	$I/$ $(kg \cdot m^2)$	$K/$ $(10^5 N \cdot m/rad)$	序号	$I/$ $(kg \cdot m^2)$	$K/$ $(10^5 N \cdot m/rad)$
1	5375.90	11.964	5	5375.90	11.964	9	242.92	7.447
2	5375.90	11.964	6	5375.90	11.964	10	580.65	159.207
3	5375.90	11.964	7	413.46	9.320	11	22955.09	62.277
4	5375.90	11.964	8	475.87	8.217	—	—	—

13. 某四冲程 6 缸柴油机，发火顺序为 1—5—3—6—2—4，单结振动的相对幅值为 $\alpha_1=1$，$\alpha_2=0.938$，$\alpha_3=0.816$，$\alpha_4=0.642$，$\alpha_5=0.428$，$\alpha_6=0.189$，试求 $v=5\frac{1}{2}$ 次单结振动相对振幅矢量和。双结振动的相对幅值为 $\alpha_1=1$，$\alpha_2=0.77$，$\alpha_3=0.39$，$\alpha_4=-0.04$，$\alpha_5=-0.50$，$\alpha_6=-0.88$，发火顺序分别为 1—5—3—6—2—4 及 1—2—4—6—5—3 时的各谐次相对振幅矢量和。

14. 某货轮主机 RND76 二冲程六缸柴油机，$n_{max}=122$rpm，$n_{min}=30$rpm，$N_I=380.24$ 次/min，$N_{II}=1777.6$ 次/min，对单结振动及双结振动分别应考虑哪些谐次，相应临界转速？

15. 柴油机轴系扭振计算（题图 4-5、题表 4-6）。

主机型式为 6ESDZ 76/160；气缸直径为 760mm；活塞行程为 1600mm；气缸数为 6；冲程数为 2；最大功率为 10000hp；最高转速为 119rpm；最低转速为 34rpm；发火顺序为 1—6—2—4—3—5；桨径为 5490mm；桨重为 17640kg；最大有效推力为 69600kg；叶片数为 4；桨转动惯量（空气中）为 241700（$kg \cdot cm \cdot s^2$）。

题表 4-6

序号	$I/$ $(kg \cdot m^2)$	$e/$ $(10^{-9} rad/N \cdot m)$	序号	$I/$ $(kg \cdot m^2)$	$e/$ $(10^{-9} rad/N \cdot m)$	序号	$I/$ $(kg \cdot m^2)$	$e/$ $(10^{-9} rad/N \cdot m)$
1	5271.957	1.5265	5	5271.957	1.5265	9	2382.428	6.3571
2	5271.957	1.5265	6	5271.957	1.5265	10	31794.140	485.7143
3	5271.957	1.5265	7	405.603	7.9490	—	—	—
4	5271.957	1.5265	8	466.698	6.2653	—	—	—

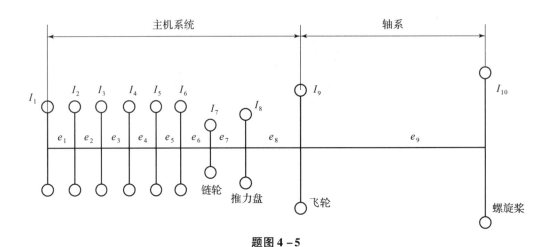

题图 4-5

根据上面的数据，试计算系统自由振动频率，振型图，对单结振动双结振动应考虑的阶次和对应的临界转速，以及计算各阶次下的相对振幅矢量和。

16. 试计算系统纵振自由振动频率，振型图（题图 4-6），对单结振动双结振动应考虑的阶次和对应的临界转速，以及计算各阶次下的相对振幅矢量和（题表 4-7）。

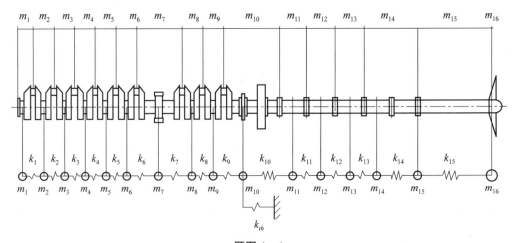

题图 4-6

题表 4-7

质量/kg		刚度/($\times 10^8$N/m)		质量/kg		刚度/($\times 10^8$N/m)	
m_1	1235.57	k_1	11.62	—	—	k_{th}	9.81~53.94
m_2	1171.67	k_2	13.41	m_4	1171.67	k_4	17.18
m_3	1171.67	k_3	17.18	m_5	1171.67	k_5	13.41

续表

质量/kg		刚度/($\times 10^8$N/m)		质量/kg		刚度/($\times 10^8$N/m)	
m_6	1171.67	k_6	14.11	m_{12}	3152.87	k_{12}	23.20
m_7	1714.33	k_7	14.11	m_{13}	3177.38	k_{13}	27.48
m_8	1171.67	k_8	13.41	m_{14}	5777.49	k_{14}	24.29
m_9	1171.67	k_9	14.56	m_{15}	12528.19	k_{15}	37.66
m_{10}	2467.42	k_{10}	39.91	m_{16}	9718.73	—	—
m_{11}	2903.94	k_{11}	23.20	—	—	—	—

17. 试计算系统纵振自由振动频率,振型图(题图4-7),对单结振动双结振动应考虑的阶次和对应的临界转速,以及计算各阶次下的相对振幅矢量和(题表4-8)。

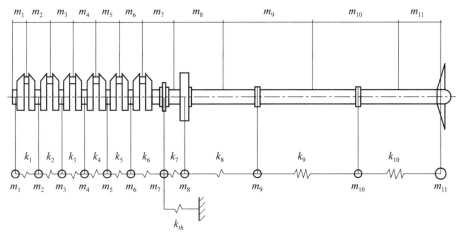

题图 4-7

题表 4-8

质量/kg		刚度/(10^9N/m)		质量/kg		刚度/(10^9N/m)	
m_1	5529.90	k_1	1.71	—		k_{th}	1.54
m_2	8479.96	k_2	1.92	m_7	10285.29	k_7	77.23
m_3	8479.96	k_3	2.32	m_8	3221.26	k_8	95.38
m_4	8479.96	k_4	2.32	m_9	6492.07	k_9	4.7347
m_5	8479.96	k_5	1.92	m_{10}	13244.89	k_{10}	8.6083
m_6	8479.96	k_6	2.02	m_{11}	35282.00	—	—

第5章 船-机-桨的配合性能

5.1 基本概念

5.1.1 特性、工况、配合点

船、机、桨之间的能量转换过程以及它们之间的工作状态是相互制约和相互关联的,应该研究船舶在各种航行状态下船、机、桨之间的配合情况,以获得最佳性能。

推进系统特性是指船、主机和桨的主要运行参数随其转速或航速的变化关系,如船的航行阻力-航速特性、主机的输出功率-转速特性、桨的吸收功率-转速特性等。把这些关系在图上用曲线表示出来,即特性曲线。在某一工作条件下,船、机、桨三者的转速与能量均相等的点称为"配合点",也称为"平衡点"。在船舶设计转速和负荷条件下的配合点称为设计配合点。

主机、传动装置、螺旋桨和船体之间的组合工作特性即为配合特性,分为稳定工况配合特性和过渡工况配合特性。稳定工况配合特性是指船、机、桨这个系统在运动过程中不存在变速运动,也就是不存在运动状态的变化,包括正常配合特性和非正常配合特性。过渡工况时的配合特性也称为过渡配合特性,它是指船、机、桨三者构成的系统在运动过程中存在运动状态的变化,包括加减速工况、倒车工况、转弯工况和在大风浪航行时的配合特性。

工况是指船、机、桨三者配合工作时的运转状况,如以转速n(或航速V_s)为变量的工况,柴油机气缸平均有效压力p_e(或轴的扭矩M_p)为变量的工况等。船、机、桨在非设计工况下工作的一切运行工况统称为变工况,如船舶在起航、加减速、转弯或倒退时的过渡工况及遭遇风浪、水流等外载荷时的变化工况等。

船、机、桨配合分析可以通过解析分析、计算机仿真分析及图解分析等方法进行。解析分析方法就是通过求解运动学和动力学方程,得到各运行参数的变化规律。由于有关参数难以精确地用解析式表达,通常运用经验或半经验公式进行适当简化。仿真分析是建立仿真模型,用数值仿真分析求解,计算量较大,适合于理论研究。图解法是将船、机、桨三者的特性曲线画到同一个坐标系里,找出三者配合的各关键点并对其进行分析,能形象直观地看出船、机、桨三者运行参数的变化规律,尤其能明显地展示各工况下相关参数的变化规律和趋势。

图解法分析通常采用两种坐标系：一种是利用功率（或转矩）–转速坐标系，能够较好地说明船、机、桨之间的配合关系；另一种是利用功率（或转矩）–航速坐标系，能够比较全面地分析船、机、桨三者之间的配合关系。

5.1.2　船舶航行的阻力特性

一般民用船舶的阻力，以摩擦阻力为主。实船或船模的试验表明，水对船体的总阻力与航速的 m 次方成正比，即

$$R = A_R \cdot V_s^m \tag{5-1}$$

式中　R——水对船体的阻力（N）；

　　　V_s——船速（kn）；

　　　A_R——阻力系数，与船体线型、排水量、污底程度、拖带、航道及海况等因素有关；

　　　m——指数，对于航速不高的民用船舶来说，可取 $m=2$；对于水翼船及滑行艇可参考有关资料。

若航速为 V_s 时，其船体总阻力为 R，则直接用于克服船体阻力所需的功率 P_E 为

$$P_E = \frac{RV_s}{1943} \text{（kW）}$$

上述阻力、功率随航速的变化关系，可通过模型及实船试验求出。

5.1.3　柴油机的基本特性

1. 柴油机输出特性

柴油机输出功率为

$$P_D = \frac{p_e \cdot V_s \cdot n \cdot i}{0.225 \times 1.36 \times 9.8 \times 10^4 \cdot m} = B_N \cdot p_e \cdot n \text{（kW）} \tag{5-2}$$

式中　p_e——平均有效压力（Pa）；

　　　V_s——气缸有效工作容积（m³）；

　　　n——曲轴转速（r/min）；

　　　i——气缸数；

　　　m——冲程系数，二冲程柴油机为 1，四冲程柴油机为 0.5。

柴油机输出转矩为

$$M_D = \frac{0.0318 V_s \cdot i \cdot p_e}{m} = B_m \cdot p_e \text{（N·m）} \tag{5-3}$$

若 B_N、B_m 为常数，则当柴油机的供油量一定时，M_D 为一定值，P_D 与转速成正比。实际柴油机的喷油泵性能、扫气性能及机械效率等与转速有关，故 B_N、B_m 随转速有一定变化，柴油机的速度特性呈现一定非线性。

当柴油机作为船舶主机带螺旋桨，按螺旋桨特性（$P = cn^3$）工作时，为柴油机的推进特性。根据主机的额定功率和额定转速计算出各种转速下的功率值，其相对百分数变化值如表 5–1 所列。

表 5-1　柴油机带桨工作时转速与功率的对应值

n/%	P/%	n/%	P/%	n/%	P/%
63	25	91	75	100	100
79.5	50	96.5	90	103	110

可见，当 $n=103\%n_H$ 时，柴油机的功率就已达到额定功率的 110%。

2. 柴油机的允许工作范围

为了使柴油机安全可靠地工作并达到一定寿命，对柴油机的工作范围必须加以限制，各种限制构成的区域即为柴油机的允许工作范围。这些限制主要来自三个方面，即保证运转的可靠性、保证一定的寿命、保证舰艇的隐蔽性或防止污染。所有这些限制均称为许用限制。许用限制是受许多因素制约的，柴油机本身的具体限制有最高负荷限制、最低负荷限制、最高转速限制及最低转速限制。

如图 5-1 所示，柴油机最大的做功能力称为极限功率（曲线 5）。极限功率只在制造厂或研究单位对新产品进行破坏性试验时测定。柴油机在极限功率下工作时，既无可靠性保证，也无寿命保证。在图 5-1 中曲线 6 是安全工作最大功率，柴油机在此功率下工作时，无寿命保证，只有一定程度的可靠性保证。柴油机制造厂不提供以上两种功率限制曲线。

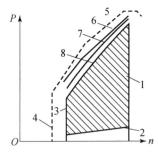

1—最高转速限制线；2—最低负荷限制线；3—最低转速限制线；4—怠速转速；
5—极限功率；6—安全工作最大功率；7—允许工作最大功率；8—额定功率限制线。

图 5-1　柴油机的允许工作范围示意图

柴油机正常工作时的最大做功能力是允许工作最大功率（图 5-1 中曲线 7），是柴油机在较短时间内所能发出的最大功率，一般连续运转时间不得超过 1h。柴油机的允许工作最大功率值通常为额定功率的 110% 左右，对应的转速为额定转速的 103%。

柴油机允许长时间或连续运转的最大持续功率，称为柴油机的额定功率。柴油机发出额定功率值时所对应的转速称为柴油机的额定转速。额定功率限制线构成柴油机允许工作范围的上限（图 5-1 中曲线 8），当柴油机超过额定功率限制线工作时，会引起柴油机超负荷。当柴油机超过上限工作时，柴油机会受到很大的机械负荷和热负荷，主要机件的强度、刚度都难以控制在允许范围之内，其可靠性和寿命将显著降低，甚至引发各种故障。

为保证柴油机在相应寿命内安全可靠地运转，将柴油机额定转速的 103% 作为最高转速限制线，它构成柴油机允许工作范围的右限（图 5-1 中曲线 1）。最高转速的限制是考虑到转速过高会引起柴油机过高的往复惯性力与离心力，使运动机件的机械应力增大且恶化了轴承的工作条件，从而使振动与磨损加剧。为确保柴油机的安全可靠，规定柴油机的极限转速不超过其最高转速，若超过其最高转速，则称为柴油机"飞车"。

柴油机最低稳定工作转速就是最低转速的限制线，它构成柴油机允许工作范围的左限（图5-1中曲线3）。柴油机以很低的转速运转时也会带来各种危害：燃料喷射压力过低，雾化不良，从而恶化了空气与燃料的混合，使燃烧不完全，积炭严重；各轴承润滑情况会变坏；各缸供油量的不均匀度显著增加，甚至个别缸不能保证发火燃烧，未燃烧的燃油可能沿汽缸内壁流入曲柄箱，稀释滑油；燃烧室组件的内表温度偏低，燃烧生成物可能在汽缸内壁凝结成微小水滴，溶入 NO_2、SO_2、CO_2 等气体后成酸性液体，加速腐蚀机件并使滑油变质；在某些情况下一些附属泵的排量（一般按标定转速设计）在转速过低时也不能保证柴油机在该转速下运转的需要等。

柴油机的最低转速值一般为额定转速的30%～50%，高速机约为50%，大型低速机约为30%。最低功率限制线构成柴油机允许工作范围的下限（图5-1中曲线2）。柴油机最低负荷也应有一定限制，因为负荷太小时每循环喷油量太少，使各缸喷油不均的情况加剧，有的缸甚至不喷油或不发火，使转速不稳定、燃烧不良，与低速运行时的害处有许多相似之处。

一般最低负荷的功率值约为柴油机额定功率的10%～25%，并且对其一次连续运行时间及全寿命期间内运行的时间总和也应作明确的限制。

3. 柴油机的外特性

将柴油机的供油量齿杆置于某个位置并固定，使柴油机的每循环供油量基本不变（在供油装置处于良好状态时才能满足此要求），在最低转速到最高转速范围内改变柴油机的转速，柴油机的各种运行参数随转速的变化规律，称为柴油机的外特性，也称为速度特性。

外特性按供油齿杆固定的位置不同，一般分为最大功率外特性、额定功率外特性、部分负荷外特性及最低负荷特性线等，如图5-2所示。

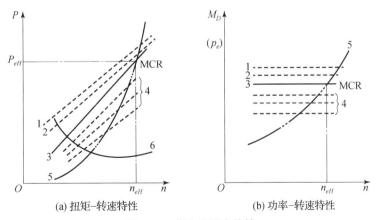

图5-2 柴油机速度特性

对于不同的柴油机，其外特性差异较大，主要表现在最大负荷外特性。一般而言，增压度越高，最大负荷外特性线越陡，即低转速时的最大输出降低较大。

4. 柴油机减额功率输出特性

降低柴油机的耗油率的方法之一，是提高气缸内的最大爆发压力 p_{max} 与平均有效压力 p_e 的比值。p_{max} 是柴油机结构强度的设计依据，在设计时已确定，而柴油机的功率是 p_e 与转速 n 的乘积成正比，一般把最大持续功率点（MCR）时的 p_e 值降低（功率下降，转速相应下降或不变），作为新的标定点，而此时的 p_{max} 仍维持与 MCR 相对应的值不变，这样就提高了 p_{max} 与 p_e 的比值，实现了比 MCR 低的燃油耗率。这与俗称的减速航行不一样，后者是以 85%～90% 的 MCR 作为主机的常用负荷，而以 50%～75% 的 MCR 的低负荷连续运转。降低航速来减少燃油消耗量，往往会导致耗油率的增加。

5.1.4　燃气轮机装置的外特性

燃气轮机装置的外特性是指该装置的有效功率、输出转矩、燃油消耗量、有效效率及耗油率等参数随输出轴转速的变化规律。这些参数可以表示为输出轴转速的函数。

燃气轮机装置的负荷方式主要有单轴式和分轴式两种。不同型式的燃气轮机装置有不同的外特性曲线。

图 5-3 所示为某型单轴燃气轮机的外特性曲线。图中纵坐标为机组有效功率与额定功率的比值（相对功率），横坐标为实际转速与额定转速的比值（相对转速），点画线为温比等于常数的等温比线，虚线为燃油相对消耗量。这四个参数中任意两个确定以后，其他两个数值也可相应地确定，因而装置就有一个确定的运行工况点。

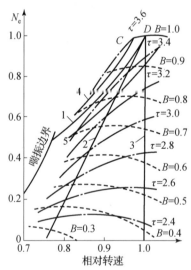

1—带螺旋桨负荷特性线；2—电传动负荷特性线（变频电动机）；
3—等转速负荷特性线；4—螺旋桨重载特性线；5—螺旋桨轻载特性线。

图 5-3　单轴燃气轮机外特性曲线

图 5-4 所示为奥林普斯 TM3B 分轴型燃气轮机的外特性曲线。图中给出了表示各种工况下的等燃油消耗量曲线和给定的螺旋桨特性线。

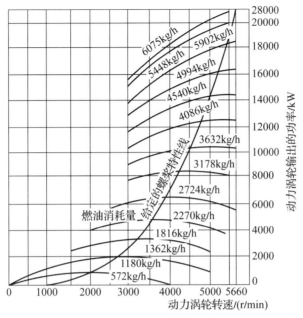

图 5-4　奥林普斯 TM3B 分轴型燃气轮机外特性曲线

无论是共轴型外特性曲线，还是分轴型外特性曲线，都具有以下特点：

（1）外特性曲线可以全面表征机组的变工况性能，还可以分析该机组对各种负荷的适应性。

（2）等燃油消耗量曲线变化都比较平缓，有一定长度的平坦段，因而在外界负荷变化时，输出转速在这段范围内的变化对功率和效率影响较小。

（3）各条等燃油量曲线都有一个最高点，表明在该油耗量下机组可获得最大有效功率和得到最高效率。把各条曲线的最高点连成曲线，并使负荷特性符合这条曲线时为最佳运行线。

除了上面的共同点之外，两种机组驱动负荷的方式也有一些差别。从图 5-3 可以看出，共轴型机组的工作转速降低到某一值后，压气机就会出现喘振现象，而且油耗量增高，承载负荷的范围较窄。其原因是负荷轴转速和压气机轴转速相同，负荷轴转速下降时压气机轴转速也下降，因而空气流量也降低，若燃油消耗量不变，则引起燃气初温升高。由于温比增高，等温比线接近喘振边界，因此等油量线越高，越趋近喘振边界线。但在分轴燃气轮机装置中，压气机与负荷不同轴，负荷变动对燃气发生器的影响较小，在同一转速下允许承载负荷范围较宽。

舰用燃气轮机装置通常采用分轴型装置，以便有较宽的变工况工作范围。这种装置的功率-转速特性曲线近似于抛物线。LM2500 型舰用燃气轮机采用分轴形式，在舰船中应用较多。在额定工作条件下，LM2500 型舰用燃气轮机的外特性曲线如图 5-5 所示。图中的一组虚线是等耗油率曲线，左上的两条实线分别为最大扭矩和额定功率的限制线，右边的单虚线是螺旋桨推进特性曲线。在非额定工作条件下运行时，燃气轮机的性能参数应作修正。

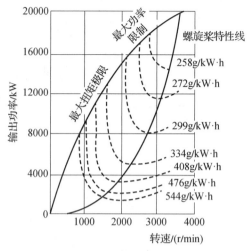

图 5-5 LM2500 型舰用燃气轮机外特性

5.1.5 蒸汽轮机的外特性

蒸汽轮机动力装置比柴油机动力装置和燃气轮机动力装置更复杂。主汽轮机的外特性曲线是指在变工况下，主汽轮机的输出转矩 M 及输出功率 P 与转速 n 之间的变化规律。这里介绍一种在试验台上得到的外特性试验曲线。在试验台上试验主机时，保持进入主汽轮机的蒸汽参数和冷凝器中的压力为常数，通过改变主机轴上负荷的方法改变转速，每改变一次转速测定一次输出转矩 M 及输出功率 P。这样在某一耗汽量 G 时，可以得到一条 $M-n$ 和 $P-n$ 的曲线；当改变耗汽量 G 时，可以得到一组 $M-n$ 和 $P-n$ 曲线，曲线的形状如图 5-6 所示。从外特性曲线上可以看出以下关系：

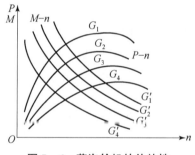

图 5-6 蒸汽轮机的外特性

（1）输出转矩 M 与转速 n 呈近似直线的关系，且 n 下降时，M 增加。

（2）输出功率 P 与转速 n 呈近似抛物线关系。

5.1.6 螺旋桨推进特性

1. 螺旋桨敞水特性

螺旋桨的作用是产生轴向推力，推动船舶运动，即将轴功率转换为推进功率。螺旋桨本身具有转速 n_p，并跟船一起做轴向移动。螺旋桨相对于水的轴向前进速度称为螺旋桨的进速 V_a。桨叶工作原理如图 5-7 所示，按照机翼理论，叶元体端面上将产生升力 $\mathrm{d}F$ 和阻力 $\mathrm{d}Q$，$\mathrm{d}F$ 垂直于来流流线方向，$\mathrm{d}Q$ 则沿来流流线方向。把升力 $\mathrm{d}F$ 和阻力 $\mathrm{d}Q$ 分别分解为轴向和回转方向的分力，规定沿船舶前进方向以及与螺旋桨正常转向相反的分力为正，反之为负，于是在叶元体上产生的推力 $\mathrm{d}T = \mathrm{d}F_y - \mathrm{d}Q_y$；在旋转方向产生的阻力 $\mathrm{d}f = \mathrm{d}F_x + \mathrm{d}Q_x$。该旋转阻力作用在距轴心半径为 r 的叶元体上，它对螺旋桨产生一个阻力矩，即 $\mathrm{d}M_p = r\mathrm{d}f$。桨叶是由无数叶元体断面的合成，因而沿桨叶半径

进行积分，并乘上叶片数后便可得到整个螺旋桨所发出的推力 T、旋转阻力 F_f 及旋转阻力矩 M_p，即

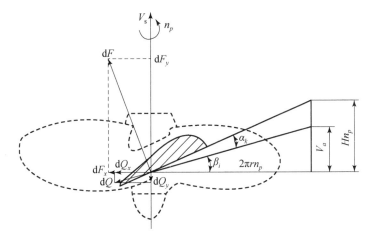

图 5-7 桨叶工作原理

$$\begin{cases} T = z \int_{r_0}^{D/2} \mathrm{d}T \\ M_p = z \int_{r_0}^{D/2} r \mathrm{d}f \\ F_f = z \int_{r_0}^{D/2} \mathrm{d}f \end{cases}$$

理论分析可得桨推力和扭矩公式为

$$T = K_T \rho n_p^2 D^4$$
$$M_p = K_M \rho n_p^2 D^5$$

式中 K_T——推力系数；

K_M——扭矩系数；

ρ——水的密度；

D——螺旋桨直径；

n_p——螺旋桨转速。

定义相对进程 λ_p 为螺旋桨旋转一周的轴向进程 h_p 与桨直径 D 之比，即

$$\lambda_p = \frac{h_p}{D} = \frac{V_a}{n_p D} \tag{5-4}$$

$$\tag{5-5}$$

式中 V_a——螺旋桨进速。

螺旋桨效率 η_p 为

$$\eta_p = \frac{TV_a}{M_p \cdot 2\pi n} = \frac{K_T}{K_M} \cdot \frac{\lambda_p}{2\pi}$$

式中：K_T、K_M 及 η_p 随 λ_p 变化规律和关系，如图 5-8 所示。

在常用范围内可作线性化近似处理：

$$\begin{cases} K_T = K_{T_0}(1 - \lambda_p/\lambda_{p10}) \\ K_M = K_{M_0}(1 - \lambda_p/\lambda_{p20}) \end{cases}$$

式中　λ_{p10}——无推力进速系数；

　　　λ_{p20}——无转矩进速系数；

　　　K_{T_0}——无进速推力系数；

　　　K_{M_0}——无进速转矩系数。

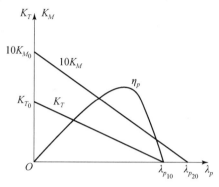

图 5-8　螺旋桨敞水特性

螺旋桨的敞水特性曲线代表了螺旋桨在任意运转状态下的全面性能，可以按照模型试验或理论计算得到。对于几何相似的螺旋桨，其特性曲线是相同的。

实际螺旋桨是在船艉工作，受船体艉流的影响，同时螺旋桨的运动也对船体艉部的流场发生影响。这种船体和螺旋桨之间的相互影响，产生了推力减额和伴流现象，形成船身效率 $\eta_h = (1-t)/(1-\omega)$，其中：$t$ 为推力减额系数，ω 为伴流系数。

由于伴流在螺旋桨盘面上分布的不均匀性，对螺旋桨的效率也有影响。用相对旋转效率 η_r 来表示，其值为 0.96~1.05，一般设计时常取 $\eta_r = 1$。

2. 进速系数 λ_p 分析

航行中船体阻力变化以及机动操纵时，螺旋桨的进速或转速将变化，引起进速系数 λ_p 发生变化，K_T、K_M 随 λ_p 变化，引起螺旋桨的推力 T 和阻力矩 M_p 的变化。具体变化规律如下：

1) λ_p 减小的情况

λ_p 减小的情况相当于主机突然加速，n_p 很快提高，而桨进速 V_a 由于船体惯性暂时未变；或者主机转速未变，而船体由于污底、装载量增加、风力增大和船舶转弯等原因，使船体阻力增加、船速变慢。

2) λ_p 增大的情况

λ_p 增大的情况相当于船舶空载、轻载或顺风航行时，船体阻力减小，而主机仍保持原来的转速，使船速和桨进速增大、推力和阻力矩减小。螺旋桨推力的减小与船舶阻力减小相适应，桨的阻力矩减小使主机发出的功率可以降低。此时操纵上应减小油门开度，使主机的转速不超过额定值以免主机超速。

3) 无推力情况（或称为零推力情况）

若除主机外，还有别的动力（如风帆）推动船舶快速前进。当 λ_p 不变时，船速和相应的桨进速 V_a 继续增大；当其稍大于 $H_p n_p$ 时 $\lambda_p = \lambda_{p10}$，水流以一负的几何冲角流向叶元体，此时的升力很小，而阻力仍有一定值，结果在轴向的分力大小相等，方向相反，互相抵消，因此推力为零。此时螺旋桨的阻力仍有一定值，故扭矩不等于零。

4) 无阻力矩情况

在螺旋桨转速一定的情况下，船速继续增大，当 $\lambda_p = \lambda_{p20}$ 时，水流的合成速度稍微超过无升力方向，而以某一负的几何冲角流向叶元体，此时升力为负值，阻力仍有一定值，切线方向的分力大小相等、方向相反，互相抵消，致使阻力为零，这就是零扭矩情况。但此时的推力已为负值，即半水涡轮工况，螺旋桨已经不需要吸收主机的功率,它将阻止船舶前进。

如果船速再继续增大,水流就以更大的负冲角冲向桨叶的吸力面,螺旋桨就产生负的推力和负的扭矩。此时螺旋桨的作用发生了质变,变成了一只水涡轮。就是说,螺旋桨吸收了水流冲击的能量而发出扭矩带动主机回转。在船舶航行中,若全速前进的船舶,突然应急则需要立即停车或改为倒车时会遇到螺旋桨变成水涡轮的情况。

5)当 $\lambda_p = 0$ 时的情况

当 $\lambda_p = 0$ 时的情况,进速 $V_a = 0$,K_T 和 K_M 最大,与上述同理,因这时水流从切向冲向叶元体,冲角很大,推力和阻力矩达到最大值,这相当于系泊试验或船舶刚起航的情况。此时若主机转速越高,扭矩也就越大,为了防止主机超负荷,必须限定系缆试验或船舶启航时的主机最高转速,一般为额定值的75%左右。

6)螺旋桨效率 η_p 随进速系数 λ_p 的变化

当 $\lambda_p = 0$ 时,则 $\eta_p = 0$。当 $\lambda_p = \lambda_{p10}$ 时,$K_T = 0$,推力 T 等于零,所以 $\eta_p = 0$。效率曲线中央有段最大值区域。螺旋桨此时进入最佳工作状态,达到最佳 λ_p 值。

3. 螺旋桨推进特性

在给定的船舶中,其桨径为定值,λ_p 仅随 V_p/n 而变化。当 V_p/n 为常数时,K_T、K_M 为定值,加之 ρ 变化也较小,故桨的推力 T、扭矩 M_p 与转速的平方成正比,即

$$T = C_T \cdot n_p^2 \tag{5-6}$$

$$M_p = C_M \cdot n_p^2 \tag{5-7}$$

式中 C_T、C_M ——常数;

n_p ——螺旋桨转速。

螺旋桨吸收功率为

$$P_p = \frac{2\pi}{60} \cdot M_p \cdot n_p = C_p \cdot n_p^3 \tag{5-8}$$

可见,P_p 与转速的立方成正比。

图 5-9 所示为 P_p、M_p 与 n_p、λ_p 之间的函数关系。

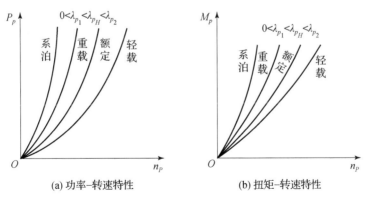

(a) 功率-转速特性 (b) 扭矩-转速特性

图 5-9 螺旋桨推进特性

λ_{p_H} 为设计工况时的螺旋桨相对进程,此时的桨推进特性为额定推进特性。此工况下的船-机-桨配合为正常配合。

当 $\lambda_p \neq \lambda_{p_H}$ 时船-机-桨配合为非正常配合。当 $\lambda_p > \lambda_{p_H}$ 时螺旋桨推进特性线变得

较平坦，此时的配合为轻载配合。当 $\lambda_p < \lambda_{p_H}$ 时螺旋桨推进特性线将变陡，此时的配合为重载配合。

当 $\lambda_p = 0$ 时为系泊试车工况，此时航速为零，推力系数和转矩系数达到最大值。系泊工况柴油机转速不可能达到额定转速，否则会产生柴油机因严重超负荷而无法正常运转、推力轴承因超负荷受损、艉轴轴承发热烧损等事故。

4. 螺旋桨检查图线

螺旋桨检查图线是反映螺旋桨在不同 λ_p 和不同转速情况下，螺旋桨的功率与船舶航速之间的关系曲线。利用螺旋桨检查图线可以分析船舶在各种阻力情况下螺旋桨的转速、吸收功率、船舶相应的航速等许多重要参数之间的关系。

如图 5-10 所示，螺旋桨检查图线表示螺旋桨的推力、转矩或功率在不同转速下与航速 V_s 的关系。

对于一个既定结构参数的定距桨，有一个确定的螺旋桨检查图线。当螺旋桨的结构参数发生改变时，如改变螺距比 H/D，检查图线上各等参数曲线的相对位置会变化，对应的坐标值也会随之改变，但变化规律相同。

5.1.7 航速与转速的转换关系

船舶在稳定工况航行时，进速系数 λ_p 为定值，螺旋桨所产生的有效推力 T_e 和船舶阻力 R 是相等的，即

$$T_e = T(1-t) = R \tag{5-9}$$

式中 t——推力减额分数。

故由式（5-1）和式（5-6）取 $m=2$，可得

$$n_p = \left(\frac{A_R}{C_T}\right)^{\frac{1}{2}} V_s \tag{5-10}$$

对于已设计建造的船舶，其线型与尺度是已定的，当船舶的航行状态也保持一定时，式（5-10）中的系数 A_R、C_T 可看作是常数。如令 $k = (A_R/C_T)^{1/2}$，则

$$n_p = k V_s \tag{5-11}$$

即航速与转速的关系式。图 5-11 所示为不同 λ_p 值时航速与转速的关系。

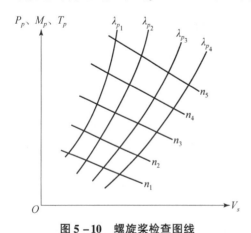

图 5-10 螺旋桨检查图线　　图 5-11 不同 λ_p 值时航速与转速的关系

5.1.8 无因次分析法

为方便分析，通常将参数无因次化，选取船－机－桨设计工况配合点参数作为参考值，如船舶设计航速 V_{s_H}，桨配合点参数 n_{p_H}、P_{p_H}、M_{p_H}，主机配合点参数 n_{e_H}、P_{e_H}、p_{e_H}、M_{e_H} 等，忽略传动损失等的影响，记无因次量为

船舶航速为
$$V_s^* = V_s/V_{s_H} \tag{5-12}$$

桨参数为
$$n_p^* = n_p/n_{p_H} \tag{5-13}$$
$$P_p^* = P_p/P_{p_H} \tag{5-14}$$
$$M_p^* = M_p/M_{p_H} \tag{5-15}$$

主机参数为
$$n_e^* = n_e/n_{e_H} \tag{5-16}$$
$$P_e^* = P_e/P_{e_H} \tag{5-17}$$
$$M_e^* = M_e/M_{e_H} \tag{5-18}$$
$$p_e^* = p_e/p_{e_H} \tag{5-19}$$

对于机械传动，包括直接传动及齿轮减速间接传动，稳态时应有下列关系式：
$$V_s^* = n_e^* = n_p^* \tag{5-20}$$
$$P_e^* = P_p^* = n_p^{*3} \tag{5-21}$$
$$M_e^* = M_p^* = p_e^* = T^* = n_p^{*2} \tag{5-22}$$

柴油机油门开度百分比和气缸平均有效压力 p_e^* 大致呈线性关系。如油门开度为 80% 时，可以认为 $p_e^* = 80\%$，则有 $n_p^* = 0.894$，$P_e^* = P_p^* = 0.715$。如图 5-12 中 B 点所示，如果油门开度为 100%，在此转速下对应的主机功率为 B' 点的功率，主机的剩余功率为 $\Delta P^* = P_{B'}^* - P_B^* = n_p^* - n_p^{*3} = 0.894 - 0.715 = 0.179$，即机桨工作在 B 点时，主机有 17.9% 的做功能力没有利用上。

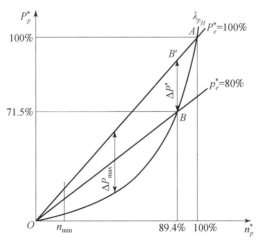

图 5-12 剩余功率

如不考虑主机热负荷限制，剩余功率一般表达式为

$$\Delta P^* = n_p^* - n_p^{*3} \quad (5-23)$$

可以求其最大值，令 $\dfrac{\partial \Delta P^*}{\partial n_p} = 0$，得

$$\begin{cases} n_p^* = \sqrt{\dfrac{1}{3}} = 0.577 \\ \Delta P_{\max}^* = n_p^* - n_p^{*3} = 0.577 - 0.577^3 = 0.3849 \end{cases}$$

即当桨转速为额定转速的 57.7% 时，剩余功率达到最大值，即额定功率的 38.49%。实际计算时应考虑主机热负荷限制的影响。

5.2 典型推进装置的稳态特性与配合

5.2.1 船、机、桨匹配条件

1. 机、桨匹配条件

主机通过轴系直接带动螺旋桨，并设轴系水平居中布置，倾斜角和扩散角均为 0°。机、桨匹配条件如下：

1）运动平衡

直接传动时主机转速与桨转速相等，即

$$n_e = n_p = n \quad (5-24)$$

齿轮箱减速传动时 $\quad n_p = n_e / i \quad (5-25)$

式中 i——齿轮箱减速比。

2）动力平衡

直接传动时 $\quad M_p = M_e - M_f \quad (5-26)$

齿轮箱减速传动时 $\quad M_p = i \cdot M_e - M_f \quad (5-27)$

式中 M_f——轴系和传动设备消耗力矩，当忽略传动损失时，$M_f = 0$。

2. 船、桨匹配条件

1）运动平衡

桨进速与船舶航速相差是伴流速度，即

$$V_a = V_s(1 - \omega) \quad (5-28)$$

式中 ω——伴流系数。

2）动力平衡

船体得到的有效推力等于船体阻力，即

$$T_e = T(1 - t) = R \quad (5-29)$$

式中 t——推力减额系数。

5.2.2 单机单桨直接传动

图 5-13 中曲线 1BAC 为船舶在设计载荷下螺旋桨的推进特性线，对应进速系数为

λ_{pH}；曲线 $2B'A$ 为柴油机在额定负荷下的额定负荷特性线；曲线 $3C$ 为柴油机超负荷特性线；曲线 $4B$ 为柴油机部分负荷特性线；直线 1423 为柴油机最低稳定转速线。

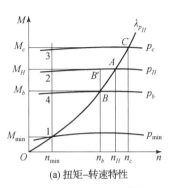 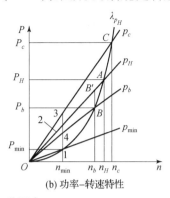

(a) 扭矩-转速特性　　　　　(b) 功率-转速特性

图 5-13　机、桨配合

当船舶在设计航速正点航行时，螺旋桨也在设计条件下工作，处于最佳效率状态。此时柴油机也在额定负荷下运转，即在额定喷油量，额定转速下运转，主机发出额定功率。船机桨实现了最佳配合，推进装置取得最优的性能。在图 5-13 中 A 为额定工作点，也就是船机桨的设计工作点。航行中如果要求高于设计航速航行时，船桨就沿着设计载荷下的工作特性线 $1BA$ 提高航速，设工作平衡于 C 点。此时螺旋桨仍在设计条件下工作，处于最佳状态。但是，主机要适应船桨的工作就要增加负荷（增加喷油量）和提高转速。迫使主机离开额定负荷特性线 $OB'A$，移到超负荷特性线 OC 上。输出功率超过额定功率，主机处于超负荷状态，工作条件恶化，导致性能下降、寿命缩短。由于柴油机的超负荷能力有限，故不允许长期在 C 点工作（只有在特殊情况下可以短时间使用，如快艇在攻击敌人时）。如果要求降低航速航行，如运转于 B 点，此时螺旋桨仍处于最佳条件下工作，保持最好的效率。但是，主机要与螺旋桨保持运动和动力平衡，迫使主机转速下降，喷油量减少，则主机就从额定负荷特性线 $OB'A$ 移到部分负荷特性线 OB 上，处于部分负荷下工作，不能充分利用主机的额定功率，并且效率下降，降低了推进装置的经济性。额定功率不能利用的那一部分，如图 5-13 中 BB' 表示的功率，称为剩余功率，对一部较完善的推进装置，剩余功率应减小到最低程度，以提高船舶的营运经济性。单机单桨推进装置的剩余功率区域（图 5-13 中 $AB142B'A$ 区域）较大。

图 5-14 中曲线 $1A$ 为船舶在设计载荷下的螺旋桨推进特性线，曲线 $3B$ 为船舶在重载下的螺旋桨推进特性线，曲线 $4CC'$ 为船舶在轻载下的螺旋桨推进特性线，曲线 $2BAC'$ 为柴油机的额定负荷特性线，曲线 $5C$ 为柴油机的部分负荷特性线，直线 41352 为柴油机最低稳定转速线。

船舶在非设计载荷下航行时，其推进装置的工作特性可用图来说明。船舶在重载工况航行时（拖曳工况），螺旋桨沿着重载特性线 $3B$ 工作，机桨工作平衡于 B 点。此时，沿着重载特性线工作，离开了设计条件，推进效率下降，而主机受到额定扭矩的限制，只能沿着额定负荷特性线 $2BA$ 工作，转速降低，主机发不出额定功率，工作条件恶化，主机效率下降。总之，由于机桨性能同时变坏，动力装置功率又不能全部利用，这样既降低了船的航速，又降低了推进装置的经济性。一般情况下，重载工况时，

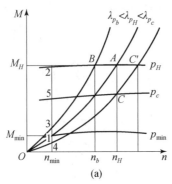 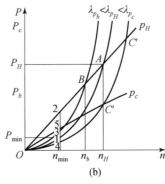

图 5-14 非设计工况配合特性

要求充分发挥推进装置的能力,以最高航速前进,但是此刻主机却发不出额定功率,势必降速航行。如果改变螺旋桨的设计点,按重载或拖曳工况设计,这样虽然在拖曳工况时机桨都在最佳条件下工作,推进装置具有最好的经济性,主机的额定功率也能充分利用,但是推进装置在非拖曳工作时,机桨也离开了设计条件,性能也随之下降。所以,设计工况的确定应根据船舶的运行要求,需经详细的论证比较才能决定。

船舶在轻载工况航行时(如船舶装载货物减少或空载返航),螺旋桨就沿着轻载特性线 $4C$ 工作。如果主机仍在额定负荷下工作,机桨则工作于 C' 点。此时主机的转速超过额定转速,功率大于额定功率,致使主机的机械负荷和热负荷都增加,而处于超负荷。由于主机的超负荷是有限的,不允许工作,故迫使主机减小负荷,按部分负荷特性线 $5C$ 工作于 C 点。虽然主机的转速降到额定值,但主机的额定功率尚不能充分利用。可见,船舶轻载航行时,一方面机桨性能下降,另一方面主机的额定功率也不能全部利用。采用这类推进装置的一些运输船舶,为了改善部分工况时的经济性,通常采用轴系功率外撤的措施,如在轴系上附带轴系发电机、压气机以及其他辅助泵等,来吸收 CA 段的剩余功率,以提高整个装置的经济性。

综上所述,单机单桨直接传动推进装置在非设计工况下是不利的,故这种推进装置对于工况和载荷多变的船舶是不适宜的。

5.2.3 双机单桨推进装置配合特性

图 5-15 中曲线 $1BA$ 为船舶在设计载荷下的工作特性,也是船舶在设计载荷下螺旋桨的推进特性线;曲线 $2BA_0$ 为一台柴油机在额定负荷下的额定负荷特性线;曲线 $3B'A$ 为两台柴油机在额定负荷下的合成额定负荷特性线;曲线 $4B_0A_0$ 为假想一台柴油机承担的螺旋桨推进特性,也是曲线 $1BA$ 的 $1/2$ 负荷特性,直线 123 为柴油机最低稳定转速线。

当船舶在设计载荷下设计航速航行时,如 A 点,螺旋桨也在设计条件下工作,具有最好的效率。此时,每台主机都在额定负荷 A_0 点运转,

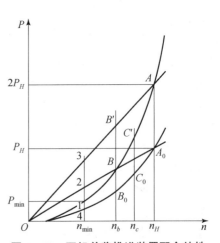

图 5-15 双机单桨推进装置配合特性

发出额定功率。两台主机的合成功率和螺旋桨功率平衡于 A 点。三者都在设计条件下，获得最佳配合，推进装置取得最佳性能。当船舶要求高于设计航速航行时，同单机单桨推进装置一样，迫使主机离开额定工作条件而处于超负荷状态，致使性能下降，主机又受到超负荷能力的限制，不允许长期工作。所以船舶在设计载荷下高于设计航速航行是受限制的。当船舶要求低于设计航速航行时，如 C 点，此时螺旋桨仍在设计条件下工作，而主机根据机桨稳定工作条件，只能运转于 C_0 点，则每台主机处于部分负荷下工作，性能下降，每台机都发不出额定功率。当船舶要求在 B 点或 B 点以下航行时，螺旋桨的工作仍然在设计条件下，而主机的工作却出现两种情况：一是如果双机投入工作，根据机桨稳定工作条件，每台机沿着假想的推进特性线 $4B_0A_0$ 移动。当螺旋桨运转于 B 点，每台主机运转于 B_0 点，此时每台主机都在较低的负荷下运转，主机性能显著下降。二是如果单机工作时，主机就沿着螺旋桨设计推进特性线运转，机桨平衡于 B 点，此时主机的负荷两倍于双机工作时的功率，改善了主机工作性能，接近于额定功率。根据上述分析，对于双机并车推进装置，当船舶在低速航行时，一旦单机功率能够满足功率需要时，就可以关闭一台主机，既能提高推进装置经济性，又可以充分利用主机的额定功率，以减小主机的剩余功率范围。从图 5-15 可以看出，其剩余功率范围与单机单桨推进装置相比减小到断面 $AB12BB'$ 区域，显著地减小了。

5.2.4 减速齿轮箱传动

中速或高速柴油机作主机的船舶，在机、桨之间采用减速齿轮箱传动，以获得较低的螺旋桨转速，从而提高螺旋桨工作效率。有些船舶，如拖船、拖网渔船等，自由航行和拖航时的负荷有显著差别，一般采用多速比推进来提高牵曳能力。

如图 5-16 所示，渔船自由航行时机桨配合于 A 点工作，在额定转速下发出额定功率。在拖网工况下，推进特性线上升很多，虽然发动机油门开度仍为 100%，机桨配合点由 A 移至 B 点，功率和转速都大大下降，使桨的推力减小很多，螺旋桨效率也随之降低，输出能力与拖航工况要求正好相反。当渔获较多拖网重载时，情况更严重，配合点降至 C 点，此时主机转速及功率更低，桨推力更小。

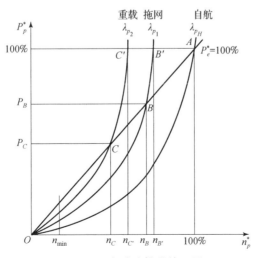

图 5-16 多速比推进的匹配

为使主机发出全功率，可采用多速比传动，如拖网时主机工作于 A 点，而桨工作于 B' 点，减速比为 $i_1 = n_H/n_{B'}$，重载时桨工作于 C' 点，减速比为 $i_1 = n_H/n_{C'}$。这样使主机在不同工况下都能发出全功率，而且桨转速比无齿轮减速时有所提高，因而牵曳能力有所提高。

5.2.5 一机双桨传动

在螺旋桨直径受吃水限制的船舶上或机舱布置双机桨较困难的情况下，可采用一机双桨传动装置。单机功率是通过齿形带轮经离合器减速齿轮箱 Z 驱动双桨的，如图 5-17 所示。

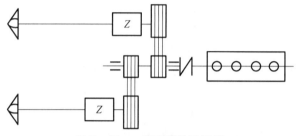

图 5-17 一机双桨传动装置

图 5-18 为一机双桨传动装置配合的特性曲线。线 1 和线 2 分别为单桨的最大持续功率外特性和部分特性线，曲线 Ⅰ 和曲线 Ⅱ 分别为单桨和双桨组合的推进特性曲线，A 点为按双桨工作时设计工况下的配合点，这时 $P_H = P_{P1} + P_{P2}$，P_{P1}、P_{P2} 分别为在两个桨在设计工况下的收到功率；B 点为在额定工况下两桨同时工作时单桨的推进曲线与主机部分特性线的配合点。这种装置由于采用了离合器，它既可使用双桨工作，必要时也可以用单桨工作，但后者只能采用主机的部分特性线 2 相匹配。由于在单桨航行时船的进速降低，进速系数 λ_p 减小，加之还要消耗一部分拖桨功率和因单桨工作时所产生的回转力矩而增加的偏舵阻力，故其实际推进曲线将变陡如图 5-18 所示的曲线 Ⅰ'。主机的负荷也偏离额定负荷较远，一般耗油率也高，故非必要情况，一般航行时均不使用。

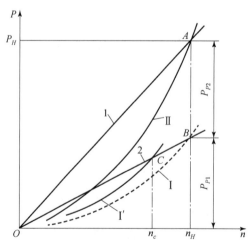

图 5-18 一机双桨传动装置配合的特性曲线

5.2.6 调距桨推进装置的配合及其工作特性

1. 调距桨的组成

调距桨一般包括调距桨、传动轴、调距机构、液压系统及操纵系统五个基本部分。在驾驶室操纵控制杆,电液伺服控制系统通过配油机构,将方向和油量都受控制的高压油输入螺旋桨桨毂中的伺服油缸,并通过转叶机构驱动桨叶,在全正车和全倒车范围内,无级调节螺距角。

如图 5-19 所示,KEMEWA 公司 XF1 型调距桨的控制阀装在桨毂中。阀杆装在螺旋桨轴中心孔中是空心的,液压油经阀杆进入控制阀。阀座与桨毂伺服电动机的活塞连成一体。阀杆和阀头轴向移动时,活塞一侧液压油流量增大,油从另一侧排回到轴孔中,活塞和阀座随阀头移动,直到阀座到达相对于阀头的初始位置时就停止移动。控制阀如图 5-20 所示,这种阀称为负叠量阀,即使没有进行操纵时,也有油流通过阀门。桨叶有改变螺距倾向时,阀座的位置改变,油塞一侧的油压立即增大,使螺距不能改变。

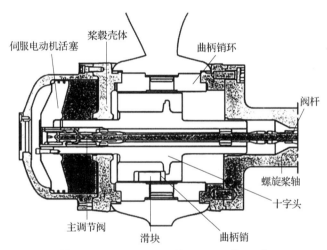

图 5-19 KEMEWA 公司 XF1 型调距桨

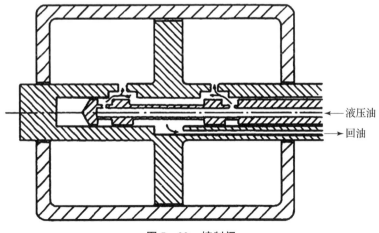

图 5-20 控制阀

商船桨毂的设计油压约为 5.5MPa，军舰桨毂的设计油压要高些。转叶机构的螺距角设定范围从倒车最大值到正车最大值为 2×30°。一种特殊卡米瓦桨毂称为联杆桨毂。桨毂活塞的运动由联杆传给桨叶曲柄销，总行程为 112°，这就可将桨叶设定到顺桨位置，即设定到 90°螺距角上，以便在双桨船上只有一个螺旋桨运行时，减小不旋转螺旋桨的阻力。

桨毂设计强度大于桨叶，而轴的设计强度大于桨毂。这种设计原则称为金字塔式强度，目的是使螺旋桨在受重冰、搁浅等原因引起的外力作用下出现超载时，最便宜的桨叶部分先断掉，以保护桨毂和轴不受损坏。轻载调距桨的毂径比可低到 $d/D = 0.23$，接近于定距桨的毂径比，平均毂径比约为 $d/D = 0.28$。抗水加强调距桨的毂径比可达 0.42。

2. 调距桨的控制

调距桨一般从驾驶台控制，也可从机舱控制。控制板的控制信号以电信号形式（有时以气动控制形式）输送到供油箱。供油箱装在供油轴上，或装在减速齿轮前面。供油箱接到驾驶台控制信号后，阀杆移动，液压油随之以适当压力输出，如图 5-21 所示。

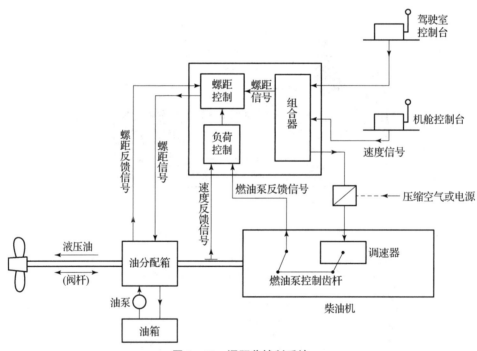

图 5-21 调距桨控制系统

早期控制系统对主机速度和螺旋桨螺距是独立控制的，这就要求驾驶台操纵人员非常了解螺旋桨的功能，螺旋桨有可能出现空化或降低效率，主机有可能出现超载和失速。因而将主机转速和螺旋桨螺距控制器组合成一个具有转速和螺距固定匹配关系的组合器。若有必要，螺距曲线可用调节旋钮进行调整，如在拖船上，螺旋桨应能在很宽航速范围内吸收功率。图 5-22 是一种典型的组合器，说明主机转速和螺旋桨螺距与操纵杆位置的关系。

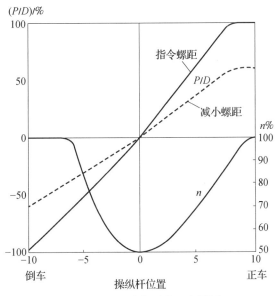

图 5-22 一种典型的组合器图

尽管采用了组合器，在一定工况下，例如：加速时，仍有可能出现超载，因而需要配备超载保护装置，连接到主机燃油泵控制齿杆或调速器上，在红灯发亮时瞬时减小螺旋桨螺距，负荷控制器沿与转速成函数关系的主机功率曲线进行控制。若功率超过负荷曲线，负荷控制器将进行干预，使螺距减小。

3. 调距桨的特性

调距桨的螺距可以在运行中任意调节，所以在相同的 λ_p 下，该桨的推力和扭矩不仅随转速而变，还随螺距比的改变而变化，即 K_T、K_M、$\eta_p = f(\lambda_p, H/D)$，如图 5-23 所示。在外界阻力因素不变的情况下，λ_p 为常数，此时若螺距增加，则同样转速下推力和扭矩均增大。因而调距桨推进可通过调整螺距比来控制螺旋桨转速和扭矩及推力之间的关系，以适应各种船舶工况变化的需要，如图 5-24 所示。

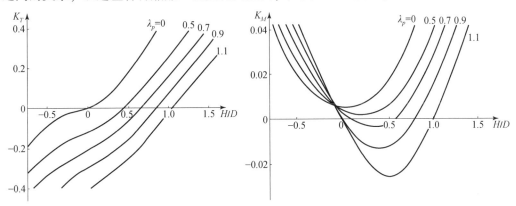

图 5-23 调距桨 K_T、K_M 与 λ_p、H/D 的关系

调距桨主要应用于运行工况变化大，对机动性及操纵性要求高或超低速航行的船舶，如拖船、渔船、工程船（布缆船、挖泥船等）、调查船、科学考察船、油船、渡船、滚装船、破冰船等。

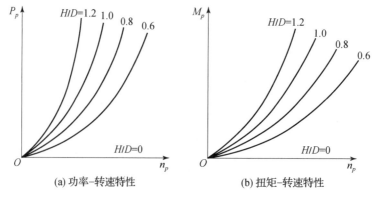

图 5-24 调距桨功率和扭矩特性（λ_p = 常数）

4. 调距桨的优缺点

1) 调距桨的优点

（1）在任何工况下主机都能发出全功率。重载时把桨的螺距减小，轻载时增大螺距，使主机达到不变的扭矩和不变的转速，即主机始终在额定功率运转。对多工况船舶，调距桨始终能给出较大的推力和较高的航速。

（2）在柴油机工作范围内，任意匹配 n 和 H/D，使船舶得到所需要的航速。调距桨推进能够在船舶所有运行工况下充分吸收主机的全功率，在部分负荷时，可实现螺距和转速的最佳匹配。

（3）主机转速一定时，改变螺距比能使船舶获得不同的航速。这为主机轴带辅机创造了条件，特别是采用轴带交流发电机，大型油轮的油泵等。这种特点对某些工程船舶，如消防艇、挖泥船等也十分有利。当挖泥船满载航行或消防艇全速赶到火区时，主机的全部功率供给推进船舶的螺旋桨；而当低速挖泥或火区救火时，主机的大部分功率（剩余功率）正好可用来驱动辅机，这样主机驱动交流发电机和泵的办法，除了可节省辅机的原动机以外，把航行的能量归结为一种主发动机，以减少维修、提高经济性和机舱的合理利用等，是十分理想的一种动力装置配置。

（4）可实现微速航行。

2) 调距桨的缺点

（1）轴系构造复杂、制造工艺要求高、造价高；

（2）桨毂中的转叶机构难以维修、保养、可靠性差；

（3）由于桨毂比定距桨大，因此相同设计工况下，调距桨的效率比定距桨低；

（4）叶根较厚，容易产生空泡。

5.3 过渡工况

5.3.1 过渡过程运动方程

过渡工况主要反映船舶在起航、加速、转弯、制动与倒车等变化过程的动态特性。

机桨按这些工况工作和配合，条件往往比较恶劣，容易发生超负荷现象，操作时必须特别注意。

对于破冰船、渔船、狩猎艇、救护船、特种舰船，以及大型油轮，都要有从一个工况转变到另一个工况的过渡能力。主机组和操控系统应采用最合适的方法，如启动、加速、制动、反转以及并车等有效措施来达到工况的转换，然后稳定在指定工况的能力。这种瞬态性能，直接影响到船舶本身的回转、拖曳、冰区移动、雾天行动、贯穿运河、离靠码头和回避紧急事故的能力。

机动性对船体来说有增速性、制动性、回转性和对外界条件变化的适应性。对轮机来说有主推进机组的运转快速性，启动、加速、制动反转性、对外负载变化的敏感性。

机、桨、船的过渡运动由船的运动和推进系统的运动综合而成，它们可用以下两个方程来描述：

$$(m + \Delta m) \frac{\mathrm{d} V_s}{\mathrm{d} t} = T_e - R \tag{5-30}$$

式中　T_e——有效推力；

　　　R——船体阻力；

　　　m——船舶质量；

　　　Δm——船的附水质量；

　　　V_s——航速。

$$I \frac{\mathrm{d} \omega}{\mathrm{d} t} = i \cdot M_e - M_p - M_f \tag{5-31}$$

式中　I——回转体总转动惯量；

　　　ω——轴系旋转角速度；

　　　i——齿轮传动比；

　　　M_e——主机输出力矩；

　　　M_p——桨负荷力矩；

　　　M_f——轴系和传动设备消耗力矩。

5.3.2　起航和加速工况

船舶刚起航时，桨的推进曲线较陡，油门不宜开得过大。船舶在起航和航行中的加速过程，螺旋桨所发出的有效推力，除用来克服船舶在该航速时的阻力外，有一部分还须用作克服船舶加速时的惯性力，即船舶加速航行时要求的螺旋桨推力比作等速航行时要大。这个特点也可以从图5-25看出，曲线Ⅰ为螺旋桨在某一等速航行工况时的推进曲线，Ⅱ与Ⅲ为加、减速时桨的推进曲线；1、2为主机不同供油量时的主机外特性曲线。从前面分析可知，要使船舶加速，就必须增加螺旋桨推力，也就是要求主机开大油门。假定以主机外特性1的 a 点为起始点，当主机供油量增加后，主机的特性从1变为2，主机与桨的转速 n 也相应增高，而在此瞬间，船速却因其惯性作用尚未增加，致使 V_a/n 值下降，推进曲线变陡，如曲线Ⅱ所示，配合点由 a 沿Ⅱ线变为 a'。从图5-25可见，在 a 点时主机供大于求，使工作点沿曲线2到达 b 点才稳定下来，促使桨的推力增加和船速提高。由此可见，加速过程中（非稳定过程），发动机工作点的变化不是沿Ⅰ线上的 $a-b$ 变化，而是沿上述的 $a-a'-b$ 变化。如果把 a 至 b 的加速过程分为许多小阶段进行，即把原来一次增加的喷油量分为多个分量进行，则每一小阶段成为一个小加速过程。阶段分得越细，加速过程的工作点的变化路线越接近于 $a-b$ 线。船舶起航时，航速从零逐渐增加至全航速。对于这个最长的加速过程，实际操作都是把喷油量分段提高，使发动机的负荷随着航速一起逐渐增加，这对发动机的运转有好处。

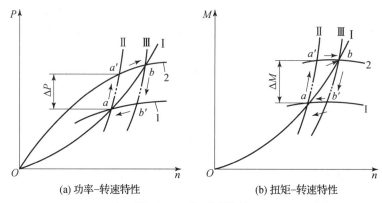

图 5-25 加减速特性

减速则与上面加速情况相反。当主机减油后，主机的外特性就会从 2 变为 1，这时转速 n 就下降，而 V_a 却暂时未变，V_a/n 值将增大，在 b 点以下的减速线 Ⅲ 将低于 Ⅰ，平衡点也将从 b 点转向 b'，并因求大于供的关系，再沿 b' 点回到 a 点。

迅速起航和急剧加速，将导致发动机的机械负荷和热负荷过重。除紧急情况外，不宜采用这种起航办法，特别是当发动机的温度还很低，尚未达到正常运转温度时，更不宜采用。起航时慢慢提高螺旋桨转速，使航速较缓慢地提高，对发动机的磨损和负荷都有利。

5.3.3 倒航（反转）

工况船舶在进出繁忙的港口、过狭小复杂的航道，或在气候恶劣等情况航行时，经常要进行频繁的倒车操纵，以防两船相碰、触礁等事故。

图 5-26 所示为螺旋桨的倒车特性曲线。图中纵、横坐标分别为螺旋桨转矩和转速的百分数。曲线 A、B 和 C 分别为船舶在全速、半速和系泊情况下根据船模试验测出的螺旋桨倒车特性曲线。在主机全部换向过程中，假定船速均没有变化，图中虚线 D 为船舶在全速前进时实际的螺旋桨倒车特性曲线（它已考虑主机在制动和换向过程船速逐渐降低的影响）。

船舶在 $V_p=1.0$ 全速前进时，主机从正车紧急换向为倒车的运转情况（曲线 A）。主机在紧急换向过程中，一般经过三个阶段。第一阶段 $a-b$ 是接到倒车命令后先停止向主机供油，主机转速迅速下降，使螺旋桨的进速系数 J 急剧增加，螺旋桨的推力系数 K_T 和转矩系数 K_M 明显下降，当下降到 b 点时，约 $(0.6-0.7)n_H$ 时，螺旋桨的转矩为零。第二阶段 $b-c-d$ 是在 b 点以后，由于船舶仍在全速前进，J 继续增加会，一般

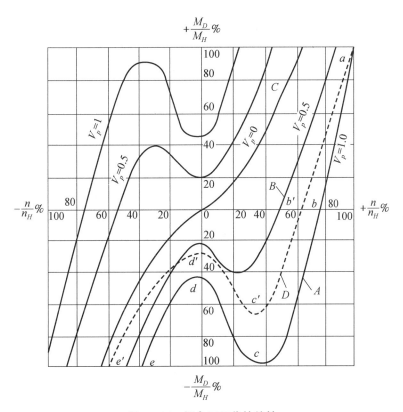

图 5－26 倒车工况桨的特性

会使 K_T、K_M 转为负值，螺旋桨被水冲击产生负转矩，像水涡轮一样带动主机曲轴等仍按正车方向回转，此负转矩为主机各运动部件摩擦损失所消耗，使转速迅速下降。当转速降为 $(0.3\sim0.4)n_H$ 时，负转矩达到最大值点 c，c 点为临界点，过 c 点转速再降低时，负转矩就开始逐渐减小。当负转矩下降到与主机各运动部件的摩擦阻力矩相平衡时，螺旋桨就停转（点 d）。第三阶段（$d-e$）是在 d 点之后，如果倒车启动主机，其启动力矩必须大于螺旋桨的负转矩，使螺旋桨的负转矩产生推力，对船速起制动作用。然而，从图 5－26 可知，按全速前进时曲线 A 上的 e 点表明，在倒车转速为 $(0.3\sim0.4)n_H$ 左右时，螺旋桨所吸收的转矩立即达到额定值 M_H，此时随着主机转速的下降船速已经减慢，因而是按图中的虚线 D 工作（在曲线 A 左方）。尽管如此，按额定转速作全速倒车也是不允许的，因为从图 5－26 可知，无论是将 de 或 $d'e'$ 线延长至额定转速线上时，所要求的转矩将相当于额定转矩的 3～4 倍，故倒车转速必须限制在 70%～80% n_H 以内。当然，如果船速按 $V_p=0.5$ 或 $V_p=1.0$ 倒车，则情况就比较缓和。

在使用启动空气系统刹车时，由于各种机型操纵系统的紧急刹车性能不同，当紧急换向时，还必须根据它们的特点进行正确操作。一般来说，必须遵守一个原则，即首先是刹车有效转速为额定转速的 40% 左右，其次是在刹车过程中，只能向气缸供给压缩空气。刹车时不能一次把主机刹住，应该刹刹停停，直到停车，再倒车启动和进油反转。如果在主机处于最大转矩时，一下子把主机刹住，将使曲轴受到很大的反力矩，易使缸套处产生滑移及增加其他零部件的受力和冲击等。

在图 5-26 中 $V_p=0$ 曲线上方的 $V_p=0.5$ 和 $V_p=1$ 时的转矩变化曲线，是船以全速后退时螺旋桨作正转的情况，它们与前进时桨作反转的情况类似。

5.3.4 双桨推进装置的转弯工况

船舶的转弯是靠舵来实现的。左转弯时，左侧桨为内桨，右侧桨为外桨，如两只桨均为外旋，船舶在左转弯时，一般先使船舶外移。当转左舵时，由于水在舵面的作用力使船舶一面外移，另一面围绕重心旋转，并使船艉外扬，使重心瞬时旋转速度 V 与船中线形成夹角 γ（偏流角），偏流角的出现，加上转弯时舵的阻力，使船舶运动的阻力增加，航速也相应下降。船舶在转弯时船速及螺旋桨处水流的大小与方向均在不断变化，两只螺旋桨的负荷也是在不断变化的。

现在取内、外桨的各一个叶切面来分析。从图 5-27（a）、（b）可以看出，在螺旋桨处除作用斜向水流外，还有螺旋桨本身旋转而产生的切向流速（$2\pi rn$），一般主机均装有调速器，可认为转弯时螺旋桨的转速及切向流速保持不变。这样便可以画出桨的速度（负荷）三角形。

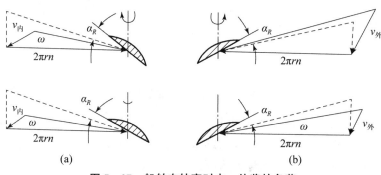

图 5-27　船舶在转弯时内、外桨的负荷

图 5-27 中的虚线表示转弯开始前的水流情况。对于内桨（图 5-27（a））在左转弯开始时，由于船艉外扬使攻角 α_R 进一步加大，随着转弯的发展，其航速进一步降低。在转弯过程中，一般内桨的扭矩往往是不断上升的。而对于外桨（图 5-27（b）），在转弯开始时，由于船速降低很少，加之船艉外扬在桨处所产生的速度，使旋转速度增大并导致攻角 α_R 减少，使主机负荷降低，水流的攻角也相应增大，又使扭矩增大，但其数值较内桨要小得多。

图 5-28 所示为某船在转弯时，内外桨负荷变化试验结果。该船以 14kn 的船速向左转弯，在 0.5min 后船转到 20°，此时外桨的负荷降至最低，此后随进速的减小重新上升超过额定负荷 6%~7% 后稳定下来，内桨的负荷一直不断上升直到船转至 180°，此时需要经过 4~5min，功率将超过原来的 60%。转弯时所用的舵角、航速及螺旋桨转速越大，机桨的负荷也越大。为了避免主机超负荷，一般宜在低航速低转速及较小的舵角情况下进行转弯，特别是带有调速器的主机，在转弯时宜适当减少内桨的转速（或减小该主机的油门），以免其超负荷。

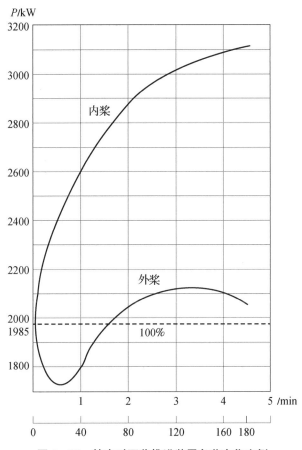

图 5-28 转弯时双桨推进装置负荷变化实例

习 题

1. 什么是工况？什么是设计工况？什么是变工况？
2. 船、机、桨三者的能量关系如何？
3. 什么是船舶的阻力特性？
4. 什么是螺旋桨的水动力特性？
5. 柴油机速度特性反映一些什么关系？柴油机的功率特性有哪几种？
6. 为什么在确定机、桨匹配点时要考虑功率储备？
7. 船、机、桨正常配合的标志是什么？
8. 船、机、桨配合的平衡条件是什么？
9. 在哪些情况下会出现轻载和重载？为什么带定距桨的主机在轻载和重载时都不能发出全功率？
10. 单机单桨直接传动的配合特性是怎样的？

11. 双机双桨直接传动的动力装置，不工作桨的处理方法有几种？
12. 多速比的动力装置为什么能更好地发挥主机的潜力？试举例说明。
13. 试分析 CODAG 动力装置的配合特点。
14. 调距桨动力装置的配合特点是怎样的？
15. 调距桨装置一般由哪几个部分组成？

第6章 主机与螺旋桨选型设计

6.1 概述

6.1.1 主推进装置型式

主推进装置由主机、轴系、传动设备及螺旋桨组成，根据它们的类型与数目的不同组合，就有不同型式的主推进装置。主推进装置按主机的类型与数目分为低速柴油机、中速柴油机、高速柴油机及单机、双机、多机等，按螺旋桨类型与数目分为定距桨、变距桨、调距桨及单桨、双桨、多桨等，按轴系数目分为单轴、双轴、多轴等，按传动方式分为机械传动、电力传动、液力传动及直接传动、间接传动等。

主机、螺旋桨、轴系及传动方式都有其各自的技术特点。按照不同船舶要求，适当地将上述四者予以合理组合，就构成各种各样具有不同特点的主推进装置。实用的组合型式很多，比较典型的型式如表 6-1 所列。

表 6-1 主推进装置典型组合型式

1	定距桨 艉轴 中间轴 柴油机	单机单桨刚性直接传动，定距螺旋桨，主机可反转
2	调距桨 艉轴 中间轴 柴油机	单机单桨刚性直接传动，调距桨，主机不能反转
3	定距桨 艉轴 中间轴 柴油机 定距桨 艉轴 中间轴 柴油机	左右机舱各布置一套，均为单机单桨刚性直接传动，定距螺旋桨，主机可反转
4	定距桨 艉轴 中间轴 减速箱 柴油机	单机单桨齿轮减速传动，定距螺旋桨，双转向齿轮箱，主机不反转

续表

5		左右机舱各布置一套，均为单机单桨齿轮减速传动，定距螺旋桨，双转向齿轮箱，主机不反转
6		双机单桨齿轮减速传动，定距螺旋桨，主机反转
7		左右机舱各布置一套，均为双机单桨齿轮减速传动，定距螺旋桨，主机反转
8		左右机舱各布置一套，均为双机单桨齿轮减速传动，定距螺旋桨，主机反转
9		单机单桨电传动，定距螺旋桨，主机不反转
10		双机单桨电传动，定距螺旋桨，主机不反转
11		三机单桨齿轮减速传动，调距桨，主机不反转
12		柴油机-燃气轮机（CODOG 或 CODAG）单桨齿轮减速联合传动，调距桨，主机不反转

续表

| 13 | 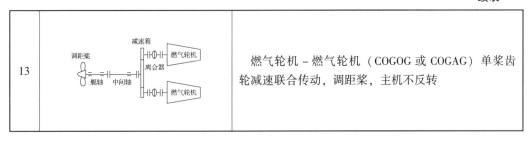 | 燃气轮机－燃气轮机（COGOG 或 COGAG）单桨齿轮减速联合传动，调距桨，主机不反转 |

正确确定主推进装置的型式，牵涉的问题错综复杂，但归纳起来，可以从以下几方面加以考虑。

1. 按主机总功率的大小

按主机总功率的大小可以考虑主机的类型与数目、轴系与螺旋桨的数目。大型低速柴油机单机功率大、耗油率低且耐用可靠，适用于大型沿海和远洋运输船舶，可较大幅度降低运输成本和提高运输量，一般采用单机单桨直接传动。若要求主机总功率较大，则可采用双机单桨、双机双桨、或多机多桨等型式，主机采用中速或高速柴油机，其重量、尺寸较小，便于机舱布置。

2. 按船舶种类与要求

对工况比较稳定的沿海或远洋货轮、油轮一般采用大型低速柴油机、单机单桨直接传动及定距桨。客轮由于航速要求较高、吃水浅，采用双机（多机）双桨（多桨），一方面以满足航速要求，螺旋桨可充分浸入水中，另一方面采用双桨（或多桨）可提高机动性。如果主机采用中速机或高速机，则必须采用间接传动以降低螺旋桨转速。渡轮、拖轮及其他工程船由于工况变化频繁，机动性要求较高，而且机舱尺寸有限，故采用中高速柴油机、多机多桨、齿轮减速传动，螺旋桨可采用变距形式，以适应工况多变的要求。对于舰艇，考虑到其作战及巡航等不同工况，为提高战斗力与生命力，也常采用多机多轴多桨、间接传动的主推进装置型式。近代潜艇及大型破冰船等由于其工作条件限制，并且要求有较好的机动性，往往采用电力推进方式。

3. 按船舶的吃水深度

单机单桨直接传动的推进效率较高，但如果船舶吃水浅，单桨所需的螺旋桨直径又较大，此时必须采用双桨（或多桨），以减小每只螺旋桨的直径，可产生舵的转向效果，提高机动性。

4. 按主推进装置初投资、运转费和初投资费回收年限多少

在选用不同主推进装置型式时，应考虑其初投资与运转费用的大小和初投资回收年限，这里涉及经济性的问题。以直接传动与间接传动相比，间接传动可降低螺旋桨转速，提高推进效率，从而增加航速或减少燃油耗量，但设置一套齿轮传动装置，包括弹性联轴节等，就会使整个主推进装置初投资费及维修费上升，应考虑所增加的初投资费用的回收年限，若回收年限过长，间接传动的优越性必将受到重新评估。再如电传动，其优点是操纵灵活、机动性好，但从初投资费来看，造价比变距螺旋桨大，推进效率也较直接传动为低。

6.1.2 螺旋桨的数目和类型

1. 螺旋桨的数目

选择螺旋桨的数目必须综合考虑推进性能、振动、操纵性能及主机能力等各方面的因素,而这些因素之间常有矛盾现象,因此应根据各类船舶的不同特点来选取。通常习惯按母型船来选取螺旋桨数目,且螺旋桨数目与船舶艉部线型直接有关,故在船舶初步设计时已决定其螺旋桨数目。

若功率相同,则单螺旋桨船的推进效率常高于双螺旋桨船,这是因为单螺旋桨位于船艉中央,伴流较大,且单桨的直径较双桨为大,故其效率较高。现代散装货船、干货船和油船等均采用单桨推进。

随着集装箱船的大型化、高速化,由于主机功率所限,船速超过 25kn 者一般采用多桨。从推进性能讲,以单桨最好,三桨次之,双桨最差。当采用多螺旋桨时,应注意合理布置各螺旋桨的位置。客船要求速度快、振动小、操纵灵活,故多采用双桨。江船常受吃水限制,而且要求操纵灵敏,故也大多采用双螺旋桨。

2. 螺旋桨叶数

叶数的选择应根据船型、吃水、推进性能、振动和空泡等方面加以考虑。一般认为,若螺旋桨的直径及展开面积相同,则叶数少者效率常略高,叶数多的螺旋桨因叶栅干扰作用增大,故效率下降。但叶数多的螺旋桨对减小振动有利,叶数少的螺旋桨对避免空泡有利。通常双桨船多采用 3 或 4 叶,高速军舰以 3 叶为宜。

下面就单桨商船螺旋桨叶数的选择问题作一些介绍。

1) 根据造船统计资料选择螺旋桨叶数

根据大量造船资料的统计,大船螺旋桨的叶数选用情况如图 6-1 所示,小船螺旋桨的叶数如图 6-2 所示,由此可见大致的趋势。一般说来,在 3~6 叶选择。

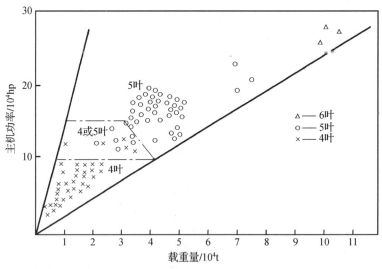

图 6-1 桨叶数的统计资料(大船)

(注:1hp ≈ 745.6999W)

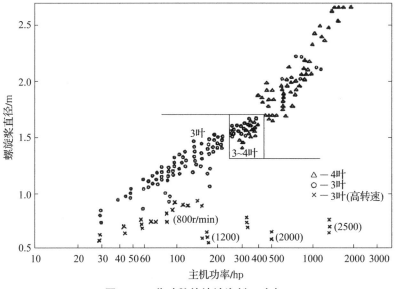

图 6-2 桨叶数的统计资料（小船）

2) 螺旋桨叶数对推进性能的影响

图 6-3 为 AU 型 $A_E/A_0 = 0.65$ 的 4~6 叶螺旋桨敞水性能的比较。从该图可见，叶数的影响应视工作范围而定，叶数增加效率不一定下降，这就有可能考虑在肥大船上采用 6 叶螺旋桨。

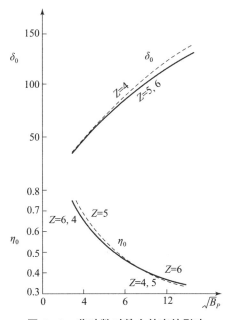

图 6-3 桨叶数对敞水效率的影响

3) 综合考虑螺旋桨效率与空泡性能

增加叶数，为满足避免空泡要求需增大盘面比。一般来说，每增加一叶，盘面比约增加 5%~10%。

有人对一艘 7 万 t 油轮的螺旋桨用 AU 图谱进行比较性计算，其结果列于表 6-2。

表 6-2 不同叶数螺旋桨 AU 图谱比较

叶数	直径/m	P/D	A_E/A_0	η_0	重量/t
5	6.5	0.735	0.645	0.492	24.90
6	6.4	0.746	0.675	0.493	24.67

从表 6-2 所列的计算结果表明：增加叶数，盘面比也随之增大，但效率并未下降。上述结论系根据 AU 桨的计算结果所得，不同类型的螺旋桨可能会有不同的结论。其原因：不同切面形状最小阻升比所对应的切面厚度比往往并不一样，决定螺旋桨性能的主要是 0.7R 处的切面。对于 B 型螺旋桨，0.7R 处切面之最佳厚度比约为 6.5%，而 AU 螺旋桨 0.7R 处切面之最佳厚度比约为 7.2%。故对不同类型螺旋桨在不同叶数或不同展开面积比时的水动力性能，在很大程度上取决于 0.7R 处切面的厚度比数值。表 6-2 的例子说明，6 叶（$A_E/A_0=0.675$）桨 0.7R 处切面的厚度比 5 叶桨更接近最佳值。因此，在设计大船螺旋桨时，不妨多进行比较计算，不宜轻易下结论。

4）螺旋桨叶数的选择与振动的关系

螺旋桨叶数的选择与振动关系较大。运转于不均匀流场中螺旋桨的激振力一般有轴承力和表面力两种。

(1) 轴承力。作用在螺旋桨上的变化力通过轴系传递到船体的激振。

(2) 表面力。螺旋桨运转时诱导的脉动压力场经过水传递至船体表面的激振力。

一般随着叶数的增加，螺旋桨诱导的压力有下降趋势。对螺旋桨激振力的研究表明，螺旋桨诱导的表面力是导致强烈艉振的主要原因，因此在图谱设计中，一般单桨商船多用 4 叶。但随着船舶的大型化，振动问题显得突出，有采用 5 叶甚至 6 叶的趋势。

此外，在选择叶数时应避免和船体或轴系发生共振，即避免叶频 nZ（转数与叶数的乘积）与轴系或船体的自然频率相等或相近。同时还应尽量避免主机气缸数、冲程数与叶数相等或恰为其整数倍。

3. 螺旋桨直径

一般来说，螺旋桨的直径越大，转速越低者效率越高，但直径受到船的吃水和艉框间隙所限制，而且直径过大时桨盘处的平均伴流减小，使船身效率下降，故对总的推进效率未必有利。实际上螺旋桨的直径多数是根据设计图谱来决定的。对于经常在压载情况下航行的船舶，宜采用直径较小的螺旋桨，以配合压载时的效率和避免叶梢露出水面。从振动方面考虑，螺旋桨与船体间的间隙不宜过小，否则可能引起严重振动。

4. 螺旋桨转速

上面已经提到，螺旋桨转速低、直径大者效率较高，但在选择螺旋桨的转速时，除考虑螺旋桨本身的效率外，还需顾及主机的类型、重量、价格及机器效率。一般来说，这两者的要求是矛盾的。对机器来说，转速越大效率越高，且机器的重量、尺寸都可减小。

在选择螺旋桨转速时，还应考虑船体的振动问题。往复式主机及螺旋桨在工作时均产生周期性的干扰力，往复机不平衡力变化频率与转速 n 相同，螺旋桨因制造不当而引起的不平衡力之频率也为 n，因船后艉流场不均匀而引起干扰力频率为 nZ（转数与叶数的乘积）。

船体振动一般可分为两类：第一类是当主机或某辅机在一定转速时，整个船体处于振动状态，这种影响整个船体结构的振动称为共振；第二类是船舶局部或某些装置处于振动状态称为局部振动。第二类可以采取一些局部措施，如增设扶强材、支柱等措施来消除，而第一类是危险状态，应考虑避免。

船舶是一种弹性结构，在低频振动时阻尼很低而动力扩大因素很大，很小的干扰力在共振时也会引起很大的振幅。高频振动时阻尼增大，共振峰较低，且分布于较大的频率范围内，动力扩大因素较小，共振影响也较缓和，故对一般船舶来说，避免最低频的振动是很重要的。因此在船舶设计时，应确定船体振动的自然频率，特别是二节点垂向振动频率 N_{2V}，螺旋桨转速 n 的选择应避开 $0.9N_{2V}$~$1.1N_{2V}$，螺旋桨转速的选择一般均大于 $1.1N_{2V}$。这样在机器启动与加速时，共振情况只出现在一段很短的时间内，不会引起严重的后果。

随着船舶尺度的增加，二节点垂向振动的频率一般有所下降，满载状态的 N_{2V} 低于轻载状态，表 6-3 所列为我国三艘船舶的实测数据以供参考。

表 6-3 二节点垂向振动频率

船名	状态	L/m	B/m	H/m	Δ/t	$60N_{2V}$/Hz
郑州	满载	172	23.2	14.2	32600	54
	轻载				17500	65
长风	满载	162	22.3	13.2	28000	67
	轻载				15100	92
东风	满载	147.2	20.2	12.4	17182	71
	轻载				8340	88

5. 桨叶外形和叶切面形状

一般认为桨叶展开轮廓近于椭圆形为好，对于具有侧斜的桨叶，各半径处叶切面弦长也应大致按椭圆规律变化为佳。

螺旋桨最常用的叶切面形状有弓形（或称为圆背形）和机翼型两种。弓形切面的螺旋桨压力分布较均匀，不易产生空泡，但在低载荷时其效率较机翼型的螺旋桨约低 3%~4%；若适当选择机翼型切面的中线形状使其压力分布较均匀，则对降低空泡或提高效率均有益处，故商船螺旋桨采用机翼型切面。军舰螺旋桨及其他高载荷螺旋桨都用宽而薄的弓形切面。

用图谱方法设计螺旋桨时，桨叶外形和切面形状一般均按所选用的螺旋桨系列资料确定。实际螺旋桨常具有一定的后倾角，其目的在于增加与船体的间隙，对避免振动有利。实践证明，后倾对于螺旋桨的性能没有什么影响，设计者可根据船艉线形及艉框架的具体情况确定适宜的后倾角。

6.2 功率传递及船舶有效功率估算

6.2.1 功率传递

主推进装置是船舶动力装置的一个重要组成部分,包括主机、轴系、传动设备和螺旋桨等,作用是由主机发出船舶推进所需功率,通过轴系与传动设备传给螺旋桨,从而使螺旋桨转动而产生推力,推动船舶运动。图6-4所示为主机功率传递过程。

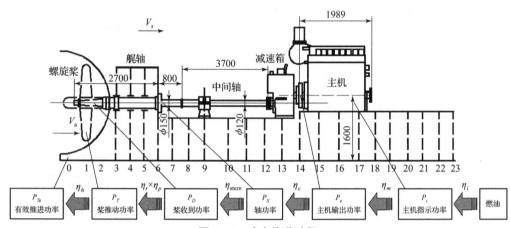

图6-4 功率传递过程

1. 指示功率 P_i

柴油机气缸中气体做功的能力为

$$P_i = \frac{G_t \cdot H_u}{3600} \cdot \eta_i \tag{6-1}$$

式中 G_t——主机燃油消耗量(kg/h);

H_u——柴油的发热值(取 $H_u = 4.1868 \times 10^7 \text{J/kg}$);

η_i——柴油机的指示效率(主要考虑燃烧、排气及冷却等损失);

四冲程机:$\eta_i = 0.42 \sim 0.52$;二冲程机:$\eta_i = 0.35 \sim 0.45$。

2. 主机输出功率 P_e

$$P_e = P_i \cdot \eta_m \tag{6-2}$$

式中 η_m——柴油机的机械效率,非增压柴油机 $\eta_m = 0.75 \sim 0.85$,增压柴油机 $\eta_m = 0.8 \sim 0.92$。

3. 轴功率

轴功率为艉轴管前轴端的输入功率:

$$P_s = P_e \times \eta_c \tag{6-3}$$

式中 η_c 为传动设备、推力轴承和中间轴承等的总传动效率。减速齿轮箱约为0.95~0.97,液力偶合器约为0.94~0.985;推力轴承的机械效率(米契尔型约为0.995);每一个滑动中间轴承的机械效率(约为0.997~0.998)。

4. 螺旋桨收到功率

螺旋桨收到功率是指桨前端轴功率：

$$P_D = P_s \times \eta_{stern} \tag{6-4}$$

式中：η_{stern} 为艉管内轴承及密封装置的总传动效率，约为 0.985~0.99。

5. 桨推进功率 P_T

桨推进功率是指桨发出的推进功率：

$$P_T = P_D \times \eta_r \times \eta_p \tag{6-5}$$

式中 η_r——相对旋转效率，约为 0.96~1.05，因伴流不均匀引起。

η_p——螺旋桨敞水效率，一般约为 0.55~0.65，最高时可达到 0.75，由敞水试验测得。

6. 船体得到的有效推进功率

船体得到的有效推进功率是指使船舶运动的有效推进功率：

$$P_{Te} = P_T \cdot \eta_h \tag{6-6}$$

式中 η_h——船体影响系数（船身效率），约为 0.95~1.2。

$\eta_h = \dfrac{1-t}{1-\omega}$，$t$——推力减额系数；

ω——伴流系数。

船在水中以某一速度向前航行时，附近的水受到船体的影响而产生运动，其表现为船体周围伴随着一股水流，这股水流称为伴流或迹流。由于伴流的存在，使螺旋桨与其附近水流的相对速度和船速不同。在船舶推进中，感兴趣的问题是船体对螺旋桨的影响，故通常所指的伴流，即船艉螺旋桨处（桨盘处）的伴流。

螺旋桨在船后工作时，由于抽吸作用，使桨盘前方的水流速度增大，在螺旋桨吸水作用所及的整个区域内压力都要降低，其结果改变了船艉部分的压力分布状况，导致船体压阻力增加。此外，船艉部水流速度的增大，使摩擦阻力也有所增加，但其数值远较压阻力的增加为小。由螺旋桨在船后工作时引起的船体附加阻力称为阻力增额。若螺旋桨发出的推力中一部分用于克服船的阻力（不带螺旋桨时的阻力），而另一部分为克服阻力增额，船体得到的有效推力为减额后的桨推力。推力减额系数的大小与船型、螺旋桨尺度、螺旋桨负荷，以及螺旋桨与船体间的相对位置等因素有关，通常通过船模自航试验或经验公式确定。各类船舶推力减额分数如表 6-4 所列。

表 6-4 各类船舶推力减额分数 t

船舶类型	推力减额分数	船舶类型	推力减额分数
快速船与邮船	0.06~0.15	轻巡洋舰	0.05~0.10
单桨商船	0.08~0.20	大型驱逐舰	0.07~0.08
双桨商船	0.10~0.22	驱逐舰和护卫舰	0.06~0.08
肥大型船	0.17~0.25	潜艇	0.10~0.18
主力舰及重巡洋舰	0.18~0.22	鱼雷艇	0.01~0.03

航行中的船体周围由于伴流,使螺旋桨与附近水流的相对速度和船速不同。各类船舶的伴流分数如表6-5所列。

表6-5 各类船舶伴流分数

船舶类型	伴流分数	船舶类型	伴流分数
快速船与邮船	0.10~0.18	轻巡洋舰	0.035~0.10
单桨商船	0.20~0.30	大型驱逐舰	0.00~0.10
双桨商船	0.08~0.20	驱逐舰和护卫舰	0.00~0.03
肥大型船	0.30~0.40	潜艇	0.10~0.25
主力舰及重巡洋舰	0.15~0.20	鱼雷艇	0.00~0.04

6.2.2 船舶有效功率的估算方法

1. 根据模型试验的估算方法

用船模做阻力和自航试验,推进功率的预报有可能达到±2%~3%的精度,能够用来确定螺旋桨的参数。

船模试验将给出下列数据:

(1) 螺旋桨模型的敞水试验将给出螺旋桨的性能曲线,通常假定尺度效应是可忽略的,从而便确定了螺旋桨的效率。

(2) 设计船模型的阻力试验将给出该模型的阻力曲线。

(3) 设计船和螺旋桨模型的自航试验将给出不同速度下的推力减额分数和伴流分数。考虑尺度效应得到实船阻力曲线和船舶有效功率曲线。

2. 近似估算方法

在船舶设计过程中,特别是在方案设计的初期阶段,由于船舶线型尚未确定,因而还不能应用船模试验或其他方法来确定阻力,只能用近似方法进行估算。

近似估算阻力的方法很多,主要为船模系列资料估算法、经验公式估算法和母型船数据估算法等三类近似方法。所有这些方法都是根据船模系列试验结果或是在总结、分析大量的船模试验或实船试验的基础上得出的。因此,应用阻力近似估算方法所得结果的准确程度取决于设计船与母型船或设计船与各图谱所依据的船模系列之间的相似程度。

1) 船模系列试验资料估算法

根据船模系列试验资料,直接给出阻力图表等供实际估算使用。国外进行了大量的系列船模试验,并用图谱的形式来表示,这种方法比较直观。研究船型对阻力影响的标准系列有泰勒(Taylor)系列、陶德(Todd)系列(又称为系列60)、英国的BSRA系列和瑞典的SSPA系列、日本的肥大船系列、中国的长江客货船模系列和浅吃水肥大型船系列等,这些系列都给出了相应的船型系数适用范围。其中,大部分按傅汝德假设将总阻力分为摩擦阻力和剩余阻力两大部分,对于摩擦阻力采用相当平板公式进行计算,而对于剩余阻力配有相应的图谱。

1954年盖脱勒（Gertler）将泰勒标准组阻力数据进行分析整理，并对水温、层流和限制航道的影响分别加以修正，最后整理出一套无量纲剩余阻力系数图表。其中，摩擦阻力按桑海公式计算，计算所用的船体湿面积可以由无量纲湿面积系数图谱求得，因此该估算法又称为泰勒－盖脱勒法。

泰勒估算法是根据泰勒标准系列船模试验结果整理得到的，其所用母型船虽为军舰，但也可用于民用船，特别是双螺旋桨客船的阻力估算。泰勒估算法将总阻力分为剩余阻力和摩擦阻力分别估算。

泰勒估算法的具体步骤如下：

（1）计算设计船的船型参数值：B/T、C_P、∇/L^3、Fr。

（2）求湿面积系数 C_S 值。一般可由船体型线图计算湿面积，进而求得湿面积系数。

（3）计算摩擦阻力系数 C_f 值。在泰勒估算法中，C_f 值是按桑海公式进行计算的，可先计算雷诺数，然后可查表或直接计算得到。计算雷诺数的船长应取水线长度，粗糙度附加值 ΔC_f 一般取 0.4×10^3。

（4）求剩余阻力系数 C_r 值。根据设计船的参数：B/T、C_P、∇/L^3、Fr 的值，可选对应的 C_r 图谱，经各参数内插求得 C_r 值。

（5）计算总阻力和有效功率。

总阻力系数： $$C_t = C_r + C_f + \Delta C_f$$

总阻力（N）： $$R_t = C_t \frac{1}{2} \rho V_s^2 S$$

船舶有效功率（kW）： $$P_{\text{ship}} = \frac{R_t V_s}{1000} \quad (6-7)$$

对不同航速，重复上述计算步骤可以得到有效功率曲线，具体计算时一般列表进行。最后应该指出，泰勒标准船型的母型为巡洋舰，其阻力性能较好，因此对航速较高、船型较瘦的双螺旋桨船用此法计算比较适当，而用于估算一般商船，所得结果往往偏低。

2）经验公式估算法

在分析大量非系列船模试验和实船试航结果的基础上，总结归纳曲线图表或给出阻力回归公式，以供计算阻力或有效功率。艾亚（Ayre）估算法是其中的一种方法。

艾亚曾分析大量船模和实船试验结果，并绘制了用于阻力估算的曲线图表，其适用范围较广，一般对中、低速商船比较适用，也可用于正常尺度的海洋拖轮，但对于近代高速商船和大型丰满船型，此方法可能偏差较大。艾亚估算法首先针对标准船型直接估算有效功率；然后根据设计船与标准船型之间的差异逐一进行修正，最后得到设计船的有效功率值。

艾亚估算法标准船型的相应参数为

（1）标准方形系数 C_{bc}，如下：

$$\begin{cases} 单桨船:C_{bc} = 1.08 - 1.68Fr \\ 双桨船:C_{bc} = 1.09 - 1.68Fr \end{cases}$$

(2) 标准宽度吃水比：$B/T = 2.0$；

(3) 标准浮心纵向位置 x_c，根据 $V_s/\sqrt{gL}$ 查相关图表；

(4) 标准水线长：$L_{wl} = 1.025 L_{BP}$。

艾亚估算法给出的标准船型有效功率：$P_{ship} = 0.375 \cdot \dfrac{\Delta^{0.64} V_s^3}{C_0}$ (6-8)

3) 统计数据或母型船数据估算法

若设计船与母型船相似，且母型船的数据可靠，可通过母型船与设计船的某些线型的主要特征，计算出修正系数，确定设计船的阻力或有效功率。应用这类方法所得结果的准确性与母型船和设计船之间相似程度有关。虽然所得结果的精确性不一定很高，偏差大致为 ±10%~15%。但由于使用这类方法简单易行，因而被用于比较多种设计方案的阻力性能估算，以及某些仅要求对阻力性能作粗略估算的情况。

使用母型船数据估算法，首先要计算母型船的海军部系数 A_c，然后即可算出相应的功率：

$$P_{ship} = \dfrac{\Delta^{2/3} \cdot V_s^3}{A_c} \tag{6-9}$$

式中：Δ 和 V_s 分别为计算船的排水量（t）和规定的航速（kn）。确定 A_c 的方法有很多，在初步设计时可以用公式：

$$A_c = 3.7 \left(\sqrt{L} + \dfrac{75}{V_{s'}} \right) \tag{6-10}$$

式中：L 为船长（m）；$V_{s'}$ 为航速（m/s）。

这类预报功率的另一公式由 Watson（1960）提出，以公制单位表示并稍做修正，该式为

$$P = \dfrac{5.0 \Delta^{2/3} V_{s'}^3 [40 - 0.017L + 400(K-1)^2 - 12\delta]}{15000 - 110 n\sqrt{L}} \tag{6-11}$$

式中　P——功率（kW）；

　　　Δ——排水量（t）；

　　　$V_{s'}$——速度（m/s）；

　　　L——船长（m）；

　　　K——Alexander 公式中的常数；

　　　n——转速（r/s）；

　　　δ——方形系数，即

$$\delta = K - 0.5 \dfrac{V}{\sqrt{L}} \tag{6-12}$$

该式通过参数定性分析得到。

忽略方形系数的影响，该功率为

$$P = \dfrac{5.0 \Delta^{2/3} V_{s'}^3 [33 - 0.017L]}{15000 - 110 n\sqrt{L}} \tag{6-13}$$

注意：一般这些公式只是适用于特定船型和特定尺度的船，而在这个范围以外，可能会导致错误的结果。即使在公式允许使用的范围以内，也并非任何结果都是对的。

6.3 机桨匹配设计

主机选型是根据设计任务书中的技术要求以及船体设计所提供的资料来进行的。选型和螺旋桨的设计密切相关，推进装置设备的选型包括螺旋桨的选型与计算。

机桨匹配的任务是通过船、机、桨匹配计算和分析选定螺旋桨参数和主机型号，在满足设计技术要求（如航速、桨径、转速、功率）和考虑油耗、造价、吊缸高度、振动等前提下，选择一套包括螺旋桨和主机在内的最佳推进系统。

燃油费用是船舶营运费用的主要部分，节能已成为降低营运成本的重要手段。因此，主机的选型不仅要考虑主机本身，机桨的最佳匹配也是寻求整个动力装置节能的重要手段。

6.3.1 机桨匹配设计的一般方法

1. 机桨匹配设计基本概念

机桨匹配设计包括主机选型与螺旋桨参数确定，根据已知条件和设计任务的不同，可分为初步匹配设计和终结匹配设计两个阶段。

初步匹配设计是根据船舶主尺度初步选定的螺旋桨直径，由设计航速和船舶有效功率曲线确定螺旋桨的最佳转速、螺旋桨效率、螺距比、主机功率和转速、并确定主机型号。或者根据给定的转速，确定螺旋桨效率、最佳的直径、螺距比及主机功率，并确定主机型号。

终结匹配设计是根据主机功率及转速、船体有效功率曲线等确定相匹配的螺旋桨要素及校核所能达到的航速。

所选择的主机型号，其功率与转速不可能完全与初步匹配设计阶段的计算结果相一致，因此必须匹配一只效率较高的螺旋桨以达到航速要求。影响螺旋桨性能的参数较多，如桨数、桨径、转速、螺距比、桨叶数、盘面比等。各参数之间又相互制约，故在计算和选择有关参数时应综合考虑各方面的要求，充分协调各参数之间的关系，可以从推进效率、空泡、振动、机动性及生命力等方面统筹考虑。

确定螺旋桨特性参数的方法很多，可以采用环流理论计算求得，或用最简单的经验图表和辅以简单的经验公式来确定，也可用螺旋桨模型敞水系列试验的结果绘制成专供设计的图谱来确定。目前应用最广泛的方法是图谱设计方法。这种方法比较简单方便，易于掌握，而且选用适宜的图谱，其结果也较满意。

螺旋桨设计图谱较多，在商船螺旋桨设计中，以荷兰的楚恩德 B 型螺旋桨和日本的 AU 型螺旋桨应用最为广泛。

根据桨特性方程：

$$M_p = K_M \rho n_p^2 D^5 = \frac{P_D}{2\pi n}$$

$$\lambda_p = \frac{h_p}{D} = \frac{V_a}{n_p D}$$

消去 D 得

$$B_p = \sqrt{\frac{2\pi\rho K_M}{\lambda_p}} = \frac{P_D^{1/2} n}{V_A^{2.5}} \qquad (6-14)$$

B_p 称为功率系数。

式中　n_p——螺旋桨转速（r/min）；
　　　V_a——螺旋桨的进速（kn），1kn = 1n mile/h = 1.852km/h；
　　　P_D——螺旋桨收到功率（kW）；
　　　D——螺旋桨直径（m）。

功率系数 B_p 为

$$B_p = K_B \frac{n \cdot P_D^{1/2}}{V_a^{2.5}} = 1.159 \frac{n \cdot P_D^{1/2}}{V_a^{2.5}} \qquad (6-15)$$

定义直径系数 δ 为

$$\delta = K'_B \frac{n \cdot D}{V_a} = 3.28 \frac{n \cdot D}{V_a} \qquad (6-16)$$

当考虑海水密度影响时功率系数 B_p 为

$$B_p = K_B \frac{n \cdot P_D^{1/2}}{\sqrt{\rho_r} \cdot V_a^{2.5}} = 1.159 \frac{n \cdot P_D^{1/2}}{\sqrt{\rho_r} \cdot V_a^{2.5}} \qquad (6-17)$$

式中：$\rho_r = 1.024 \sim 1.026$，为海水相对密度。

B 型螺旋桨设计是采用 $B_p - \delta$ 图谱，其纵坐标为螺距比 H/D，横坐标为 B_p，如图 6-5～图 6-13 所示。图中有三种曲线：螺旋桨效率 η_p 曲线、等直径系数 δ 曲线和最高效率 η_{max} 曲线。这些曲线是根据模型敞水试验结果绘制的。每张图对应于一定的叶数和盘面比。

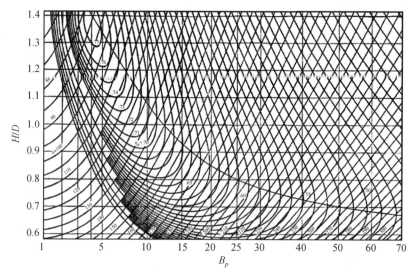

图 6-5　B4-40 的 $B_p - \delta$ 图谱

AU 型螺旋桨提供的 $\sqrt{B_p} - \delta$ 图谱，其横坐标为 $\sqrt{B_p}$，纵坐标仍为螺距比 H/D，图谱已转换至海水情况，系数 B_p 及 δ 的计算式与 B 型桨不同之处只是转换系数不同，其计算式为

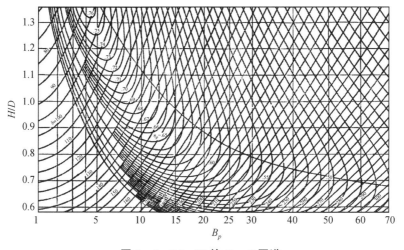

图 6-6　B4-55 的 $B_p - \delta$ 图谱

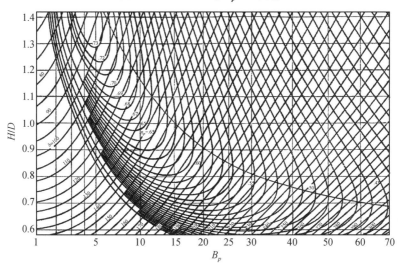

图 6-7　B4-70 的 $B_p - \delta$ 图谱

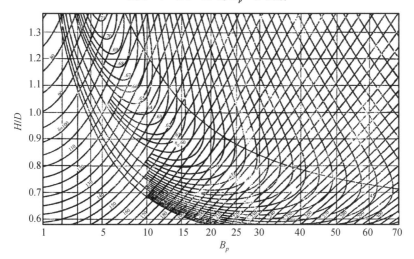

图 6-8　B4-85 的 $B_p - \delta$ 图谱

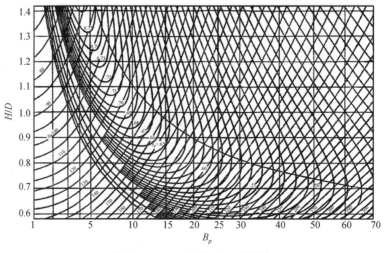

图 6-9 B5-60 的 $B_p-\delta$ 图谱

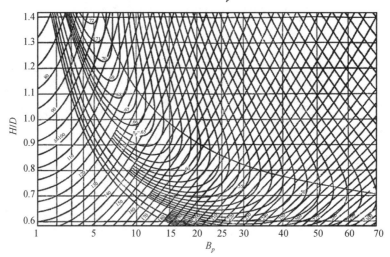

图 6-10 B5-75 的 $B_p-\delta$ 图谱

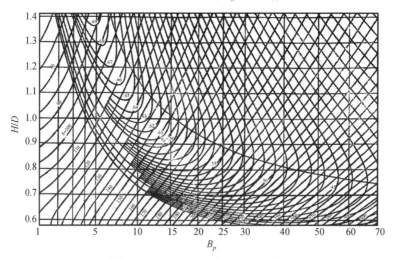

图 6-11 B5-105 的 $B_p-\delta$ 图谱

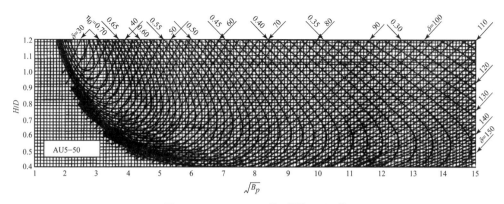

图 6-12　AU5-50 的 $\sqrt{B_p}-\delta$ 图谱

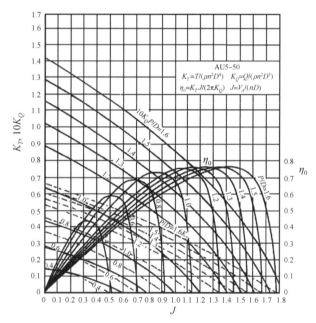

图 6-13　AU5-50 桨特性

$$B_p = K_{AU}\frac{n \cdot p_D^{1/2}}{V_a^{2.5}} = 1.166\frac{n \cdot p_D^{1/2}}{V_a^{2.5}} \quad (6-18)$$

$$\delta = K'_{AU}\frac{n \cdot D}{V_a^{2.5}} = \frac{n \cdot D}{V_a^{2.5}} \quad (6-19)$$

式中：K_{AU} 和 K'_{AU} 为单位转换系数，其值分别为 1.166 及 1。

2. 初步匹配设计

初步匹配设计如表 6-6 所列，采用 $B_p-\delta$ 图谱。

表 6-6　初步匹配设计（$B_p-\delta$ 图谱）

序号	名称	单位	数据
1	螺旋桨直径 D（选定）	m	
2	船身效率 $\eta_h=(1-t)/(1-\omega)$		（先估算 t、ω 值）

续表

序号	名称	单位	数据			
3	$V_a = V_s(1-\omega)$	kn				
4	有效功率 P_{ship}(给定)	kW				
5	假设一组转速 n	r/min	n_1	n_2	n_3	n_4
6	直径系数 $\delta = K'_B \dfrac{n \cdot D}{V_a}$		δ_1	δ_2	δ_3	δ_4
7	查 $B_p-\delta$ 图谱,由等直径系数线与最佳效率曲线的交点得到	H/D	$(H/D)_1$	$(H/D)_2$	$(H/D)_3$	$(H/D)_4$
		B_p	B_{p1}	B_{p2}	B_{p3}	B_{p4}
		η_p	η_{p1}	η_{p2}	η_{p3}	η_{p4}
8	收到功率 $P_D = \rho(B_p^2 V_a^5/(K_B^2 n^2))$	kW	P_{D1}	P_{D2}	P_{D3}	P_{D4}
9	主机输出功率 P_e	kW	P_{e1}	P_{e2}	P_{e3}	P_{e4}
10	有效推进功率 P_{Te}	kW	P_{Te1}	P_{Te2}	P_{Te3}	P_{Te4}

将表 6-6 所列的计算结果作图,如图 6-14 所示,先以转速 n 为横坐标,以功率 P、螺距比 H/D、效率 η_p 为纵坐标。然后根据船舶有效功率 P_{ship} 值作水平线与 P_{Te} 曲线相交,以此交点作垂线,由该图可读出各对应值,如螺旋桨转速 n、要求的主机功率 P_e 及对应的螺旋桨螺距比 H/D、效率 η_p 等。

下面举例介绍 B 型螺旋桨的用 $B_p-\delta$ 图谱的机桨初步匹配设计的步骤。

例:某货船采用柴油机作为主机,直接传动单螺旋桨驱动,在设计船速 12kn 时的船舶有效功率 $P_{\text{ship}}=1920.5\text{kW}$,伴流系数 $\omega=0.184$,推力减额系数 $t=0.125$,相对旋转效率 $\eta_r=0.99$,轴系的传递效率 $\eta_c=0.98$,海水相对密度 $\rho=1.025$。艉管内轴承及密封装置的总传动效率 $\eta_{\text{stern}}=0.99$。

选定螺旋桨 $D=4\text{m}$,叶数 $Z=4$,盘面比 $A_E/A_0=0.40$,求螺旋桨的最佳转速 n,螺距比 H/D 及效率 η_p,并确定主机功率。

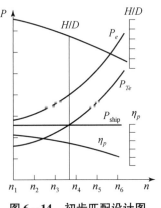

图 6-14 初步匹配设计图

根据已知条件,采用 B4-40 组的 $B_p-\delta$ 图谱进行计算,具体步骤如表 6-7 所列。

表 6-7 $B_p-\delta$ 图谱的机桨初步匹配设计

序号	名称	单位	数据
1	螺旋桨直径 D(选定)	m	4
2	船身效率 $\eta_h=(1-t)/(1-\omega)$		$\eta_h=(1-0.125)/(1-0.184)=1.072$
3	$V_a=V_s(1-\omega)$	kn	$V_a=12\times(1-0.184)=9.792$

续表

序号	名称		单位	数据				
4	有效功率 P_{ship}		kW	$P_{ship}=1920.5$				
5	假设一组转速 n		r/min	90	95	100	105	110
6	直径系数 $\delta = K'_B \dfrac{n \cdot D}{V_a}$			160.8	169.7	178.6	187.6	196.5
7	查 $B_p - \delta$ 图谱,由等直径系数线与最佳效率曲线的交点得到	H/D		0.89	0.87	0.84	0.82	0.70
		B_p		17.4	19.2	20.6	23.2	25.8
		η_p		0.657	0.648	0.635	0.622	0.608
8	收到功率 $P_D = \rho B_p^2 V_a^5/(K_B^2 n^2)$		kW	2505.0	2737.4	2844.0	3271.8	3686.8
9	主机输出功率 $P_e = P_D/(\eta_c \cdot \eta_{stern})$		kW	2581.9	2821.5	2931.3	3372.3	3800.0
10	有效推进功率 $P_{Te} = P_D \cdot \eta_p \cdot \eta_h$		kW	1764.8	1902.1	1936.5	2182.2	2403.6

由表中数据作出初步匹配设计图,船舶有效功率 P_{ship} 值作水平线与 P_{Te} 曲线相交,以此交点作垂线,可读出螺旋桨转速 n、要求的主机功率 P_e 及对应的螺旋桨螺距比 H/D、效率 η_p 等,具体如下:

$$\begin{cases} N = 97.67 \text{r/min}, H/D = 0.854 \\ P_e = 2880.2 \text{kW}, \eta_p = 0.641 \end{cases}$$

如选用主机功率为 3000kW,转速为 100r/min。

3. 终结匹配设计

终结匹配设计的任务是在主机功率和转速确定以后,由于一般都是选用现成的标准型号主机,故最后选定的主机功率和转速往往与初步匹配设计时不完全相同,求所能达到的航速和螺旋桨要素。具体地说,已知主机功率 P_e、转速 n 和有效功率曲线,确定所能达到的最高航速、螺旋桨直径、螺距比 H/D 及效率 η_p。这类匹配设计问题通常都是先假定若干个航速来进行计算的。

具体计算步骤,如表 6-8 所列。

表 6-8 机桨终结匹配计算

序号	名称	单位	数据			
1	假设一组航速	kn	V_{s1}	V_{s2}	V_{s3}	V_{s4}
3	$V_a = V_s(1-\omega)$	kn	V_{a1}	V_{a2}	V_{a3}	V_{a4}
2	$P_D = P_e \cdot \eta_c \cdot \eta_{stern}$	kW	P_{D1}	P_{D2}	P_{D3}	P_{D4}
4	$B_p = K_B \dfrac{n \cdot P_D^{1/2}}{\sqrt{\rho} \cdot V_a^{2.5}}$		B_{P1}	B_{P2}	B_{P3}	B_{P4}

续表

序号	名称		单位	数据			
6	根据选定的叶数及盘面比查相应的图谱,由 B_p 值向上作垂线与最佳效率曲线相交得	δ		δ_1	δ_2	δ_3	δ_4
		η_P		η_{P1}	η_{P2}	η_{P3}	η_{P4}
		H/D		$(H/D)_1$	$(H/D)_2$	$(H/D)_3$	$(H/D)_4$
		$D=\dfrac{\delta \cdot V_a}{K'_B \cdot n}$	m	D_1	D_2	D_3	D_4
		$P_{Te}=P_D\eta_P\eta_r\eta_h$	kW	P_{Te1}	P_{Te2}	P_{Te3}	P_{Te4}

将表 6-8 所列的计算结果作图,以船速 V 为横坐标,以 P_{Te}、H/D、D 及 η_p 分别为纵坐标,如图 6-15 所示。图 6-15 中曲线 P_{Te} 和曲线 P_{ship} 的交点即为所能达到的航速和所求的螺旋桨参数。

上面是对某一个盘面比进行计算。在实际匹配设计中是先选择若干个盘面比进行比较计算,得出不同盘面比条件下所能达到的航速和螺旋桨要素。然后进行空泡校核,求得不发生空泡的最小盘面比,以及所对应的最大航速和最佳螺旋桨要素。

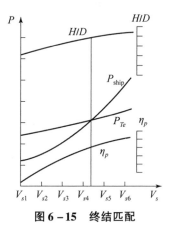

图 6-15 终结匹配

6.3.2 等航速下"机配船"的机桨匹配方法

1. 减额输出

以前对同一缸径和冲程的柴油机只有一个额定输出点(MCR),由于热负荷及经济性因素,其最佳使用工况一般推荐为 85%~90% MCR。这在一定程度上不能满足某一选定船舶所需要的功率和螺旋桨需要的最佳转速。因此,即使吨位差异较大的船舶,往往只能匹配在这个狭窄的使用工况上,形成所谓"船配机"或"桨配机"的传统的船机桨匹配。近年来采取了减额输出的方法,对于同一缸径及冲程的柴油机有了比较宽广的功率及转速输出范围可供选择。高速柴油机和大部分中速机一般仍只有一个额定输出点。

柴油机实行减额输出(derating)方法,对于同一缸径及冲程的柴油机有这样宽广的最佳功率及转速输出范围,就必能选择其中一点,匹配到某一选定船舶所需的功率和最佳转速的螺旋桨。这就能实现理想的"机配船"或"机配桨"的船机桨匹配而改变过去的"桨配机"方法。

减额输出区是指对同一缸径及冲程的柴油机,改变匹配增压器通道截面,改变气缸压缩容积(用改变活塞杆下部垫片厚度方法),并用一种可变定时的喷油泵,使在某一负荷范围内保持其最大燃烧压力不变,以降低燃油耗率的功率及转速输出范围。也就是说,对同一缸径同一冲程的柴油机,调整其排气凸轮定时、压缩比以及增压器匹配,使其在减额输出区中的任何一点都具有良好的性能和较低的燃油耗率。减额输出区也称为设计配置区(layout area),如图 6-16 所示。为统一名称,将减额输出区中的最大输出称为标称额定输出（NMCR），将减额输出区内除最大输出点以外的任何输出称为减额输出（DMCR）。在这个减额输出区中，燃油耗率可达最低限度，因此螺旋桨的设计及运转点均应设法匹配在这个区域内。由于柴油机减额输出区的功率及转速范围甚广，因此能够选其一点与螺旋桨实现最佳匹配。

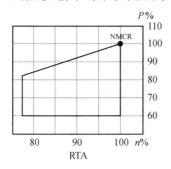 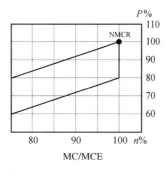

图 6-16 减额输出范围

减额输出区方法带来的好处如下：

（1）在等航速条件下，由于主机可以满足在一定范围内选定的各种桨参数的需要，从而能够实现较理想的船机桨最佳匹配。

（2）在同一转速、功率的工况下，可以有好几台不同缸径、不同缸数的主机应选，有可能进行主机最佳选择。

（3）改变过去螺旋桨和主机各自进行选型的传统方法，使推进装置作为一个整体来寻优。这个寻优方法可以通过大量数据计算，进行多方案的比较，确定一个满足设计要求且经济性最好的方案，也可以通过最优设计的数学方法寻求最优方案。

2. 等航速下"机配船"的船机桨匹配方法

由于船舶造价上涨及昂贵的航运费用，改善动力装置的经济性便成为一项成功设计的关键之一。应综合考虑船舶动力装置的造价和营运费用，通常用投资回收年限，现值等综合性经济指标来评价。

从节能角度出发，一般在减额输出区中尽量选择低的转速，使在等航速条件下，所需主机功率为最低。但选择哪一点，应在技术经济分析后才能确定。下面具体介绍一下等航速下"机配船"的船机桨匹配方法的设计步骤。

（1）计算和选定参考桨的设计点，如图 6-17 上的 C 点。该参考点 C 是根据设计航速机桨匹配的一般方法中初步匹配设计的方法，先按船的吃水选定一个直径，求出所需的主机功率和螺旋桨的最佳转速，这一点即可作为参考点。

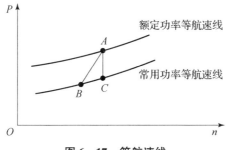

图 6-17 等航速线

(2) 绘制等航速所需的不同转速下的常用功率曲线。

等航速线的绘制是用初步匹配设计的方法,根据设计航速计算出不同转速下所需的主机功率 P,将各点相连即为等航速线。一般情况下为了简化计算也可用如下方法绘制等航速线:通过 C 点的 P 曲线可表示为 $P = P_C (n/n_C)^\alpha$,其中 α 为功率变化因数。B&W 公司推荐,对于瘦型船 α 为 0.2,对于正常船型 α 为 0.25,对于肥型船 α 为 0.3。根据 α 值就可绘出等航速曲线。

(3) 绘制等航速所需额定功率曲线。取设计螺旋桨的功率储备为 10% 的额定功率,即 $(P_A - P_C)/P_C = 10\%$。

(4) 绘出主机额定功率及减额功率输出区。在桨所需额定功率 P 曲线附近(最大和最小转速范围内)绘上所选各机的额定输出及减额输出区,以便对先进柴油机进行比较。所选减额输出区应与功率曲线 P 相截,以降低主机燃油耗率。

(5) 选择每种机型的额定输出点。对 RTA 及 MC、MCE 机,整个减额功率区的任何点均可作为额定工况点。对 RLB 机有四个额定工况点(R_1、R_2、R_3、R_4)可选。对 GBE 机在减额功率输出区的上方边界线(额定等扭矩线)上所有点,均可选作额定工况点。所选额定点的转速越低,越能节省等航速所需功率,但设计的螺旋桨直径就越大。船舶应能适应压载航行时的吃水,因此所选额定点的最低转速受到这方面的限制。另外,需要考虑 10% 的功率储备,所选主机的额定功率必须大于或等于桨所需的额定功率。

(6) 计算各主机的燃油消耗,并通过经济论证分析找出最经济的主机。

6.4 空泡校核

在设计螺旋桨时应考虑其是否发生空泡或空泡的发展程度,所以需进行空泡现象的预测,以便确定所设计的螺旋桨是否合乎要求。一旦桨叶上出现空泡,或导致桨叶表面材料剥蚀,或使螺旋桨性能恶化,因此避免桨叶上出现空泡乃是螺旋桨设计中所需考虑的重要环节之一。目前常使用螺旋桨模型空泡试验或大量实船资料整理所得的图谱,或由统计数据归纳而成的近似公式进行空泡校核。因试验往往仅限于某一类型的螺旋桨,故在进行空泡校核时应注意各种图谱或公式的适用范围,否则难以获得正确的结果。空泡校验的方法很多,下面介绍螺旋桨图谱设计中常用的限界线方法。

6.4.1 柏利尔限界线

柏利尔根据各类船舶螺旋桨的统计资料,提出校核空泡的限界线如图 6-18 所示。图中以 $0.7R$ 处切面的空泡数 $\sigma_{0.7R}$ 为横坐标,单位投射面积上的平均推力系数 τ_c 为纵坐标,即

$$\sigma_{0.7R} = \frac{p_0 - p_v}{\frac{1}{2}\rho V_{0.7R}^2} \tag{6-20}$$

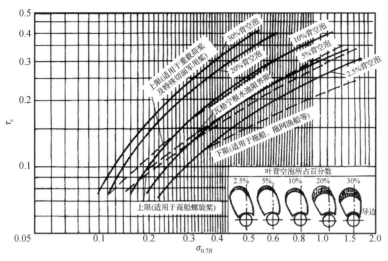

图 6-18 柏利尔限界线

$$\tau_c = \frac{T/A_p}{\frac{1}{2}\rho V_{0.7R}^2} \tag{6-21}$$

式中 $p_0 = p_a + \gamma h_s$ ——桨轴中心处的静压力（kgf/m²）；

γ ——水的重量密度，淡水 $\gamma = 1000$ kgf/m³，海水 $\gamma = 1025$ kgf/m³；

h_s ——螺旋桨轴线的沉没深度（m）；

p_v ——汽化压力（kgf/m²）；

$V_{0.7R}^2 = V_A^2 + (0.7\pi n D)^2$ ——0.7R 处切面与水流相对速度的平方（m/s）²；

ρ ——水的密度（kgf·s²/m⁴）；

T ——螺旋桨的推力（kgf）；

A_P ——桨叶投射面积（m²），以统计资料分析得

$$A_P \approx A_E (1.067 - 0.229 H/D)$$

式中 A_E ——螺旋桨的伸张面积（m²）；

H/D 为螺距比。

高速军舰的螺旋桨通常无法完全避免空泡，图 6-18 中的"重载荷螺旋桨限界线"表示此类螺旋桨在接近严重空泡区工作时可用的最大 τ_c 数值，但若采用空泡性能较好的切面，则不致因空泡而影响其推力或转矩。"商船螺旋桨限界线"表示避免空泡所可用的最大 τ_c 数值，机翼型切面的螺旋桨易于发生空泡，故采用较低的限界线。

设计单位常用柏利尔限界线进行螺旋桨的空泡校核，一般认为其结果往往偏于安全，所以荷兰瓦格宁根试验池提出：若根据楚思德 B 系列螺旋桨图谱设计螺旋桨，则应以瓦格宁根限界线来进行空泡校核为宜，图 6-18 中同时给出了瓦格宁根水池限界线。

在螺旋桨图谱设计中一般用轴向平均伴流分数分析对螺旋桨的影响，实际船后的艉流场是不均匀的，螺旋桨在一周中来流速度的周期性变化对空泡不利。在营运中发现，原来以为不发生空泡的螺旋桨仍有空泡剥蚀存在。近年来随着船舶尺度和主机功率显著增大，船的方形系数也增大，船艉流场的不均匀现象更为突出。为此，有人曾对商船螺旋桨由于空泡而发生损坏的情况进行了调查，其结果如图 6-19 所示。从该

图可以看到,在瓦格宁根水池限界线的下方还有不少螺旋桨发生空泡损伤,而柏利尔的商船螺旋桨限界线则比较合理。

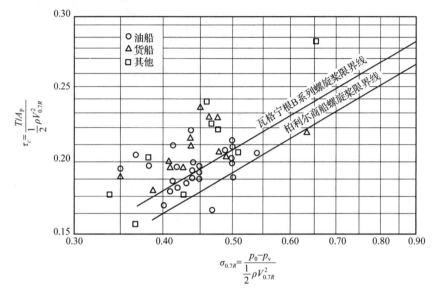

图 6-19　商船螺旋桨发生空泡的调查结果

下面举例说明应用柏利尔限界线进行空泡校核的方法。

某 25000t 散装货船,主机功率 $P_s = 12000\text{hp}$[①]、转速 $N = 118.5\text{r/min}$。利用 AU5-65 图谱设计了一只螺旋桨,直径 $D = 5.747\text{m}$,螺距比 $P/D = 0.782$,效率 $\eta_0 = 0.559$。其可达最大航速 $V_{\max} = 16.05\text{kn}$。空泡校核采用图 6-20 所示的空泡限界线,计算可列表进行,如表 6-9 所列。

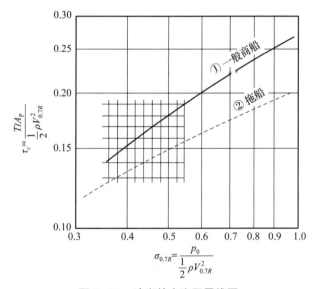

图 6-20　清晰的空泡限界线图

---

① 1hp ≈ 745.6999W。

表 6-9 空泡校核计算表

序号	项目	单位	数据
1	A_E/A_0		0.65
2	$p_0 = p_a + \gamma h_s$	kgf/m²	16470
3	$V_A = 0.515(1-w)V$	m/s	5.46
4	V_A^2	(m/s)²	29.8
5	$0.7\pi nD/60$	m/s	25.0
6	$(0.7\pi nD/60)^2$	(m/s)²	625
7	$V_{0.7R}^2 = V_A^2 + (0.7\pi nD/60)^2$	(m/s)²	654.8
8	$\frac{1}{2}\rho V_{0.7R}^2$	kgf/m²	34250
9	$\sigma_{0.7R} = p_0/\left(\frac{1}{2}\rho V_{0.7R}^2\right)$		0.481
10	查图 6-20 得 τ_c		0.175
11	推力 $T = \dfrac{145.6 P_E}{(1-t)V} = 75\dfrac{P_D}{V_A}\eta_0$	kgf	88800
12	$A_P = T/\left(\tau_c \cdot \frac{1}{2}\rho V_{0.7R}^2\right)$	m²	14.80
13	$A_E = A_P/(1.067 - 0.229 P/D)$	m²	16.68
14	$A_0 = \pi D^2/4$	m²	26.00
15	盘面比 A_E/A_0		0.642

注:海水密度:$\rho = 104.6(\text{kgf s}^2/\text{m}^4)$;螺旋桨轴线沉没深度:$h_s = 5.99\text{m}$;海水压力:$\gamma h_s = 1025 h_s = 6140 \text{kgf/m}^2$;标准大气压力:$p_s = 10330 \text{kgf/m}^2$;伴流分数:$w = 0.34$。

由表 6-9 计算的结果可见,满足空泡要求的螺旋桨盘面比为 0.642,而设计螺旋桨的盘面比为 0.65,故满足要求。

6.4.2 高恩限界线

高恩限界线是专用于高恩螺旋桨系列的空泡校核,如图 6-21 所示。

图谱的坐标与柏利尔限界线一样,因而可完全类似地应用此限界线来校核高恩螺旋桨系列的空泡发生情况。但须注意:图 6-21 中推力所用的单位是 1bf。

由此可见,在空泡校核时 C 线可认为是下限线,而 F 线可视为上限线。如果将图 6-21 的横坐标改成线性坐标,则可以用下列方程来表示 C 线和 F 线。

对于下限线 C 线:
$$\tau_c = 0.295(\sigma_{0.7R} + 0.1)$$

对于上限线 F 线:
$$\tau_c = 0.69\sigma_{0.7R}$$

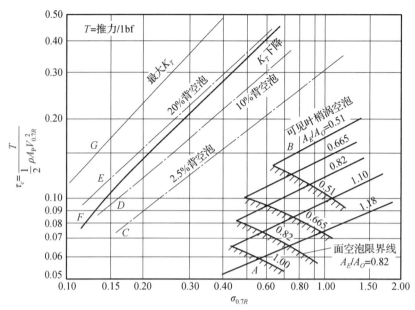

A——面空泡限界线；B——叶梢空泡可见限界线；C——叶面积的2.5%背空泡；D——叶面积的10%背空泡；
E——叶面积的5%背空泡；F——K_T开始下降，在D与E之间；G——K_T最大值。

图 6-21　高恩限界线

6.4.3　B型螺旋桨空泡特性估算图

将B型螺旋桨在均流下进行系列空泡试验，其结果整理成螺旋桨空泡起始曲线图，对B型中每一组螺旋桨都给出其相应的曲线图。

图6-22仅以B4-85和B4-100为例，以了解螺旋桨在均流下的空泡特性。其横坐标为

$$\sigma = \frac{p_0 - p_v}{\frac{1}{2}\rho V_A^2}$$

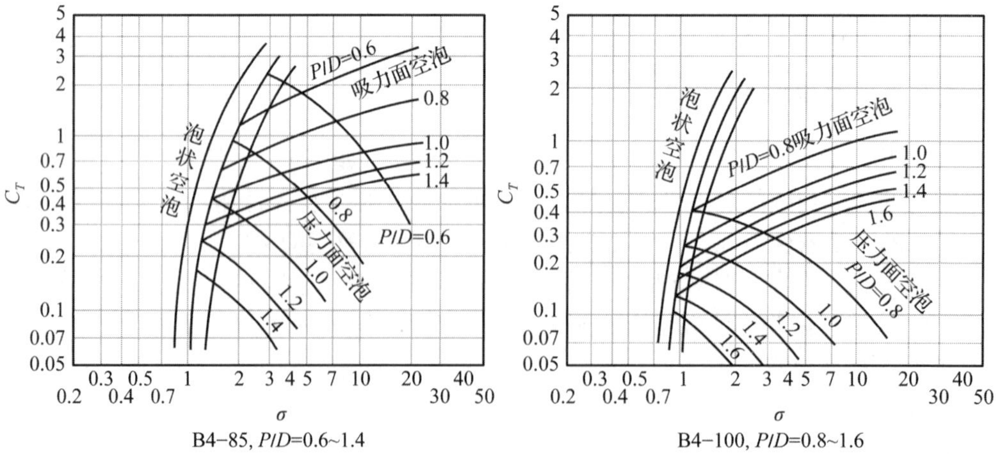

图 6-22　B型桨空泡特性估算图

式中　p_0——桨轴中心处的静压力；
　　　V_A——螺旋桨的进速。
纵坐标为载荷系数，以下式表示：

$$C_T = \frac{T}{\frac{1}{2}\rho V_A^2 \frac{\pi}{4}D^2} = \frac{8}{\pi}\frac{K_T}{J^2}$$

式中　T——螺旋桨推力；
　　　D——螺旋桨直径；
　　　K_T——螺旋桨推力系数；
　　　J——螺旋桨的进速系数。

由图 6-22 可以判断螺旋桨桨叶上空泡发生的情况。

空泡校核的方法很多，除了上面介绍的以外，还有校核临界转速的经验公式及校验叶切面压力系数等。

6.5　经济性分析

6.5.1　基本概念

1. 装置有效效率 η_e

动力装置的有效效率是装置有效推力功的热量和输入装置的总热量的比值，即

$$\eta_e = \frac{3600 P_T}{B Q_P^H} = \frac{3600}{b_\varepsilon \cdot Q_P^H} \tag{6-22}$$

根据热平衡式可以看出，提高有效推力功，降低主、辅柴油机和辅锅炉的燃油消耗量，就能提高装置有效效率。同样，充分利用发动机排出的废热，用已加热的水或产生蒸汽代替动力装置中所需要的部分热能、电能和机械能，从而降低发电机组和辅锅炉的燃油消耗量，也能达到节能和提高装置有效效率的目的。

装置有效推力功的热量可表示为

$$3600 P_T = B_{ME} \cdot Q_{P(M)}^H \cdot \eta_i \cdot \eta_m \cdot \eta_s \cdot \eta_p \cdot \eta_r \tag{6-23}$$

式中：η_i、η_m 分别为主机的指示效率和机械效率；η_c 为轴系传动效率；η_p 为螺旋桨敞水效率；η_r 为相对旋转效率。

输入装置总热量可表示为

$$B \cdot Q_P^H = B_{ME} \cdot Q_{P(M)}^H + B_{AE} \cdot Q_{P(A)}^H + B_{AB} \cdot Q_{P(B)}^H \tag{6-24}$$

把式（6-23）、式（6-24）代入装置的有效效率公式（6-22），并假定 $Q_{P(M)}^H = Q_{P(A)}^H = Q_{P(B)}^H$，经简化后得

$$\eta_e = \frac{3600 P_T}{B \cdot Q_H^P} = \eta_i \cdot \eta_m \cdot \eta_s \cdot \eta_p \cdot \eta_r \cdot \frac{1}{1 + \frac{B_{AE}}{B_{ME}} + \frac{B_{AB}}{B_{ME}}} \tag{6-25}$$

若令 $B_{AE}/B_{ME} = b_{AE}^*$，$B_{AB}/B_{ME} = b_{AB}^*$，$1/(1 + b_{AE}^* + b_{AB}^*) = \eta_{AD}$，则

$$\eta_e = \eta_i \cdot \eta_m \cdot \eta_s \cdot \eta_p \cdot \eta_r \cdot \eta_{AD} \qquad (6-26)$$

式中：η_{AD} 为附加效率；b_{AE}^*、b_{AB}^* 为辅柴油机和辅锅炉的相对耗油量。

从式（6-26）可以清楚地看出，动力装置有效效率不仅决定于主机的指示效率、机械效率，而且与轴系传动效率、螺旋桨敞水效率和相对旋转效率有关，同时还取决于附加效率 η_{AD} 的大小。

附加效率 η_{AD} 一方面取决于所选用的辅柴油机、辅锅炉本身的热效率，以及辅助机械、耗热、耗汽和耗电器具设备的工作经济性，即尽可能减少辅柴油机和辅锅炉的耗油量，从而提高附加效率。另一方面，柴油机的废热利用率、动力装置热线图的形式及其完善程度均会明显地影响它的大小。

2. 提高装置有效效率 η_e 的途径

根据上面的分析，提高装置有效效率的主要途径有三个方面，如下：

1) 提高推进效率

要使主机所产生的有用机械功尽可能多的用来推进船舶，使船舶具有较大推力和较高航速，则改善推进性能、提高推进系统的效率是十分重要的。其中以提高螺旋桨敞水效率 η_0 最为有效。这就要求总体设计时不仅要选好主机，也要选好螺旋桨，更要注意匹配好船、机和桨的性能。

2) 提高装置热效率

提高装置热效率主要有三个措施：一是选用低油耗高热效率的主柴油机，以降低它的燃油消耗量。目前大型低速柴油机油耗已降低到 $163g/(kW \cdot h)$（$120g/(HP \cdot h)$）以下。二是采用劣质燃料。因为燃料费用不仅取决于燃料消耗量，还取决于燃料价格。重油价格一般为柴油价格的1/3左右，使用重油可以显著地降低营运成本，提高动力装置经济性。三是充分利用装置的废热，产生热水和蒸汽，以供船上加热、生活用以及废热发电，尽可能做到航行中不使用燃油锅炉和柴油发电机组，或者直接减少全船蒸汽量和电量的消耗，以降低辅柴油机和辅锅炉的燃油消耗量，提高装置的热效率或者说提高装置附加效率，从而达到提高装置有效效率的目的。

3) 改进船舶操纵，实行经济航行等

根据每海里耗油量 g_n 的关系式可知，不同航速，装置燃油消耗量是不同的，g_n 最小值所对应的航速称经济航速。应该指出，这里的经济航速并非船舶最大的盈利航速，若要获得船舶最大的盈利航速，还需考虑船舶的折旧费、客货的周转量、运输成本及利润等因素。

6.5.2 提高推进效率

推进系数 c_t 为船舶有效功率 EHP 与主机制动功率 BHP 之比，即

$$c_t = \text{EHP}/\text{BHP} \qquad (6-27)$$

或者

$$c_t = \eta_s \cdot \eta_h \cdot \eta_r \cdot \eta_p \qquad (6-28)$$

式中：η_h 为船身效率。

由上面可知，要使得船舶具有较大的推力，较高的航速，则改善推进性能、提高推进系统的效率是十分重要的，其中以提高敞水螺旋桨效率 η_0 最为有效。

1. 采用低转速、大直径螺旋桨

根据螺旋桨理论，理想敞水螺旋桨效率 η_{p0} 是推力载荷系数 σ_T 的函数，即

$$\eta_{p0} = \frac{2}{1+\sqrt{1+\sigma_T}} \quad (6-29)$$

而

$$\sigma_T = \frac{T}{\frac{1}{2}\rho A V_a^2} \quad (6-30)$$

式中：T、A 与 V_a 分别为螺旋桨推力、桨盘面积和进速；ρ 为流体密度。

式（6-29）、式（6-30）中，推力 T 与进速 V_a 取决于船体尺寸和航速的初始设计。在船舶营运要求下，T 和 V_a 已确定。要提高螺旋桨效率，加大桨盘面积 A，即加大螺旋桨直径是唯一办法。在这种情况下，如果转速保持不变，则叶梢线速度的增加会引起摩擦损耗的增大，从而导致推进效率的下降。因此，在功率一定下，采用大直径螺旋桨必须同时降低转速。这里螺旋桨转速与其直径有一个最佳关系。

现在普遍采用低转速、大直径的螺旋桨，当转速从 120r/min 下降至 60r/min 时，螺旋桨效率的提高可节约主机功率 16%~18%，可以较大幅度地改善装置经济性。

2. 机桨节油匹配和主机优选

近几年来，在节能要求下，世界各名牌柴油机的制造厂商为追求"低油耗"展开了激烈的竞争，垄断世界低速机的 Sulzer 和 B&W 两家厂商在不断角逐中，把二冲程低速柴油机的单位功率油耗从 190g/(kW·h)(140g/hp·h)) 降低到 160g/(kW·h)(118g/(hp·h))，从而使柴油机的热效率提升到 50%。

正确选择主机，使船桨机达到最佳匹配等问题涉及船型、振动、价格及节能等。这里从改善动力装置经济性出发，合理选择、使用主机和正确匹配机桨，以提高推进效率，从而降低装置油耗。

1）主机按节油点运行

提高柴油机热效率，即降低柴油机耗油率法之一，是设法提高气缸内最大爆压 p_{max} 与平均有效压力 p_e 之间的比值。运行中一般把最大持续功率 MCR 时的 p_e 定为额定值。减额输出时，把 MCR 时的 p_e 值降低到某一持续运转值作为新的额定点。此时柴油机的喷油系统、冷却系统和增压器等进行最佳化调正使 p_{max} 值维持与 MCR 时相同的值。这样提高了 p_{max} 和 p_e 的比值，从而主机的单位油耗率就比 MCR 时降低。

2）主机优选

20 世纪 70 年代前对同一缸径及冲程的柴油机只有一个额定输出点（MCR）。这在一定程度上不能使某一已定船舶的螺旋桨达到最佳转速和发出所需功率。另外，吨位差异较大的船舶，往往能供匹配的主机甚少，结果形成"船配机"的传统性船机匹配设计。按此匹配设计，就出现了所选主机的常用功率是否合适，经济性是否最佳，并用此主机转速和功率所设计的螺旋桨在船体艉部型线下是否能满足布置要求等一系列问题。

目前可供选择的柴油机型式众多，加上柴油机具有减额输出区，这为正确选择主机创造了较好的优选条件，不会再出现以前机型较少时的"船配机"现象。

减额输出方法的主机选型,首先应有确定的船舶类型、尺度、航速及航线。按船舶特性,由技术设计部门估算一个必须包括海况贮备的连续运行功率 CSR。一般船主总要求再加主机能力贮备。然后确定主机最大连续输出功率 MCR 及其相应的转速。

按实船航速要求的功率及转速可在柴油机减额输出框图内找出。每种型号的柴油机均有自己的匹配框图。适应同一功率及转速的主机有时多至五台以上,以供选择。

6.5.3 主机选型的经济性分析

1. 等航速下所选主机燃油耗量计算

关于营运点的油耗率,各大柴油机公司都发表了有关资料和燃油耗率曲线,使用时可根据营运点的功率及转速从油耗率曲线中查出。MC/MCE 及 RTA 柴油机的最新资料中,还没见到计算营运点油耗率的简单数学公式。对 RTA 柴油机,其减额输出点的等燃油耗率线在减额输出区内呈放射型,更难以用简单数学公式表示。以上两种机型的减额输出点及部分负荷时的燃油耗率均可查该厂发布的燃油耗率曲线。

对于 GBE 型柴油机,营运点的燃油耗率可按下式计算:

$$b_m = \left(1.17 - 0.17 \frac{P_{NM}}{P} \cdot \frac{n}{n_{NM}}\right) \cdot b_{NM} \qquad (6-31)$$

式中:b_m 为柴油机营运点燃油耗率(g/kW·h);P 为柴油机营运点功率(kW);n 为柴油机营运点转速(r/min);P_{NM} 为柴油机标称额定输出功率(kW);n_{NM} 为柴油机标称额定转速(r/min);b_{NM} 为柴油机标称额定点的燃油耗率(g/kW·h)。

若求出了营运点的燃油耗率,则柴油机在营运点的每小时及每天的燃油消耗量就可求出。在等航速下所选主机的燃油耗量求出后,就可进行各主机在燃油消耗方面的比较。

2. 减额功率区内选择节能机桨匹配点

如图 6-23 所示,以 5L67GBE 主机为例来寻找节能匹配点。F 点为标称额定输出点(P_{NM}, n_{NM}),FGHI 为减额输出区功率及转速范围。

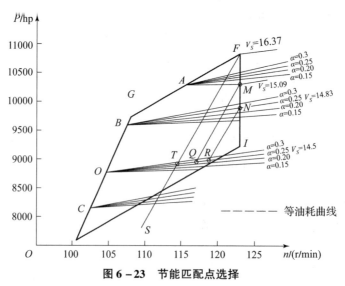

图 6-23 节能匹配点选择

为论述方便，这里结合 35000t 散货船的主机选型来进行分析，该船的试航航速为 14.5kn。假定通过 O 点（$P_0 = 6470\text{kW}$，$n_0 = 105\text{r/min}$）的等航速功率曲线为 OK，那么在这个等航速条件下，营运的机桨匹配点应选在等航速线左部还是右部的减额功率区内，这个问题与 α 值有关。通过 O 点的等航速曲线上任一点 $i(P_i, n_i)$ 的功率可表示为

$$P_i = \left(\frac{n_i}{n_0}\right)^\alpha \cdot P_0 \qquad (6-32)$$

i 点的油耗率可表示为

$$b_i = \left(1.17 - 0.17\frac{P_{NM}}{P_i} \cdot \frac{n_i}{n_{NM}}\right) \cdot b_{NM}(\text{g}/(\text{kW}\cdot\text{h})) \qquad (6-33)$$

则 i 点的燃油耗量为

$$B_i = P_i \cdot b_i = \frac{1}{1000}\left(1.17 b_{NM} P_0 \left(\frac{n_i}{n_0}\right)^\alpha - 0.17 \cdot P_{NM} b_{NM} \frac{n_i}{n_{NM}}\right)(\text{kg/h}) \qquad (6-34)$$

式中：b_{NM} 为 5L67GRE 标称额定输出点燃油耗率(g/(kW·h))。

令 $B_i = B_0$，则当 α 为下值时就为等油耗曲线，即

$$\alpha = \frac{\ln\left[\dfrac{1000 B_0 + 0.17 R_{NM} b_{NM}\left(\dfrac{n_i}{n_{NM}}\right)}{1.17 b_{NM} P_0}\right]}{\ln\left(\dfrac{n_i}{n_0}\right)} \qquad (6-35)$$

以 $P_{NM} = 6470\text{kW}$，$b_{NM} = 179.5\text{g}/(\text{kW}\cdot\text{h})$ 代入该式，得

$$\alpha = \frac{\ln\left[\dfrac{B_0 + 1.98858 n_i}{0.15444 P_0}\right]}{\ln\left(\dfrac{n_i}{n_0}\right)} \qquad (6-36)$$

当 $P_0 = 6470\text{kW}$，$n_0 = 105\text{r/min}$ 时，$b_0 = 177.77\text{g}/(\text{kW}\cdot\text{h})$，$B_0 = 1150.27\text{kg/h}$，代入式（6-36），则当 $n_i = 123\text{r/min}$ 时，$\alpha = 0.164$；当 $n_i = 114\text{r/min}$ 时，$\alpha = 0.159$，当 $n_i = 106\text{r/min}$ 时，$\alpha = 0.154$ 可见，当 $\alpha = 0.16$ 时，通过 O 点的等航速功率曲线，基本上为等油耗曲线。因此，当 $\alpha > 0.16$ 时，机桨匹配点 i 选在等航速线左部能起到节能效果。α 越大，则 i 点选在越接近 O 点就越经济。

当参考点不选在 O 点，而分别在 A、B、C 点，则对通过所选各点等油耗曲线的 α 值又不一样。经计算，如选在 A 点，则 $\alpha = 0.114 \sim 0.144$；选在 B 点，则 $\alpha = 0.146 \sim 0.155$；选在 C 点，则 $\alpha = 0.16 \sim 0.166$。等油耗曲线用粗虚线绘于图 6-23 上。

就柴油机运转而论，i 点选在右部较选在左部为佳。因此，如设计船舶的 α 较小（如 0.16 左右），则 i 点选在左部对节能并不太显著，这时也可选在右部。

从以上计算可知，在减额输出区的机桨匹配点选择除了考虑主机燃油耗率的变化外，还要考虑主机功率的变化。

从式（6-32）看出，P_i 的大小取决于系数 α，只要系数 $\alpha > 0$，降低桨的设计转速，主机功率可节减。但从图 6-23 中的等油耗率曲线可见，等航速线左部（低转速区）的油耗率较等航速线右部（高转速区）为高，因此降低桨的设计转速时，主

机燃油耗量能否降低取决于功率的降低（与 α 有关）与燃油耗率提高的程度。根据计算，对 LMC 机及 RTA 机，当 α 分别大于 0.16 和 0.13 时，降低设计转速才有节能效果。

6.5.4 推进装置选型的经济分析

营运的经济性不但要考虑营运费用的节省（营运费中，燃油费占主要部分，而燃油费取决于燃油耗量、燃油价格及年航行天数、使用年限等），而且必需计及推进系统的初投资（推进系统由主机、减速器、轴系、螺旋桨等组成）。因此，经济分析的评价通常是以初投资和经济偿还之间的平衡来计算的。

在进行推进装置选型时，一般是根据船舶的等航速线拟定几个或一系列的方案，以其中某一个方案为基准，得出各方案的相对经济指标，进行比较作出取舍。

1. 工程经济分析中的一些基本利息计算式

在现代工程经济分析中采用的是动态计算法，它与静态计算方法的主要区别在于考虑了投资资金的时间因素，即考虑资金的增值。具体计算时就是考虑资金的利息。用动态方法计算投资的增值时一般都采用复利公式。现将常用的利息计算式和计算因数概述如下：

（1）投资一次完成（或贷款一次完成），求 n 年后所得总额。设现在的投资或贷款金额为 P，按年利率 i 计算 n 年后的金额 F（n 年后的本息）为

$$F = P(1+i)^n = P \cdot C_A \tag{6-37}$$

式中：C_A 为复利本息因素，$C_A = (1+i)^n$。

如需求将来金额 F 的现值 P，则

$$P = F(1+i)^{-n} \tag{6-38}$$

（2）投资或贷款一次完成，分期等额还款。设投资或贷款为 P，在今后 n 年内，每年还本息数 A，年利率为 i，则 A 与 P 的关系为

$$P = \frac{A \cdot [(1+i)^n - 1]}{i \cdot (1+i)^n} = A \cdot S_{PW} \tag{6-39}$$

式中 A——每年还本息数，称年度金额或年偿还金；

S_{PW}——分期现值因数，$S_{PW} = \dfrac{(1+i)^n - 1}{i \cdot (1+i)^n}$。

式（6-43）也可写成

$$A = P/S_{PW} = P \cdot C_R \tag{6-40}$$

式中 C_R——资金回收因数，$C_R = \dfrac{i \cdot (1+i)^n}{(1+i)^n - 1}$。

2. 经济性评价指标

评价一个系统的经济性，常用投资回收年限的长短和系统现值的大小来衡量。

1）投资回收年限 n

对于利用银行贷款进行的项目，也称为贷款偿还年限。它的含义是考虑利息后依靠每年节约燃料所得的收益逐年付息还本，要经过多少年才能收回投资金额或偿还所借贷款。投资回收年限越短，则说明每年的节能收益越大，经济效果越好。

设每年节约的燃料收益为 A，附加投资费为 P。根据式（6-39）可得

$$\begin{cases} \dfrac{P}{A} = \dfrac{1}{i} - \dfrac{1}{i \cdot (1+i)^n} \\ \dfrac{1}{i \cdot (1+i)^n} = \dfrac{1}{i} - \dfrac{P}{A} = \dfrac{A - P \cdot i}{i \cdot A} \\ (1+i)^n = \dfrac{A}{A - i \cdot P} \end{cases}$$

对上式两边取对数并加以整理后得

$$n = \dfrac{-\lg\left(1 - \dfrac{i \cdot P}{A}\right)}{\lg(1+i)} \leqslant [n] \tag{6-41}$$

式中：$[n]$ 为贷款期。

从式（6-41）看出，当 $iP/A < 1$，即每年节油收益 (A) 大于附加投资 (P) 与年利率 (i) 的乘积时，可求解得出投资回收年限。反之，当 $iP/A > 1$ 时，则附加投资无法回收。因此，当高利率低油价时，初投资大小是选型的决定因素。当高油价低利率时，节油收益是选型的决定因素。

对于推进系统方案比较时，A 是表示某一推进系统与基准系统相比较的年燃油费差，即与基准系统相比较的年节油费，P 是该系统与基准系统相比较的初投资差。

2) 现值 (P_W)

现值的表达式为

$$P_W = P - AS_{PW} \tag{6-42}$$

式中：P 为系统的初投资。

从式（6-42）看出，P_W 越小，说明该系统的投资越小或年节油收益越大，因此 P_W 越小越好。在推进系统方案比较时，式（6-42）中 A 是表示某一推进系统与基准系统相比较的年燃油费差。若该系统与基准系统相比为不节油时，则 AS_{PW} 应与初投资 P 相加。

当方案进行比较时，一般情况下这两种评价指标都要进行计算，才能较全面地进行判别各个方案的经济性优劣。

营运收入不能预估或无营运收入的船只，如供应船、交通艇等服务性船舶和军用舰艇，可用平均年度营运成本且 A_{AC} 作为衡量设计优劣的指标。A_{AC} 值最小的是最优方案。

营运成本包括耗油费和其他费用，系统的造价也是营运成本的一部分。在计算 A_{AC} 值系统的造价用分期付款办法，即乘上投资回收因数 C_R 分摊到各年度，即

$$A_{AC} = C_R \times 造价 + 年度营运费用$$

如在营运期中的某一年，如第 m 年有特殊费用支出，如大修或改装工程等，则先把这笔特殊费用化为现值再乘上 C_R 分摊到各年度，即

$$A_{AC} = C_R \times 造价 + 年度营运费用 + T(1+i)^{-m} C_R$$

式中：T 为在 m 年支出的特殊额外费用。

6.5.5 经济分析实例

某航运公司需建造一艘35000t总载重吨散货船,要求航速为13.78kn,船主要求主机采用低速长冲程柴油机。根据船体的阻力曲线,计及海上裕度和主机功率贮备后,分别绘出选定主机的 MCR 及 CSR(主机常用功率)时的两根等航速线。满足 MCR 等航速线要求的主机型谱图如图 6-24 所示,其经济分析比较结果列于表 6-10,计算的10点说明如下:

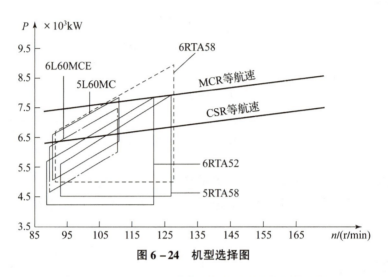

图 6-24 机型选择图

表 6-10 35000DWT 散货船的选机经济性分析实例

序号	项目	单位	机型				
			6RTA52	6L60MCE	5RTA58	5L60MC	6RTA58
1	额定功率	kW×r/min	7740×112	7920×111	7950×127	8250×111	9540×127
2	减额功率	kW×r/min	7740×122	7524×110	7750×124	7524×110	7524×110
3	常用功率	kW	6966	6772	6977	6772	6772
4	额定油耗率	g/(kW·h)	174	167	175	174	175
5	减额油耗率	g/(kW·h)	174	165.6	175	171	171.4
6	常用油耗率	g/(kW·h)	171.2	164.27	173	169.3	169.85
7	燃油日耗量(CSR 时)	t/d	28.622	26.699	28.968	27.516	27.605
8	年燃油耗量	t/a	5151.96	4805.82	5214.24	4952.88	4968.90
9	年燃油费	元/a	1040695.9	970775.64	1053276.5	1000481.9	1003717.8
10	电站负荷	kW	336	336	336	336	390

续表

序号	项目		单位	机型				
				6RTA52	6L60MCE	5RTA58	5L60MC	6RTA58
11	发电机组	容量	kW	388×3	388×2	388×3	388×3	440×2 312×1
12		型号	—	B6250ZCD×3	B6250ZCD×3	B6250ZCD×3	B6250ZCD×3	7L20/27×2 5L20/27×1
13		耗油率	g/(kW·h)	216	216	216	216	209
14		日耗油量	t/d	1.94	1.94	1.94	1.94	2.17
15		年燃油量	t/d	349.2	349.2	349.2	349.2	390.6
16		年燃油费	元/a	75.078	75.078	75.078	75.078	83.979
17	年总燃油费		元/a	1115773.9	1045853.6	1128354.5	1075559.8	1087696.8
18	年节油费		元/a	基准	-69920.3	12580.6	-40214.1	-28077.1
19	主机初投资		元	4284000	5803600	4814400	5334600	5140800
20	发电机组初投资		元	683500	688500	688500	688500	1000620
21	轴系初投资		元	173812	187100	215683	227631	192500
22	桨初投资		元	313650	332467	310800	332500	344500
23	机舱辅机初投资		元	1080000	1102700	1102700	1130000	1253000
24	装置总投资		元	6539962	8114367	7132083	7713231	7931420
25	投资差		元	基准	1574405	592125	1173269	1391458
26	相对回收年限		a	基准	25年内不能回收	永远不能回收	25年内不能回收	25年内不能回收
27	现值		元	6539963	7223938	7292295	7201108	7573860

（1）受艉部线型及吃水限制，允许螺旋桨最低转速为110r/min。
（2）同类型的主机价格以标称最大持续功率 MCR 计。
（3）主机常用功率 CSR 为 90% 选定的最大持续功率 DMCR。
（4）主机的燃油耗量按 CSR 工况计。
（5）年航行天数按 180 天计。
（6）主机燃油用 37.8℃ 时雷氏黏度为 1500ms 的重质燃油，单价为 202 元/t；辅机燃油用 30 号重柴油，单价为 215 元/t。

（7）柴油发电机组的日耗油量是假定发电机效率为90%时按电站负荷计算得到的，本例中只计航行工况的耗油量。

（8）主机的初投资中，考虑到6缸机的平衡性差，需增设平衡器，增加初投资约30万元。

（9）轴系的初投资中，考虑到5缸机在短轴系中的扭振特性较差，需将轴径加粗以避开扭转振动禁区，使初投资增加约25%。

（10）船龄为25年，贷款利率按6.04%计。

由表6-10计算结果可知，6L60MCE、5L60MC和6RTA58三个机型虽然较6RTA52机型节油，但对油价为202元/t的年节油费在26年船龄内尚不足以抵偿所增加的初投资。而5RTA58机型的燃油费及初投资均较6RTA52机型高，故增加的初投资永远不能回收。从现值计算结果可知，6RTA52机型的现值是最低的，依次是5L60MC机型、6L60MCE机型及5RTA58机型，而6RTA58机型的现值是最高的，故该船选用6RTA52机型作为主机较经济。

习 题

1. 主推进装置型式有哪些？
2. 主机功率传递有哪些过程？
3. 船舶有效功率估算有哪些方法
4. 机桨匹配设计具体过程有哪些？
5. 何为空泡？如何校核？
6. 什么是动力装置的有效效率？有哪些影响因素？
7. 何为推进系数？如何提高？

第7章　电力推进与喷水推进

7.1　电力推进

7.1.1　概述

1. 船舶电力推进系统的发展

船舶电力推进系统采用电动机驱动螺旋桨，具有调速范围广、驱动力矩大、易于正反转、体积小布局灵活、安装方便、便于维修、振动噪声小等优点。它的发展大致有以下三方面内容。

1）第一代船舶电力推进系统

19世纪末期，在德国和俄国最先开始以蓄电池为能量源的电力推进应用试验，此后第一代船舶电力推进系统于1920年代投入使用。

船舶电力推进系统在20世纪初期迎来"第一次浪潮"，主要原因是当时的舰船日益大型化。在2万t甚至3万多t的战舰上，如果采用传统推进装置，长达近百米的主轴和大型机械减速装置在制造上相当有难度，而采用电力推进系统可以绕过这一难题。从20世纪初至20世纪40年代，各国建造了大量电力推进舰船，从民用的客轮、货轮、油轮到军用舰艇，都有采用电力推进系统。第二次世界大战期间美国海军"列克星敦"级大型航空母舰，采用的就是蒸汽轮机－发电机－电力推进系统。

随着技术的进步，世界主要海军大国已经可以研制生产满足大型战舰要求的超长主轴和大型齿轮减速装置，而电力推进装置由于增多了能量变换环节，带来了设备昂贵、传动效率低、维护保养工作量大等一系列缺点，故大型舰船重新采用传统轴系的直接推进技术。

2）第二代船舶电力推进系统

20世纪70年代后，大功率电子元件飞速发展，功率体积比不断提高。以开关技术为基础的功率电子技术使开关频率不断提高，并且朝着智能化、模块化方向发展。具有代表性的几种功率电子器件首先在陆上电网得到了应用，然后又逐步应用到了舰艇上，功率电子技术彻底改变了舰艇能量变换的面貌。80年代以后，进入实用阶段的永磁电机可以给舰艇电力推进设备带来更小的体积和重量，加上大功率、低油耗的新型燃气轮机面世，使得船舶电力推进技术进入新的发展期。

3）船舶综合电力推进系统

把舰船的电力推进和日常用电的发电设备综合为一个统一的系统来考虑和设计，形成综合电力推进系统。船舶综合电力推进系统具备以下优越性。

（1）实现模块化单元。综合电力推进系统便于实现舰船设备系统大范围的模块化，可以实现舰级之间设备系统的全面通用，大幅度降低各种类型舰船的研制成本。

（2）提高运行经济性。可以使所有原动机一直保持在最佳的负荷状态下运行，提高工作效率，降低它们的燃油消耗，常年累计可以大大降低舰船的运行使用成本；可以大大减少舰上原动机组配置的数量，节省了原动机占用的空间，减少了原动机的维修工作量。

（3）提高总电力供应。所有原动机综合在一起进行发电，可以使全舰电网的可用电力增加 10 倍以上。这样大的发电冗余能力不仅可以大大提高电网供电的可靠性，还可以解决未来舰船高能武器的供电问题。这些高能武器包括电热化学（ETC）炮（大约需要 2000kW 的功率），中等能量级别的激光武器（大约需要 100kW 的功率），大功率微波武器（大约需要 500kW 的功率）等。此外，一些声纳设备也常需要大功率的脉冲供电。

（4）安装维护方便。综合电力系统采用各种专业模块，如发电模块可以在专门的车间里进行制造和预先组合调试，然后整个模块直接上船，安装十分方便，而且能有效地保证设备的安装质量和可靠性，便于按照舰船的装配时间表进行调整，从而可以减少舰船装配所需要的总时间。

2. 船舶电力推进系统的应用

电力推进系统一般用在需要有高度机动性能的船舶，或需要有特殊工作性能的船舶，或具有大容量辅助机械的船舶。在下面一些船舶上采用电力推进系统有突出的优点，国内外均有应用实例。

1）渡轮

除了在渡轮艉部装设电力推进系统外，在船首及左右舷也可装设侧向电力推进器，使渡轮在港口要道和狭窄航道中能快速灵活和安全地航行，也使靠离码头的操作快速准确、安全可靠。

2）挖泥船

耙吸式挖泥船采用电力推进系统，在耙吸挖泥时，船舶低速航行，主发电机除把一部分电能供推进装置外，还可供电给泥泵。不进行耙吸操作时，船舶可利用全部推进功率高速航行，提高船舶利用率。这样可减少原动机组数量，提高动力装置运行的经济性，还可简化机舱值班和维护工作，提高船舶生产率，降低挖泥成本。对于其他挖泥船，如链斗式挖泥船，在需要自航时，也常利用挖泥机械的电力作为推进动力。我国自行设计、制造的某挖泥船就是采用交流变频电力推进。

3）破冰船

电力推进系统在低速时发出大推力，可以出色地完成破冰任务。它的堵转特性使机组不会超载，并在螺旋桨被冰块卡住时也不会发生事故。电力推进系统的快速机动性能和恒功率自动调节性能，也改善了破冰船工作的效率。

4）起重船

在自航式起重船上，可利用起重机械的电力作为推进动力。例如：我国自行设计、制造的50t起重船，装有两台55kW柴油发电机组，起重作业时供电给起重机械，在航行时供电给两台55kW推进电动机，航速约为3kn。

5）渔轮

可以根据各工况的不同要求，方便地把电能适当分配至推进、捕捞和冷藏机械，以节省一些专供辅机（如拖网机、冷藏机）的发电机组。例如：拖网渔船，在寻找鱼群时，只需在经济航行状态运行，电力推进系统耗用一部分电能，在拖网捕鱼时除将部分电能供低速推进外，其余电能可供电给拖网机械与其他设备，在捕捞完毕返回基地时可把全部电能供给推进装置，全速返航。

6）拖轮

电力推进系统可在广泛的范围内调速，故可保证从自由航行状态到拖带状态都发出全功率，获得拖航工作的最佳效率。此外，在拖带过重时，还可实现堵转，避免事故的发生。由于电力推进系统可以方便地在驾驶室进行控制，所以保证了正确的操作和拖曳的安全。其对港口拖轮，就更为适宜。

7）调查船、测量船

调查船、测量船的甲板机械、附属设备和科研仪器，往往需要大量电能，它们可以与电力推进系统一起从主发电机组中获得电能。电力推进具有较高的机动性、低速航行特性和堵转特性等，这些对于航行状态多变、航区复杂的调查船和测量船都是必不可少的。

8）消防船

消防船在急驶火场时，必须把主发电机组的全部功率用于推进，在到达火场后，只需把少量电能供低速推进，在火场周围缓行，而把大部电能供给消防泵。电力推进不仅可以减少消防船上原动机数量，而且可以在驾驶室集中控制，获得良好的机动性和操纵性，使消防船处于最佳灭火位置，出色完成消防任务。

9）救捞船

救捞船与消防船相似，在急驶救生地点后，救生打捞设备（如空压机、绞车等）可从主发电机组获得大量电能。

10）领航船

领航船采用电力推进系统，可精确地控制低速推进，使船的位置保持不变，在恶劣的气候条件下移动时，电力推进还可增加其安全性。由于领航船的工作包括一段相当长的低速航行，采用电力推进后，可以只开一部分机组，因此增加了经济性，减少了燃料消耗，在一定的燃料储备下，减少了返航添加燃料的次数，增加了营运时间。

11）布缆船

布缆船在敷设电缆时，需要稳定正确的航向和较大调节范围的低速推进。采用了电力推进系统，就可以达到上述要求，同时还可降低推进速度，并将剩余的电力用于布缆作业。

12）航标工作船

航标工作船在敷设和维修航标时，需要低速电力推进，使船舶逐渐靠近和保持在航标敷设的位置，进行作业。我国某沿海航标船采用了电力推进。

3. 船舶电力推进系统的组成及分类

电力推进系统由原动机、发电机、配电变频系统、电动机、螺旋桨及监测控制系统等部分组成。配电变频系统包括配电板组件、变压器组件、谐波抑制器及变频器组件等。

船舶电力推进系统可以根据所用的原动机型式、主电路电流种类及其在船舶推进中的地位等进行分类。

按原动机类型，船舶电力推进系统可分为柴油机电力推进、汽轮机电力推进、燃气轮机电力推进、原子能电力推进和燃料电池电力推进等。现采用较多的是柴油机或燃气轮机电力推进。在柴–电推进系统中，柴油机通常是中高速机。

按主回路电流种类，船舶电力推进系统可将电力推进装置分为直流电力推进、交流电力推进、交直流电力推进等。直流电力推进又可按系统调节原理分为恒压电力推进系统、简单的 GM 电力推进系统、恒功率电力推进系统、恒电流电力推进系统等。

根据电力推进系统在船舶推进中的地位，船舶电力推进系统可以分为独立的电力推进系统，联合电力推进系统以及辅助电力推进系统等。

根据推进电动机的布置型式，船舶电力推进系统还可以分为机舱式和吊舱式电力推进系统。

4. 船舶电力推进系统的特点

电力推进系统最大的优点就是具有无比优越的灵活性，为进一步优化舰船的综合性能创造了极为有利的条件。其突出表现在以下 7 方面。

1）系统配置灵活，保证原动机处在最佳工作状态

电力推进系统对原动机的类型、配备的台数均无特殊要求，几乎可以形成任何型式的系统组合，能够最大限度地满足船舶最佳推进转矩特性的要求。舰船航行时可以自由选择推进原动机工作的类型和台数，满足各种航行状态最佳特性的要求。原动机的转速与轴系的转速无关，既可以使原动机处在最佳工作条件下运行，又能够保证较低的 NO_x 废气排放。

2）无长轴系，能有效地利用各种空间

电力推进系统不需要设置长轴系，能够得到更合理的总体布置方案，同时也可以大大减轻轴系安装的工作量。除了推进电动机与螺旋桨、原动机与发电机等少数部件具有长度有限的机械连接外，其他大部分设备部件都是依靠电气连接的，可以按照需要将各种设备分散进行布置，给总体设计带来很大的灵活性，而且能够充分利用各种容积，有效地节省舰船宝贵的空间，显示出很大的优越性。

电力推进系统的主要构件能够灵活安装在舰上任何部位，对于小水线面双体船、水面效应船或三体船等具有重要意义。推进电动机的直径比较小，可将其设置在船艉，从而显著地缩短螺旋桨轴的长度，如果采用吊舱式推进装置，则螺旋桨轴长度可以减小到零。

3）有利于提高螺旋桨的效率

电力推进系统采用定距桨，它的重量轻、成本低、效率高，又很少需要维修。其可采用高效率的对转螺旋桨。采用吊舱式电力推进可以将螺旋桨移到舰船边界层外侧，并处于稳态流中，提高螺旋桨的效率。采用永磁电机可以大大缩小电机的尺寸，给总

体布置带来方便。

4）安装维修方便

电力推进系统既减轻了维护保养的工作量，又节省了修理费用。

5）控制灵活，机动性能强

电力推进系统便于遥控及自动控制，调速范围广、力矩大，容易得到比较理想的转矩特性，控制和转速调节都比较灵活方便，可以获得较大的航速调节范围，可以获得很低转速（4~5r/min），大大改善了船舶的机动性能。推进装置的总功率可以由几个机组承担，增加了设备选择的灵活性，提高了船舶的生命力。

对于机械推进系统，一般是由驾驶室通过车钟向机舱传递主机操作指令，由主机操作人员按指令操纵柴油机，然后通过车钟向驾驶室回令。这样不但来车速度慢而且很容易产生误操作。采用电力推进系统易于实现由驾驶室直接进行船舶的操纵，使船舶的操纵十分机动灵活，驾驶人员只需在驾驶室操纵发电机或电动机的磁场或改变晶闸管的触发角，即可实现对船舶的操纵，大大减少了误操作的可能性。电力推进系统的操纵过渡过程比直接推进的大大缩短，因此它应付紧急状态的能力较强，增加了航行安全性，如表7-1所列。

表7-1 某电力推进渡轮与某直接推进渡轮的操纵时间比较

项目	机械推进			电力推进		
	启动 0~300r/min	停车 300~0r/min	倒车 300~-300r/min	启动 0~300r/min	停车 300~0r/min	倒车 300~-300r/min
车钟操作	4s	4s	5s	0s	0s	0s
机器加减速	10s	10s	25s	8s	8s	13s
合计	14s	14s	30s	8s	8s	13s

采用电力推进系统的船舶操纵性能大大提高，特别是吊舱电力推进，如表7-2所列。

表7-2 不同推进方式船舶操纵性能对比

项目	机械推进	常规电力推进	POD推进
回转直径	120%	100%	75%
零航速回转180°所需时间	118%	100%	41%
全速回转180°所需时间	145%	100%	42%
全速到停止所需时间	280%	100%	42%
零航速至全速所需时间	210%	100%	90%

6）振动、噪声小，隐身性能好

原动机与螺旋桨间无机械连接，有利于减振降噪。原动机可以尽可能靠近船体艉部布置，使废气和烟从舰艉排出，减少对外辐射的红外特征信号，提高隐身性。电力推进不需要配备减速齿轮箱，并可采用简单的定距桨，减小了舰船自身的辐射噪声，从而减少被敌方发现的几率，同时也增大了本舰声纳的探测距离。

7）减少舰的附加阻力

电力推进系统可以选择更合适的螺旋桨，实现无舵推进，减少其附加阻力。

电力推进系统的缺点，如下：

（1）初投资高。

（2）总效率较低。电力推进系统有较多的能量转换环节，存在中间损耗，故其效率较低。直流电力推进一般为85%~90%，交流电力推进一般为94%~95%，齿轮直接推进一般为98%。电力推进系统的这一弱点是可以被它在其他方面的优点所补偿。利用燃料电池、超导电机等新技术可使电力推进装置总效率大大提高。

（3）质量较大。

（4）存在谐波干扰。

（5）需要技术水平较高的电气维护人员。

电力推进系统中各电力设备部件是有能量损失的。在额定工况时，发电机效率为 0.95~0.97，配电板效率为0.999，变压器效率为0.99~0.995，变频器效率为0.98~0.99，电动机为0.95~0.97。对于柴油机-电力推进系统的，从柴油机轴到推进电动机轴，满负荷时正常情况下在效率为0.88~0.92，效率随系统负载而变化。电力推进系统中电力设备部件导致差不多10%的能量损耗。对于绝大多数时间工作在设计工况的船舶来讲，电力推进是不节能的，除非有其他方面特殊需求，否则决不会采用。

电力推进的节能主要体现在以下三个方面。

（1）可调速的定距桨效率较高。

可调速的定距桨比定速可调螺距桨的水动力效率高，尤其是在低负荷工况下。零负荷下，可调螺距桨的水动力损失约15%。而可调速的定距桨损失近似为0。在多数可调螺距桨配置中，桨速要求为定速，转速一般较高。即使是在推力为0时也是如此。对于可调速定距桨，可变速驱动器允许零推力时对应0转速。

（2）柴油机工作在定速和高负荷区，效率较高。

机械推进系统中柴油机效率随负载变化差异很大，而电力推进系统中可使柴油机一直工作在定速和高负荷区，效率较高。在动力定位和机动航行时效率差异更明显。

在柴油机电力推进系统中，电站由多台小功率的柴油发电机组组成，总的运行台数可以选择使得每台运行机负载最优。总的额定功率也可以调整到适合船舶的可能运行工况，使得多数运行模式和时间内都可能找到一个优化的配置。

（3）船艇型线得以改善，提高推进效率。

采用电力推进系统，船艇型线得以改善，使得推进器在比较理想的伴流中工作，提高水动力性能。据测算，经过优化后的船型效率比使用常规桨时可提高15%左右，优化设计后的吊舱推进器可使推进器的流体性能比采用常规桨时提高约4%。

7.1.2 吊舱推进系统

20世纪90年代，吊舱式电力推进系统的出现使电力推进的发展跃上了一个新的台阶。许多豪华邮轮采用了吊舱式电力推进系统，并取得了成功。吊舱式推进器主要由支架、吊舱和螺旋桨等部件构成。可 360°回转吊舱通过支架悬挂在船体下面，舱体内置电机直接驱动舱体前端或后端的螺旋桨，集推进装置和操舵装置于一体，省去了通常所使用的推进器轴系和舵。按照对船体作用力的方式分类，吊舱式推进器可以分为拖式和推式两种。

1. 吊舱式电力推进系统的优点

（1）机动性好。推进装置可在零航速时 360°全回转，具有极佳的操纵性能、定位能力强、具有船舶快速横移和紧急停船能力。

（2）运行可靠。整个推进装置的机械零部件降低到最低程度，电动机安装在一个附装在船体上的水动力优化的壳体内，功率的机械损耗少，使推进装置的效率提高 15%。

（3）节省舱容。免除了舵系、轴系、轴毂和轴支架，占用船舶的容积减小，从而增加了装载舱容。

（4）振动噪声低。与常规桨相比，吊舱式电力推进系统可得到更均匀的进流，因而明显降低了噪声和振动，提高了舒适性。

（5）安装与维修简便。采用模块式设计，使船在水中也可进行安装拆卸，维修简便。

2. 吊舱式电力推进器介绍

20 世纪 90 年代，ABB、西门子、ALSTOM 和 STNATLAS 等船用设备生产厂商先后推出了不同型号的吊舱式电力推进器，并在民用船舶上得到广泛应用。

1）ABB 公司的 Azipod 系列吊舱推进器

Azipod 系列吊舱推进器主要有三种型式：标准型、紧凑型、对转式。Azipod 系列吊舱推进器的特点是将用于变频调速的交流电动机装入一个流线型的壳体内，桨置于壳体前端，并且配有固定螺距螺旋桨，这些配置可以保证它可以在低转速下运行。如小于 10% 额定转速状态下，也能长时间运行，也可以像 Z 型推进器一样在 360°范围内做自由的旋转。

Azipod 推进器型号说明如下：

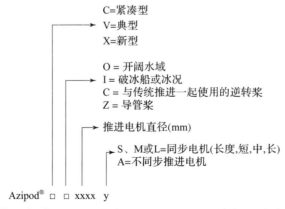

Azipod 推进系统型如表 7-3 所列，CO 型适用于游艇、客船、渡船、油船、补给船及科考船，其结构如图 7-1 所示。Azipod - CZ 型适用于钻井船及钻井平台，如

图 7-2 所示。Azipod-VO 型适用于客船、渡船。Azipod-Ⅵ型适用于破冰船及具有破冰能力的货船、补给船、油轮及 LNG 船，其结构如图 7-3 所示。Azipod-XO 型适用于客船、渡船、油轮、LNG 船及军舰，Azipod-XC 型适用于快速渡船、LNG 船、集装箱船，其结构如图 7-4 所示。

表 7-3 Azipod 系列推进系统型式

型式	功率/MW	开阔水域 O	冰况 I	逆转桨 C	导管桨 Z
紧凑型 C	1~4.5	CO	CI	CC	CZ
典型 V	3~13	VO	VI	VC	—
新型 X	10~21	XO	XI	XC	—

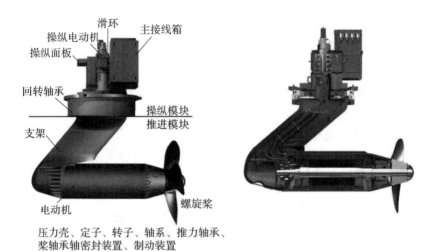

图 7-1 Azipod-CO 型推进系统的结构组成

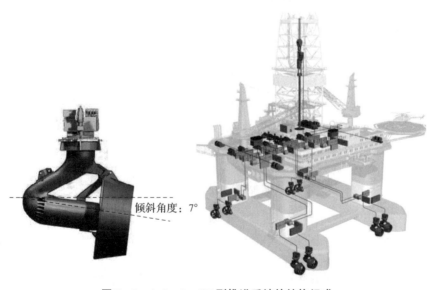

图 7-2 Azipod-CZ 型推进系统的结构组成

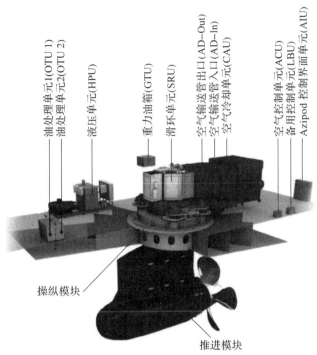

图 7-3　Azipod-Ⅵ型推进系统的结构组成

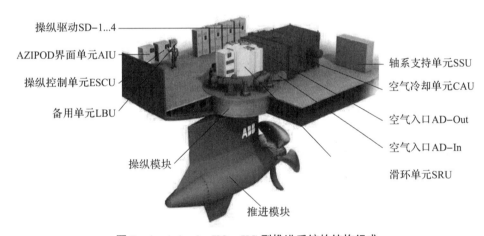

图 7-4　Azipod-XO、XC 型推进系统的结构组成

如图 7-5 所示，推进电动机由循环空气进行冷却，空冷单元由两个径向鼓风机，两个水冷热交换器对空气进行冷却，空气管路中装有过滤装置。

如图 7-6 所示，轴系设有密封装置、滚动轴承、推力轴承及桨轴承。舱内设有密封滑油箱、重力油箱、空气控制单元。润滑油充满轴承间隙的部分空间，润滑油通过滑油循环管路在轴承与滑油处理单元之间循环，润滑轴承后由循环泵送入滑油处理单元。滑油处理单元由过滤器及温度控制器组成，对滑油进行实时处理，并对滑油中的水分进行检测。润滑油品质及温度信号发送到船舶机械自动化系统。液压刹车盘供维修时刹住桨轴，刹车可手动或由液压动力单元（hydraulic power unit，HPU）控制，刹车时最大允许进速取决于螺旋桨设计。

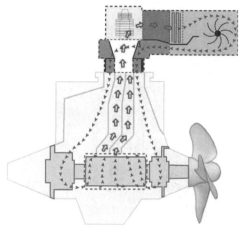 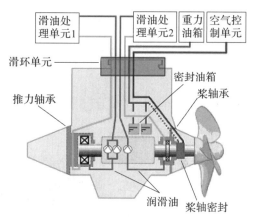

图7-5 推进电动机的空气冷却方式　　　图7-6 轴系布置

吊舱设有排泄系统,排出润滑废油及渗入的水,如图7-7所示。两台排泄泵布置于吊舱内较低的位置,其中一台泵抽取废液收集箱内的液体,另一台泵直接抽取吊舱桨内的废液。排泄管路中装有单向阀,废液抽到机舱,进入船舶排污系统。泵的电机由船舶应急配电系统供电。

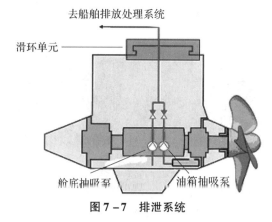

图7-7 排泄系统

图7-8为吊舱内维修情景,维修人员可由船舶机舱进入吊舱内进行更换零部件等维修工作。

图7-8 吊舱内维修

图 7-9 为一种可收放式吊舱推进器，可根据船舶不同航速时所需的功率大小，选择不同的组合方式，将不用的吊舱推进器收入船舱内以减小航行阻力。

图 7-9　可收放式吊舱推进器

2）西门子公司和肖特尔公司的 SSP 推进器

SSP 吊舱推进器是由德国西门子公司和肖特尔公司共同开发的。如图 7-10 所示，吊舱前后具有两个同轴同转螺旋桨，两个螺旋桨均承担负载。吊舱舱体的外面有两个翼片，艉桨可回收前桨艉流的旋转能量。SSP 推进器能够使整个推进系统的效率提高 20%，并具有推进效率大的优点，其功率范围为 5~30MW，适用于旅行船和大型渡轮。另外它采用的新型永磁同步电机比常规电机体积小很多，质量也轻，这是 SSP 推进器的一个突出优点。

图 7-10　西门子与肖特尔公司生产的 SSP 双螺旋桨推进器

3）Kamewa 公司与 Alstom 公司的 Mermaid（美人鱼）电力推进器

Kamewa 公司和 Alstom 公司的 Mermaid 推进器的功率范围为 500kW~25MW。该系统的独特设计在于轴封甚至整个吊舱都可以在水下进行拆换，每个推进器的叶片也可以在水下拆换。与 Azipod 推进器不同的是，Mermaid 推进器的定子烧嵌在吊舱内，利用周围的海水对流进行冷却，这样的吊舱装置在尺寸上要比采用全空气冷却系统的吊舱装置小，提高了水动力效率。Rolls-Royce 公司的 Mermaid（美人鱼）推进器如图 7-11 所示。

图 7-11　Rolls-Royce 公司的 Mermaid（美人鱼）推进器

4）STNATLAS 公司和 John Crane-Lips 公司的 Dolphin

STNATLAS 船用电力设备公司和荷兰的 John Crane-Lips 公司合作开发了 Dolphin POD 推进系统，Dolphin 系统功率输出范围为 3~19MW。其主要设计标准就是高推进效率和低噪声、低振动。Dolphin 的核心是一个不带电刷的六相同步电机，由于采用双绕组，运行平稳。Dolphin 的特征是模块化结构，几乎所有的辅助设备都可以整合成一个安装块，焊接在船体上，可在船下水之前装上去，适用于各种高速高性能的船型。

3. CRP 对转桨推进

CRP（contra-rotating propellers）对转桨推进方式，主桨由柴油机通过轴系驱动或由柴油发电机-电动机驱动，副桨为吊舱桨，置于主桨之后，如图 7-12 所示。其系统配置如图 7-13 所示。

图 7-12　CRP 对转桨推进

CRP 推进方式由常规柴油机驱动螺旋桨推进及吊舱式电力推进两部分组成，具有下列特点：

（1）吊舱桨旋转方向与常规桨旋转方向相反，可以利用常规桨艉流的部分能量，使旋转损失得以部分回收，提高了推进效率，比单纯常规推进可节约 15%~20% 的功率。

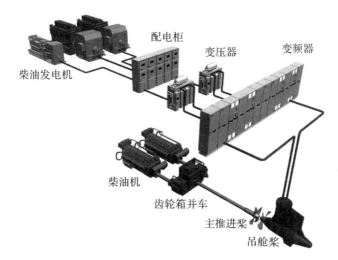

图7-13 CRP推进系统配置

(2) 两个对转桨产生推力，各桨叶负荷降低，使桨的空化特性得以改善。

(3) 桨直径较小，其与船体的间隙较大，使桨激振力降低。

(4) 操纵性更佳。

7.1.3 直流电力推进系统

1. 直流电力推进具有的优点

(1) 配电系统简单。直流电配电可以统一和简化整个配电系统，可以减少层次、节省电缆、便于施工、降低舰船的建造费用。

(2) 传输损耗小。在全固态功率变换器中，直流变换是最经济的，而且可以多个变换器并联运行获得所需要的功率。舰船发电机组和整流器的费用、尺寸和重量可以做到最佳。

(3) 直流电可以方便地变换为其他各种参数的电力。它们可以直接输送到分散的功率电子变换装置的接口，就近向负载供电，再加上功率电子装置可以同时实现电路通断、故障保护和隔离等多种功能，省去区域系统结构中使用的大型机电开关装置。这也大大简化整个系统。

(4) 采用直流电作为配电的基本电制有利于实现舰级之间系统设备的全面通用化。

(5) 未来的燃料电池、超导单极电机都是直流方式，故以直流电作为配电的基本电制也有利于未来各种新技术的推广应用。

直流发电机的主要弱点是直流电的获得只能依靠直流发电机，变换电压也比较困难，换向器可靠性低、难于维修。

2. 主电路连接方式

主电路连接方式是指电力推进系统在采用多台主发电机和主电动机时它们电枢回路之间的连接方式。简单的发电机-电动机系统是指不带反馈的发电机-电动机系统，简称为GM系统。

1) 主电动机并联接法与主电动机串联接法

主电动机并联接法和串联接法分别如图 7 – 14（a）和 7 – 14（b）所示。

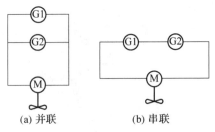

图 7 – 14　主电动机并联接法和串联接法

主电动机并联的优点是可以采用电压级别较高的发电机，使电动机、电路转换设备和电缆的尺寸质量较小。但主电动机并联接法有一些重大缺点，如在并联时发电机间的负载分配不均匀，并联操作复杂，对柴油机调速系统要求高，而且主电路检测、保护都比串联接法复杂。主电动机串联时只要检测、保护一条主电路即可，而在主电动机并联时，每台发电机支路都要设置检测、保护装置。主电动机并联接法的一个重大缺点是装置功率在中间状态得不到充分利用。

串联接法时主发电机可全功率工作，使装置功率得到充分利用。当多台主发电机向多台主电动机供电时，串联接法在中间工作状态时的主发电机功率利用率也比并联接法时为高。

2) 一般串联接法与交互串联接法

一般串联是将各台主发电机连接在一起，向连接在一起的多台主电动机供电，如图 7 – 15（a）所示。交互串联是主发电机与主电动机一个间一个地连接，如图 7 – 15（b）所示。

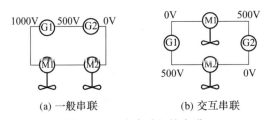

图 7 – 15　主电动机的串联

主电动机交互串联（或称相间串联）电路与同样数目、同样电压级别的主电动机一般串联电路相比较，前者在主电路任两点间的最高电压比后者主电路任两点间的最高电压为低。比如：图 7 – 15 中的线路，设每台主发电机的电压为 500V，则主电动机一般串联时主电路两点间的最高电压为 1000V，而主电动机交互串联时主电路两点间的最高电压仅为 500V。

3) 单电枢或双电枢

主电动机可以采用单电枢的，也可采用双电枢的。双电枢电动机是在一根轴上连着两个电枢，这两个电枢可以串联或并联，也可以独立供电，它有一个公共的定子外壳，每个电枢有自己独立的定子激磁绕组，两个激磁绕组可以并联或串联，也可以独立供电。可以把双电枢电动机看作为通过各自的轴硬性连接在一起的两个电动机。

在相同功率下，单电枢电动机与双电枢电动机相比有许多优点，如质量、尺寸较小，效率较高等。因此一般应采用单电枢电动机作为主电动机。双电枢电动机也有优点，在下面场合可以考虑采用：船舶艉部较窄，轴系高度不够，或有多个推进器，必须要求减小主电动机的直径时；推进功率较大，需要提高主发电机电压级别时。比如：两台主发电机供电给一台单电枢主电动机时，每台主发电机的额定电压不能超过500V，因此功率受到限制。但如采用双电枢电动机作主电动机，由于每个电枢额定电压均允许采用1000V，同时主发电机与主电动机各电枢采用交互串联，每台主发电机额定电压就可采用1000V，使总推进功率有可能大幅度提高。这种情况如图7-16所示。

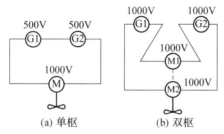

(a) 单枢　　　　(b) 双枢

图7-16　单、双枢电动机电压比较

3. 船舶上实际采用的主电路连接方法

（1）两台主发电机供电给一台主电动机（单枢和双枢）的主电路，如图7-17所示。由该图可见，根据转换开关的开断情况，可以得到下述工作状态：两台主发电机同时向主电动机供电；左主发电机单独向主电动机供电，右主发电机单独向主电动机供电。

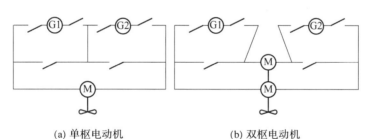

(a) 单枢电动机　　　　(b) 双枢电动机

图7-17　两台主发电机向一台主电动机供电

在采用双枢主电动机时，为了简化主电路的转换，可以不必设置转换开关来切除其电枢，仅当需要把其中某个电枢切出主电路时（如该电枢损坏），可临时用导线加以换接。

（2）两台主发电机供电给两个主电动机的主电路，如图7-18（a）是两台主电动机在正常状态时由两台主发电机分别供电，而在中间状态时由G1或G2统一供电。图7-18（b）是两台主电动机分别由各自一般的主发电机供电。前者的优点是只有一台主发电机运行时，两台主电动机仍能同时运行；后者在此时只有一台对应的主电动机能够运行，这将大大加重了舵机的负担，但其最大的优点是线路简单，转换开关少。

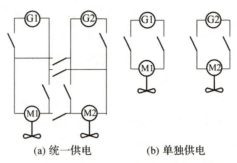

(a) 统一供电　　　　　　(b) 单独供电

图 7-18　两台主发电机供给两台主电动机

（3）采用四台主发电机的主电路。这种主电路如图 7-19 所示，可以由四台主发电机中的任意几台向主电动机供电，能获得较多的工况。

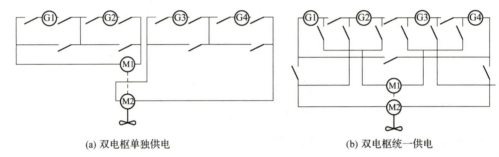

(a) 双电枢单独供电　　　　　　　　　　(b) 双电枢统一供电

图 7-19　四台主发电机电路

7.1.4　交流电力推进系统

1. 交流电力推进装置的特点

交流电力推进装置由交流主发电机、拖动主发电机的原动机、交流推进电动机及其控制装置组成，如图 7-20 所示。

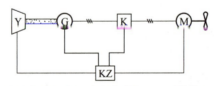

Y—原动机；G—交流发电机；M—交流电动机；K—开关装置；KZ—控制装置。

图 7-20　交流电力推进装置方框图

因为交流电动机没有换向器，所以交流电力推进装置与直流电力推进装置相比，具有一系列优点，如下：

（1）交流电动机的极限容量大。交流电动机的极限容量通常为 $P \cdot n \leqslant 450 \times 10^6$ （kW·r/min），其中：P 为电动机功率（kW），n 为电动机转速（r/min）。而直流电动机的容量极限只有交流电动机的百分之一，$P \cdot n \leqslant 4 \times 10^6$（kW·r/min）。因此，在大功率交流电力推进装置中，可以采用高速大功率的原动机和发电机，使推进装置的质量轻、尺寸小。

（2）降低了电动机的总损耗，提高了效率。交流电机的效率比直流电机高 2%～3%。

（3）可以采用较高的电压。目前，直流电力推进装置采用的最高电压为 1000V，而交流电力推进装置的电压可达 5300V 或 7500V，这样使电动机、电器和电缆的质量都减轻了。

（4）交流电动机的结构比直流电机简单，因而交流电机维护方便、成本低廉。

总之，交流电力推进装置具有极限功率大、质量小、尺寸小、成本低廉、维修简便等优点。这些优点在大功率装置中更为显著。但是，交流电力推进装置也存在一些缺点，主要是交流电机的调节性能比直流电机差。因此，在交流电力推进装置中，为了在较宽范围内调节电动机的转速，必须改变原动机的转速；为了使推进电动机反转，必须换接主电路的相序；当交流发电机并联运用时，为了在调速、反转过程中使各台发电机负载分配均匀，还必须保证所有的发电机同步运行。这些都增加了交流配电设备和控制装置的复杂性。

交流电变换电压比较容易，但交流电周围的交变电磁场在导体中会产生涡流，造成不良影响。变换频率需要配置变频机组等比较复杂的设备。变频调速电动机应有高的效率，对电动机的漏抗也有特殊的要求，电压型变频器要求漏抗小，而电流变频器要求漏抗大，即变频调速用电动机应采用高效率、高功率因数的电动机。例如：100kW同步转速为 3000r/min 的电动机，效率为 92% 以上，功率因数应在 0.89 以上。

采用第三代电子开关器件的交流电动机调速方式，目前比较实用的有以下几种：

（1）循环变频器（交－交变频器）。

（2）脉冲宽度调制变频器。

（3）同步变频器（交－直－交变频器）。

各种变频器性能比较如表 7－4 所列。循环变频器及同步变频器主要用于大功率的同步电动机，而 PWM 变频器可用于同步电动机和异步电动机，但功率偏小，一般在 8MW 以下。由于异步电动机价格低、工作可靠，所以功率 8MW 以下的电力推进系统采用 PWM 变频器还是可行的。

表 7－4　各种变频器性能比较

名称	效率/谐波	可靠性	功率范围	应用场合
循环变频器	高，功率因数 1	高	大功率特种用途	大型船舶，破冰船，大转矩
脉宽调制变频器	高/小，功率因数 1		中压系统 5MW 中小功率 8MW	同步电动机，异步电动机均可
同步变频器	高	高	大功率 38MW	同步电动机各种船舶，特别是大功率同步电动机

2. 交流电力推进装置的功率、电压和频率

（1）交流电力推进装置的功率。汽轮机交流电力推进装置和燃气轮机交流电力推进装置的功率每轴为 4400kW 以上。柴油机交流电力推进装置通常用于 4400kW 以下的船舶上。

（2）交流电力推进装置的电压交流电力推进装置所采用的电压主要与推进装置的

功率有关，目前尚未标准化。最高电压我国规定为5300V，美国为7500V。根据已建造和使用的交流电力推进船舶来看，随装置功率不同所使用的电压等级上限大致如下：1000kW装置功率以下为525V；1000~2500kW装置功率为1050V；2500~15000kW装置功率为3150V；15000kW以上装置功率为5300V。相应地，推进电动机每相电流通常在下述范围内：小功率装置为1000~1200A；中功率装置为1200~1500A；大功率装置为1500~2000A，特殊情况下电流可超出上述范围。

（3）交流电力推进装置的频率。交流电力推进装置的频率没有作出规定，但最好采用50Hz的工业频率，在推进主发电机与船用电网联合工作时，更应是这样。在汽轮机电力推进中，当采用转速超过3000r/min的汽轮发电机时，或者在燃气轮机电力推进装置中，以及在用同步电动机作推进电动机，而要求功率因数在一定范围内时，提高交流电力推进装置的频率是合适的。频率通常按原动机和推进器之间的减速比来选择。这个减速比等于推进电动机与主发电机极对数之比。

3. 交流推进电动机

1）概述

交流电力推进装置采用的推进电动机有两种：一种是具有笼型启动绕组的同步电动机，另一种是异步电动机。异步电动机在供电频率不变的情况下，在一定范围内能实现调速。但是，为了良好的起动特性，或在转差大时获得较大转矩，异步电动机需要电阻高的转子绕组；而如果异步电动机在额定转速和额定转差下有效地运行，则需要电阻低的转子绕组。这可用以下三种方法实现：

（1）采用具有双笼型绕组的异步电动机，一个绕组的电阻高，另一个绕组的电阻低。启动时高电阻的绕组起作用，运行时低电阻的绕组起作用。

（2）采用具有笼型绕组和绕线绕组的异步电动机。在绕线绕组中设有外电阻，当电动机升到额定转速时，该电阻可被短接。

（3）采用绕线式异步电动机，在转子绕组中接有外电阻。起动时，外电阻接入。在额定转速和额定转差下运行时，外电阻被短接，也可用晶闸管串激系统来代替外电阻调速。

异步电动机主要用于专用船舶推进装置，如自卸式散装货轮、车辆渡轮和护卫舰等。在这些船上，实际上常常使用具有外电阻的或晶闸管串激调速的绕线式异步电动机。外电阻既用于起动，也用于调速。这种电动机的优点之一：它可以在相当接近额定运转频率下投入运行，使主发电机发出的功率可以同时供给推进和辅机使用，并且当船舶机动时可以获得较低的螺旋桨转速，而不影响辅机的运行速度。

同步电动机功率因数为1，而且效率高、质量小、尺寸小。但当供电频率不变时，它的转速是恒定的。因此，同步推进电动机主要用于功率大且调速要求低的大型客船和客货船上。没有笼型起动绕组的同步电动机实际上没有起动转矩，因此在使用中必须设置棒式笼型绕组。同步推进电动机的起动拉入同步过程是在较低速度（约为25%额定转速）下进行的。它的调速主要靠改变主发电机的原动机的转速来实现。这就使得主发电机不能既供推进，又供辅机用，除非在规定的速度极限内供辅机用。这时需要设置自动切换装置。当主发电机转速降低到预定值以下时，把辅机负载自动切换到备用发电机组。

对大型汽轮机电力推进装置来说，常常使用同步电动机，而不使用异步电动机。其原因如下：

（1）异步电动机低速时，功率因数很低。这意味着，对给定的输出来说，异步电动机所需的电流输入比同步电动机需要的电流输入大很多。这样，所有的开关、电缆等都必须相应地增大。

（2）为了保持功率因数尽可能高，异步电动机的定子和转子间的径向气隙必须做得很小。这就影响了电动机的可靠性和安全性。但同步电动机可以做到相当大的气隙，大大提高了可靠性。

2）异步电动机的特性

（1）异步电动机的同步转速和转差率。

在异步电动机定子的三相绕组中通入三相交流电就会产生旋转磁场。该旋转磁场的转速即同步速 n_c 为

$$n_c = \frac{60f}{p} \tag{7-1}$$

式中：f 为电源频率（Hz）；p 为极对数。

当转子绕组闭路时，定子磁场会在其中感生出电势和电流。该电流在转子中也产生旋转磁场。其相对于定子的转速也为同步速 n_c。

当转子以转速 n 旋转时，转差率 s 为

$$s = \frac{n_c - n}{n_c} \tag{7-2}$$

转差率是定子旋转磁场相对于转子的转速与同步速之比。

（2）电压和频率。

当 $s=1$ 时，即转子不动时，异步电动机相当于一个变压器，于是有

$$\frac{E_s}{E_r} = \frac{W_s}{W_r} \tag{7-3}$$

式中：E_s 为定子绕组的电势（V）；E_r 为转子绕组感生的电势（V）；W_s 为定子绕组的匝数；W_r 为转子绕组的匝数。

当转子旋转时，转子绕组中感生的电势 E'_r 和转子电流的频率 f_r 分别为

$$E'_r = sE_r \tag{7-4}$$

$$f_r = sf \tag{7-5}$$

异步电动机的机械特性 $M=f(s)$ 或 $M=f(n)$，如图 7-21 所示。

在交流电力推进装置中，常常用到变频调速。在异步电动机或同步电动机作异步电动机起动、制动等过渡过程中，频率也是变化的。当频率变化时，电阻和电导与频率 f 的变化无关，电抗与频率成正比，电纳与频率成反比。

3）同步电动机的特性

如果电网频率不变，则同步电动机的转速也将保持恒定，而与负载大小无关。因此，同步电动机的机械特性是一条与转矩轴平行的直线，电动机的转速在力矩增长时保持不变。若负载转矩增长到超过一定的数值时，则电动机将失去同步。

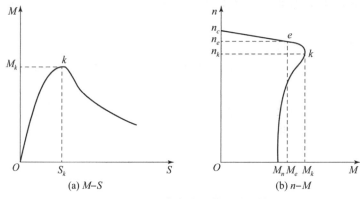

图 7-21 异步电动机的机械特性

同步电动机由交流电网供电时，通常只允许这样两种状态：一是与电网并联运行的发电状态，二是电动状态。

电磁转矩由两部分组成，如下：

（1）与感应电动势和 $\sin\theta$ 成正比的部分，称为同步转矩。

（2）电动机没有激磁，由于有凸极系统而产生的反应转矩。在隐极电动机内反应转矩为零。

同步转矩随角度 θ 的增大而增大，并且在 $\theta=90°$ 时达到最大值。θ 继续增大时，同步转矩开始减小。因此，稳定运转只有在角度不超过 90° 时才有可能。考虑到负载冲击，通常 θ 的额定位在 20°~25° 范围内。这时同步电动机的过载能力为 2~3。由于同步转矩与激磁引起的电势成正比，所以在尖峰负载时，还可加大同步电动机的激磁（在未饱和前）来提高过载能力。

电磁转距与角度 θ 之间的关系如图 7-22 所示。这个关系称为矩角特性，是同步电动机一个很重要的特性。

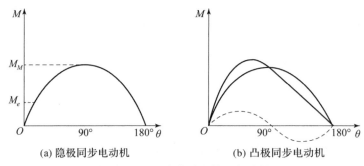

图 7-22 同步电动机的矩角特性

使同步电动机升到接近同步速后，若加入激磁，则会牵入同步。但启动时加入激磁会产生制动转矩，所以启动开始时最好无激磁。

通常由启动转矩、磁场闭路转矩、磁极涡流转矩，尤其是凸极电动机的反应转矩等组成合成转矩。启动时，若磁场开路，则会感应出几千伏以上的高电压，所以应在磁场绕组短路或接入阻值相当低的放电电阻后启动。

7.1.5 电力推进系统与螺旋桨特性配合

1. 推进电动机特性要求

螺旋桨是推进电动机的工作对象，推进电动机的特性必须与螺旋桨的特性相适应，彼此才能很好地配合工作。下面分析一下螺旋桨对电动机特性有哪些要求，以及为什么会有这些要求。这些要求，如下：

1）空载转速 n_0 的限制

一般设计为 $n_0 \leq (120 \sim 140)\% \, n_e$。如果电动机空载转速远大于额定转速，则当螺旋桨出水或者脱落时，电动机负载大为减小，电动机转速将大大升高，使电动机受到很大的机械性损害。

2）"堵转"转矩的限制

"堵转"转矩一般设计为 $M_{dz} \leq (150 \sim 250)\% \, M_e$。这是因为螺旋桨，特别是港口作业船、破冰船等的螺旋桨容易被钢缆、冰块等卡住，使得电动机发生"堵转"，即使电动机转速急剧降低到零，但流过电动机电枢的电流便迅速增大，电动机的电磁力矩 $M = C_m \Phi I$ 变得很大。电流和电磁转矩的增大使电动机电枢过热、电动机和轴系机械应力过大，因此电动机"堵转"转矩应受到限制。

图 7-23 的特性线 1、2 为他激电动机的机械特性。如果理想空载转速设计得符合要求，则堵转转矩的数值将会极大，在图形上是无法找到它的位置。而如果堵转转矩设计得符合要求，则空载转速将大为升高。

3）当负载变化时，电动机的功率应该获得比较充分的利用

船舶航行中，特别是在风浪中，电动机的负载经常发生变化，表现为螺旋桨特性经常在自由航行特性两侧发生变动。这时要保持电动机在某一点如图 7-24 所示 a 点，稳定工作是不可能的。当负载增大时，其极限是螺旋桨特性由自由航行特性变到系缆特性，电动机将过渡到 b 点工作。b 点既在电动机的机械特性上，又在螺旋桨的系缆特性上。可以看到，在 b 点，转速与 a 点的差不多，而转矩却远大于 M_e。这将使电动机发生过载，并引起发电机和柴油机的过载。而负载减轻时，电动机将过渡到 c 点工作，电动机将严重欠载，功率利用不充分。

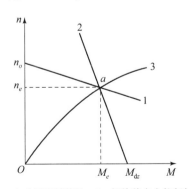

1、2—电动机机械特性；3—螺旋桨自由航行特性。

图 7-23 他激电动机的空载转速和堵转转矩

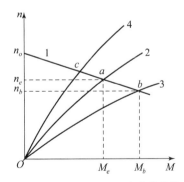

1—电动机特性；2、3、4—螺旋桨特性。

图 7-24 他激电动机与螺旋桨的共同工作特性

由此可见,他激电动机的特性也不能适应负载变化时充分利用机组功率的要求。为了能够比较好地适应上述几点要求,电动机机械特性必须具有如图 7-25 所示的形状。在这条特性曲线 dacbe 的 acb 段,呈双曲线形状,在 acb 段的每一点 Mn 为常数。电动机的输出轴功率为 $P = Mn/975$。因此在这条双曲线上的每一点,电动机输出的功率相等,电动机的这种状态称为"恒功率"状态。a 点是在螺旋桨自由航行特性上,而 b 点在螺旋桨系缆特性上,这就保证当电动机的负载在 1、2 之间变化时,电动机将能自动维持"恒功率"运行,电动机功率不会过载,因而发电机和柴油机功率也不会过载。转矩虽然大于额定值,但它在电动机允许的转矩过载范围之内,不致引起电的和机械性的损害。

这条特性的 d 点限制了电机的空载转速,而 e 点限制了电机的堵转转矩。它们的数值均可设计在允许范围之内。

一般来讲,要获得 acb 段的理想恒功率特性比较困难,而获得所谓凸形特性则比较容易。凸形特性如图 7-25 的曲线 dafb 所示。当负载变化,电动机过渡到 f 点工作时,虽然这一点高于恒功率曲线,电动机将稍有过载,但过载不大,因此其应用还是比较普遍。一般把它和理想恒功率特性一样都称为恒功率特性。

恒功率特性在拖船、拖网渔船、扫雷艇、破冰船等船舶上应用比较适当。在某些船舶上,如消防船、渡轮、挖泥船等船舶上,除了螺旋桨外,还有一些同螺旋桨容量相当的大容量辅机,它们的特点:一是容量大,二是它们的负荷高峰在时间上常常是与螺旋桨错开的,这时往往把它们的电动机与螺旋桨电动机串接在同一条主电路内,由公共的发电机组供电。为保证各电动机可独立调速而互不影响,研制了所谓"恒"电流系统。

4)在恒电流系统中主回路电流保持不变

特性形状如图 7-26 所示曲线 dabe。图中横坐标用电流 I 表示,所得的特性是 $n = f(I)$ 特性。当电动机 Φ 为常数时,$M \propto I$,这条特性也就代表机械特性 $n = f(M)$。转矩在 a 点以下几乎为恒定值。当螺旋桨特性由 1 变为 2 时,电动机工作点由 a 变到 b,b 点的功率比 a 点来得小,即 $P_b < P_a$。该台电动机的功率利用是不充分的,但由于各台电动机的负荷高峰不是同时出现,因此整个柴油发电机组的负荷有可能比较均匀,其功率利用也就有可能比较充分。

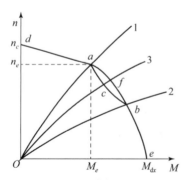

图 7-25 电动机的理想机械特性

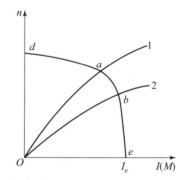

图 7-26 恒电流系统中电动机的特性

5) 调速方便

船舶运行过程中，经常要求螺旋桨正反转及获得不同的低速。这就要求电动机具有不同的转速，而且调速应该比较简便。从调速性能来讲，直流电力推进系统比交流电力推进系统较为优越。

2. 交流电力推进装置的转速比及中间工作状态

交流电力推进装置的调速主要靠改变推进电动机的供电频率，即改变原动机的转速来实现的。因此，即使采用异步电动机，也只是在某一中间状态下，可以不通过改变原动机的转速来调速，而在不同的中间状态，仍需通过改变原动机的转速来实现调速。

电动机转速 n_m 和发电机转速 n_g 之间保持一一对应的关系，如以相对值表示为

$$n_m^* = \frac{n_m}{n_{me}} = \frac{n_{m0}}{n_{m0e}} \frac{1-s}{1-s_e} = f^* \frac{1-s}{1-s_e} \tag{7-6}$$

式中：n_{m0}、n_{me} 是对应于 f 和 f_e 的空载转速；n_m 是对应于 f 的转速；n_{me} 是对应于 f_e 的转速，即额定转速。如果忽略转差率的变化，则有

$$\frac{1-s}{1-s_e} = 1 \tag{7-7}$$

$$f^* = n_g^* = n_m^* \tag{7-8}$$

如果认为系统效率不变，则原动机、发电机、电动机和螺旋桨的相对功率在任何频率下均是相等的。

图 7-27 所示为三台发电机供电的电力推进装置。曲线 3、2、1 分别表示一台、二台和三台发电机对一台推进电动机工作时，总功率与转速的关系。曲线 4 表示推进器所需的总功率与转速的关系。

当三台主发电机全部工作时为额定工况。这时船舶全速航行，工作点为 A，螺旋桨转速为 n_3。如果船舶以低于额定转速的某一中间转速航行，则由于所需的功率降低，可停止部分机组，如停止一台主发电机组，使主发动机的功率能得到较充分的利用，这时主发电机发出的总功率如曲线 2 所示。为使推进电动机转速降低，必须降低工作的主发电机的转速，即降低

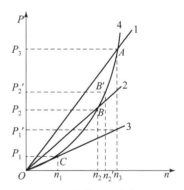

图 7-27 原动机、主发电机和螺旋桨特性配合图

供电频率。否则，推进电动机仍将以原来速度旋转，使留下的工作主发电机过载。停止一台主发电机组后，工作点将移至 B 点。这时螺旋桨的转速为 n_2，主发电机功率为 P_2。其与直流电力推进装置相比较，由于直流发电机转速与推进电动机的转速无关，因此，当船舶航速降低时，留下工作的主发电机仍能以原来的转速运转，发出功率 P_2'，相应的工作点为 B'，螺旋桨的转速为 n_2'。这两种情况下的转速相差 $\Delta n = n_2 - n_2'$。如果交流电力推进装置中停止工作的主发电机越多，则主发电机功率的利用量越不充分。

工作发电机的总功率与转速成正比，与频率也成正比，其用相对值为

$$P_g^* = f^* = n_e^* \tag{7-9}$$

而螺旋桨的功率与其转速的三次方成正比，即

$$P_j^* = n_j^{*3} = n_m^{*3} = f^{*3} \qquad (7-10)$$

设有 m 台主发动机并联工作,每台发电机在额定转速下的功率相对值为 P_{ge}^*,则 m 台主发电机全部工作时螺旋桨的功率 P_{je}^* 为

$$P_{je}^* = mP_{ge}^* \qquad (7-11)$$

式中:P_{je}^* 为 1;P_{ge}^* 为 $1/m$。

在中间工作状态,当断开 k 台发电机不工作时,留下的 $(m-k)$ 台主发电机的总功率为

$$P_g^* = (m-k)P_{ge}^* f^* \qquad (7-12)$$

螺旋桨功率为

$$P_j^* = P_{je}^* f^{*3} = mP_{ge}^* f^{*3} \qquad (7-13)$$

由功率平衡条件得

$$P_g^* = P_j^* \qquad (7-14)$$

即

$$(m-k)P_{ge}^* f^* = mP_{ge}^* f^{*3}$$

解得

$$f^* = \sqrt{\frac{m-k}{m}} \qquad (7-15)$$

对于异步电动机,由式(7-1)得

$$n_m^* = \frac{1-s}{1-s_e} f^* = \frac{1-s}{1-s_e}\sqrt{\frac{m-k}{m}} \qquad (7-16)$$

当断开一台发电机时,$k=1$,$m-k=2$,故有

$$f^* = \sqrt{\frac{m-k}{m}} = \sqrt{\frac{2}{3}} = 0.816$$

$$P_j^* = P_{je}^* f^{*3} = 1 \times 0.816^3 = 0.543$$

由上面可知,当只有两台主发电机工作时,螺旋桨和主发电机的转速只有额定转速的 81.5%,而推进螺旋桨的功率只有原来的 54.3%。

同样,在两台主发电机并联给推进电动机供电的情况下,当留下一台主发电机工作时,主发电机和螺旋桨的转速只有各自额定转速的 70%。主发电机发出的功率只有其额定功率的 70%,原推进总功率的 35%。在四台主发电机并联给一台推进电动机供电的情况下,当留下一台主发电机工作时,螺旋桨只能达到 50% 的额定转速;当二台发电机同时工作时,螺旋桨只能得到 72% 的额定转速;当三台发电机同时工作时,螺旋桨能达到 87% 的额定转速。

3. 电动机-桨-船工况特性配合

当船舶阻力变化时,螺旋桨转速的变化取决于推进电动机特性的变化。在阻力变化过程中,电动机特性的变化与原动机转速,即发电机频率和发电机磁通,与发电机电压的变化有关。原动机转速因负载变化而自动变化,发电机磁通因激磁调节系统的作用而变化。当阻力增大时,若发电机频率和电压维持不变,则电动机特性不变。工作点将从点 A 变到点 B,如图 7-28 所示。

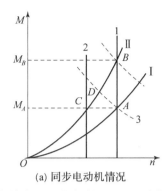 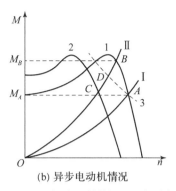

(a) 同步电动机情况　　　　　　　(b) 异步电动机情况

Ⅰ—螺旋桨的自由航行特性；Ⅱ—系泊特性；1、2—电动机的机械特性；3—恒功率曲线。

图 7-28　船舶阻力变化时推进装置工作点的变化

当阻力增大时，电动机的转矩也增大，$M_B > M_A$，原动机转矩也成比例地增大，原动机转矩的增大是靠原动机调速器自动增大燃料供给量来实现的。但是，原动机的转矩过载能力是有限的。柴油机的转矩过载能力一般不得大于额定值的 10%。汽轮机可以允许一定的转矩过载，但一般不超过 25%~30%。因此，汽轮机电力推进可以维持恒功率运转如图 7-28 中 D 点，或在船体坚固性及电动机过载允许情况下维持恒速运行如图 7-28 中 B 点，但转矩过大也是不允许的。

由此可见，原动机必须设置燃料供给限制器，使转矩不超过允许值。负载变化时，燃料供给受到限制。因此，当负载太大时不能维持原动机恒速。这时，负载增大，原动机转速下降。当原动机转速降低，即频率 f 减小时，发电机电压可以以不同的规律变化。它根据发电机激磁电流如何调节而定。当激磁电流维持恒定。原动机转矩受燃料供给限制器限制而维持不变时，U/f 为常数。这时工作点由 A 变到 C。应该注意阻力变化时的情况与调速时的情况之间的区别。调速时，改变燃料供给来改变原动机的转速。为了维持 U/f = 常数，必须改变发电机激磁。阻力变化时，燃料供给不变，原动机转速因负载增大而降低。为了维持 U/f 为常数，发电机激磁电流必须保持不变。在汽轮机交流电力推进中，阻力矩的增加，将引起发电机与电动机过载及电压降低，因而减小了装置的稳定性，可能引起同步电动机失步。为了提高稳定性，有时采用发电机和电动机的激磁电流自动调节系统，过载时使发电机和电动机强励。

根据船舶的不同要求，选择推进电动机的功率有以下两种方案：

（1）在辅助船上，当螺旋桨从自由航行特性转变到抛锚特性上工作时，维持推进电动机转矩不变。这时按推进电动机在图 7-28 中的 A 点工作作为额定状态来选择功率，则

$$P = \frac{M_A n_A}{9615} \text{ (kW)} \tag{7-17}$$

式中：A 点的转矩 M_A(N·m)；A 点的转速 n_A(r/min)。

由图 7-28 可知，$M_C < M_A$，$n_C < n_A$。这就是说，螺旋桨在系泊特性上工作时，电动机不会过载，即

$$P_C = \frac{M_C n_C}{9615} < P \tag{7-18}$$

式中：M_C 为 C 点的转矩（N·m）；n_C 为 C 点的转速（r/min）。

（2）对于要求在恶劣气候中航行能保持航速不变的船舶来说，当螺旋桨工作从一条特性转变到另一条特性时，转矩变动很大，转速变动不大。这就必须有足够的功率储备，以保证推进电动机任何时候都工作在硬的自然特性上。这时推进电动机的计算功率将按图 7-28 中的 B 点来确定。

$$P = \frac{M_B n_B}{9615} \text{ (kW)} \tag{7-19}$$

式中：M_B 为 B 点的转矩（N·m）；n_B 为 B 点的转速（r/min）。

对于同步电动机来说，$n_A = n_B$，对于异步电动机来说，$n_A \approx n_B$。因此式（7-19）也可写成

$$P = \frac{M_B n_A}{9615} \text{ (kW)} \tag{7-20}$$

式中：M_B 为 B 点的转矩（N·m）；n_A 为 B 点的转速（r/min）。

在这种情况下，在额定工作状态，即在自由航行特性上工作时，要求电动机输出的功率比较小。计算功率与额定功率的比值 $P/P_A = 1.2 \sim 1.6$。

7.2 喷水推进装置

7.2.1 概述

1. 喷水推进的发展

喷水推进是一种特殊的船舶推进方式，它和其他推进器不同之处是利用推进泵喷出水流的反作用力来推动船舶前进，通过操舵和导航装置改变喷流方向实现船舶操纵。

早在 17 世纪就已出现了作为船舶推进装置的喷水推进器，其历史与螺旋桨同样悠久。但限于当时的技术和认识水平，早期的喷水推进装置相当笨重，管道损失大、推进效率很低，因此影响了喷水推进装置的推广应用。20 世纪 50 年代，随着科学技术的进步和发展，人们对喷水推进有了新的认识，世界各国均组织专门力量对影响喷水推进性能的各种因素做了充分的研究试验，使喷水推进技术有了突破性的进展。60 年代逐步开始在高性能船上应用，通过理论研究和实际应用的相互促进，喷水推进理论日趋成熟。到 70 年代喷水推进在高性能船艇上被广泛应用，其优越性已被大家所公认，并逐步向更大的单泵功率和更广阔的应用范围发展。

20 世纪 70 年代，喷水推进首先在军用高性能船舶上得到越来越广泛的应用。90 年代是世界高速船舶独领风骚的年代，开发了航速 50kn、装载 1000t 集装箱，排水量 3000t、可在 6 级海况下航行的面向 21 世纪的定期班轮。目前已形成了以水翼艇、气垫船、高速双体船这三类高性能船舶为主导的水面高速运输系统新局面。

21 世纪潜艇的重要特征是隐身，世界军事大国均将研究重点瞄准喷水推进。喷水推进既有较强的抗空泡性能，又能改善艉流性能，减少艉波形成，使航迹模糊，泵壳还可以屏蔽泵叶轮噪声辐射，从而大大提高潜艇的隐蔽性。另外，潜艇水下发射导弹

时，潜艇航速越高，对导弹离艇时的干扰就越大，导弹的水中弹道和出水姿态难以达到要求，因此导弹只能在潜艇低速航行时发射。采用常规的推进方式，潜艇航速越低，航向精度就越难以保证，而采用喷水推进可大大改善潜艇的低速操纵性、提高其动力定位能力。

登陆艇上采用喷水推进，在登陆时可充分利用喷水推进，适应变工况，在低速时能充分发挥主机功率、推力大的特点，提高冲滩能力。同时，由于喷水推进泵动叶轮产生的高速流同船底水流隔开，因此一方面泵壳能对泵叶轮起到良好的保护作用，另一方面能有效遏制船舶尾吸，大大降低浅水效应。在登陆艇冲滩搁浅后，螺旋桨推进的船舶只能靠倒航力脱滩，而喷水推进可依赖其在微速、驻航时优异的操纵性能使登陆艇横摆倒航脱滩，提高登陆艇的脱滩能力。

此外，喷水推进也可应用于猎扫雷艇、猎潜艇。猎扫雷艇和猎潜艇除要求噪声低外，在投放扫雷器具和拖曳声纳时，要求很低的稳定航速。对于常规推进船舶，即使主机以最低的稳定转数工作，航速仍大于投放拖具要求，不利于作战时使用。采用喷水推进，不但航速可以无级变速，而且具有微速操纵性，完全满足实战要求。

喷水推进装置主要有两种型式：一种是图7-29所示外悬式喷水推进装置，是集推进与操纵为一体的喷水推进组合体，适用于安静型潜艇和大中型登陆舰艇；另一种是图7-30所示内藏式喷水推进装置，主要适用于高性能船、高速军用舰艇、浅吃水内河船。

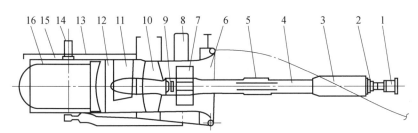

1—联轴节；2—密封装置；3—出轴组合；4—舰轴管；5—泵轴；
6—泵壳；7—轴支架；8—观察孔；9—密封；10—动叶轮；
11—导翼；12—喷口；13—舵托；14—舵杆；15—舵壳；16—中舵。

图7-29 外悬式喷水推进装置

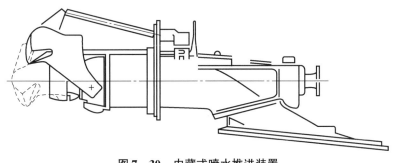

图7-30 内藏式喷水推进装置

推进泵是喷水推进器的核心部件，用于船舶推进的水泵有三种：离心泵、混流泵及轴流泵，分别对应于不同的比转速要求。从船舶总体布置方便合理及可靠性上考虑，一般采用叶片泵中的轴流泵和导叶式混流泵，特殊情况也有采用离心泵的型式。苏联和日本采用的大多是多级轴流泵，而美国采用的以带诱导轮的混流泵居多。轴流泵和带诱导轮的混流泵特点各异。轴流泵的径向尺寸较小；而带诱导轮的混流泵的轴向尺寸较小。轴流泵的扬程较低，对于大吨位舰船需要多级串联，而带诱导轮的混流泵单级即可。轴流泵的重量较轻、径向尺寸小，在舰艇上好布置，而带诱导轮的混流泵重量较大、径向尺寸也大，布置起来显得比较拥挤。目前的轴流泵比带诱导轮的混流泵效率稍高一些，但相差不大。因此这两种泵各有特点，在喷水推进器上都有应用。

2. 喷水推进的特点

（1）变工况能力强、主机不易过载。

在喷水推进泵转速一定的条件下，推进泵的流量随航速的不同其变化并不大，喷水推进装置的功率受航速影响很小，采用喷水推进的船舶在系泊时主机转速仍可达到额定转数的90%~95%。主机受船舶载荷及风浪外载荷等影响较小，可以始终在额定状态下工作。

（2）推进效率较高。

喷水推进的效率主要取决于推进泵效率和喷水推进系统效率。用作喷水推进的泵一般为混流泵和轴流泵，在保证较高的汽蚀比转数的情况下，优良的混流泵和轴流泵的效率在85%~90%。进水口和管道系统的优劣决定了喷水推进系统效率的高低。20世纪70年代以来，由于在减小进口阻力、改善进水口的空泡现象、降低管道损失方面作了大量研究和试验，系统效率有了较大的提高。目前，若其设计得当，喷水推进的系统效率在65%~70%。因此，采用内藏式喷水推进装置的船舶总推进效率为50%~63%。

外悬式喷水推进装置的泵壳为一长导管，设计得当能产生附加推力；组合舵除了完成转舵、导航的作用外，还如射流泵一样可卷吸泵壳外更多的水流参与动量变化而增加推进效率。另外，流道经合理布置能使船舶的艉部流畅，提高船身效率，因此，外悬式喷水推进装置比内藏式喷水推进装置效率高一些。

（3）抗空泡能力强。

高速艇面临的主要问题是螺旋桨推进时所产生的空泡。尽管亚空泡和超空泡螺旋桨能提高抗空泡的能力，但均要牺牲较多的效率。由于水泵叶片的剩余压力比螺旋桨叶片上要多出（$-\rho g h_1 + \beta \rho v_0^2/2 - \rho v_1^2/2$）这一项，其中：$\rho$为水密度，$h_1$为叶片上中点离水面距离，$\beta$为来流动能影响系数，$v_0$为船速，$v_1$为水泵叶轮前管内平均流速。对于高速艇来说，这一项为正值，因此喷水推进具有比螺旋桨更大的抗空泡能力。航速越高，喷水推进泵所能利用的冲压就越大。螺旋桨则相反。这就是高性能船舶采用喷水推进的重要原因之一。

（4）操纵性能优异。

喷水推进装置不需反转，可通过倒航装置使水流向前喷射来实现船舶的倒航。倒航装置与喷口的相对位置的变化可做到向前向后任意分配喷流量。因而，在一定的主机转速下，喷水推进船可以做到正航、驻航和倒航。借助转向舵的作用，又可使船舶在正航和倒航时均具有极佳的操纵性能，甚至原地回转。由于喷水推进船可微速和驻航，使转向舵始终处于喷口喷出的高速流中，因而仍能保持足够的舵效。这就是喷水推进船在各种状态下都具有极佳操纵性的原因。采用双极双泵的喷水推进船通过左右操舵和倒航装置的配合，还可以实现船舶横移，这是螺旋桨推进方式无法做到的。

（5）行驶平稳、噪声低。

由于喷水推进装置的动叶轮在泵壳内的均匀流场中工作，流体脉动力小，明显地改善了泵叶片上水流的分布，因此可推迟空泡的产生，从而减小叶片的振动和噪声。

（6）吃水浅、浅水效应小。

（7）传动机构简单、保护性能好。

在高性能船舶中，喷水推进主要适用于滑行艇、水翼艇、侧壁式气垫船、穿浪艇和高速双体船。在高性能船舶上装的喷水装置均为内藏式。采用喷水推进不仅可充分发挥喷水推进高速时推进效率高、抗空泡性能好、操纵性能优异的特点，而且减少了螺旋桨推进船舶伸出在船体外的轴、轴支架和舵杆等附体带来的阻力。由于高性能船舶航速很高，附体带来的阻力是相当可观的。此外，喷水推进传动系统简单，十分适合高性能船舶采用。而采用螺旋桨推进，则传动系统要复杂得多。现以滑行艇为例，为了便于隔音、调整中心以及合理布置，常把机舱设在艇艉部，此时如果采用螺旋桨斜轴推进，则必须用 V 型传动，传动系统中包括 V 型传动齿轮箱。水翼艇和侧壁式气垫船由于需要将推进器安装在水翼上或侧壁中，因此必须采用相当复杂的 Z 型传动，特别是单机功率大时，很难保证较高的可靠性。而采用喷水推进可以由主机经过减速（或不减速）后直接驱动，不需要增加复杂的传动机构，可靠性大大提高。

7.2.2 喷水推进的基本理论

1. 水泵的主要性能参数

流量、效率等表示水泵性能的一些参数，称为水泵的性能参数。

1）流量

单位时间内通过水泵的介质的量（体积或质量称为流量）。体积流量 q_v 的单位为 m^3/s、L/s 或 m^3/h。质量流量 q_m 的单位为 kg/s、kg/min 或 kg/h。根据质量守恒定理，水泵在稳定条件下工作时（稳定工况），如果忽略其内部泄漏，则通过水泵各个过流截面质量流量或体积流量是相等的。

2）扬程 H 与能量头 h

介质在通过转动叶轮时与机器交换能量，单位质量（或体积）的介质与叶轮所交换的能量，是水泵最重要的参数之一。这个参数可以通过水泵进出口断面单位质量（或体积）介质所具有的能量的差值表示。水泵的工作介质为液体，以液柱高度表示单位重力（1N）液体的能量方便而直观。以液柱高度表示的进出口断面单位重力液体能量的差值 H 在水泵中称为扬程，单位是 m。对于不可压缩介质，不需考虑内能的变化，所以能量差值用泵的进口、出口断面宏观的压力能、位能和动能表示。用下标 1、2 分别表示水泵的进出口断面压力。

$$H = \frac{P_2 - P_1}{\rho g} + \frac{c_2^2 - c_1^2}{2g} + z_2 - z_1 \qquad (7-21)$$

如果用质量作为液体量的度量，就可以得到一个与重力无关的能量指标，称为能量头。水泵进出口截面单位质量流体所具有的能量的差值，记为 h

（N·m/kg = m²/s²），即

$$h = \frac{P_2 - P_1}{\rho} + \frac{c_2^2 - c_1^2}{2} + g(z_2 - z_1) = gH \qquad (7-22)$$

3）转速 n

转速 n 是叶轮旋转的速度，单位常用 r/min。

4）汽蚀比转速（泵的抗空泡性）

水泵用汽蚀比转速 C 来代表泵的抗空泡性能为

$$C = \frac{5.62 \cdot n \cdot \sqrt{Q}}{\Delta h^{3/4}} \qquad (7-23)$$

式中：Δh 为临界汽蚀余量或称所需的最小净正吸高，它是通过试验求得。

水泵叶轮前的压头减去汽化压头 $P_d/\rho g$ 之值称为剩余吸入高度或净正吸高 H_{SV}，即

$$H_{SV} = \frac{P_1}{\rho g} - \frac{P_d}{\rho g} = \frac{P_0 - P_d}{\rho g} - h_c - h_1 + \beta \frac{V_0^2}{2g} \qquad (7-24)$$

根据水泵试验情况，C 是水泵压头和流量开始下降的临界汽蚀比转速。当达到临界比转速时，空泡已发展到一定阶段，实际上已经产生第一阶段空泡。为了防止水泵叶片的剥蚀，应当尽可能使泵不在第一阶段的空泡下工作。

因此设计中应当使 $H_{SV} > (1.1 \sim 1.15)\Delta h$，或根据汽蚀试验观测结果确定汽蚀程度，以避免发生叶轮空泡。通常各类泵的汽蚀比转速范围在 800～1100。$C > 1400$ 的泵应当专门设计，或采取加装诱导轮的方法。

5）比转速

比转速 n_s 为水泵的主要参数，是根据相似定律推导得来的，故比转速相同的水泵其性能也大致相近。离心泵压头高，比转速低，$n_s = 40 \sim 350$；混流泵的比转速 $n_s = 250 \sim 600$；轴流泵压头低，流量大，$n_s = 500 \sim 2000$，这是个大致的范围。离心泵的出水方向与泵轴线不一致，故用于船舶推进时出水段有弯道；导叶式混流泵与轴流泵的出水方向与泵轴线相一致，故管道形式较简单。轴流泵、混流泵和离心泵依照比较数 n_s 值的大小来区分。比转速是叶片泵综合性能指标的一个重要特征参数，可由水泵相似定律的基本公式推导求得

$$n_s = \frac{3.65\sqrt{Q}}{H^{3/4}} \qquad (7-25)$$

6）功率 P 与效率 η

功率 P 是水泵的输入功率，单位是 kW。当给定了单位时间内通过水泵的介质总量和单位质量（或体积）介质通过水泵后能量的变化量以后，单位时间内通过水泵的介质的能量的变化总量（流体功率）可表示为

$$P = \rho g q_v H \qquad (7-26)$$

由于损失的存在，因此机器功率与流体功率之间有一差值 ΔP 用效率 η 衡量能量损失的大小，有

$$\eta = \frac{P_f}{P} \qquad (7-27)$$

2. 喷水推进效率

喷水推进系统产生的推力来自推进泵吸入水流所产生的推力作的功，使水流动量

增加。理想推力等于单位时间内动量的增加量，即
$$T = \rho Q(V_j - V_0) \tag{7-28}$$

输入功为
$$W_{in} = \frac{1}{2}\rho Q(V_j^2 - V_0^2)$$

有效功为
$$W_o = TV_0 = \rho Q(V_j - V_0)V_0$$

喷水推进的理想效率为
$$\eta = \frac{W_{in}}{W_o} = \frac{\rho Q(V_j - V_0)}{\frac{1}{2}\rho Q(V_j^2 - V_0^2)} = \frac{2}{1+k} \tag{7-29}$$

式中 k——喷速与船速之比，$k = V_j/V_0$。

实际喷水推进器的效率为
$$\eta_T = \eta_p \cdot \eta_c \tag{7-30}$$

式中 η_p——推进泵效率，$\eta_p = \frac{\rho g Q H}{102 N_c}$；

η_c——系统效率，$\eta_c = \frac{TV_0}{\rho Q H}$；

Q——推进泵流量（m³/s）；

H——推进泵扬程（m）；

N_c——推进泵吸收的功率（kW）；

T——推进泵产生的推力（N）；

ρ——水的重度。

提高喷水推进器的效率要从以下三方面着手。

（1）根据船速、阻力等因素，选择合适的喷速比，以及喷水推进的流量、扬程、比转速等参数。

（2）提高喷水推进泵的效率。

（3）选择合理的喷速比，减少进水管道的损失。

提高喷水推进的效率关键在于提高推进泵的效率和系统效率（减少管道损失）。目前设计优良的推进泵效率可达90%，喷水推进系统效率可达70%，因此采用喷水推进的船舶总效率在60%以上。

实际流体中，吸入的水流受到船体边界层的影响，需要引入边界层系数 α 和 β。所以推力的表达式可以表示为
$$T = \rho Q(V_j - \alpha V_0) \tag{7-31}$$

推进水泵叶轮前后的能量变化如下：

推进泵前：
$$\frac{P_1}{\rho g} = \frac{P_0}{\rho g} + \beta \frac{V_0^2}{2g} - h_c - h_1 \tag{7-32}$$

推进泵后：
$$\frac{P_2}{\rho g} = \frac{P_0}{\rho g} + \frac{V_j^2}{2g} + h_2 \tag{7-33}$$

推进泵的扬程：

$$H = \frac{P_2 - P_1}{\rho g} = \frac{V_j^2}{2g} - \beta \frac{V_0^2}{2g} + h_c + h_1 + h_2 \qquad (7-34)$$

设 $h_1 = \zeta_1 \frac{V_0^2}{2g}$, $h_2 = \zeta_2 \frac{V_j^2}{2g}$, $h_c = \zeta_c \frac{V_0^2}{2g}$, 代入式 (7-34) 得

$$H = \frac{(1+\zeta_2)V_j^2}{2g} - \frac{(\beta-\zeta_1)V_0^2}{2g} + \zeta_c \frac{V_0^2}{2g} = \frac{V_0^2}{2g}[(1+\zeta_2)k^2 - \beta + \zeta_1 + \zeta_c] \qquad (7-35)$$

可得到管道效率为

$$\eta_c = \frac{TV_0}{\rho Q H} = \frac{2(k-\alpha)}{(1+\zeta_2)k^2 - \beta + \zeta_1 + \zeta_c} \qquad (7-36)$$

若把管道损失全部用来流速度头表示，则有

$$H = \frac{V_0^2}{2g}(k^2 - \beta + \zeta) \qquad (7-37)$$

$$\eta_c = \frac{2(k-\alpha)}{k^2 - \beta + \zeta} \qquad (7-38)$$

式中：$\zeta = \frac{2g}{V_0^2}(h_1 + h_2 + h_c)$。

把 $\eta_c = \frac{2(k-\alpha)}{k^2 - \beta + \zeta}$ 对 k 求偏导数，并假定 $\beta = \alpha^2$，可以得到最佳速比为

$$k_{opt} = \alpha + \zeta^{1/2} \qquad (7-39)$$

最佳效率为

$$\eta_{opt} = \frac{1}{\alpha + \zeta^{1/2}} \qquad (7-40)$$

若把管道损失全部用喷口速度头表示，则有

$$\eta_c = \frac{2(k-\alpha)}{(1+k_d)k^2 - \beta} \qquad (7-41)$$

$$k_d = \frac{2g}{V_j^2}(h_1 + h_2 + h_c) \qquad (7-42)$$

对 k 取偏导数，可得

$$k_{opt} = \alpha + \sqrt{\alpha^2 - \beta/(1+k_d)} = \alpha\left[1 + \left(\frac{k_d}{1+k_d}\right)^{1/2}\right]$$

最佳效率为
$$\eta_{opt} = \frac{1}{1+k_d} \cdot \frac{1}{k_{opt}} = \frac{1}{\alpha} \frac{1}{(1+k_d)\left[1 + \left(\frac{k_d}{1+k_d}\right)^{1/2}\right]} \qquad (7-43)$$

喷水推进理论的具体表达形式很多，主要有以下三种基本形式，管道损失系数分别用 K_1、K_2、K_3 表示。

(1) K_1 法。

管道损失用来流速度头为

$$k_{opt} = 1 + \sqrt{K_1} \qquad (7-44)$$

$$\eta_{opt} = \frac{1}{k_{opt}} = \frac{1}{1 + \sqrt{K_1}} \qquad (7-45)$$

$$H = (1 + K_j)\frac{V_j^2}{2g} + (K_1 - 1)\frac{V_0^2}{2g} \qquad (7-46)$$

$$\eta_c = \frac{2(k-1)}{k^2 - 1 + K_1} \qquad (7-47)$$

式中　K_1——管道损失系数；
　　　K_j——喷口损失系数。

这种方法由于设计点来流速度 V_0 变化不大，管道损失用 $V_0^2/2g$ 的百分比表示，不会导致管道损失的大幅度变化。另外，这种方法得到的参数更接近于最佳喷速比 k_{opt}。但由于 V_0 变化不大，所代表的损失接近于常数，因此不能把系统变化对管道损失的影响反映到系统性能。实际管道损失是随着流量的变化而变化，流量应该是系统主要参数之一。

（2）K_2 法。

管道损失用喷射速度头 $V_j^2/2g$ 的百分比来表示，从理论推导可得

$$k_{opt} = 1 + \left[\frac{K_2}{1 + K_2}\right]^{1/2} \qquad (7-48)$$

$$\eta_{opt} = 1 + k_{opt}(1 + K_2) \qquad (7-49)$$

$$H = (1 + K_2)\frac{V_j^2}{2g} - \frac{V_0^2}{2g} \qquad (7-50)$$

$$\eta_c = \frac{2(k-1)}{k^2(1 + K_2) - 1} \qquad (7-51)$$

式中　K_2——管道损失系数；
　　　K_j——喷口损失系数。

这种方法主要缺点在于管道损失的大部分来自进水管道损失，与喷速 V_j 不发生直接关系。可以看出，喷速越大，管道损失也越大，这与实际情况正好相反。当功率与泵效率一定时，V_j 越大，扬程 H 越高，而流量 Q 越小，管道损失应该减小而不是加大。所以，这个理论不能如实反映喷水推进系统的实际情况。

（3）K_3 法。

管道损失用流量的变化关系来表示，即

$$k_{opt} = 1 + [3K_3]^{1/4} \qquad (7-52)$$

$$\eta_{opt} = \frac{1}{1 + 0.876K_3^{1/4}} \qquad (7-53)$$

$$H = (1 + K_j)\frac{V_j^2}{2g}\left[\frac{K_3'}{(k-1)^2} + K_c - 1\right]\frac{V_0^2}{2g} \qquad (7-54)$$

$$\eta_c = \frac{2(k-1)}{k^2 - 1 + \dfrac{K_3}{(k-1)^2}} \qquad (7-55)$$

式中　$K_c = \dfrac{2gh_c}{V_0^2}$，$h_c$ 为水位升高；

　　　$K_3' = \dfrac{2gh_1}{V_0^2}(k-1)^2$，$h_1$ 为进口管道损失。

这方法将主要损失通过 K_3 或 K_3' 系数来表示。喷速比 k 越大，流量 Q 越小，管道损失也相应减少，符合实际情况。此种方法缺点是管道损失随着 $(k-1)^2$ 变化，对 k 的变化十分敏感，并且 K_3 变化较大，需要大量船型资料的积累。

在实际应用中大部分采用 K_1 法进行喷水推进主要参数的选择计算。

7.2.3 喷水推进器的设计

1. 喷水推进器的主要参数计算

喷水推进器的设计比较复杂，要满足主机、管道系统（包括水泵）和船体三方面的平衡。也就是说，主机的功率和扭矩要与推进泵吸收的功率和扭矩相平衡；水泵的扬程要在系统效率较佳的前提下，与管道系统及喷射损失相平衡；推进器系统的推力要和设计工况下的船体阻力和系统的附加阻力相平衡。

喷水推进的三个基本方程如下：

推力方程为

$$T = \rho Q (V_j - \alpha V_0) \tag{7-56}$$

功率平衡方程为

$$\rho g Q H = 102 N_e \eta_p \tag{7-57}$$

扬程与损失平衡方程为

$$H = (1 + K_j)\frac{V_j^2}{2g} + (K_1 - \beta)\frac{V_0^2}{2g} + h_c \tag{7-58}$$

喷泵出水口直径 d 的取值没有可供运用的计算公式，只能凭经验选取。若 d 设计得不好，则在其基础上设计出来的其他主要匹配参数自然也无法达到最佳。可见，有必要用一种寻优算法对 d 进行优化，以完成喷水推进装置的初步设计。喷水推进主要参数选择流程如图 7-31 所示。

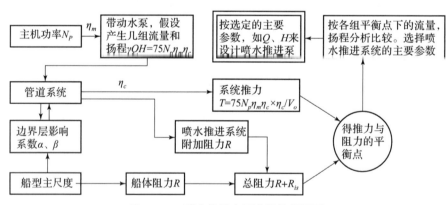

图 7-31 喷水推进主要参数选择框图

1) 喷速比 k 的选择

在确定喷水推进系统主要参数的时候，喷速比 k 应当是最重要的因素。因为管道效率、流量、扬程等参数均取决于喷速比 k。正确的表达方式应当是以管道内的流速 V_i 计算进口段的损失，从而计算喷口段损失。但是在确定主要参数的时候，流量 Q 及 V_i 是未知的。

由于喷口损失通常很小，同时管道总损失系数 K_d 在 k 值加大时实际上随流量减小而降低。因此假定 K_d 随 k 值加大而相应增加这可能会带来一定的误差。把管道总损失系数 ζ 用 V_0 来表达，这样比较接近实际情况，误差也比较小，因为 V_0 的变化是不大的。

在 k 值大时，总阻力系数 ζ 对 η_c 的影响较小。在接近最佳 k 值附近，则 ζ 对 η_c 的影响很大。在高性能船艇喷水推进系统的设计中，k 通常在最佳效率线附近。

如前面所述，管道损失是随流量而变化，而不仅是随 V_0 变化。在管道尺寸和管道容水量受限制的情况下，k 的选择实际上不是在等值条件下完成，而是当 k 值大于某一点时，流量减小，ζ 值也相应减小，管道效率反而略有增加，这就是有些高性能船艇喷水推进系统的 k 值大到 2.0 的原因。

2）边界层影响系数 α 和 β 的计算

边界层影响系数 α 和 β 与喷口附近的边界层有关。设进口截面积为 A_1，边界层厚度为 δ，边界层内速度按照卡门公式分布为

$$V = V_0 (Y/\delta)^{1/n} \quad (7-59)$$

进流流量为

$$\int_{A_1} V dA = \int_{-\frac{W}{2}}^{\frac{W}{2}} dx \int_0^{f(x)} V_0 \left(\frac{y}{\delta}\right)^{\frac{1}{n}} dy \quad (7-60)$$

进流动量为

$$\int_{A_1} V^2 dA = \int_{-\frac{W}{2}}^{\frac{W}{2}} dx \int_0^{f(x)} V_0^2 \left(\frac{y}{\delta}\right)^{\frac{2}{n}} dy \quad (7-61)$$

进流动能为

$$\int_{A_1} V^3 dA = \int_{-\frac{W}{2}}^{\frac{W}{2}} dx \int_0^{f(x)} V_0^3 \left(\frac{y}{\delta}\right)^{\frac{3}{n}} dy \quad (7-62)$$

假定进流剖面为半椭圆形，表达方程式为

$$\left(\frac{x}{W/2}\right)^2 + \left(\frac{y}{Y_0}\right)^2 = 1 \quad (7-63)$$

式中：W 为进流剖面椭圆形半宽；Y_0 为半椭圆形剖面的高度。

根据以上流量、动量、动能公式可以分别求出 α 和 β，结果如下：

$$\alpha = \frac{1}{V_0} \frac{\int_{A_1} V^2 dA}{\int_{A_1} V dA} \quad (7-64)$$

$$\beta = \frac{1}{V_0} \frac{\int_{A_1} V^3 dA}{\int_{A_1} V dA} \quad (7-65)$$

计算边界层公式很多，可以用卡门公式计算：

$$\frac{\delta}{l} = 0.01994 - 0.0138 \log_{10}\left(\frac{V_0 l}{0.515}\right) = 0.01597 - 0.0138 \log_{10}(V_0 l) \quad (7-66)$$

Y_0 近似地取 $Y_0 = \frac{1}{3}\sqrt{A_1}$。

3) 管道损失系数 ζ

管道两截面间的损失系数 ζ 定义为

$$\zeta = \frac{P_1 - P_2}{\frac{1}{2}\rho V_0^2} \tag{7-67}$$

大量试验证明，即使 ζ 取 0.30，最佳 η_c 仍然只达到 0.65。对于水泵效率为 0.90，轴系效率为 0.97 的管道系统来说，计算的总效率为 0.565。而 ζ 值对于各种船舶来说，很难达到 0.3 或以下。所以，初期性能较佳的喷水推进船舶的总效率仅为 0.5 左右。

因此，减小管道损失是提高喷水推进效率的关键。管道损失包括格栅损失、进口损失、弯头损失、扩散或收缩损失、阻塞损失、摩擦损失和喷口损失等。设计中应力求管道短，弯头少，并避免在进口端产生空泡而增加管阻。管道损失可通过管道实验或分段计算来确定。在初选主要参数时，也可以参考同类型管道来选取。

4) 喷水推进能量的变化

根据公式：

$$H = (k^2 - \beta + \zeta)\frac{V_0^2}{2g} \tag{7-68}$$

假定 $\alpha = \beta = 1$，则可得

$$H = (k^2 - 1 + \zeta)\frac{V_0^2}{2g} = \frac{V_j^2}{2g} + (\zeta - 1)\frac{V_0^2}{2g} \tag{7-69}$$

或

$$H = \frac{Q}{2gA_j^2} + (\zeta - 1)\frac{V_0^2}{2g} \tag{7-70}$$

在一个给定的管道里，$\zeta = f(Q)$ 及 A_j 为已知，则在设计航速 V_0 下，上述公式可以绘制成系统特性曲线如图 7-32 所示。系统特性曲线与推进泵特性曲线的交点即为喷水推进的额定工况点。

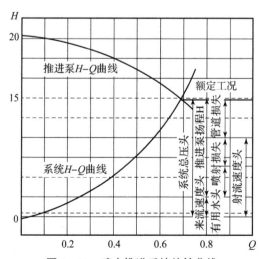

图 7-32 喷水推进系统特性曲线

$$H + \frac{V_0^2}{2g} = \frac{V_j^2}{2g} + \zeta \frac{V_0^2}{2g} \qquad (7-71)$$

$$\frac{V_j^2}{2g} = \frac{(V_0 + \Delta V)^2}{2g} = \frac{V_0^2}{2g} + \frac{V_0 \Delta V}{g} + \frac{\Delta V^2}{2g} \qquad (7-72)$$

$$H = \frac{V_0 \Delta V}{g} + \frac{\Delta V^2}{2g} + \zeta \frac{V_0^2}{2g} \qquad (7-73)$$

由式（7-73）可以看出：第一项为有用的水头，此值直接反映有效功 $\rho Q V_0 \Delta V$ 的大小；右边第二、三项为喷射损失和管道损失。

2. 喷水推进器进水口形式

装备固定进水口和喷嘴推进器的船舶只在很小的速度区域内可以获得高效率。如果设计速度在 30kn，则在其他速度点的效率将明显下降。由于船舶在非设计航速运行状态下，在船舶推进器进水口水流呈现出不均匀流态，表现为进水管路压力分布不均匀，船速偏离设计航速越大，这种不均匀性带来的损失也越大，主机发出的功不能够有效地转化为推力。所以，相对于喷水推进系统而言，进水口的优化对提高整个推进系统效率起着非常重要的作用。最新研究表明，通过对进水口管路进行优化可使效率大幅提高，从而达到减少进水损失提高进水效率的目的。喷水推进装置进水口所损失的功率约占主机总功率的 7%~9%。进水口的主要形式如图 7-33 所示。

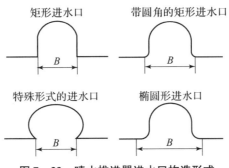

图 7-33 喷水推进器进水口构造形式

1) 进水口管道的设计基本原则

（1）在进口处，斜面一侧与船体之间要有光滑过渡，减少旋涡区。

（2）尽可能减少进入喷水推进器的水流转角 α。这样对避免流动分离，减少损失系数有很大好处。

（3）减少唇部一侧的曲率，减小该处的压力谷，从而减少该处的空泡发生可能性。

（4）选取适当的进水速比和喷速比。

（5）进水管道设计成收缩型时，收缩比不宜过大。

2) 进口管道设计的一般步骤

（1）根据进水口的流速比的目标值和推进泵的流量决定进水口截面积的大小。

（2）由进水口截面积决定进水口的母型，并作出母型形状的线形。

（3）计算进水口表面上的压力分布和压力损失，判断进水口管道形式是否满足空泡要求。

（4）如果条件允许，还可以利用管道构造形式进行风洞试验和空泡筒试验，以检验计算结果的正确性。

压力系数 C_p 空泡数 σ 和压力损失系数 ζ 的定义为

$$C_p = \frac{P - P_\infty}{\frac{1}{2}\rho U^2} \qquad (7-74)$$

$$\sigma = \frac{P - P_v + \rho g d}{\frac{1}{2}\rho U^2} \qquad (7-75)$$

$$\zeta = \frac{P_{t0} - P_{td}}{\frac{1}{2}\rho V_a^2} \qquad (7-76)$$

$$P_{t0} = P_0 + \frac{1}{2}\rho V^2 = P_a + \rho g d + \frac{1}{2}\rho V^2$$

$$P_{td} = P_d + \frac{1}{2}\rho V^2$$

式中　P——进水口管道表面计算点压力；
　　　P_∞——无限远处压力；
　　　ρ——水的密度；
　　　U——船速；
　　　P_a——大气压力；
　　　P_v——水蒸气压力；
　　　g——重力加速度；
　　　d——计算点的水深；
　　　P_{t0}——无限远处来流总压力；
　　　P_{td}——导管内部压力；
　　　V_a——导管部分进流速度。
　　　P_d——导管内部压力平均值。

习　题

1. 电力推进的优点、缺点是什么？
2. 直流电力推进与交流电力推进的特点是什么？
3. 吊舱推进系统的特点是什么？
4. 喷水推进的特点是什么？
5. 如何提高喷水推进器的效率？

第8章 船舶供电和供热装置

8.1 船舶供电装置

船舶供电装置是船舶供能装置的一种,又称为船舶电站。它是发电设备的总称,包括发动机、发电机,以及具有控制仪器、检查仪表和保险装置的配电设备。

8.1.1 船舶电站型式及其选择

1. 船舶电站分类

船舶电站按它的用途分类,可分为下列三类。

(1) 全船性电站:供应全船照明、观通及导航、辅机及其他电气设备用的发电站。

(2) 主电站:供应电力推进用的发电站。

(3) 应急电站:当全船性电站发生故障或在停泊时,应急电站保证全船最低限度的用电要求,以保证走道照明及机舱、人员聚集处照明,信号识别灯、探照灯、观通系统、操纵仪表等的正常工作。

2. 发电机组型式

目前船舶电站的发电机组型式很多,按原动机的型式分类,主要有柴油机发电机组、汽轮机发电机组、燃气轮机发电机组和轴带发电机组。柴油机发电机组型式主要有柴油发电机组、轴带发电机组和废气汽轮发电机组。在选型时,应按如下特点考虑。

柴油机作为原动机的发电机组称为柴油发电机组。由于柴油机发电特别经济,所以这种机组型式得到最广泛的应用。柴油发电机组的主要优点是耗油低、轻便、起动快。为了减少设备重量和尺寸,通常采用中速、高速柴油机。柴油发电机组的过载能力不大,一般为额定值的10%。柴油机型式对发电机组的性能指标影响很大,目前较多采用中速柴油机,它与低速柴油机相比,有较小的尺寸和重量;中速柴油机与高速柴油机相比,其可靠性高、大修期长、耗油率低等优点。对机舱小且机械设备多的船舶,设备的尺寸重量便成为一个突出的技术指标,因而高速柴油机的优点就很显著,得到广泛的应用。

全柴油机电站由数台柴油发电机组组成,这是最常见的电站型式,其发电系统如图8-1所示。一般采用二、三台柴油发电机组成全柴油机电站,各机组功率之和就是电站的配置总功率,并有适当的备用。

废气汽轮机作为原动机的发电机组称为废气汽轮发电机组。利用主机的排气热,通过废气锅炉产生的蒸汽驱动汽轮发电机,所以不消耗燃料。废气汽轮机混合电站系由废气汽轮发电机组和柴油发电机组组合而成。废气发电主要解决船舶正常航行时的用电问题。另设辅助柴油发电机组作为备用,并满足非正常航行工况之电力需要,如进出港、装卸货、停泊等工况。其系统如图8-2所示。这种混合系统的优点可以有效地回收主机的排气废热。根据主机功率大小,废气温度高低和流量大小,通常有5%~15%的燃料热量能加以回收并转换为电能。特别是对于营运时间长,主机功率较大的大型船舶,更宜采用废气汽轮发电系统,以获得明显的经济效益。

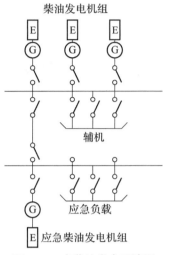

图 8-1 全柴油发电系统图

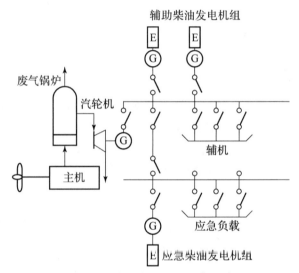

图 8-2 废气汽轮机发电混合系统图

主发动机作为原动机的发电机组称为轴带发电机组,就是从主发动机或推进轴上取得一部分的输出功率来驱动发电机。作为功率取出装置有齿轮、链轮和皮带轮,但一般除小容量外,大多采用齿轮方式。采用轴带发电机组能有效地节省燃料费用,其量值取决于主机、辅机的燃油耗率差及油价差。轴带发电机组不仅能节省燃料费用,而且能减少维修工作量和机舱噪声,并有利于机舱布置。

轴带混合电站系由轴带发电机组和柴油发电机组所组成。轴带发电机组主要提供船舶正常航行中全船电力,取代航行柴油发电机组。其同样需设置辅助柴油发电机组作为备用,以满足非航行工况时的电力需要。其混合系统如图8-3所示。这种混合发电系统,当主机功率较小,其排气废热不能满足航行工况时的需电量而装设废气涡轮发电受到限制时,得到广泛的应用。

从节能观点来看,采用废气发电和轴带发电是一种最好的节能方式。

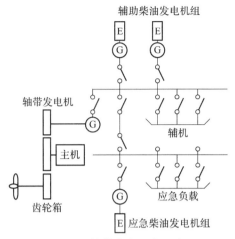

图 8-3 轴带发电混合系统图

8.1.2 电站容量及配置

1. 电力负荷分类

电力负荷计算通常采用负荷表格法,用得更多的方法为三类负荷表格法。用电设备作为电站负荷,根据使用特点,可分为如下三类。

第一类负荷为在船舶某一运行状态下连续使用的负荷。例如:航行时的主机冷却水泵,燃油供给泵等,装卸货状态下的起货机等。

第二类负荷为在船舶某一运行状态下短时或重复短时使用的负荷。例如:航行状态下的燃、滑油输送泵、卫生水泵、空调压缩机组等。

第三类负荷为在某一运行状态下偶然短时使用的负荷。例如:靠离码头状态下的电动舷梯起吊机,航行状态下的机修机械等。

2. 电站容量

电站容量是通过船舶在各种运行工况下的电力负荷计算来确定的。先根据计算所得总功率再考虑其他因素,如电网损耗、同时利用系数等,最后才能确定发电机组的容量和所配置的数量。

电力负荷表的编制就基于上述负荷的名称、数量、类别、负荷的额定数据,以及所配电动机的额定功率 P_1、额定转速 n、额定功率因数 $\cos\varphi$ 和额定效率 η 等。

由于电动机输出的额定功率 P_1 不一定恰好与机械轴上所需的额定功率 P_2 相符,通常电动机额定功率往往选得较大,电动机未能充分利用,故用电动机利用系数 K_1 来表示,即

$$K_1 = \frac{P_2}{P_1} \tag{8-1}$$

而在某一运行状态,机械并不一定满负荷,机械轴上实际功率 P_3,此时可用机械负荷系数 K_2 来表示,即

$$K_2 = \frac{P_3}{P_2} \tag{8-2}$$

K_1 和 K_2 的乘积可以反映电动机的负荷情况,其可用电动机负荷系数 K_3 来表示,即

$$K_3 = K_1 \cdot K_2 = \frac{P_3}{P_1} \qquad (8-3)$$

在某一运行状态，同类机械不一定同时使用。因此可用一组同功率用电设备的同时利用系数 K_0 来表示，即

$$K_0 = \frac{N}{M} \qquad (8-4)$$

式中：N 为该组同时工作的用电设备数目；M 为该组用电设备的总数。

这样，同组用电设备所需有功功率 P_0 可确定为

$$P_0 = MK_1K_2K_0P_1/\eta \quad (\text{kW}) \qquad (8-5)$$

式中：η 为电动机效率。

在确定一台电动机需要电网供给的功率时，就需考虑到效率 η 和 $\cos\varphi$（计算无功功率时用）。

对于交流用电设备，尚需计算其所需无功功率 Q_0，即

$$Q_0 = P_0 \cdot tg\varphi \qquad (8-6)$$

式中：φ 为用电设备的实际功率因数角，由实际负荷的 $\cos\varphi$ 求得，$\cos\varphi$ 可根据电动机的 P_1、n 和负荷程度查得。

在计算完各组用电设备所需有功功率和无功功率后，便可确定各运行状态下发电机应供给的用电设备总功率。此时还应考虑各组用电设备之间总的同时使用系数 $K_{0\text{I}}$（第一类负荷）和 $K_{0\text{II}}$（第二类负荷）。因为不可能同一类负荷的所有用电设备都在该状态下自始至终地工作着。一般 $K_{0\text{I}}$ 在 0.8～1.0，$K_{0\text{II}}$ 在 0.3～1.0。

在发电机供给的总功率中，尚需计入5%的电网损耗。因此某状态下需要发电机供给的总功率为

总有功功率：
$$P_\Sigma = (K_{0\text{I}} P_\text{I} + K_{0\text{II}} P_\text{II}) \times 1.05 \qquad (8-7)$$

总无功功率：
$$Q_\Sigma = (K_{0\text{I}} Q_\text{I} + K_{0\text{II}} Q_\text{II}) \times 1.05 \qquad (8-8)$$

式中 P_I、P_II——该状态下第Ⅰ和第Ⅱ类负荷的总有功功率；

Q_I、Q_II——该状态下第Ⅰ和第Ⅱ类负荷的总无功功率。

该状态下负荷的平均功率因数 $\cos\varphi_B$ 可用下式求得

$$\tan\varphi_B = \frac{Q_\Sigma}{P_\Sigma} \qquad (8-9)$$

$$\varphi_B = \arctan \frac{Q_\Sigma}{P_\Sigma} \qquad (8-10)$$

该状态下可能短时需要的最大负荷为

$$P_{\max} = P_\Sigma + P_\text{III} \qquad (8-11)$$

式中 P_III——该状态第三类负荷的总有功功率。

3. 发电机组配置要求

在配置发电机组的功率和数量时，应考虑如下要求。

（1）民用船舶电站应保证各运行状态中最大用电量，并设置备用机组，其容量应等于最大一台机组容量。当主发电机组之一发生故障时，能立即投入供电。

（2）舰用电站应满足战斗状态用电量，并保证其备用容量为战斗状态下容量的

50%~100%。

（3）每台机组的最高负荷率为80%左右。

（4）电站在停泊状态，每台机组最低负荷率不得低于50%。当用电量小于最小一台发电机功率的50%时，可安装停泊发电机。

（5）发电机类型和功率大小尽可能一致，以减少备品和增强互换性。

8.1.3 发电机组的选型与布置

1. 发电机组的选型

在电站容量确定后，进行机组型式与型号的选择。发电机组是由原动机与发电机所组成的，对于船舶动力装置设计来说，主要是对原动机的选型。

1）原动机的型式

如前面所述，一般以柴油机为原动机占多，其中目前认为中速柴油机（500r/min左右）较好。因为与低速柴油机相比较，中速柴油机重量轻、体积小，而与高速柴油机相比，中速柴油机较可靠耐用，耗油率也较低。但在吨位较小的船上，以高速柴油机作为原动机也较为常见，因其体积小，在机舱中容易布置。

2）原动机的功率

原动机的最小功率，可由下式计算：

$$P_C = \frac{P_g}{\eta_g \eta_t} \text{（kW）} \tag{8-12}$$

式中：P_g 为所选用的发电机输出的额定容量（kW）；η_g 为发电机效率；η_t 为发电机与原动机之间的传递效率，一般可近似取1。如果发电机的额定容量为 P'_g（kVA），式（8-12）也可写成

$$P_C = \frac{P'_g \times 0.8}{\eta_g \eta_t} \text{（kW）} \tag{8-13}$$

2. 发电机组的布置

发电机组在机舱中布置时主要应考虑机组的重量平衡和操作时的方便等因素。它也因船舶种类、机舱位置、船主要求而有所不同，一般是布置在与主机操作位置的同一层平面上能够监视的范围内，配电板也尽可能就近布置，但考虑到噪声和振动，布置时应避免靠近主机操纵者。发电机组若布置在主机两侧时，发电机组操纵位置要求布置在船体中心线的一侧，布置时也要充分考虑到原动机和发电机的拆装、排气管道、增压器吸风管道的安设，以及整机的减振等。在发电机组顶上的甲板下还必须保证安装起重用的起吊葫芦的地方，以便进行起吊检修。

8.2 船舶供热装置

8.2.1 供热任务及供热锅炉型式

1. 供热任务

船舶供热装置的任务是供船员和旅客的生活，油类的加热和各种杂用所需的热能。

通常利用锅炉产生蒸汽来满足船上热能的需要。蒸汽不仅可以用来产生动力，还可以用作加热工质。一般柴油机客货船的蒸汽主要用于油类加热，居室取暖和生活用水的加热，厨房的各种需要，制造淡水，空调与制冷，蒸汽灭火以及其他特殊需要和杂用等。客船的耗汽特点是生活用汽特别大。在油船上，蒸汽除上述各种用途外，还用于驱动货油泵，货油加热，熏舱及洗舱，驱动锚机及卷扬机等甲板机械，货油舱的蒸汽灭火系统等。它们的用汽量是很大的，因而油船的辅锅炉容量比其他运输船要大得多。

2. 供热锅炉型式

柴油机船舶除装设燃油辅锅炉外，还普遍设置废气锅炉，以利用柴油机排气的热量，节省能源。船舶在正常航行期间，全船所用蒸汽由废气锅炉供应，供汽量不足时由辅锅炉补充，停泊时所需蒸汽由辅锅炉供给。主机功率不大的中型、小型船舶，为简化装置和节省空间有采用既能利用排气废热又能燃油的燃油废气混合式锅炉。

为进一步节约能源，可利用柴油机缸套和增压空气冷却水的热量来制造淡水，加热油舱柜中的燃油和居室取暖等。也有在辅柴油机和小型主机的排气道上装设排气热水器，产生热水供应船员日常生活之需。

现代几种大型船用柴油机的热平衡如表 8-1 所列。从该表可看出，燃料热量在柴油机中的分配。其中，四冲程中速柴油机废气损失百分比高于二冲程低速机，主要是因为中速机的排气温度较高。因此，在中速柴油机中采用排气余热发电比低速柴油机更为有利。

表 8-1　几种柴油机的热平衡

项目	发动机型号			
	6RLB76	RTA	L80MCE	14PC4V
有效热量	48.6%	50.4%	51%	47%
排气损失	26.4%	25.4%	26.8%	21%
空冷器损失	13.1%	11.8%	10.4%	7.4%
冷却水损失	12.4%	9.6%	7.2%	9.5%
滑油损失	1.0%	2.2%	3.9%	4.0%
辐射损失	1.5%	0.6%	0.5%	1.1%

辅锅炉及废气锅炉是船舶供热装置的主要设备，在选型时必须多方面考虑。辅锅炉在船上的主要型式包括烟管（火管）式燃油辅锅炉、水管式（又分长水管、短水管，立式直水管与立式横水管等）燃油辅锅炉、单侧式 D 型燃油辅锅炉及人字型燃油辅锅炉等。废气锅炉的型式有烟管式和水管式废气锅炉、强制循环式废气锅炉、燃油废气混合式锅炉等。

上述各种型式的辅锅炉、废气锅炉及混合式锅炉都有各自的特点，在选型时应根据蒸汽压力，温度及蒸汽产量结合各种锅炉的特点和船舶的类型、要求进行。

从安全可靠观点来看，由于柴油机船舶所用的锅炉蒸汽参数都不高，除油轮外一般都在 1MPa 以下，而油轮上的辅锅炉由于要驱动蒸汽辅助机械，故要求采用较高的压力，但通常也不超过 2.5MPa，因而各种型式的锅炉都较易满足可靠性的要求，烟管锅炉的受压部分是直径较大的圆筒，一般情况下水管锅炉较烟管锅炉能承受较高的压力，而且水循环明显而稳定，因此蒸汽压力较高时宜采用水管锅炉，压力较低时，则选用烟管锅炉。

烟管锅炉的重量、尺寸较大，单位受热面蒸汽产量较低，一般只有 25～32kg/(m²h)。水管锅炉，如单侧式 D 型锅炉可达 75kg/(m²h)。燃油烟管锅炉的效率较水管锅炉低，故在压力较高，蒸发量大的船舶上很少采用。但作为柴油机船的辅锅炉和废气锅炉，蒸发量一般都不大，压力也不高，而且烟管锅炉具有蓄水量大，对水质要求不高，水位和汽压的波动小，烟道阻力较小等优点，故在柴油机船上目前仍得到广泛采用。

强制循环废气锅炉设备较复杂，维护保养要求较高，而且要增设一台处于高温炉水下工作的循环水泵，故中、小功率船舶很少采用。在要求蒸汽量大，但体积又受到限制时，可采用强制循环锅炉。在废热发电的船上，绝大多数采用强制循环废气锅炉。

混合式锅炉结构紧凑，设备简单，占用地位小，适合主机功率不大且机舱地位有限的船舶。装有补充燃烧器的废气锅炉在国外也有应用，在主机负荷降低或其他工况时，可维持汽轮发电机的正常工作和满足船上其他需要。

8.2.2 蒸汽耗量与锅炉容量估算

1. 蒸汽耗量估算

决定辅锅炉容量的依据是全船耗用蒸汽量，因此首先要对全船需要用蒸汽的辅助机械、各种热交换器，以及舱柜和生活杂用进行耗汽计算。

1) 辅机耗汽量

各种辅机（包括机舱动力辅机及甲板辅机）的蒸汽耗量通常都是按下式估算：

$$D_{AM} = P_{AM} \cdot d \quad (\text{kg/h}) \qquad (8-14)$$

式中：P_{AM} 为辅机功率（kW）；d 为蒸汽辅机耗汽率。

耗汽率 d 是依据原动机种类型式，蒸汽初参数，排气压力及功率大小而定，单位：kg/(kWh)。随着蒸汽压力与温度的提高和排汽压力的降低，耗汽率也随之降低。其功率升高，耗汽率也降低。使用时可根据产品样本及制造厂提供的数据取用。图 8-4 为辅机用的直联式汽轮机耗汽率曲线，图中采用的汽轮机排汽压力均为 0.03MPa，进汽压力分别为 0.85MPa、1.6MPa、2MPa。

2) 各热交换器的蒸汽耗量

各热交换器所需蒸汽量可按下式求出：

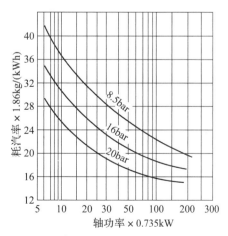

图 8-4 辅机用直联式汽轮机耗汽率曲线

$$D_{TA} = \frac{V \cdot \rho \cdot c \cdot (t_2 - t_1)}{(i - q) \cdot \eta} \quad (\text{kg/h}) \tag{8-15}$$

式中：V 为被加热介质流量（m^3/h）；ρ 为被加热介质密度（kg/m^3）；c 为被加热介质比热（kJ/kgK）。t_1 及 t_2 为被加热介质进出温度（℃），$(i-q)$ 为蒸汽有效利用的热焓（kJ/kg）；η 为热交换器效率，一般取 0.98。

3）各油舱柜加热蒸汽耗量

对于双层底油舱、燃油沉淀柜、燃油日用柜，滑油循环柜及污滑油舱等油舱柜的蒸汽耗量可利用热平衡来求。油舱柜在 dt 时间内所消耗的热量：

$$D_T \cdot (i - q) \cdot dt = G_0 \cdot C \cdot d\theta + k \cdot F \cdot (\theta - \theta_0) \cdot dt \tag{8-16}$$

式中：D_T 为油舱柜蒸汽耗量（kg/h）；$i-q$ 为蒸汽有效利用的热焓（kJ/kg）；G_0 为油舱柜内油量（kg）；c 为油的比热（kJ/kg K）；θ 为任意时间内油温（℃）；θ_0 为油柜外介质温度（℃）；F 为放热面积（m^2）；k 为传热系数(kJ/(m^2h℃))。

在时间 T 内将油由 θ_1 加热到 θ_2，则解式（8-16）可得所需蒸汽量：

$$D_T = \frac{k \cdot F}{i - q} \cdot (\theta_2 - \theta_1) \cdot \frac{1}{1 - e^{\frac{-kF}{G_0 c}T}} + \frac{k \cdot F}{i - q} \cdot (\theta_1 - \theta_0) \tag{8-17}$$

油舱柜被加热到一定温度后，如果还需对油进行保温，则同样可利用热平衡来求得保温所需蒸汽量，即

$$D_T = \frac{k \cdot F}{i - q} \cdot (\theta_2 - \theta_0) \tag{8-18}$$

当油舱柜有 n 个表面分别与不同介质接触时，其传热系数分别为 $k_1, k_2, \cdots, k_n$，接触面积为 $F_1, F_2, \cdots, F_n$，所接触的外面介质温度为 $\theta_{01}, \theta_{02}, \cdots, \theta_{0n}$，则式（8-17）、式（8-18）中的 $k \cdot F$ 及 θ_0 应分别为

$$\begin{cases} k \cdot F = k_1 \cdot F_1 + k_2 \cdot F_2 + k_3 \cdot F_3 + \cdots + k_n \cdot F_n \\ \theta_0 = \dfrac{k_1 F_1 \theta_{01} + k_2 F_2 \theta_{02} + k_3 F_3 \theta_{03} + \cdots + k_n F_n \theta_{0n}}{k_1 F_1 + k_2 F_2 + k_3 F_3 + \cdots + k_n F_n} \end{cases} \tag{8-19}$$

不同介质及传热面的传热系数 k 可参考表 8-2 所列。

表 8-2 传热系数 k

传热面		热量传递	传热系数/(W/(m^2℃))
舱壁		油→空气	8-8
船底板		油→海水	34.8
甲板		油→大气	6.96
加热管	无缝钢管	蒸汽→油	156.6
	铝黄铜管		156.6
	鳍片式铸铁管		104.4

4）生活杂用所需蒸汽量及漏损

生活杂用耗汽包括取暖器、厨房需要、沸水器、热水柜等，以及蒸汽灭火、气笛、

通海阀吹洗等蒸汽耗量。

全船蒸汽取暖系统每小时需要量可按式（8-20）计算：

$$D_L = \frac{k \cdot \sum F}{i-q} \cdot (t_s - t_0) \quad (8-20)$$

式中：$\sum F$ 为全船取暖器散热总面积（m^2）；k 为取暖器传热系数（$W/(m^2℃)$），柱式铸铁取暖器取 6.96，肋片式钢质单排取 7.77，双排为 6.61，平滑钢管可取 13.92；t_s 为蒸汽平均温度（℃）；t_0 为舱室内要求温度（℃），对于居住室、餐厅、文娱室、驾驶室可取 17~18℃，浴室、更衣室取 25℃，走廊可取 12℃；$i-q$ 为蒸汽有效利用的热焓（kJ/kg）。

作为估算，可认为取暖器每平方米散热面积蒸汽耗量为 4~5kg/h，而取暖器散热面积可取每立方米的舱室容积为 $0.033m^3$，如装有罩壳，则增加 15%~18%。

生活用具的蒸汽耗量，通常都是按制造厂的数据取用，表 8-4 所列 5 种生活器具的蒸汽耗量。

表 8-4　5 种生活器具的蒸汽耗量

种类	蒸汽耗量/(kg/h)	种类	蒸汽耗量/(kg/h)
热水柜	120（每小时可供热水约 1000L）	洗衣机	50（容量 100L）
蒸饭锅	134（可供 120 人用膳）	茶桶	6（容量 11L）
沸水器	20（客水 30L）	—	—

蒸汽灭火耗汽量：

$$W = \frac{\overline{V}_{max}}{0.75} \quad (kg/h) \quad (8-21)$$

式中　$\overline{V}_{max}$——最大一只货舱容积（m^3）。

漏损蒸汽量，一般取（1%~5%）的辅锅炉蒸汽产量。其他设备和杂用的蒸汽耗量估算，设计时可根据设备制造厂的资料及统计数据取用。

2. 锅炉容量估算

全船各个耗汽设备的蒸汽需要量算出以后，就可着手确定辅锅炉的容量。辅锅炉的容量是以船舶在航行，进出港、备车启航、装卸货等各种工况中最大的蒸汽需要量为基础决定的。蒸汽需要量是指船舶在各种运行工况中，各辅机和其他设备的实际耗汽量。考虑到每种船舶工况各耗汽设备在使用数量上的变化，而且各机械设备的使用情况不一定相同，因此应按每种船舶工况的实际情况来统计。同时在计算机械和设备的实际耗汽量时还必须考虑它们的负荷系数（或称为使用率），也就是说各种辅机和设备，包括各种热交换器、箱柜、生活杂用设备等，在该船舶工况运行时的实际使用功率和容量不一定都在额定点工作，它们的实际工作负荷和容量是根据各运行工况的需要而定。对于间隙工作的辅机和设备还要计及它们的实际使用和同时工作情况，如沸水器、热水柜等生活设备都是间隙工作的，都可通过使用率来计算每小时的实际蒸汽耗量。一般热水柜和沸水器在航行和停泊时的使用率按 20% 计算，蒸饭锅按 40% 计算。

另外，如果相同的辅机和设备设有几台时，在计算实际耗汽量时尚须考虑实际使用的台数。

所以，各机械和设备的实际耗汽量应为乘以负荷系数后的蒸汽耗量。关于每一种辅机与设备在各种工况的负荷系数可参阅有关标准与手册，或者根据实际使用情况决定。

8.2.3 供热系统的布置

供热系统中有压力和温度均较高的蒸汽流动，因此在系统布置设计时应注意安全性及工作的可靠性。

从安全性出发，蒸汽系统应布置在机舱、炉舱上易看到且便于接近的地方。除蒸汽灭火管外，蒸汽供热系统不得穿过灯间、油漆间和货舱。当工作压力大于 1MPa 的蒸汽管沿燃油舱壁布置时，管子与燃油舱壁距离一般不应小于 250mm。对大直径高温高压蒸汽管路布置时应尽量缩短其长度，以减少阻力损失和金属材料消耗。

按照供热系统蒸汽供应及凝水排出的方法，蒸汽管路布置可有单管布置及双管布置两种形式。

1. 单管布置

如图 8-5 所示，蒸汽管与凝水管路合用同一管路，新蒸汽由蒸汽分配器从管 1 依次进入取暖器 3。由于前一个取暖器出来的蒸汽已带有凝水，因此当再次进入下一个取暖器时蒸汽温度有所降低，所以距离蒸汽分配器越远的取暖器传热效率就越低。蒸汽和凝水在经过全部取暖器后进入阻汽器 4，然后经阀 6 自凝水管 6 排出。

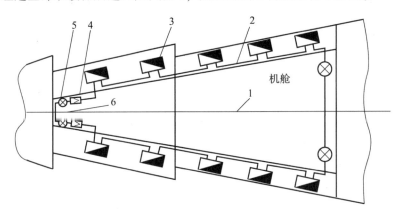

1—新蒸汽管；2—蒸汽与凝水混合管；3—取暖器；4—阻汽器；5—截止止回阀；6—凝水排出管。

图 8-5 单管布置的蒸汽管路

这种单管布置所消耗的管路长度和重量与双管布置比较要节省 30%~35%。同时，由于蒸汽与凝水混合后温度较低，故其从安全方面考虑也是较好的。为使取暖器中凝水易于排出，有的在管路上还专门设置了抽射器，这样在单管布置时，在管路内可获得大致相等的蒸汽温度与压力，从而保证所采用的各取暖器都可选用相同大小的散热面积。单管布置主要应用于蒸汽取暖方面。

2. 双管布置

如图 8-6 所示，蒸汽管路与凝水管路各为独立的系统。在这种布置设计中，所有的耗汽加热设备（如舱柜加热，取暖器等）在管路中均作并联连接，因此也就没有在单管布置中因取暖器的串联而引起的问题，也无需装设抽射器，也不会产生由于蒸汽中夹有凝水而发生较大的噪声，其缺点是所耗费的管路较长。

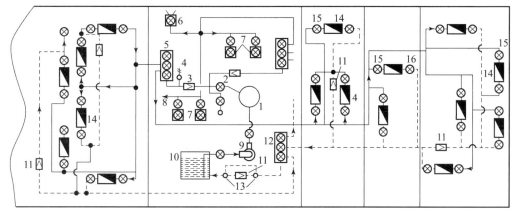

1—锅炉；2—截止阀；3—减压阀；4—安全阀；5—蒸汽分配器；
6—高位海底门；7—低位海底门；8—舱柜加热用蒸汽管；9—给水泵；
10—热水井；11—阻汽器；12—凝水集合阀箱；13—三通阀；14—取暖器；
15、16—取暖器进出口截止阀；17—岸上蒸汽接头。

图 8-6 双管布置的蒸汽管路

考虑到蒸汽温度较高，管子的热胀冷缩及船体变形，因此管路上必须设置补偿膨胀的装置，如采用 Ω 形弯头等。

由于蒸汽与凝水密度的不同，应当把蒸汽管布置在上面，凝水管布置在下面，以有利于蒸汽与凝水的流动。双管布置可使供热系统活力增强。如供热范围大，则可在设计时将全船供热系统按区域分成几组，通过蒸汽分配器和凝水阀进行集中控制，这种布置设计被船舶广泛应用。

8.3　柴油机余热利用系统

8.3.1　柴油机排气余热利用系统

要把排气废热转换成动力装置运行所需的各种能量，应配置一套实现热力循环所需的全部设备。一般来说，排气废热利用系统由三部分组成：回收排气热以产生蒸汽的废气锅炉系统；利用蒸汽来工作的设备，如汽轮发电机及蒸汽加热器具等；将做完功的乏汽凝结成水，以及将加热蒸汽放出热量后的凝结水送回废气锅炉的凝水给水设备。这三者用管路连接起来，工质在其间循环流动。此外，还有使废热供应与消耗之间自动保持平衡的自动控制设备。

1. 排气余热转换为加热热能的利用系统

在中功率、小功率的船舶上，由于柴油机排气废热能量不大，一般采用排气余热转换为加热热能的利用方式。在很小功率的船上只装排气热水器以供应船上热水。

图 8-7 为排气余热转换成加热热能的利用系统原理图。废气锅炉是烟管式废气锅炉，也有采用水管废气锅炉的废热利用系统。近年来，强制循环水管锅炉已在这种废热利用系统中得到应用。锅炉产生低压蒸汽供各种加热之用。从图 8-7 看出，排气从烟管内流过，热量通过管壁传至烟管外边的水，水接受热量变成蒸汽。蒸汽被引入各加热器，并放出热量后凝结成水，经阻汽器排入热水井中，再由给水泵将凝结水送回锅炉重新受热变成蒸汽，构成不断的循环。给水泵根据耗汽量的变化，通过水位自动控制设备，将炉内的水位保持在一定范围之内。

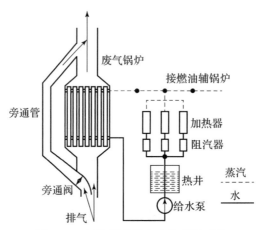

图 8-7 最简单的排气废热利用系统

废热利用的一个特点是由于工况的变化使排气废热的供应量与废热的需要量经常发生不平衡。这个系统采用排气旁通调节方法来调节流过锅炉烟管的排气流量，以达到调节蒸汽量，适应蒸汽需要量的变化。但是，船舶在低速航行时发动机处于低负荷运转，排气温度和流量都相应下降，废气锅炉产生的蒸汽产量大为减少，甚至小于对蒸汽的需要量。也就是说，这时的蒸汽消耗量大于废气锅炉所能产生的蒸汽量。因此，为了保证加热用的蒸汽供应，另外设置一台燃油辅锅炉，并将其产生的蒸汽用管道与废气锅炉的蒸汽管道相连接，以补充废气锅炉蒸汽量的不足。

用于加热的蒸汽一般都采用饱和蒸汽，因而这种废热利用系统的废气锅炉只产生饱和蒸汽。饱和蒸汽温度是随着蒸汽压力而变的，压力越大，温度越高。船上作为加热热源的蒸汽，其压力不需要很高，只要能满足加热的目的，使被加热流体能达到所要求的温度即可。不同的用途要求的蒸汽压力也不同，通常用于加热的蒸汽压力都在 0.7MPa 以下，普遍使用的加热的蒸汽压力是 0.3~0.5MPa。图 8-7 所示的加热器是代表各种不同用途的加热，如燃油雾化加热器、油舱柜加热器、热水器、取暖散热器等。

废气锅炉的蒸汽产量可按下式来求：

$$G_{SAT} = \frac{Q_g}{h''_{SAT} - h_{FW}} = \frac{G_g(t_1 - t_2) \cdot c_{pg}\big|_{t_1}^{t_2} \eta_B}{h''_{SAT} - h_{FW}} \quad (8-22)$$

式中：h''_{SAT} 为饱和蒸汽的焓（kJ/kg）；t_1 为锅炉入口废气温度（℃）；t_2 为锅炉出口废气温度（℃）；η_B 为考虑散热的废气锅炉效率。

2. 排气余热转换成加热热能和电能的利用系统

大型柴油机的排气废热量大且稳定，可以用来发电。

1) 最简单的排气废热发电系统图

图 8-8 是一种最简单的船舶柴油机动力装置排气废热发电系统原理图。柴油机排出的废气通过废气锅炉时被汽水工质吸收热量后排向烟囱，而产生的蒸汽除一部分在饱和状态下抽出供全船蒸汽加热和生活杂用外，其余部分经过加热器以一定的压力和温度使汽轮发电机做功发电。蒸汽做功后的乏汽排入凝汽器冷凝，再经给水管路泵入锅炉的锅筒，构成一个小型的朗肯循环。所以，整个系统也可概括为由二个回路组成，即排气回路（一次回路）及汽水回路（二次回路）。

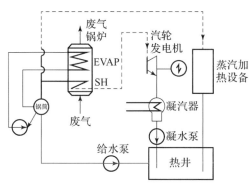

图 8-8 船舶柴油机动力装置排气废热发电系统

从经济性观点出发，排气废热发电的设计应从两个方面着手。第一是通过废热锅炉争取尽可能多地回收排气中的余热，即提高热回收率；第二是在已定的废气回收热量下，设计良好的利用系统，力求发出尽量多的电功率。

（1）提高废气回收率的问题。在一定的柴油机排气温度和流量下，降低出锅炉的废气温度就能增加废气回收率，使蒸汽的产量增加。但是降低锅炉废气出口温度要受到下面两个条件所制约。

①锅炉废气出口温度的降低要受到锅炉受热面低温腐蚀的限制，管壁温度应不低于硫酸的露点。一般情况下锅炉废气出口温度应不低于 165℃。国外有的公司为了尽量提高废热回收率，使废热发电量满足全船用电要求，将锅炉废气出口温度降到 145℃左右。在这种情况下废气锅炉的尾部受热面必须采用耐低温腐蚀的材料。

②废气锅炉蒸发段出口端燃气侧的废气温度与循环水侧的蒸汽饱和温度的最小温差 δ（称为窄点温差）应大于 20℃。窄点温差 δ 是决定锅炉受热面的一个重要参数。δ 值的大小不仅影响锅炉受热面，还影响到废热回收率和循环热效率。窄点温差减少意味着受热面增加，但在一定的出口排烟温度下，蒸汽压力可提高，循环效率增加。如蒸汽压力不变，则排烟温度就可降低，废热回收率增加。然而，若 δ 值太小，则废气锅炉的传热面积和外形尺寸就要增大很多，这样会引起成本的增加和安装的问题。所以，在设计废热利用系统时这个重要的设计参数必须加以控制，通常应取 $\delta > 16 \sim 20℃$，所以锅炉排烟温度不能任意降低。

（2）力求发出尽量多的电功率，提高整个废热发电系统的效率问题。整个发电装置的效率，如忽略管路损失及其他消耗等因素，应当是汽轮机相对有效效率、齿轮箱效率、发电机效率及朗肯循环热效率的乘积。提高每一种效率都能提高整个发电装置的效率。关于前面三项效率的提高是属于有关设备需要研究的问题，这里仅讨论属于动力装置范围，且与装置所选用的参数有密切关系的循环热效率。根据热力学，朗肯循环热效率：

$$\eta_t = \frac{H_a}{h_{SU} - h_{FW}} \tag{8-23}$$

式中：H_a 为蒸汽在汽轮机中从进口压力 P_{T1} 及温度 t_{T1} 膨胀到背压 P_{T2} 时的绝热焓降（kJ/kg），$H_a = h_{T1} - h_{T2}$。由于不考虑管路损失，所以汽轮机进口蒸汽热焓 h_{T1} 是等于锅炉过热蒸汽出口热焓 h_{SU}，即 $h_{T1} = h_{SU}$；$h_{SU} - h_{FW}$ 为给水在废气锅炉中从给水焓 h_{FW} 吸热变成锅炉过热蒸汽出口热焓 h_{SU} 时的热焓增量（kJ/kg）。

由式（8-30）可知，H_a 越大，即 h_{T1} 越大或 h_{T2} 越小，则 η_t 就越高。h_{T2} 或 h_{SU} 取决于锅炉蒸汽压力和过热温度，蒸汽过热温度越高，循环热效率 η_t 也越高。但是蒸汽过热温度 t_{SU} 的升高受到锅炉进口废气温度 t_1 的限制，一般取 $t_1 - t_{SU} = \delta_h > 40 \sim 50℃$。同时，锅炉蒸汽压力升高，循环热效率 η_t 也升高，循环的作功量也越多。但是压力的升高在窄点温差 δ 一定时会使锅炉出口废气温度 t_2 也升高，从而使废热回收率减少，锅炉蒸汽产量下降，汽轮机发出的功率降低．这是一个矛盾，必须妥善解决。所以在设计时必须找出最佳的压力使废热发电的功率最大。影响循环效率 η_t 的还有汽轮机排气热焓 h_{T2}，它决定于汽轮机的排气背压（真空度）。汽轮机背压越低，则 η_t 越高。但汽轮机的排气压力受冷凝器的重量尺寸和周围冷却水温度（船舶航行区域的海水温度）的约束而不能无限制地降低，一般可在 0.06~0.15bar 选取。

2）单压式排气废热发电系统

图 8-9 是单压式废热发电系统原理图。给水在表面式给水预热器加热后进入锅炉的锅筒。锅筒内的水用强制循环水泵经给水预热器将部分热量传给给水后降温到 125~130℃，然后进入废气锅炉的经济器（PH）；在经济器中加热后再入蒸发器（EVAP）加热蒸发变成饱和蒸汽与饱和水的混合物（未饱和蒸汽），然后进锅炉汽筒经汽水分离后，将饱和蒸汽从锅炉引出，其中一部分供给全船加热和生活杂用，其余大部分进入过热器（SH）加热成过热蒸汽后再通入汽轮机中作功发电。这样相当于提高了蒸发器出口废气温度，从而相应地可提高蒸汽的压力。所以，本系统可以采用较高的蒸汽参数，发电量及废热回收率较无经济器的单压系统有所增加，是单压系统中经济性较好又较简单的一种。

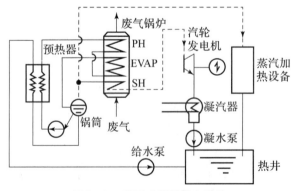

图 8-9 单压式废热发电系统

3) 单段双压式排气废热发电系统

双压式系统是上述单压式系统的发展。因为要得到较高压力的蒸汽，所以要相应增加废气锅炉排气出口温度，反之只能采用压力较低的低压蒸汽。这是废热利用系统中的一个突出矛盾，当采用经济器时，矛盾有所缓和，但仍然存在，特别是要进一步提高压力和设法降低排烟温度时，单压式系统采用经济器就会无济于事。

图 8-10 所示为双压式废热发电系统原理图。这种系统中给水经加热器提高到一定温度后进入经济器（PH）。从经济器出来后，部分进入低压蒸发器（LPE）成为未饱和低压蒸汽，然后进入低压分离筒（LPS）。汽水分离后的饱和汽用以供全船加热和生活杂用，饱和水用作给水加热器的加热源，加热后排入热井。从经济器出来的另一部分进入高压分离筒（HPS），由循环水泵打入高压蒸发器（HPE）加热，加热后回入高压分离筒进行分离，分离后的高压饱和蒸汽进入过热器（SH），成为过热蒸汽后去汽轮发电机发电。

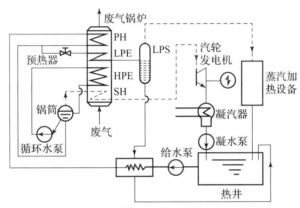

图 8-10 单段双压式废热发电系统

用于全船加热和生活杂用的蒸汽，一般无需高压蒸汽，因此本系统采用低压蒸汽。只有低质燃油的雾化加热需用高压蒸汽。这样一方面满足了柴油机动力装置船上低压加热蒸汽的要求，另一方面可提高进入汽轮机做功蒸汽的压力。这种系统合理地利用了不同温度的排气废热，也合理使用了不同能量的蒸汽。

4) 双段双压式排气废热发电系统

单段与双段是指汽轮发电机中汽轮机的进气，是采用单压力的蒸汽进汽做功，还是采用两种压力的蒸汽分别于汽轮机前后段进汽做功。前者称为单段，后者称为双段，有时称为混压式汽轮机。

图 8-11 是双段双压式余热发电系统原理图。给水经空冷器得到加热后进入经济器。在经济器中吸热后分别进入低压和高压分离筒。在高压分离筒中的饱和水经循环水泵进入高压蒸发器吸热后回入分离筒。分离后的高压饱和蒸汽再进入过热器加热成为过热蒸汽，过热蒸汽进入汽轮机中做功发电。低压分离筒中的饱和水经循环水泵进入低压蒸发器吸热后回入低压分离筒，分离后的低压饱和蒸汽分成两部分：一部分作全船加热和生活杂用，另一部分进入汽轮机低压级作功发电。这样一方面可增加发电量，使低压蒸汽得到有效而合理地利用，另一方面也使锅炉排烟温度得到进一步地降低。

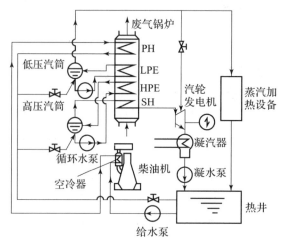

图 8-11 双段双压式余热发电系统

5）双段三压式余热发电系统

图 8-12 是双段三压力式余热发电系统的原理图。由于用于全船加热和生活杂用的低压蒸汽使用上的需要，蒸汽压力一般不低于 0.3MPa，所以限制了排烟温度的进一步降低。三压力式系统恰到好处地采用了三种不同压力的蒸汽以适应不同能量的需求，特别是采用极低压的蒸汽供给汽轮机的低压段进汽，这样使得进一步降低废气锅炉排烟温度成为可能。

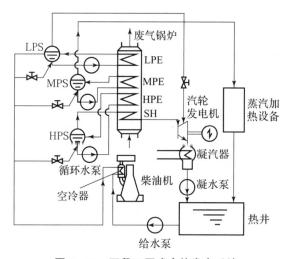

图 8-12 双段三压式余热发电系统

给水经空冷器加热后，分别进入高、中、低压汽水分离筒。进入低压分离筒的部分，经低压蒸发器（LPE）加热后回入低压分离筒进行分离，分离后的低压饱和蒸汽进入汽轮机低压级中作功发电。进入中压分离筒的部分，经中压蒸发器（MPE）加热及在中压分离筒分离后成为饱和蒸汽，供全船加热和生活杂用。进入高压分离筒的给水，经高压蒸发器（HPE）加热和在高压分离筒分离后成为饱和蒸汽，饱和蒸汽经过热器加热，进入汽轮发电机做功发电。

双段三压式余热发电系统用低压蒸发器取代了经济器，这样可防止低温腐蚀。另外,给水直接进入分离筒,从给水热力脱氧角度而言,避免了水中含有新生态氧对管子,特别是焊缝的腐蚀。

三压系统也是在上述原理的基础上发展起来的,在系统中有三种压力的蒸汽用于不同的场所。很明显,这种系统的废热利用率提高了,发电量增加,但系统的复杂性和初投资大大增加。

在废热利用系统中还有混压双压式和混压三压式的废热发电系统。混压是指汽轮机采用两种压力的蒸汽分别于前后段进汽做功,即混压式汽轮机。采用混压式的理由是把部分低压蒸汽逼入汽轮机的低压级做功,一方面可使发电量增加,另一方面在采用较高压力蒸汽时增加低压蒸汽的产量可使锅炉排烟温度降到合理的程度。

对于采用何种系统最为合适,应通过综合分析比较才能决定。每一种系统都有优缺点,一般应从可靠性和经济性综合考虑。可靠性包括维修操作方便,设备不易损坏,能适应负荷变动,组成简单等,而经济性应从投资和节能,特别是从能发出多少电功率和能否满足航行用电要求进行全面经济分析。一般说,发电量越大,系统越复杂,投资也越大。各种系统的废热发电量大致比较如表8-7所列。

表8-7 废热发电量比较

系统	发电量比例/%	系统	发电量比例/%	系统	发电量比例/%	系统	发电量比例/%
单压式	100	双压式	115	混压双压式	126	混压三压式	141

余热发电系统的复杂程度和造价的高低,具体地可以从废热锅炉受热面的组成和传热面积的大小,以及汽水分离筒、热交换器、水泵,自动控制设备等的数量和汽轮机的型式等方面进行比较。锅炉传热面积和系统组成部件数量的增加,必然需要较高的投资费。组成部件越多,则出现事故的可能性越大。尤其是自动控制阀,它是废热利用系统中最不可靠的组成部件,会经常引起故障。因此,在实际船上采用复杂系统时必须全面加以衡量。

3. 废气锅炉容量及废气发电功率的估算

废气锅炉的蒸汽产量取决于主机功率及其排气参数。通常废热利用系统都是以主机常用功率为依据进行设计的。根据废气锅炉的热平衡,在锅炉中传给工质的热量 Q_g 可按下式求出,即

$$Q_g = G_g(t_1 - t_2) \cdot c_{pg} \Big|_{t_2}^{t_1} \cdot \eta_B \qquad (8-24)$$

式中:G_g 为柴油机废气流量(kg/h);t_1 为进废气锅炉废气温度(℃),$t_1 = t_M - (5\sim6)$℃,其中 t_M 为柴油机排气温度;t_2 为废气锅炉排气温度(℃),一般情况 $t_2 > 165\sim175$℃;$c_{pg}\big|_{t_2}^{t_1}$ 为废气在 t_1 及 t_2 范围内的平均比热(kJ/(kg·K)),估算时可取 1.0467(kJ/(kg·K)),η_B 为废气锅炉效率,一般取 $\eta_B = 0.97\sim0.98$。

废气传给工质的热量取决于进入废气锅炉的废气流量与进出锅炉的废气温度。一方面,进入废气锅炉的废气流量越大,温度越高,产生的蒸汽量就越多;另一方面,出锅炉的废气温度越低,产生的蒸汽量也越多。锅炉进口的废气量及温度与柴油机的型式、功率及负荷有关,并随环境温度而变。柴油机功率及型号决定以后,这些参数

也就确定了。锅炉废气出口温度受到锅炉受热面低温腐蚀的限制。由于柴油机燃用的燃料中含有硫分,燃烧时形成硫酸气体,当锅炉受热面壁温低于所生成的硫酸露点时,硫酸就在管壁上凝结而发生硫酸腐蚀(低温腐蚀)。低温腐蚀使管壁厚度逐渐减薄以至破裂损坏,因此管壁温度应不低于硫酸的露点。含硫量较高的船用燃油,露点温度达140℃。所以,从废气锅炉排出的废气温度应高于露点,并取一定的裕度以考虑锅炉烟道局部地区的温度不均匀及低负荷时排气温度的降低,一般情况下锅炉废气出口温度应不低于165℃。同时,考虑到锅炉管内水侧的放热系数比管外排气侧的放热系数大得多,因此管子表面温度决定于给水侧的温度。为了保持管壁温度在硫酸露点以上,故入锅炉预热器的给水温度不应低于130℃。

在计算废气锅炉蒸汽产量时还需选定蒸汽的参数。对于利用废热发电的系统,提高蒸汽压力可使汽轮机的耗汽率减少,但在废气锅炉中产生的蒸汽量却减少,因为相应的饱和温度提高,排气与水的温度差便减小。所以压力不宜太高,而且有一最有利的蒸汽压力。蒸汽只用于加热与杂用时,压力一般在 0.3~0.5MPa 已能达到要求,通常不超过 0.7MPa,而且是用饱和蒸汽。用于产生动力时,所用压力通常不超过 1.6MPa,而一般都在 1MPa 以下。为了提高汽轮机的效率和减少叶片腐蚀,宜采用过热蒸汽,过热温度一般都取较锅炉入口废气温度低40℃。

对于仅作供热及杂用的废热利用系统,废气锅炉只产生饱和蒸汽,其蒸汽产量为

$$G_{exhB} = G_{SAT} = \frac{Q_g}{h''_{SAT} - h_{FW}} \quad (8-32)$$

式中:h''_{SAT} 为锅炉饱和蒸汽热焓 (kJ/kg),根据蒸汽压力从蒸汽表中查出;h_{FW} 为入锅炉给水热焓 (kJ/kg),由热井的热平衡求出。

在主机功率足够大时,废气锅炉产生的蒸汽除了能满足供热及杂用外,还可驱动汽轮发电机发电。这时,废气锅炉同时产生饱和蒸汽和过热蒸汽,可写成如下热平衡方程式:

$$Q_g = G_{SAT}(h''_{SAT} - h_{FW}) + G_{SU}(G_{SU} - h_{FW}) \quad (8-33)$$

式中:G_{SAT} 为饱和蒸汽量 (kg/h),根据全船供热及杂用耗汽设备所需蒸汽按前面介绍的方法算出;G_{SU} 为供汽轮发电机用的过热蒸汽量 (kg/h);h_{SU} 为过热蒸汽热焓 (kJ/kg),根据蒸汽压力和温度从蒸汽表中查出;h_{FW} 为锅炉给水热焓 (kJ/kg),随废热利用系统的形式而异。对于直接从热井吸水供入锅炉的系统,即热井的给水热焓,可通过热井的热平衡求出。

过热蒸汽量:

$$G_{SU} = \frac{Q_g - G_{SAT}(h''_{SAT} - h_{FW})}{h_{SU} - h_{FW}} \quad (8-34)$$

这时废气锅炉的蒸汽产量:

$$G_{exhB} = G_{SAT} + G_{SU} \quad (8-35)$$

汽轮发电机发出的功率 P_{TA} 可用下式求出:

$$P_{TA} = \frac{G_{SU}}{d} \text{ (kW)} \quad (8-36)$$

式中:d 为汽轮发电机耗汽率(kg/(kW·h))。

汽轮发电机耗汽率可按制造厂提供的数据采用，或按下式求出，即

$$d = \frac{3600}{H_a \cdot \eta_{TA}} \quad (\text{kg}/(\text{kW} \cdot \text{h})) \tag{8-37}$$

式中：H_a 为蒸汽在汽轮机中的绝热焓降（kJ/kg），由蒸汽的初终参数决定；η_{TA} 为汽轮发电机效率，可按制造厂数据或统计曲线取用。

扣除汽轮发电机组的辅助机械所耗用的功率，即废热发电的净输出功率。

8.3.2 冷却余热利用系统

1. 利用冷却热作制淡装置的热源

利用冷却热作制淡装置的热源是船上应用最广的一种冷却热的利用方式。传统船舶制淡的方法均采用蒸汽加热海水来制造淡水，目前柴油机船上已普遍改用缸套冷却水的热量将海水蒸馏以制造淡水。若低速大功率柴油机的冷却水离开发动机的温度为 65~70℃，则比周围温度不过高出 35℃，所以其利用范围受到限制。但用缸套冷却热将海水蒸馏来制造淡水不仅开阔了冷却热的利用途径，而且具有特殊优点。因为通过加热器对海水加热，当水温超过 60℃ 时加热的海水一边金属表面会积结盐垢，热量的传递由此受到阻碍，这成为蒸汽加热式制淡装置的一大缺点。而使用柴油机缸套冷却热代替蒸汽来制淡，不仅可以减少全船蒸汽的消耗，还可以避免加热器积垢的缺点。

缸套冷却热制淡装置常用的有真空沸腾式和闪发式两种。

1）真空沸腾式制淡装置及其系统

船上常用的沸腾式制淡装置是真空-表面式制淡装置。真空-表面式制淡装置由三个主要部件组成，即蒸发器、冷凝器和预热器。蒸发器的作用是使海水在其中沸腾，部分海水蒸发成蒸汽，冷凝器的作用是冷凝蒸发器产生的蒸汽（也称为派生蒸汽）使之成淡水。冷凝器大多利用海水冷却，预热器是利用派生蒸汽和排出盐水中的热量来预热送往蒸发器的海水，以提高装置的效率。

国产 ZSF 型与国外 Atlas 型沸腾式制淡装置结构及其系统极为类似。图 8-13 所示为我国沿海及远洋船用得较多的真空沸腾式制淡装置系统工作原理图。

从图 8-13 可见，制淡装置中的蒸发器 A 和冷凝器 C 组合为一体，称为造水器。造水器壳体中部装有隔板，把壳体分为蒸发室和冷凝室。为了保证整个制淡装置的工作，系统分别设有供水、加热、冷却、排污、抽气和凝水等管系。

海水由海水工作泵下从舷外吸入，经弹簧稳压阀 R 和浮子流量计 U 进入造水器并沿直立的加热管束 A 自下而上，这里受到由主机冷却管路来的冷却水（温度为 60~65℃）加热；由于造水器中的压力大大低于大气压（约为 93% 真空度），所以海水在 38.66℃ 时就可以汽化，蒸发出来的蒸汽经过汽水分离挡板 B，除去夹带的水滴，然后进入冷凝器管束 C，被主机海水工作泵供来的海水冷却后凝成淡水。凝水泵 D 将凝水抽出经淡水流量计 S 排入淡水舱。在凝水泵排出的淡水管路中，引一支管经盐度传感器 J 到盐度计 G。当含盐量超过限定值，则电气式盐度计 6 通过报警器 H 发出报警信号，同时自动开启回流电磁阀 K，淡水经止回阀 L 及相应管路流回造水器。此时因凝水泵出口与具有真空度的造水器接通，故该处压力低于大气压力，淡水立即停止送往淡水舱。同时因该管路装有止向阀 L，淡水舱中的淡水或空气是不会倒流入造水器。

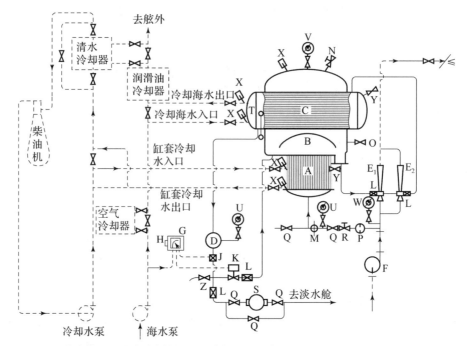

A—蒸发器；B—汽水分离挡板；C—冷凝器；D—凝水泵；E₁—排污泵；E2—真空泵；
F—海水工作泵；6—盐度计；H—盐度报警器；J—盐度发信器；K—切换电磁阀；
L—止回阀；M—给水孔板；N—安全阀；O—真空调节阀；P—滤器；Q—截止阀；
R—给水压力调节阀；S—流量计；T—水位表；U—流量计；V—真空表；W—压力表；
X—温度表；Y—放气旋塞；z—试验旋塞。

图 8-13 真空沸腾式制淡装置系统工作原理图

为了简化设备和操作，图 8-13 中的真空泵 E_2 和排污泵 E_1 均采用射水喷射泵。工作压力水由海水工作泵 F 供给，造水器中盐度较高的盐水由 E_1 抽排向舷外。

2) 闪发式制淡装置及其系统

闪发式制淡装置是把海水预先加热至超过相当于闪发室压力的饱和温度后，进入高度真空的闪发室内，使产生蒸汽。与前一种比较，闪发室内没有传热表面，所以闪发式制淡装置又称为无表面式制淡装置。

我国远洋船舶上装有国外 Nirex 型闪发式制淡装置。我国大型渔轮上也制成了相类似的 ZSS-12 型闪发式制淡装置，图 8-14 所示为闪发式制淡装置系统工作原理。

这种制淡装置本体由两个板式热交换器（一个为盐水加热的预热器，另一个为蒸发淡水的冷却器）和一个闪发-冷凝室（包括闪发室、汽水分离器和喷淋式冷凝器）组成。柴油机的冷却水经管 1 引入预热器加热海水，再经管 2 流回主机淡水管路。需蒸发的海水由海水循环泵经管 3 至预热器吸热后进入闪发室（室内保持 90% 真空度，其相应饱和温度为 46℃），因此当海水被预热器加热到 55℃ 左右，在闪发室内部分海水立即蒸发。未被蒸发的海水下落后由海水循环泵抽出，再去预热器。海水循环泵中的水来源于主机海水管路，其海水自管 8 先通过冷却器冷却，加热后的海水（约为淡水产量 2～3 倍）经流量表 A 沿管 5 到海水循环泵，不断地经预热器加热后进闪发室。而管 8 的海水极大部分仍回管 9 的主机海水管路。闪发室所产生的蒸汽，通过分离器

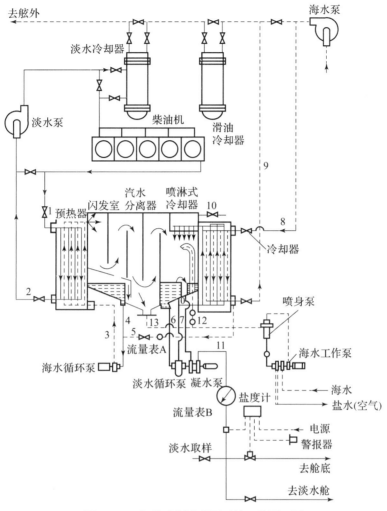

图 8-14 闪发式制淡装置系统工作原理图

中一连串挡板,使携带的水珠分离掉落在分离器底部。而干燥蒸汽进入喷淋式冷凝器,由上面喷淋室自上而下的冷却淡水喷在蒸汽上,使蒸汽凝成淡水。此淡水经管 6 由淡水循环泵抽出,经管 7 流经冷却器(在冷却器内利用海水降低其温度)后,再进入冷凝器喷淋蒸汽。制成的淡水经冷凝器盛水部分的溢流管 10 进入凝水泵。合格的淡水沿管 11 经流量表 B 泵入淡水舱。

如果制成的淡水盐度超过预定数值,则盐度计电磁阀自动打开,使盐度高的淡水流入舱底。海水工作泵将外界海水以一定的压力作工作水打入喷射泵,喷射泵一面经管 12 抽除冷凝器中的空气,另一面经管 13 抽除分离器底部的盐水。

由于这种装置采用板式加热器代替壳管式加热器,用喷水冷凝器代替壳管式冷凝器,因此其装置总体积要比表面式制淡装置小,而且是制成组装式,安装和维修均较为方便。

无论是真空沸腾式制淡还是用闪发式制淡,由于蒸发温度均比较低,所以能显著减少海水侧污损的危险。这样利用缸套冷却热制造淡水在经济上会带来很大的利益。

2. 利用冷却热作加热器的热源

缸套冷却水热量和增压空气系统的中间冷却热量一般的利用办法是作加热器热源。

要利用空气冷却器和气缸套的冷却热作热源,其难点在于冷却水的温度较低,热交换器受热面较大。因此,在船上低温热($t \leqslant 60℃$)从技术上说仅能用于较小的范围内。

图 8-15 是 B&W 公司增压空气热量的一种利用方式。它是借助一个闭式冷却水的加热系统来利用空气冷却器中高温组件里的热量。

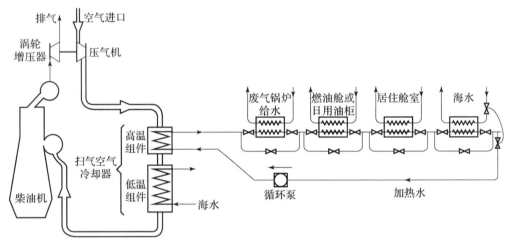

图 8-15 空冷器的高温增压空气废热回收系统图

图 8-16 是另一种增压空气热量的利用方式。空冷器第一级把增压空气的热量作为热水发生器的热源,如供燃油舱加热、住舱取暖和产生加压热水等代替传统的蒸汽热源;第二级为给水预热器的热源;第三级为增压空气的海水冷却器,这部分热量由于温度太低而舍弃。

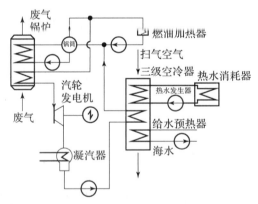

图 8-16 三级空冷器的增压空气废热回收系统图

3. 利用冷却热作吸收式制冷装置的热源

现代船舶都需冷藏设备和舱室空调。船上用的制冷装置一般是压缩式制冷装置。这种制冷装置由于有压缩机消耗机械功,增加了船上的电力负荷,也增加了运行费用。吸收式制冷装置不需用压缩机,它可以利用柴油机的余热制冷。近年来在空调中使用且得到迅速发展的是溴化锂吸收式制冷装置。

热源温度 t_h 是吸收式制冷装置的一个重要参数。t_h 与运行条件即溶液的浓度差、机器内部各种介质之间的温度差，以及冷却水温度等因素有关。按照这些参数的常用情况，热源温度 t_h 可写成如下表达式：

$$t_h = 84.547 - 0.719 t''_x \qquad (8-38)$$

式中：t''_x 为所制取冷媒水的温度（℃）。

从式（8-38）可看出，冷媒水出口温度越低，则热源温度就要求越高。在船舶空调中，当舱温取28℃、回风取32℃、空调器出风温度取15℃时，冷媒水温度取10℃是适当的。因此，当柴油机冷却水温度能达到 $t_h = 77.36$℃ 时用作吸收式制冷机的热源，即可使其在设计工况下全负荷运行。若柴油机冷却水温度降低，则制冷量就要下降。制冷量大体上与热源温度的变化成线性关系。

利用冷却余热制冷从经济和节能上看都是值得推广的，但目前在船上还用得不很多。在海上各种恶劣的气候条件下如何保证吸收式制冷机的正常运行，以及如何最有效地利用低温热源制冷还需进一步探索。

4. 利用冷却热作制冷工质透平系统的热源

传统制冷工质透平系统是以氟利昂为工质的气体透平。氟利昂一直被作为冷冻机的工质使用。由于氟利昂是一种低沸点、极易汽化的工质，它在100℃左右的温度下也能汽化成压力较高、密度较大的气体，所以对有效地利用中温、低温的热能，把它变为动力是最适宜的工质。

制冷工质透平的循环，与众所周知的蒸汽动力装置的标准循环一样，均是朗肯循环。其循环的设备系统及工作原理如图8-17所示。热能从外部供给，工质在其间经历预热、沸腾、膨胀、冷凝、升压等过程，气体的压力能通过透平变为动力输出。

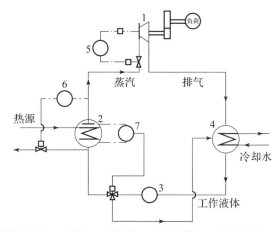

1—透平；2—气体发生器；3—泵；4—冷凝器；5—调速器；6—调压装置；7—液面调节装置。

图8-17 制冷工质透平循环的设备系统

产生制冷工质气体的气体发生器的热源有利用水蒸汽、主机排气的，也有利用柴油机增压空气高温冷却器的冷却热，这样可充分有效地利用整艘船舶的不同品位和能级的能量。

制冷工质透平装置的主要设备是透平、气体发生器、冷凝器、泵和调节装置。

1) 透平

透平考虑到绝热焓降、膨胀比、制冷工质气体的体积和流量而使用单级径流式透平。根据透平的输出功的不同，分为单流式和双流式结构，透平效率较容易达到80%以上。

高压的制冷工质气体首先经喷嘴降压增速，然后进入叶轮并带动叶轮旋转，从叶轮中流出后进入冷凝器冷凝。在这个过程中，制冷工质气体的压力能转换成动能，通过叶轮从轴端输出功率。冷冻机用的制冷工质透平，其转速与压缩机转速一致，所以大部分制成同轴一体结构，而发电用的制冷工质透平，除大功率者外都需要有减速装置。

2) 气体发生器

根据所用的热源的种类不同，制冷工质气体发生器的结构也不同。一般采用的是有预热器和沸腾部的卧式壳管式发生器。加热用的热介质在管内流动，使容器内的制冷工质加热、沸腾。为避免工质在透平内产生凝液，所以设置了过热器。在可以利用加热源显热的场合，大型装置中的凝水冷却器（从制冷工质方面看即为预热器）是与发生器分别设置的，小型装置中的凝水冷却器，则放在发生器内部。在发生器的出口部设置去湿器以分离液滴。

3) 冷凝器

一般使用冷却水冷却的冷凝器是低肋管式，其作用与普通蒸汽透平的冷凝器一样，是使制冷工质透平的排气冷凝。制冷工质冷凝器是在大气压力以上工作的，没有必要设置真空装置。

壳管式冷凝器的冷却水是在管中流动。如果得到较低温的冷却水的话，在提高朗肯循环效率的同时，则可使壳管式冷凝器结构更紧凑。

4) 泵

以低沸点物质为工质的缺点是由于它的蒸发潜热小而所需的循环量多，装置中可采用高效的立泵。为了吸入饱和的制冷工质液体，这种泵必须考虑到净吸入压头小和性能稳定。轴承装置和透平一样，采用机械密封。

5) 控制装置

控制装置主要有转速控制装置、气体发生器压力控制装置和气体发生器液面控制装置等。

转速控制的目的是不管负荷如何变动，通常透平转速应保持与设定转数相等。在透平的轴端安装发电机型转速计或脉冲式转速计来测量转速，直接或间接地调节透平入口的制冷工质气体量，以使负荷变化时透平的转速与给定值保持一致。

压力控制的目的是因为随着负荷变化，制冷工质气体流量变化，这时要检测出发生器内的压力，或者调节与制冷工质进行热交换的热源量，或者把多余的制冷工质蒸汽旁通到冷凝器中。

液位控制的目的是不管负荷或制冷工质气体流量发生怎样变化，发生器的液面均要保持一定。用液位计检测液位，用二通阀或三通阀控制制冷工质进入气体发生器的流量，而且由于发生器的去湿器与工作液面保持一定的距离，控制液面可防止制冷工质液滴进入透平内。

制冷工质透平的使用主要有透平发电机组和透平制冷机组。透平制冷机组往往把利用余热的制冷工质透平的动力循环和制冷空调系统的制冷循环均采用同一的制冷工质，其工作原理简图如图 8-18 所示，它由动力循环和制冷循环两部分组成。制冷装置由透平制冷机组的动力循环（用余热来加热发生器），首先使制冷工质液体在一定的较高压力下预热和蒸发；然后进入透平内绝热膨胀做功，将高压的能量转变成动力，驱动安装在同一轴上的离心式压缩机 2 旋转，做功后的制冷工质蒸汽排入冷凝器 5 内，经冷却水的冷却作用而凝结成液体；最后为克服冷凝器和发生器之间的压力差，制冷工质液体由泵 6 输送至发生器内完成如上的循环。而制冷循环：在蒸发器 4 内，制冷工质在较低的压力 p_0 下蒸发，并将蒸发器内的冷媒水加以冷却供给制冷系统。由透平驱动的离心式压缩机 2 将蒸发器产生的低压蒸汽吸入压缩机叶轮内；由于压缩机叶轮的高速旋转，将工质的速度能转变成压力能，制冷工质蒸汽由 p_0 压缩到 p_k 压力，然后送入冷凝器 5 内冷凝成液体，再经过减压节流阀送入蒸发器内继续以上的循环。

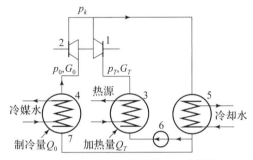

1—透平；2—离心式压缩机；3—发生器；4—蒸发器；5—冷凝器；6—泵；7—减压节流阀。

图 8-18 透平制冷机组示意图

按图 8-18 所示工作的制冷机组较为紧凑，制冷工质透平的叶轮和离心式压缩机的叶轮紧套在同一根轴上，这就不必有其他中间传动机构。正因为动力循环与制冷循环均采用同样的制冷工质，不需复杂的轴封结构，可避免制冷工质从机器内漏泄出去的可能性。由于两种循环均采用一个冷凝器，故制冷工质透平和离心式压缩机出口端的压力等于冷凝压力 p_k。

习 题

1. 船舶电站按它的用途可分为哪几类？
2. 发电机组按原动机分有哪些种类？
3. 电力负荷如何分类？第一类负荷包括哪些？
4. 供热锅炉有哪些型式？
5. 排气废热有哪些利用方式？
6. 冷却热有哪些利用方式？

第9章 动力管系原理与设计

船舶动力装置的管路系统是指为专门用途而输送流体的成套管路设备,是保证船舶动力装置可靠正常地工作以及船舶安全航行而设置的辅助机械、设备、检测仪表和管路的总称,简称为动力管系。

动力管系包括燃油管系、滑油管系、冷却管系、压缩空气管系,以及发动机进、排气管系等。

9.1 动力管系原理

9.1.1 燃油管系

1. 燃油管系工作原理

燃油管系的基本任务是保证主机、辅机、辅锅炉所需要的燃油供应。燃油管系的具体组成随动力装置型式和所用燃料品种的不同而有所区别。内河小船动力装置简单、船舶航程短,燃油管系也就简单。远洋船舶因长期航行于海洋上,在安全可靠、经济性方面有较高的要求,因而设备较多,管路也较复杂。低速机和较大功率的中速机为了提高经济性,普遍采用重油为燃料,为了降低重油黏度,必须加热后才能供发动机使用,因而燃油系统一般可分为两大类,即不加热的和加热的燃油管系。

重油黏度大、硫分、灰分、水分及机械杂质多,必须采取一系列的技术处理,使之符合柴油机燃烧的要求。其中最重要的是必须进行预热和净化,以降低黏度并除去水分和杂质。表9-1所列为使用不同黏度重油时推荐的预热温度范围。重油的净化主要包括加热、沉淀、过滤和分离。

表9-1 不同黏度燃油的预热温度 单位:℃

黏度	双层底油舱	沉淀柜	分油机预热器	日用油柜	柴油机进口预热器
1000S	0~25	25~60	60~90	75~85	85~100
1500S	0~30	35~60	69~95	80~90	90~115
3500S	35~40	35~70	70~90	83~93	93~125

图9-1为燃油管系原理图。燃油储存于油舱中,由驳运泵经粗滤器驳至沉淀油

柜,在粗滤器中先过滤掉一些大的机械杂质。沉淀油柜中装有蒸汽加热盘管,使油在柜中加热保温,以维持最佳黏度,并让水分和大多数较小颗粒杂质在重力作用下沉至柜底。经沉淀后进入离心分油机进行水、杂质、油的分离,离心分油机自身都装有吸排油泵。为提高分离效果,在被吸油泵吸进后,即进行加热,使其进一步降低黏度,然后进行分离。经分离净化后,即由分油机排油泵送至日用油柜。对于油质较差的燃油,让燃油连续经过二次分离,以获得清洁燃油。燃油在进入主机前,由燃油供给泵从日用油柜回油集合筒及粗滤器吸入后,还要先进至雾化加热器进行加热,使其黏度适合于燃油喷射雾化的要求,然后经过油滤器输送至柴油机的高压喷油泵入口。高压喷油泵的回油流至回油集合筒。为保证良好的机动操纵性能,防止停车后燃油在管路中凝固,柴油机在启动、低速和机动操纵时,都交替使用轻柴油,可通过转换阀来更换。在燃油管系中为使燃油易于流动,除了图9-1中的加热设备以外,在油舱、油柜里均装有热盘管并通以蒸汽加热,同时从油柜至主机、辅机及油舱至输送泵的管路上应设有伴行加热管或加热套管。一般在油管下部同时敷设一根紫铜管,与油管用石棉一同包扎,紫铜管中通有蒸汽,使重油维持一定的温度。管系中设置有黏度计,通过控制雾化加热器中的蒸汽量调节供油黏度。设置回油集合筒的首要目的是在进出港或机动操作时,重油和柴油要相互切换,由于两者所需温差悬殊,为保证主机高压油泵可靠地工作,需要有一个逐步替换的过程,因此回油集合筒起到过渡作用。主机高压喷油泵回油进入回油集合筒,而不进入日用油柜,这样不会因日用油柜散热太多而将机舱温度提高。在回油集合筒上设有透气管,以保证回油经过时不断地排除燃油中的空气。

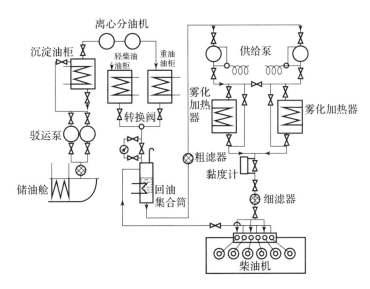

图 9-1　燃油管系原理图

2. 燃油管系设备布置

燃油管系的布置应该特别考虑到工作的安全,其设备应该远离高温装置(排气管、消声器、废气透平等)及电气装置。油泵、油柜、滤器等应设置油盘,以免燃油四溢。所有燃油管系上的阀件和滤器等布置要从操作和清洗方便等考虑决定。燃油泵在机舱布置中应尽量靠近油舱柜，以缩短吸入管长度，改善燃油泵吸油条件。

1) 回油集合筒的布置

大型船舶的燃油管系设有回油集合筒，这时燃油供给泵的布置应考虑到从回油集合筒吸油时不要吸入空气，燃油供给泵的布置位置应尽可能低。如图 9-2 所示，由于管 1（从燃油日用油柜排出阀经滤器、流量计至正点）与管 2（从回油集合筒排出口 B 至 A 点）之间具有阻力差，所以形成 H 油位差。当在运转过程中，滤器和流量计阻力要较大，因此回油集合筒中的油面会迅速降低，燃油供给泵就很容易吸入空气而造成供油中断。为防止这种情况的出现，在管系布置时，从日用油柜油面至燃油供给泵的泵轴中心的高度应尽可能地大。

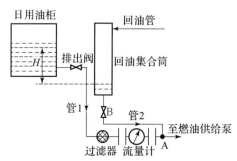

图 9-2 日用油柜与回油集合筒的并联布置

在有些船上，从日用油柜排出的燃油不是单独设管与燃油供给泵相连，而是先进入回油集合筒，与回油混合后从回油集合筒流出，经滤器等再进入燃油供给泵。这种布置就不容易产生上述吸入空气的问题，因为在回油集合筒内始终能保持一定的油位。但在进行这种布置时，日用油柜与回油集合筒之间的相对位置也有三种形式，如图 9-3 所示。

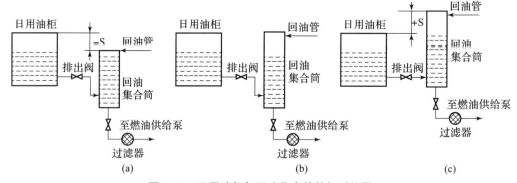

图 9-3 日用油柜与回油集合筒的相对位置

如图 9-3（a）所示，回油集合筒的高度整个低于日用油柜（-S）的距离，在筒内充满着燃油。由于燃油具有一定的温度，所以筒内所产生的气体不容易逸出。

如图 9-3（b）所示，回油集合筒的顶部与日用油柜持平，这时在回油集合筒上部所形成的气空间要比前一种大。

如图 9-3（c）所示，回油集合筒的顶部高于日用油柜（+S）的距离。这时在回油集合筒上部形成的气空间比前两种都大，就有利于气体的逸出。

在大型船舶上，通常都设有柴油驳运泵和燃油驳运泵，它们的燃油管路都相互连通。考虑到油舱位置，以及操纵的方便和接管容易，所以一般把它们都布置在底层，并相互靠近成一单元。因为驳运泵大多是从双层底油舱吸油，所以其位置应尽量放低。驳运泵的吸排油口处都接有阀箱，布置时要考虑阀箱和接管的空间位置。

2）油柜的布置

小型船舶上的主机一般只燃用轻柴油。如果轻柴油是依靠重力进入主机的话，那么轻柴油日用油柜的位置应该使油柜最低油位距主机油泵吸口上方1m，以保证主机油泵可靠地吸油。若在管系中另设有独立燃油供给泵，那么日用油柜的位置视机舱布置的具体情况决定。

中型、大型船舶上的主机往往既燃用轻柴油，又燃用重柴油或燃料油，所以除日用油柜外，一般都设有沉淀油柜。对大型低速柴油机来讲，由于主机高压油泵吸入口位置大多处于主机左侧中部格栅以下，所以燃油管系设备和管路应设置在机舱左舷艏部接近中间的位置，以缩短管路长度。而燃料油沉淀柜和日用油柜大多是布置在机舱主甲板艏部隔舱壁的中间位置。

有些油柜是与船体安装在一起，因此油柜形状要按船体构造来决定。考虑到在油柜上要装入孔门和阀件，所以油柜宽度至少应为1.5m，以便安装和使用。

轻柴油沉淀油柜和日用油柜是与燃料油沉淀油柜、日用油柜布置在同一甲板。如果这些油柜都相互靠近的话，要采取隔热措施，因为在燃油柜中有加热盘管，应当避免轻柴油柜中油温的升高，可以采用在不同油种的油柜之间设置围板或者相隔一定的空间的方法予以隔热。

如果柴油机喷油器采用柴油冷却，则应把喷油器循环油柜与冷却油泵、油冷却器布置在一起并考虑组成一单元进行组装。如果这样的组装有困难，可以把喷油器循环油柜与柴油日用油柜布置在一起。

9.1.2 滑油管系

1. 滑油管系的任务及组成

滑油管系的任务是保证供给机舱中各设备（如主发动机、辅发动机、压气机、传动部件和轴系的轴承等）运动部件摩擦表面上以适量的润滑油，以形成油膜，避免各种机件间产生干摩擦。润滑油除了减少摩擦阻力和摩耗外，还起着冷却、洗涤、气密、防锈和减震等作用。柴油机的润滑油管系实际上由机内和机外两部分组成。机内的滑油管系随柴油机一起配套供应。一般小型柴油机采用飞溅式滑油系统，它的润滑油是靠曲轴连杆旋转时把油底壳的滑油飞溅至润滑部分，这是一种最简单的润滑方法。机外的滑油系统多为压力式滑油管系，它是靠滑油泵或重力油柜将滑油以一定的压力强行压入各摩擦部位。现在绝大多数柴油机均采用这种润滑方法。

柴油机的滑油管系一般由三部分组成：用来润滑发动机主轴承、十字头、凸轮轴等传动部件的循环润滑系统；用来润滑活塞和气缸的气缸润滑系统；用来润滑增压器轴承等部件的增压器润滑系统。由于这三个部分摩擦润滑部位的工作情况不同，需要采用不同品质的润滑油。如活塞和缸套之间的润滑是在高温燃气下进行的，因此必须采用黏度大、不易燃烧的气缸油，而增压器的转速较高，必须采用黏度很小的透平油，其他部位则采用一般机油即可。

气缸润滑油的设备简单，一般只有1只储油柜和1个加油机，自储油柜出来的油通常不需清滤，由发动机驱动的加油器定量向气缸壁周围注油，润滑后随燃气一起燃烧并排至大气。滑油循环系统较气缸润滑系统复杂。滑油管系的职能范围与燃油管系类似，即储藏、供应、调拨、清理等。但滑油的功能与燃油不同，它除了一部分随着燃油燃烧掉及因变质而更换等消耗以外，其余绝大部分通过必要的清理净化以后，仍然可以使用，故其消耗极小，仅是燃油的百分之几（$4 \sim 6.8 \mathrm{g/(kW \cdot h)}$）。因此，滑油管系的储藏及输送设备较燃油管系简单，供应和清理的要求较高。

2. 滑油的供应方式

图9-4为滑油供应管系的典型原理图。要保证在发动机摩擦面上具有适当的滑油压力，通常有两种方式：第一种是利用压力油泵直接把滑油压入发动机内的滑油压力总管而到达各摩擦面，如图9-4（a）、（b）所示；第二种是油泵将滑油输送至高于发动机5~8m的重力油柜中，如图9-4（c）所示，由重力油柜用管6连接至发动机的压力总管，利用重力油柜内油的静压头来保证摩擦面上的滑油压力。上述两种供油方式，在效果上稍有不同，第一种的优点在于设备简单。

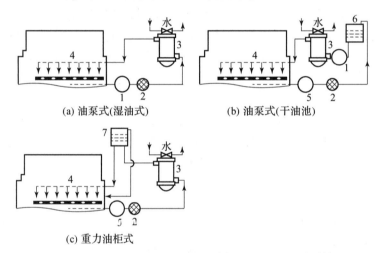

1—滑油压力泵；2—过滤器；3—滑油冷却器；4—滑油压力总管；
5—滑油抽吸泵；6—循环油柜；7—重力油柜。

图9-4 滑油供应管系典型原理图

高置油箱的方式主要优点，如下：

（1）滑油压力均衡不变。

（2）滑油泵发生突然故障，不能输油时，由于高置油箱中有存油，可以维持发动机继续运转几分钟，使轮机员有时间采取应急措施，避免发生润滑油中断、发动机损坏事故。

（3）发动机在启动之前，滑油系统内就可以建立压力，以利启动。在发动机停车之后，可以仍向滑油系统供油，以排出轴承等处的热量。

在机舱高度有限的船上，高置油箱这个方式的应用受到一定条件限制。而油泵供油式管路不受限制，因而是最普遍的方法。

3. 滑油的清理方式

循环管系中的润滑油在长期不断循环工作的过程中，其油质逐渐下降而变污，实用上有两种处理办法，如下：

1) 轮换清理

把油质下降的污滑油，定期从油池中移至机外进行清理，清理后的净油再送到净油柜中储放待用。

2) 平行清理

发动机一边工作，一边不断地从循环油柜中抽出一部分润滑油，经过滑油分离机将其固体杂质和水分清除掉，又回到循环油柜中。滑油平行清理法如图9-5所示。

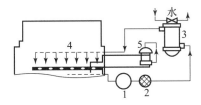

1—滑油压力泵；2—过滤器；3—滑油冷却器；4—滑油压力总管；5—滑油分离器。

图9-5 滑油平行清理法

轮换清理和平行清理两者都能在航行中不停发动机情况下连续处理，所以在船舶上均有应用。首先，后者能使润滑油经常保持稳定品质，而前者在开始和进行轮换时品质不完全相同；其次，前者需要有较大的污油沉淀柜，以处理污油。在大型船舶上，对于上万千瓦的柴油机，循环润滑油量高达10~30t要全部进行轮换，污油柜占有很大容积。所以，目前较大型船舶普遍采用平行清理法，而在功率较小的船上或发电辅机上才较多地使用轮换清理法。

4. 滑油管系的设备布置

大型船舶主机滑油管系的设备都比较大，所连接的管径也大，故在布置时要从多方面考虑尽量缩短其管子长度。

1) 滑油循环泵及过滤器布置

滑油循环泵的型式，除主机自带外，对于独立的滑油循环泵，有立式和卧式两种。为了从双层底循环油柜可靠地吸油，滑油循环泵的布置应根据吸入高度来安置吸入管。吸入管长度应尽可能短，如对齿轮式滑油泵，允许的吸入高度一般是3m水柱。对于螺杆式滑油泵，则允许的吸入高度较大些，为4~5m水柱。所以，滑油循环泵吸口应尽量靠近柴油机或循环油柜。

从滑油循环泵至过滤器的出口管路上，所布置的弯头应该少些。弯头不仅会增加管路阻力，更严重的是会导致管路的振动而损坏管子。依据实测，在滑油循环泵出口处是压力波动最剧烈的地方。例如：在齿轮油泵出口管上，最大振幅处的压力可达油泵平均压力的3倍。离油泵出口越远，振幅就越小，一直到过滤器以后，压力实际上就稳定在一定数值上。所以在布置滑油循环泵和过滤器时，应该考虑到在滑油循环泵出口到过滤器的一段管路上：一方面使弯头要尽可能地少，另一方面则把循环滑油泵与过滤器靠近，来缩短这一管路的长度，这样都可减少振动现象。

对于滑油过滤器，一般是布置在滑油冷却器前面，因为这时的滑油温度较高，有利于减少过滤阻力和提高过滤效果。

2）滑油分油机与分油机加热器的布置

在船上，滑油分油机既有与燃油分油机一起布置在专门的舱室内，也有单独布置的。无论上述何种情况，滑油分油机吸油泵要从处于双层底的循环油柜吸油。从吸油泵的允许吸入高度和吸入管阻力考虑，滑油分油机大多布置在机舱底层。若滑油分油机布置在机舱平台，那么根据油泵的吸入高度就要考虑在吸入管路上再加设专用的吸油泵，否则就难以吸油。

为了保养检验，滑油分油机上部甲板构架处要安装起吊横梁和起吊设备，因此在布置时要考虑到滑油分油机上部的空间位置，为拆装清洗分离筒，在其周围也要留有适当的地位。

从分油机排渣口到油渣柜的连接管宜布置成倾斜式，从而依靠重力，污渣就易流入油渣柜中。

滑油分油机加热器一般都设置在分油机后面或侧面的舱柜壁上。布置时要考虑到能容易地从分油机加热器中取出加热管进行检换。

3）滑油舱柜的布置

滑油储存柜宜布置在靠近甲板注油口，并具有一定高度，以借助重力补入循环油柜或进入驳油泵。

滑油循环柜一般布置在主机下面的空间。滑油循环柜的结构形状及其布置关系到滑油管系的工作可靠性。滑油循环柜形状过窄过矮，都能使船舶在摇摆或油位降低时油泵不能可靠而连续地吸油。所以，滑油循环柜的长度与宽度之比，通常推荐在 1~2，而其高度应保证油泵吸入口以上的油位在任何时候都不低于 200mm，以使船舶在倾斜情况下也能可靠吸油。滑油循环柜的位置应考虑到滑油能自主机自由流入，而且油泵允许吸入高度不超过前面所规定的数值。

滑油循环柜底部形状应有利于排除在油泵吸入口附近积聚油渣的可能性，以及有利于滑油的吸出。油泵吸入管的末端应离柜底 100mm 以上，并且油泵吸入管与油柜进油管要布置在相反方向的两边，以免将污油由油泵吸入管吸入。为避免滑油进入柜内引起泡沫飞溅而夹带空气，故油柜进油管管端应伸入油面以下，并且在进油管与油泵吸入管之间设置隔板，以减小油面的波动。

4）增压器滑油重力柜的布置

在主机具有独立的增压器滑油管系的船舶上，由于大多增压器位于主机的右侧，所以增压器滑油管系均布置在右舷。

9.1.3 冷却管系

1. 主机冷却方式

动力机械设备在正常运转过程中不断地发出热量，这些热量必须及时散发掉，否则发热件的温度将连续上升以致超过容许界限而损坏，如柴油机、压缩机、减速齿轮、轴系轴承、冷凝器、大型电机等。燃油在气缸放出的热量中有 15%~30% 是由气缸头、气缸套及活塞部分的冷却水带走，而一台上万千瓦的柴油机的冷却水量每小时高达 600~700t。下面介绍的冷却系统主要针对主机，而轴系轴承及减速齿轮箱的冷却常常由它兼顾。其他辅机冷却一般都与主机分开,有独立管路,比较简单。

对主柴油机进行冷却一般有三种常规方式,即开式循环、闭式循环和中心冷却管系。

1) 开式循环冷却管系

开式循环冷却管系,即舷外水直接冷却(舷外水通称海水),也称为海水冷却管系,如图9-6所示。舷外水经过滤器由海水泵打入管系,经滑油冷却器对滑油进行冷却,再对柴油机冷却后排出舷外。根据离开发动机的海水温度变化调节阀10,自动调节回流管的热水流量,保持发动机不致过热或过冷。油温调节阀6根据滑油温度的变化,自动调节流过滑油冷却器的冷却水流量。尤其是在刚启动时,润滑油温度较低,大量海水通过旁通管而不进入滑油冷却器,使滑油温度尽快升高。这种型式比较简单,但舷外水所含泥沙、污物较多,易使过滤器、冷却器堵塞,特别是海水中的盐分,对机件的腐蚀很严重,而所沉积的污垢会降低热传导效率,从而影响发动机运转。因为海水在50~55℃时,盐分水垢会大量析出,所以海水冷却管系一般都将温度控制在55℃以下,多数用于内河小型船舶。

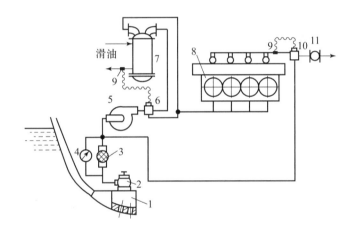

1—通海室;2—通海阀;3—过滤器;4—压力计;5—海水泵;6—油温调节阀;
7—滑油冷却器;8—柴油机;9—温度计;10—水温调节阀;11—舷边单向阀。

图9-6 开式循环冷却管系

2) 闭式循环

闭式循环冷却管系如图9-7所示。管系包括两套互不相同的管路,一套淡水管路,另一套是海水管路。海水管路由海水泵从舷外吸入海水,经滑油冷却器和淡水冷却器后排至舷外。淡水管系由淡水泵将淡水打入发动机冷却后,淡水温度升高了,故需在淡水冷却器内由海水进行冷却,最后回到泵的吸口,形成封闭循环。水温调节器按水温变化调节通过淡水冷却器的淡水流量,油温调节器调节进入滑油冷却器的海水流量。在发动机冷却套最高处及管路中部易形成气囊的地方均应设置放气旋塞或用小管通至淡水膨胀箱上部,使冷却管中的空气和水汽逸出,系统中受热膨胀多余的水量也由此进入水箱。膨胀水箱的底部应接有水管至淡水泵的入口,以保证淡水泵的有效吸头,并可经常由此水箱补充因循环系统的淡水受热汽化和管路泄漏等所损失的水量。淡水冷却管系是由舷外水间接冷却淡水,发动机内部并不直接接触舷外水,从而避免了上述舷外水对发动机的不良影响,并且有利于采用高的冷却水温来满足现代柴油机对冷却系统的要求,也有利于提高热效率,缩短暖机时间,提高机动性,暖机时将海水阀关上,用淡水来加热发动机,加热循环润滑油。

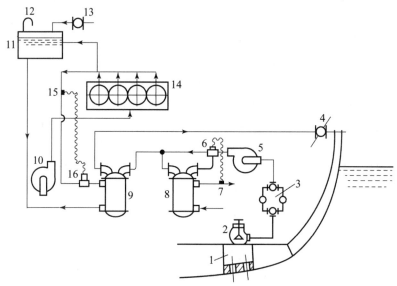

1—通海室；2—通海阀；3—过滤器；4—舷边单向阀；5—海水泵；6—油温调节阀；
7—温度计；8—滑油冷却器；9—淡水冷却器；10—淡水泵；11—膨胀水箱；12—放气管；
13—添加水管；14—柴油机；15—温度计；16—水温调节阀。

图9-7 闭式冷却管系原理图

3）中心冷却管系

由于海水有腐蚀性,特别是近年来海洋污染程度日趋严重,致使冷却管系中的海水滤器、冷却器、阀门和管路等遭到腐蚀,影响机器设备正常运行,所以需频繁地进行清洗和维修,造成船舶营运成本增加。

图9-8所示为中心冷却管系的示意图。从该图可见,该管系与常规冷却管系的不同点是主机润滑油、辅机润滑油、凸轮轴润滑油、增压空气冷却器及其辅助冷却器均采用淡水作为循环的冷却介质,循环淡水中的热量通过低温中心冷却器传给海水并排至舷外。由于主机、辅机及其他辅助设备附带的冷却器均采用淡水冷却,因此各冷却器的传热面能经常保持清洁和良好的传热效果。这种冷却管系的优点还在于可使海水管路大大缩短,并且仅对中央淡水冷却器进行冷却,因此受海水腐蚀的设备和管路也相应减少。各种冷却器采用板式、体积小、传热效率高,也便于清洗和维修。同时能保证主机不会发生冷启动,有利于主机正常运行,冷却管系本身故障减少,因而提高了机器运行的可靠性,还减轻了船员的劳动强度,这给船主和船员带来很多好处。这种冷却管系的缺点是附加了一些设备,如钛板热交换器、低温循环淡水泵等,增加了设备投资。

为使中心冷却管系有良好的运行条件和较高的经济性,应考虑淡水温度、每个中心冷却器的冷却能力、海水和淡水的流速和压降、最经济使用海水泵的方法等。

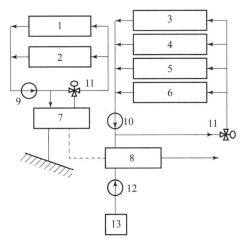

1—主机（缸套）冷却器；2—辅机（缸套）冷却器；3—主滑油冷却器；4—增压空气冷却器；
5—其他辅助冷却器；6—凸轮轴滑油冷却器；7—高温中心冷却器；8—低温中心冷却器；
9—高温淡水泵；10—低压淡水泵；11—恒温阀；12—海水泵；13—海底门。

图 9-8　中心冷却管系示意图

2. 海水管路

海水管路是把舷外海水（江水）由海底门及通海阀依靠海水泵吸入，泵至各冷却器冷却各种具有一定温度的介质，然后由舷侧排水口排出。因此它的布置主要包括海底门、排水口、海水泵以及各种冷却器的相互位置。

1）海底门及排水口的布置

自海底门吸入的是海水（江水），而从排水口排出的是用过并具有一定温度的污水，因此它们的位置最好布置在相反的左右两舷，或者两者能尽可能地远离。通常海底门或吸水口在前，排水口在后。

在大型船舶艉机舱的情况，海底门要尽量布置在机舱前部，以避免空气和污水的吸入。排水口的位置除了有特殊说明外，一般设置在满载水线与轻载水线之间。在这样的高度位置，可使阀门的操纵和检修都比较方便。如果由于机械性能和保养方面的原因不能这样布置的话，那么也要尽可能布置在低于满载吃水线的位置。应绝对避免将排水口设于救生艇及舷梯卸放范围，以保证这些救生设备在使用时能安全且迅速地进行卸放。

海水管路的排水阀通常应装在高于冷却空间的位置，以便排除管路内的空气与水汽。在某些船上，排出管上还安装视流器，以观察海水流动情况。

2）主海水泵、辅海水泵的布置

主海水泵一般布置在通海阀附近靠近海水总管的位置，辅海水泵布置在靠近辅机发电机组，以缩短海水管路长度。有的船从操纵方便考虑，把主、辅海水泵布置在一起。

海水泵大多采用立式和卧式离心泵。小型船舶上的海水泵常由主机自带或采用卧式离心泵为多，大型船舶则以采用立式离心泵为多。但无论采用何种型式，布置时都要考虑船舶的最低吃水线。水泵的叶轮应常处于吃水线以下，这样可以避免启动前的加注引水，船舶摇摆时，要注意防止空气吸入而形成气囊。

由于海底门通常都设置两个以上,故海水泵的布置应在船舶正常航行情况下可从任一海底门吸取海水。

3) 海水管路布置

海水管路布置主要表现在海水泵、各种冷却器的相互位置。对大型船舶则还有制淡装置在管路内的位置安排。在布置时,一般有如下一些原则。

(1) 应该按照柴油机说明书中提出的对各种设备的压力和温度参数要求进行布置。海水出舷外的温度不应超过50℃,以免海水大量析盐,影响冷却器的传热。

(2) 应该使各冷却器和其他热交换器具有合理的介质温差,使热交换器传热面积最小,以达到缩小体积,便于布置和节约设备投资费的目的。

管路布置还应从减少设备能量着手,使管路内海水流量得到充分利用,包括不要造成过多的旁通流量,而使所选择的海水泵排量最小。

由于海水管路管径较大,因此缩短海水管路长度就具有较大的意义。

(3) 考虑到操纵、运行及检修的方便,设备与管路的连接要在四周具有一定的空间地位。

图9-9所示的布置属串联型,即各冷却器在管路内相互串联,海水依次进入空气冷却器、滑油冷却器和淡水冷却器,最后排出舷外。这种布置大多应用在以中、高速柴油机为主机的中、小型船舶上,而且水泵和各冷却器又都常安设在柴油机本体上,所以管路布置比较简单。

图9-9 串联型主海水管路布置框图

图9-10所示的布置为串-并联型主海水管路布置的5种形式,各冷却器之间既有串联连接,又有并联连接。图9-10(c)中活塞用油冷却,故不设活塞淡水冷却器。这种布置方式在以大型低速柴油机为主机的船舶上应用较多。

从图9-10可以了解海水管路布置中的4个问题,如下:

(1) 空气冷却器是设置在海水泵出口的管路最前端。在管路中的布置方式可以与其他冷却器串联(图9-10(a)、图9-10(b)),也可以是并联而自成一路(图9-10(e))。

空气冷却器是利用海水来冷却高温的增压空气,经过空气冷却器后的增压空气温度一般在30~50℃,比冷却前的增压空气温度低50~60℃,而在高增压柴油机,增压空气的冷却更加强烈,温降甚至可达140℃。由于海水进口设计温度按热带航区是32℃,所以要使增压空气冷却后的温度相对于滑油与淡水冷却后的温度都低(表9-2),就宜将空气冷却器布置在海水管路的最前端。

空气冷却器与其他冷却设备串联,管路连接简单紧凑,又可缩短海水管路长度。对同一台离心式海水泵而言,则由于管路阻力增加,而使其流量下降。

若将空气冷却器与其他冷却器并联,则因管路阻力较小,海水流量有所增加。由于在空气冷却器中所交换的热量一般是比淡水冷却器少,所需要的海水流量也就比淡水冷却器小。如果把空气冷却器与淡水冷却器直接串联,就会导致有相当数量的海水

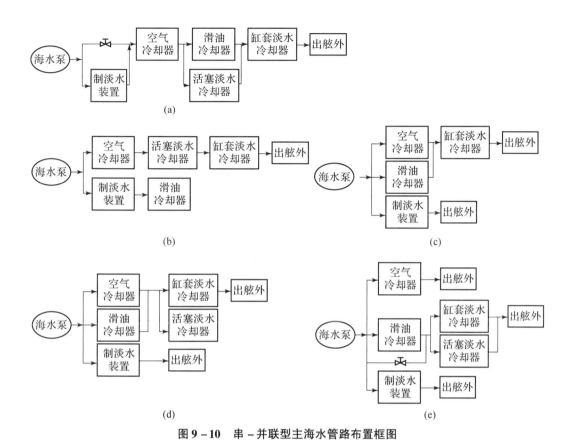

图 9-10 串-并联型主海水管路布置框图

在空气冷却器处旁通掉。因为海水流量过多使增压空气温度下降过于强烈，如果增压空气下降至低于25℃，就会使其中的凝水大量增加。过多的凝水随同增压空气进入柴油机气缸就要影响燃烧和产生水击，所以一定要予以海水旁通，这样海水流量的利用就很不经济了。

因此，在大型低速柴油机为主机的船上，空气冷却器大多先与滑油冷却器或制淡装置并联，以后再合并一起进入串联在后端的淡水冷却器中。

(2) 制淡装置也大多布置在海水泵出口的管路最前端。这种布置的优点在于进入制淡装置冷凝器的海水温度较低，与派生蒸汽所形成的温差较大，冷却效果好，从而也可使所需要的冷却海水流量相应减产，图 9-11 所示为制淡装置制淡量与所需海水流量及温度的关系。图中两根斜线表示进入制淡装置冷凝器不同的海水进口最高温度（$t_1 = 30 \sim 32℃$），与出口最高温度（$t_2 = 36 \sim 36.6℃$）下，制淡量与海水流量之间的关系。从图 9-11 可知，如果为取得相同的制淡量，海水进口温度越高，则所需的海水流量就越大。若以额定制淡量 24t/d 为例，海水进口温度为 30℃ 时，通过冷凝器所需的海水流量约为 100t/h，而当海水进口温度升高为 32℃ 时，由于温差的缩小，则此时所需的海水流量就要增加至 125t/h，所以将制淡装置布置在海水管路的最前端对于减少海水流量是有利的。

(3) 淡水冷却器，主要是缸套淡水冷却器，应布置在管路最末端。首先，从主机对空气，滑油和淡水的温度参数要求考虑，表 9-2 所列为增压空气、润滑油，活塞冷

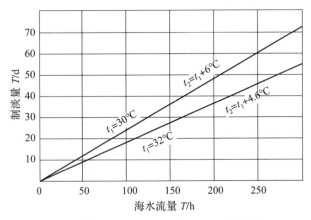

t_1—海水进口最高温度；t_2—海水出口最高温度。

图 9 – 11 制淡量与海水流量及温度的关系

却淡水以及缸套冷却淡水进入柴油机所要求的进口温度。由该表可知，进入柴油机的淡水温度要比所要求的滑油温度为高，特别是缸套冷却淡水的进口温度为最高，因此把淡水冷却器，主要是缸套淡水冷却器布置在海水管路的最后，由温度比较高的海水对淡水冷却器的缸套淡水进行冷却是适宜的。这样可以保证从淡水冷却器出来的淡水符合柴油机的温度要求，再由淡水泵吸入而供至柴油机中。

表 9 – 2 不同工作介质进入柴油机的进口温度 单位：℃

型式	增压空气	润滑油	活塞冷却淡水	缸套冷却淡水
中、高速柴油机	40～50	45～55	—	60～70
大型低速柴油机	30～45	35～45	40～50	50～55

由于在缸套淡水冷却器中热量交换很大，所以把缸套淡水冷却器放在海水管路最末端，用两路汇合后较多的海水流量进行冷却，这样对于合理使用海水流量是恰当的。

(4) 对于其他冷却器，如滑油冷却器及活塞淡水冷却器的布置可以采用并联或串联形式。应该对不同的布置方案通过计算比较，选择其最好的布置形式，使冷却器体积小、工作可靠及所需的海水流量最少等。

3. 淡水管路

1) 淡水泵与淡水冷却器的位置布置

淡水泵是为柴油机供应缸套及活塞用的冷却淡水。由于海、淡水泵在应急情况下可以互为备用，因此最好淡水泵能与海水泵布置在一起，便于操作。在大型船舶上，淡水泵有独立的缸套淡水冷却泵和活塞淡水冷却泵两种，在布置时最好相互靠近。

从缩短淡水管路及单元组装角度考虑，一般将淡水泵与淡水冷却器放在一起或呈直线布置。淡水冷却器也可与滑油冷却器布置在一起。

在中小型船舶上，当滑油冷却器和淡水冷却器各设置一台时，布置方式有重叠布置、纵向并列布置、直角布置和直列布置等方式，如图 9 – 12 所示。重叠布置占机舱平面位置最小，常用于小船机舱狭小的场合，其他三种方式视机舱设备布置情况来决定采用某一种，主要是考虑海水管路连接和冷却器检修的方便、单元组装和使管路长度最短等方面。

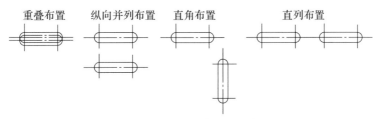

图 9-12　淡水与滑油冷却器的布置方式

而对于大型船舶，当滑油冷却器与淡水冷却器各有 1 台或 2 台时，则其布置同样也可按横向并列或直列布置。

在淡水管路中，淡水泵、柴油机与淡水冷却器三者之间的相互位置安排，常见的两种情况如图 9-13 所示。

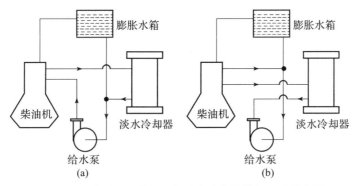

图 9-13　淡水泵、柴油机与淡水冷却器的相互位置布置

图 9-13（a）的位置安排是柴油机→淡水冷却器→淡水泵→柴油机。淡水泵的出口与柴油机相连接，可以使冷却水进入柴油机气缸水套保持较高的压力。由于柴油机气缸水套上下部形状和通道截面是变化的，当一定流量和压力的冷却水流过使通道变小时，因为阻力的加大而使压力降低，形成局部低压，而低压区又常处于气缸水套上部高温燃烧区，冷却水流经该区就容易汽化。水汽附在缸壁会使散热变差而造成缸壁局部过热，严重时会导致气缸套上部产生裂缝，甚至使活塞咬死在气缸中。如果使冷却水进入气缸水套时保持较高压力，那么冷却水不易产生汽化现象。所以，这种布置方式广泛应用于淡水管路，特别是缸套淡水冷却管路中。

图 9-13（b）的位置安排是柴油机→淡水泵→淡水冷却器→柴油机。这种布置方式由于柴油机不在淡水泵出口管路前端，因此就不具备上述那种优点，但是淡水泵出口与淡水冷却器相连接，可以保证进入水冷却器的淡水压力较高。因此如果在淡水冷却器中管子与管板接缝处产生裂纹，那么由于淡水压力较高，海水也不会渗漏到淡水中而沾污淡水，就可以使淡水管路内量仍然保持一定的淡水质量。

2）膨胀水箱的布置

膨胀水箱都布置在柴油机上方，膨胀水箱的下部与淡水泵吸入管相连，膨胀水箱的上部连接柴油机淡水管路的透气管。

为保证工作在热水情况下的淡水泵吸口具有一定的水静压，所以膨胀水箱的安置高度应在淡水泵吸口上方 3m 以上。以大型低速柴油机为主机的船上，安置高度可达 7m，并以直接布置于淡水泵上方为宜。

9.1.4 压缩空气管系

1. 压缩空气管系工作原理

绝大部分中型柴油机及所有大型柴油机都使用压缩空气启动，因此这类船舶均设有压缩空气管系。压缩空气除了用作柴油机启动、换向、离合器操纵外，还用作气笛、海底门与排水集合井的冲洗、压力柜的充气、风动工具、锅炉喷油嘴、自动控制、自动调节机构等的气源，在舰艇中还可用作清洗炮膛、发射鱼雷、潜艇潜浮等用途。

压缩空气管系由压气机、分离器、空气瓶、各种阀件及管路组成，工作原理如图 9-14（a）所示。图 9-14（b）为中、大型船舶压缩空气管系原理图。在机舱内设有两台主空压机、一台辅空压机，均属电动独立式。主空压机的任务为主机启动空气瓶充气，柴油机的启动空气压力在 1.8~3.0MPa，通过压力继电器自动启停。主空气瓶一般设有两只，其总容量应在不补充空气的情况下，能使可换向的柴油机从冷机交替正倒车连续启动不少于 12 次，当主柴油机数量超过两台时可减少至不少于 3 次。在主机启动空气瓶出口的一路供主机启动用，由于它的容量比辅空气瓶大得多，故有一路向辅空气瓶充气。辅空气瓶的容量，应在不补充空气的情况下，能从冷机连续启动功率最大的一台不能换向的辅机不少于 6 次。由辅空气瓶出来的压缩空气的用途：第一路供辅机启动；第二路通过减压阀装置从 3.0MPa 减至 1.0MPa 后进入气笛空气瓶，设置气笛空气瓶的目的是保持气、雾笛的吹鸣压力，它通常布置在靠近气笛的位置；第三路通过减压阀从 3.0MPa 减至 1.4MPa 后供启闭天窗用；第四路通过减压阀从 3.0MPa 减至 0.7MPa 后供杂用，如风动工具和清理、冲洗等；第五路是通过减压阀从 3.0MPa 减至 0.3MPa 供海底门、排水集合井冲除污泥、各压力水柜充气和油渣柜吹除油渣等用途。辅空压机除了在必要时向辅空气瓶充气外，平时主要向仪表空气瓶充气。由仪表空气瓶出口的压缩空气通过减压阀从 3.0MPa 减至 1.0MPa 后，供气动仪表及舱底水分离器放油阀使用。在主空压机出口管上常装有一段盘管，以防止和衰减空气压缩机运转时的振动，以免管子震裂。在两台主空压机出口处的排出阀最好安装截止止回阀，或用截止止回阀隔开，以避免其中的一台空压机运转时高压压缩空气流入另一台停止运转的空压机。在空气瓶上应该安装安全阀、压力表和泄水阀。空气瓶出口处也应安装截止止回阀，以免当一只空气瓶内压缩空气快用完而转换使用另一只压缩空气充足的气瓶时，压缩空气倒灌，或者在柴油机启动阀关闭不紧密情况下，柴油机燃气倒流入空气瓶中。在空气瓶及主、辅机启动管路上应安装泄放残水的部件，以免启动时水分大量冲入气缸。为便于泄水，空气瓶的位置有直立、斜卧放和斜放，其不能完全卧放，应考虑具有一定的斜度。

为避免减压阀被压缩空气中的杂质堵塞，在减压阀前都设有空气过滤器。减压阀前后设有截止止回阀，以备检修减压阀时予以关闭截断。检修时为了不影响管系工作，还都设有旁通管路，一般临时用手动操纵旁通截止止回阀进行转换。在减压阀管路上还设有安全阀及压力表，以求安全。

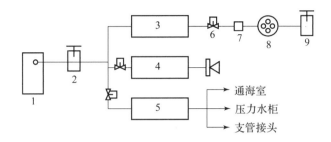

(a) 压缩空气管系工作原理简图

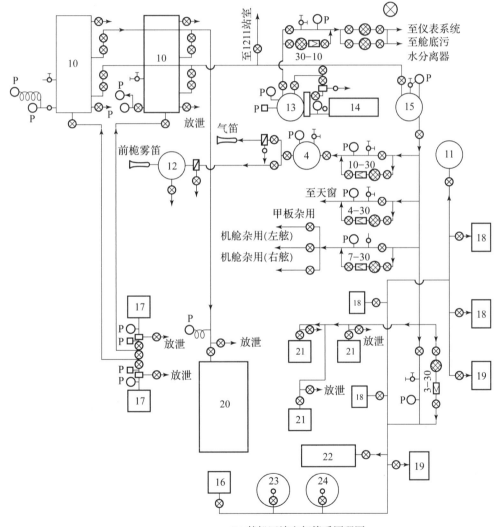

(b) 某船压缩空气管系原理图

1—压缩机；2—油水分离器；3—启动空气瓶；4—气笛空气瓶；5—杂用空气瓶；6—减压阀；7—保安阀；8—分配器；9—启动阀；10—主机启动空气瓶；11—饮水压力柜；12—聚气筒；13—仪表空气瓶；14—辅空压机；15—辅空气瓶；16—应急救火泵海底门；17—主空压机；18—海底门；19—排水集合井；20—主机；21—辅机；22—油渣柜；23—海水压力柜；24—淡水压力柜。

图9-14　压缩空气管系图

2. 压缩空气管系的主要设备布置

1）主、辅空气压缩机和主、辅空气瓶的布置

在船上，除小型船舶的主机自带空气压缩机外，一般都设有独立的电动空压机或柴油空压机。由于作为主空气压缩机的电动空压机大多是水冷式，所以空压机的布置就应该考虑到冷却水泵的压头，以保证对空压机进行充分的冷却。从操纵方便考虑，希望空气压缩机与主空气瓶的位置尽量靠近，如图9-15所示。

空气压缩机有布置在底层，也有在机舱平台。如果布置在机舱平台，由于空气压缩机工作时有强烈振动，所以应该把空气压缩机安置在机舱平台船体结构较强的部位，否则船体结构应专门加强。为保证空气压缩机的压缩空气质量，空压机不能布置在易吸入高温多潮的空气或油气的地方。

主空气瓶的布置形式有直立和卧放两种。从占据机舱面积小和气水分离容易等方面考虑，以直立的形式为好，但这种布置振动较大，此时可在主空气瓶上设置牵条进行防振。在卧放时，可将主空气瓶沿船艉方向或左右舷方向并列和直列布置。当两只主空气瓶并列布置时，就要考虑在中间留有一定的空间以进行阀件的操作。

由于大型船舶主空气瓶重量大，所以布置时一般希望将其放在船体结构较强的部位，如舷侧或隔舱壁附近。在主空气瓶卧放时，它的底座最好能与船体横梁或甲板纵骨相重合，并具有一定斜度，以利泄放存水。

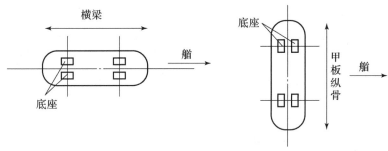

图9-15 空气瓶的布置

辅空气压缩机和辅空气瓶在布置时考虑的出发点与上述相同，两者应靠近并注意防振。由于辅空气瓶主要供应辅机启动空气，所以辅空气瓶应布置在辅机附近，使操纵方便。

2）管系布置

船舶动力装置各机械设备对压缩空气的压力参数要求是不相同的，因此根据不同的压力需要，压缩空气管系有如下两种布置方式。

（1）独立供气的布置。独立供气的压缩空气管系如图9-16所示。根据压力的不同，把需要供气的设备分成几个压力等级区，对每个压力等级区设置相应的空气压缩机和空气瓶，予以直接供气和减压供气。由于各主机、辅机、气笛、海底门冲洗等所需的压力参数不相同，所以相应设置了四台不同压力的压缩机进行供气。这种布置不仅使空气压缩机、空气瓶等设备管路大为增加，占用机舱面积增大，又很不经济。因为各用气设备对压缩空气的需要并不是连续的，而是间歇性的，所以采用较多的空气压缩机就使设备利用率大为降低，因而这种布置在船上很少采用。

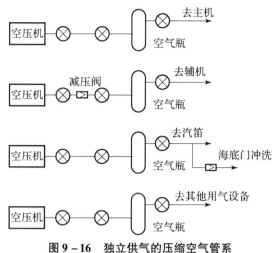

图 9-16 独立供气的压缩空气管系

（2）集中供气的布置。集中供气的压缩空气管系如图 9-17 所示。从满足管系最高压力参数出发来设置空气压缩机和空气瓶，对压力要求较低的设备通过减压方式来逐级满足。

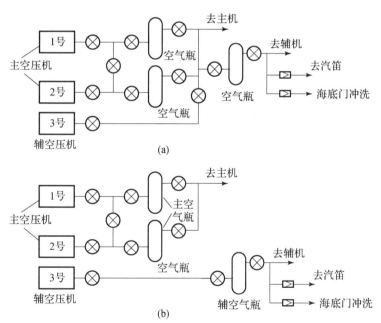

图 9-17 集中供气的压缩空气管系

上面两种布置主要区别：图 9-17（a）为主机、辅机、汽笛、海底门冲洗和杂用等用气主要来自主空气瓶，辅空气压缩机仅在机舱无电时，利用应急电源带动供气启动辅机。图 9-17（b）为主空气瓶只供应主机启动，而辅机及其他设备的用气全由辅空气压缩机供应，只有在特殊情况才由主空气压缩机供应压缩空气。后者的这种布置可以保证主机启动始终保持有较高的压力，绝不因其他设备用气而使主空气瓶压力有所降低。这样可使主机启动可靠，特别是在进出港及机动操作频繁时更具有重要意义。

9.1.5 排气管系

1. 排气管路的作用与形式

排气管的作用是将主、辅柴油机及辅锅炉的废气排到机舱外的大气中去，使机舱保持良好的环境。此外，还要考虑降低排气噪声，余热利用和满足特殊要求（熄灭废气中的火星）。

柴油机的排气是由各气缸排出汇集于排气总管，然后经过废气涡轮增压器、补偿装置、废气锅炉或消声器排入大气。柴油机的排气形式有水上排气和水下排气两种。水下排气主要用在军用船上。

排气管路主要有以下几种形式：

（1）柴油机的废气直接由排气管经消声器排至大气。这种形式用于没有废气锅炉的中、小型柴油机。

（2）在消声器和柴油机集气管之间装设热膨胀补偿器。补偿排气管路因受热而引起管子的变形。

（3）管路上装有废气锅炉，柴油机增压器出来的废气先经膨胀接头到废气锅炉，再排至大气。锅炉设置旁通管路，由换向阀控制废气的流向与流量，以便在清洗锅炉或不需要蒸汽时将废气导入大气，旁通管路上装有消声器。

（4）上面形式（3）中，旁通管路不装消声器。这种形式广泛用于大中型船舶柴油主机。

（5）上面形式（3）中，用燃油混合式锅炉替代废气锅炉，利用废气调节阀控制锅炉蒸汽产量。

以上各种形式的排气管路均通过烟囱向上排出废气。对某些不设机舱棚的船舶，也可沿船尾或朝左、右舷排气。

2. 对排气管路的要求

（1）为利于废气排出，排气管一般应向上方导出，力求管路短而少弯头。若排气管必须在水线上或水线下穿过船旁板或艉部导出时，应在排出端装设止回阀等安全设备，以防舷外水倒灌。在运输易燃、易爆危险货物时，排气管不得通过船旁板导出。

（2）排气管应与配电板、燃油舱柜、燃油管保持一定距离，以免引起火灾。

（3）排气管和消声器要装设冷却水套或包扎绝热材料，表面温度不得超过60℃，以免灼伤管理人员。

（4）每台主机应有单独的排气管和消声器。辅机可以几台合用1根排气管，但要在发动机附近连接，并装有把每台发动机的排气管与总管隔离的设备。除废气锅炉外，锅炉烟道不得与柴油机排气管相通。

（5）装运易燃或易爆货物（如棉花、麻、火柴等）的货船及拖船，排气管必须装设灭火星设备（如湿式消声器）。油船和专运石油产品的运输船及拖曳油驳的拖船，发动机排气管的灭火装置应采用饱和蒸汽或喷水设备，以免火星与油气接触，引起火灾。

排气管路的主要设备有废气锅炉、消声器和补偿器，要根据不同的要求来选择不同的设备。一般在柴油机排气口或废气涡轮排气口先设置1只膨胀接头，然后按排气管长度每隔5~7m设置1只。

另外，排气管要由支架固定。支架用来支持排气管重量和防止管子振动，管子支架的布置可根据管子热膨胀性及船体结构决定。

排气管系布置应考虑以下方面：有利于废气的排出，且排气背压不能过大，否则影响柴油机功率。从安全角度出发，排气管与燃油舱柜和燃油管应保持一定距离。装运易燃烧性货物的船舶，排气管应装有火星熄灭器，以免火星随废气排出而酿成火灾。根据节约原则，直径较大的排气管应布置短且少弯头。

根据不同类型的船舶，排气管系的布置通常采用水上排气和水下排气两种形式。

1) 水上排气

水上排气为一般船舶所广泛采用。如图 9-18 所示，排气管由补偿器、排气管、绝热贯通件、消声器（或废气锅炉）等组成，并由支架将其固定。支架用来支持排气管重量和防止振动，它的布置可以根据管子热膨胀及船体结构来决定。支架之间的最大间隔可参考表 9-3 所列。

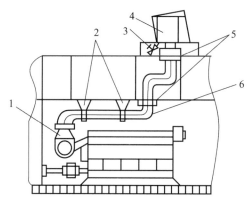

1—补偿器；2—支架；3—泄放阀；4—消声器；5—绝热贯通件；6—排气管。

图 9-18 水上排气的排气管系

表 9-3 支架之间最大间隔

管子公称通径/mm	最大支持间隔/mm
<20	2000
100~200	3000
250~650	3500
>70	4000

消声器的作用除了消声外，还能起熄灭火星的作用。在大、中型船舶上，主机排气管配置废气锅炉并具有旁通装置，它也能代替消声器而起消声作用。近年来，由于考虑节能，因此在一些功率不大的船上也装设了废气锅炉来回收排气余热，同时也起了消声器的作用。

排气管大多为向上导出，以利废气排出，如图 9-18 所示。但在一些小型船舶，如交通艇、机帆船及小油轮等，考虑到机舱布置及安全航行，排气管自船旁板舷侧排出。这时在排气管的排出端应安装截止止回阀，以防舷外水倒灌。若从安全角度出发，最好有冷却水与废气一起排出，以熄灭火星。

2) 水下排气

水下排气用在军用船上较多，它不需专门设置消声器，因为水本身可以消声。其布置如图 9-19 所示。排气挡板 1 是为防止柴油机停车和倒车时舷外水倒灌入气缸而设的。排气挡板的操纵可以是手动或远距离操纵。手动操纵比较可靠，但要经常有人员就地照管，远距离操纵可以在主机操纵台上直接控制。

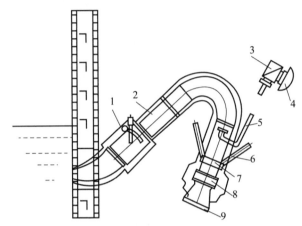

1—排气挡板；2—绝热材料；3—盘形阀；4—空气供给器；5—管子；6、7—支架；
8—补偿器；9—废气涡轮连接法兰。

图 9-19 水下排气的排气管系

在图 9-19 中，盘形阀由耐热橡皮压在管子的斜端面上，此管子与大气或空气供给器相连、盘形阀通过管子与排气管相通。这套装置主要是为了降低排气管中的负压。负压是由于柴油机在不工作时螺旋桨的惯性转动而造成的，可倒转的柴油机在处于倒车位置又尚未启动时，船舶因惯性而仍以一定速度向前而产生的。在负压的作用下，舷外水就进入排气管中，甚至流入气缸，严重时会使柴油机启动时产生水击现象。当排气管负压到达 0.5～1m 水柱时，盘形阀立即能开启。由于这套装置把排气管与周围大气或空气供给器相通，就可降低排气管中负压，使舷外水不能进入排气管中。

图 9-20 是水上水下排气相结合的布置形式，在柴油机启动时，启动空气沿排气管进入活塞腔使活塞移动而把水上排气挡板开启，这样柴油就在较低的排气背压下启动。当柴油机启动后，启动空气停止供给，水上排气挡板回到原来位置，水上排气口关闭，柴油机立即进行水下排气。对于具有小功率鼓风机及涡轮增压器两级增压的二冲程柴油机，也可采用这种排气管布置形式。因为在柴油机启动时，扫气空气压力不大，采用水上自由排气可以保证柴油机的可靠启动。

采用水下排气布置形式，对于排气管阻力来说要比水上排气大 1.5～2 倍。为了能进行足够的消声，要求水下排气口处在水下 400～600mm 的深度。由于排气背压大小是与船舶吃水及海浪有关，所以这种水下排气的布置通常采用在航行时吃水变化不大且排水量小于 2000t 的中小型船舶。

一般只有对装有增压器的柴油机才推荐采用水下排气布置，排气噪声可降低到 95～100dB，能改善船舶的噪声情况。

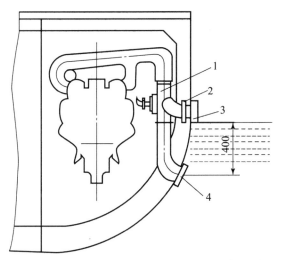

1—排气管；2—水上排气挡板；3—整流罩；4—水下排气。

图 9-20 水上水下排气相结合的布置

9.2 管系设计

9.2.1 管系设计的要求

管系在船上是一个重要的组成部分，它保证了各种机械的正常运转和船舶的安全航行。由于管系的多数设备和附件都安装在机舱内，所以管系与机舱布置有着密切的关系。在管系设计和布置时应该满足机舱布置的要求和充分考虑管系设备的工作特点，以保证整个动力装置可靠、方便和经济地进行运转。

1. 管系布置设计的要求

1) 可靠性

应保证管系及各种机械设备正常可靠地工作。船舶的航行条件是错综复杂的，由于风浪的缘故，船舶要在纵、横倾的情况下航行，因此管系的布置就要考虑到船舶在长期纵，横倾某一角度范围内能正常地工作。

管系各设备的布置应保持机舱左右两侧的重量平衡，以免影响船舶的倾侧。为增加稳性，管系各设备布置应使其重心尽可能地低。

由于船体变形或高温工质的影响，管系要能承受一定的伸缩性。可采取将管子弯曲或设置膨胀接头等补偿措施，以免因热胀冷缩而损坏管路设备。

管系中各设备和管路在布置时均应考虑到防火、防护、水密和绝缘等。例如：所有蒸汽管、油管、水管和油、水柜均不允许设在配电板上方及后面。油管和油柜也不允许布置在锅炉，烟道、蒸汽管及消声器的上方，以免引起火灾。对于布置在货舱、煤舱、锚链舱内，以及其他易受碰损地方的管子，需有可靠的且便于拆卸的防护罩和管系通过水密舱壁时应能保证水密等。

2) 操纵性

管系布置应保证各设备和管路阀件等的操纵方便,安装、检修简易和满足不同程度的自动化要求。

管系布置要整齐美观,便于安装和操纵。例如:它不应妨碍机舱门和天窗的启闭,应保证主、辅机的操纵方便;管系设备附件应便于安装检修,阀箱与管子大部布置在机舱花钢板以下或靠近舷侧和舱壁的地方,便于管理人员行走工作;各种压力表、温度计和水、油位计等测量仪表要安装在明显而易观察的地方等。

近来采用的单元组装,大大减轻了管系的安装工作量,提高了工作的可靠性和操纵性,所以管系的布置也应从单元划分来考虑。

3) 经济性

管系中的设备布置应合理有效地利用机舱的空间,设备型式和布置尽可能地从采用卧式改用立式,使机舱布置紧凑。在双机布置时,两套管系要求安排匀称。

在保证正常可靠工作的前提下,要尽量缩短管子长度和减小管径,这样有利于降低动力装置的投资费用,因为管子及其附件的数量占动力装置相当大的比例,特别是对于大口径的主海水管、排气管和耐高温高压的蒸汽管更应如此。从降低管路阻力及缩短管子长度出发,管路应布置得平直而少弯头。

为减少水密隔舱开孔,在大船上,机舱前部的管子大多集中安装在管弄内,既便于施工又使布置紧凑。

应当指出,从机舱布置来说,最好上述要求都能达到。但在实际上,要在设计时都能同时满足这些要求,有时是不可能做到的。这时就往往需要设计人员根据实船情况和实践经验,从满足主要要求出发,牺牲其他一些次要的方面,以保证获得最佳的综合效果。

此外,在管系设计时还应符合国家规定的各种有关"规范""条例"和"法规"。

2. 管系设计的压力、温度

管系设计压力是管系最高许用工作压力,应不小于安全阀或溢流阀的最高设定压力。燃油管系的设计压力可按表9-4所列取值。在特殊场合,设计压力另行规定。

表9-4 燃油管系的设计压力

压力	$T \leq 60℃$	$T > 60℃$
$P \leq 0.7\text{MPa}$	0.3MPa 或最高工作压力,取较大者	0.3MPa 或最高工作压力,取较大者
$P > 0.7\text{MPa}$	最高工作压力	1.4MPa 或最高工作压力,取较大者

设计温度应取管内流体的最高温度,但不低于50℃。对于过热蒸汽管,如过热器出口蒸汽的温度能被严格控制,则其设计温度应取所设计的管路的工作蒸汽温度;如在正常使用中温度波动超过设计温度15℃时,则用来确定许用应力所使用的温度应增加该超额值。特殊场合,设计温度另行规定。

3. 管系等级

为确定适当的试验要求、连接型式,以及热处理和焊接工艺规程,不同用途的压力管系按其设计压力和设计温度分为3级,如图9-21所示及表9-5所列。

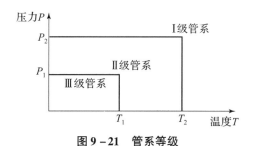

图 9-21 管系等级

表 9-5 管系等级

管系	Ⅰ级		Ⅱ级		Ⅲ级	
	设计压力 >P_2/MPa	设计温度 >T_2/℃	设计压力 >P_2/MPa	设计温度 >T_2/℃	设计压力 >P_1/MPa	设计温度 >T_1/℃
蒸汽	>1.6	或 >300	≤1.6	和 ≤300	≤0.7	和 ≤170
热油	>1.6	或 >300	≤1.6	和 ≤300	≤0.7	和 ≤150
燃油滑油可燃液压油	>1.6	或 >300	≤1.6	和 ≤150	≤0.7	和 ≤60
空气、水和不可燃液压油等	>1.6	或 >300	≤1.6	和 ≤300	≤1.6	和 ≤200

有毒和腐蚀介质、加热温度超过其闪点的可燃介质和闪点低于60℃的介质,以及液化气体等一般为Ⅰ级管系,如设有安全保护措施以防泄漏和泄漏后产生的后果,也可为Ⅱ级管系,但有毒介质除外;货油管系一般为Ⅲ级管系;不受压的开式管路如泄水管、溢流管、排气管、进气管和锅炉放汽管等也为Ⅲ级管系。用于Ⅰ级和Ⅱ级管系的管子,应为无缝钢管或按照CCS认可的焊接工艺而制造的焊接管。

碳钢和碳锰钢钢管、阀件和附件一般不能用于流体温度超过400℃的管系,但是如其冶金性能和高温耐久强度(1000000h)以上的最大抗拉极限强度符合国家或国际规则和标准,并且这些数值能由钢厂保证,则可以用于更高温度的管系。

9.2.2 管系计算

1. 管径计算

管径是根据管内流速和流体流经管子的能量损失来决定的。在流量一定的情况下,管径的大小是与流体在管内的流速有关,可按下式求出:

$$d = 0.0188\sqrt{\frac{V}{c}} = 0.0188\sqrt{\frac{G}{c \cdot \rho}} \text{ (m)} \tag{9-1}$$

式中:d 为管子内径(m);V 为流体的容积流量(m³/h);G 为流体的质量流量(kg/h);ρ 为流体的密度(kg/m³);c 为管内流速(m/s)。

对于在常温下的水,$\rho = 1000$ kg/m³,所以水管的内径为

$$d = 0.00061\sqrt{\frac{G}{c}} \text{ (m)} \tag{9-2}$$

对于气体，ρ 值是随压力和温度的变化而变化的，可按下式计算：

$$\rho = \frac{p}{R \cdot T} \tag{9-3}$$

式中：p 为管内气体压力（Pa）；R 为气体常数（J/(kg·K)），T 为绝对温度（K）。

对于蒸汽，管子直径可按下式求出：

$$d = 0.0188 \sqrt{\frac{G \cdot v}{c}} \text{ (m)} \tag{9-4}$$

式中：v 为蒸汽的比容（m³/kg），可根据水蒸汽热力性质表查出。

管内流速是决定管径的重要因素，流速过小，管径加大，各种管子附件的直径也要增大，这就导致了整个管系的重量加大，使初投资费增加。如果流速过大，虽管径减小，但流体在管内的能量损失却增加，甚至超过所允许的范围而影响工作，因此选择恰当的流速是十分重要的。

管内流速的确定可以有两种方法：第一种方法是按照管内的能量损失来决定，第二种方法是按管系的腐蚀程度来决定。第一种方法主要应用于蒸汽动力装置的蒸汽管路、凝水泵与给水泵的吸入管路、油泵吸入管路等。第二种方法考虑到海水管路的腐蚀、给水管路阀体阀座的腐蚀等，因为流速的大小影响到管壁的腐蚀快慢。在空气管路中，如果空气中含有水分，则当流速增高时，管路内会产生冲击现象，在泄放管内也易产生气水混合物的水锤作用。

管内流速过大会引起管壁的磨损腐蚀。对于不同材料的管子，不同的工作介质，磨损腐蚀的速度也不一样，如表9-6所列。

表9-6 不同材料管子的腐蚀速度

管壁材料	工作介质	管壁每年腐蚀速度/(mm/n)
碳钢（10#、20#）	润滑油、燃油、空气	0.1
不锈钢	润滑油、淡水	0
双金属（钢-铜）	润滑油、空气	0.1
铜	润滑油、空气、淡水、海水	0.1~0.15
铜镍合金	海水	0.1

所以从工作可靠性出发，在采用相应的管壁材料时，要考虑到管壁的磨损腐蚀速度每年不应超过0.1~0.15mm。

根据理论研究和实船使用情况，推荐管内流速 c 如下：

（1）水管。海、淡水管路：0.5~1.5mm/s（压力为1.7~3bar），1.25~2.5m/s（压力为3~10bar）；锅炉给水管路：小于2.5m/s。

（2）油管。由于燃油、润滑油的黏度比水大，故它们的管内流速应比水低一些。燃油吸入管路为0.1~1.0m/s；压出管路为0.15~1.5m/s；滑油吸入管路为0.15~1.5m/s；压出管路为0.25~2m/s。

（3）压缩空气管系。由于船上要对压缩空气耗量进行精确计算是比较困难的，所以流速的确定也不太容易。一般根据实践经验推荐如下：对于管径在 15～150mm，流速为 4～15m/s（压缩空气压力为 25～30bar）。如果以自由空气计算，则推荐的自由空气流速为 250～300m/s。

（4）蒸汽管。蒸汽管内的波速主要是根据管子大小、压力高低、蒸汽过热度和能量损失等进行考虑，如其蒸汽压力高，则比容小，管径也小，流速就可适当降低，使压降减小。而低压蒸汽相反，由于比容大、管径大，所以流速也相应增加，以免管径增大甚多。一般当蒸汽压力在 40bar 以下时，则最经济的流速为 20～40m/s。流速越高管路初投资费越小，但易产生管路振动、噪声、阀的磨损等，所以应根据具体情况合理地选择其流速大小。

2. 管壁厚度计算

在各管系中流动的流体性质、压力及温度均有不同，对管子的强度要求也各不一样，所以确定管壁厚度就是要保证管子具有必要的强度。

管壁厚度与管径、管子材料一样是影响管系重量和造价的一个因素。减薄管壁厚度可以节约材料，但却缩短了使用期限，所以应该根据不同情况，通过计算来确定和选择管壁厚度。一般当管内介质压力小于等于 5bar，其厚度计算可忽略。

船舶管系是动力装置的重要组成部分，它的壁厚计算在"船舶建造规范"中都有具体规定。民用和军用船舶因使用要求和条件不同，都有各自的规范计算公式。规范计算公式是从保证航行安全出发根据材料力学原理和长期实践所积累的经验编制而成的。下面介绍 1989 年我国《钢质海船入级与建造规范》的管壁厚度计算，其他规范的计算公式大同小异，这里就不介绍了。

1）碳钢和低合金钢管的壁厚

受内压的钢管，其最小壁厚 d 应不小于下式计算所得之值：

$$\delta = \delta_0 + b + c \tag{9-5}$$

式中：δ 为最小计算壁厚（mm）；δ_0 为基本计算壁厚（mm），按式（9-6）计算；b 为弯曲附加余量（mm），按式（9-7）计算；c 为腐蚀余量（mm），按表 9-7 所列的规定选取。对于穿过舱柜的管路，应增加一个计及外部腐蚀的附加腐蚀余量，该腐蚀余量取决于外部介质。若管子得到有效的保护，则最多可减少 50% 的腐蚀余量。当使用有足够抗蚀性能的特种钢时，其腐蚀余量可以减少，甚至可以减少到零。

表 9-7　钢管腐蚀余量 c　　　　单位：mm

管系用途	c	管系用途	c
过热蒸气管系	0.3	滑油管系	0.3
饱和蒸气管系	0.8	燃油管系	1.0
货油舱蒸气加热管系	2.0	货油管系	2.0
锅炉开式给水管系	1.5	冷藏装置制冷剂管系	0.3
锅炉闭式给水管系	0.5	淡水管系	0.8
锅炉排污管系	1.5	海水管系	3.0

续表

管系用途	c	管系用途	c
压缩空气管系	1.0	冷藏货舱盐水管系	2.0
液压油管系	0.3	—	—

钢管基本计算壁厚 δ_0 应按下式计算：

$$\delta_0 = \frac{p \cdot D}{2[\sigma] \cdot e + p} \text{ (mm)} \tag{9-6}$$

式中：p 为设计压力（MPa）；D 为钢管外径（mm）；$[\sigma]$ 为钢管许用应力（N/mm²）；e 为焊接有效系数，对于无缝钢管，电阻焊和高频焊钢管应取 1，其他方法制造的管子，e 值另行考虑。

弯曲附加余量 b 应不少于按下式计算之值：

$$b = 0.4 \frac{D}{R} \delta_0 \text{(mm)} \tag{9-7}$$

式中：D 为管子外径（mm）；R 为平均弯曲半径（mm），通常 R 不得小于 $4D$；δ_0 为基本计算壁厚（mm），由式（9-6）算出。

钢管许用应力 $[\sigma]$ 应取下列公式计算值的最小值：

$$\begin{cases} [\sigma] = \dfrac{\sigma_b}{2.7} \text{ (N/mm}^2) \\ [\sigma] = \dfrac{\sigma_B^t}{1.6} \text{ (N/mm}^2) \\ [\sigma] = \dfrac{\sigma_D^t}{1.6} \text{ (N/mm}^2) \end{cases} \tag{9-8}$$

式中：σ_b 为材料在常温下的最低抗拉强度（N/mm²）；σ_B^t 为材料在设计温度下的最低屈服强度或 0.2% 的条件屈服强度 $\sigma_{0.2}$（N/mm²）；σ_D^t 为材料在设计温度下 100000 小时内产生破断的平均应力（N/mm²）。

2）铜和铜合金管的壁厚

铜和铜合金管，阀件和附件的使用温度一般不得超过：铜和铝黄铜为 200℃，铜镍合金为 300℃；适合高温用途的特殊青铜为 260℃。

受内压的钢和铜合金管，其计算公式和钢管一样，最小壁厚 δ 按式（9-5）计算。对于铜、铝黄铜和镍含量低于 10% 铜镍合金 $c = 0.8\text{mm}$，对于镍含量为 10% 及以上的铜镍合金 $c = 0.5\text{mm}$；若介质对管材不产生腐蚀，则 $c = 0\text{mm}$。

铜和铜合金管的基本计算壁厚 δ_0 应按下式计算：

$$\delta_0 = \frac{pD}{2[\sigma] + p} \text{ (mm)} \tag{9-9}$$

式中：p 为设计压力（MPa）；D 为管子外径（mm）；$[\sigma]$ 为许用应力（N/mm²），如表 9-8 所列，应力的中间值可用内插法求得。

表 9-8 钢和铜合金管许用应力

管子材料	最低抗拉强度/ (N/mm²)	许用应力/(N/mm²) 设计温度/℃									
		50	75	100	125	150	175	200	225	250	275	300
铜	220	41.2	41.2	40.2	40.2	34.3	27.5	18.6	—	—	—	—
铝黄铜	320	78.5	78.5	78.5	78.5	78.5	51.0	24.5	—	—	—	—
铜镍合金 90/10	270	68.6	68.6	67.7	65.7	63.7	61.8	58.3	55.9	52.0	48.1	44.1
铜镍合金 70/30	360	81.4	79.4	77.5	75.5	73.5	71.6	69.6	67.7	65.7	63.7	61.8

无论是碳钢和低合金钢管，还是铜和铜合金管子。按式（9-5）算出的最小壁厚 δ 并未考虑制造负公差，因此当考虑负公差修正时，管子的壁厚 δ_m 不得小于按下式计算之值：

$$\delta_m = \frac{\delta}{1 - \frac{a}{100}} \qquad (9-10)$$

式中：a 为制造负公差与管子公称壁厚之比的百分数。

在计算管壁厚度时，管系设计压力是指管系最高许用工作压力，并应符合下述规定。

（1）水管锅炉和整体式过热器之间的蒸汽管的设计压力，应取锅炉的设计压力，即不少于锅炉筒体上任何安全阀的最高调整压力。从过热器出口引出的蒸汽管，其设计压力应取过热器安全阀的最高调整压力。

（2）锅炉给水管和上排、下排污管的设计压力取锅炉设计压力的 1.25 倍，但不小于锅炉设计压力加 0.7MPa。

（3）空压机和容积式泵排出端管路的设计压力取安全阀最高调整压力，离心泵排出端管路的设计压力，取性能曲线上最高压力。

（4）锅炉的燃油压力管路的设计压力至少取 1.6MPa；

设计温度应取管内流体的最高温度，但不得低于 50℃。

3. 管路水力计算

管路水力计算的基本任务是确定管系中应配置的泵的性能，或是校核已配置的泵是否符合管系的要求。在个别情况下，根据给定的流量确定最佳的管路直径。

管路水力计算是应用水力学原理来计算流体流经管路的全部能量损失，即沿程能量损失和局部能量损失。计算中所用的基本公式为

流量方程：

$$Q = \frac{\pi}{4} \cdot d^2 \cdot c \qquad (9-11)$$

能量方程：

$$Z_1 + \frac{p_1}{\gamma} + \alpha_1 \frac{c_1^2}{2g} = Z_2 + \frac{p_2}{\gamma} + \alpha_2 \frac{c_2^2}{2g} + \sum h_m + \sum h \qquad (9-12)$$

沿程阻力损失公式：

$$h_m = \lambda \cdot \frac{l}{d} \cdot \frac{c^2}{2g} \quad (9-13)$$

局部阻力损失公式：

$$h_f = \zeta \cdot \frac{c^2}{2g} \quad (9-14)$$

式（9-11）~式（9-14）中：c 代表管内流速；λ 为沿程能量损失系数，无论紊流或层流均以此符号表示；ζ 为局部阻力损失系数；流量 Q 用每秒钟流过的流体容积。λ 与雷诺数 Re 有关，根据 Re 的大小而采用不同的计算公式。

通常可以把管路分为简单管路和复杂管路，而复杂管路的基本类型有不同直径管子串联的串联管路、并联管路及分支管路等。

1）简单管路

简单管路是指沿程的管径和流量都不变的管路，如图 9-22 所示。流体流径管路时必然产生能量损失，以 h_m 表示沿程能量损失，$h_{f1}, h_{f2}\cdots$表示阀门、弯头、设备等处的局部能量损失。

在实际计算中，略去产生能量损失诸部分彼此之间的影响，则截面 1 与截面 2 之间的能量方程为

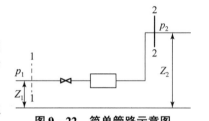

图 9-22 简单管路示意图

$$Z_1 + \frac{p_1}{\gamma} + \alpha_1 \frac{c_1^2}{2g} = Z_2 + \frac{p_2}{\gamma} + \alpha_2 \frac{c_2^2}{2g} + \sum h_m + \sum h_f \quad (9-15)$$

式中：$\sum h_m$ 为各直管段沿程能量损失的总和；$\sum h_f$ 为各个局部能量损失的总和。

由于管径不变，$c_1 = c_2$，因此流体流经此简单管路时的能量损失为

$$\frac{p_1 - p_2}{\gamma} = Z_2 - Z_1 + \sum h_m + \sum h_f \quad (9-16)$$

或写成

$$H_c = \frac{p_1 - p_2}{\gamma} = \Delta Z + h \quad (9-17)$$

式中：H_c 称为管路的所需压头；$\Delta Z = Z_2 - Z_1$，即管路进出口的位置差，它是个已知值。

因此，管路水力计算只是确定全部能量损失 h_S，即

$$h_S = \sum h_m + \sum h_f = \sum \lambda \cdot \frac{l}{d} \cdot \frac{c^2}{2g} + \sum \zeta \frac{c^2}{2g} = \left(\sum \lambda + \frac{l}{d} + \sum \zeta\right) \cdot \frac{c^2}{2g}$$
$$(9-18)$$

将 $c = \frac{4 \cdot Q}{\pi \cdot d^2}$ 代入式（9-18）得

$$h_S = \left(\sum \lambda \cdot \frac{l}{d} + \sum \zeta\right) \cdot \frac{Q^2}{2g\left(\frac{\pi}{4}d^2\right)} = K \cdot Q^2 \quad (9-19)$$

由式（9-19）可见，当 K 值确定之后，管路中的能量损失与流经管路的流量成平方关系。此式是计算能量损失的基本公式。

管路计算的主要公式可归纳为

$$Q = \frac{\pi}{4} \cdot d^2 \cdot c \quad (9-20)$$

$$h_S = K \cdot Q^2 \quad (9-21)$$

$$H_C = \Delta Z + K \cdot Q^2 \quad (9-22)$$

称为管路的特性方程式。

在实际计算中，经常是在 Q、c、d 与 h_S 四个参数中有不同的组合，如给出 Q 与 c，要计算 d 与 h_S，或者是已知 h_S 和 Q，要确定 d 与 c 等。在一般管路的水力计算中，管内流速 c 可按经验数据选定。在给出 Q 或 d 两者之一时，就可算出另一个数值，整个计算工作并不繁复。只有在特殊情况下（如对管路提出重量或经济指标的要求），c 和 d 必须经过详细计算后才能确定。这时，水力计算必须用渐次近似法进行，这是由于在 c 或 d 没有确定之前，雷诺数 Re 无从求得与 Re 有关的 λ 值只能先假设为某一数值（称为第一近似值）才可使计算继续下去。通常用渐次近似法进行计算时，一般最多进行二至三次，就可获得满意的结果。在渐次近似计算中，λ 的第一近似值可在 0.02～0.03 选择。

2）复杂管路

（1）串联管路。

串联管路是指由几段管径不同的管子串联而成的管路。串联管路的计算并不复杂，只要分别计算出各段的能量损失，在同一流量下叠加这些能量损失，就可得到整个管路的压头损失和所需的压力，即

$$\sum h_S = h_{S1} + h_{S2} + \cdots + h_{Sn} \quad (9-23)$$

式中：$h_{S1}, h_{S2}, \cdots, h_{Sn}$ 分别为管径 $d_1, d_2, \cdots, d_n$ 管段的能量损失。

根据式（9-19），因各段流量都相同，故式（9-23）又可写成

$$\sum h_S = (K_1 + K_2 + \cdots + K_n) \cdot Q^2 \quad (9-24)$$

（2）并联管路。

并联管路的简图如图 9-23 所示，为简单起见，假设所有管路在同一水平面内。

在 m 与 n 两点之间并联有三条管路，在 m 点分流，在 n 点汇集。管路上的能量损失，分别为 h_{S1}、h_{S2}、h_{S3}。各管路的流量相应为 Q_1、Q_2、Q_3。

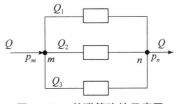

图 9-23 并联管路的示意图

m 与 n 点的流量应予平衡，即

$$Q = Q_1 + Q_2 + Q_3 \quad (9-25)$$

若 m 与 n 处的压力分别为 p_m 与 p_n，则由能量方程可得

$$\begin{cases} h_{S1} = \dfrac{p_m - p_n}{\gamma} \\ h_{S2} = \dfrac{p_m - p_n}{\gamma} \\ h_{S3} = \dfrac{p_m - p_n}{\gamma} \end{cases} \quad (9-26)$$

由此可见，并联管路中各管路的能量损失应该相等，即

$$h_{S1} = h_{S2} = h_{S3} \tag{9-27}$$

由式（9-21）有

$$\begin{cases} h_{S1} = K_1 \cdot Q_1^2 \\ h_{S2} = K_2 \cdot Q_2^2 \\ h_{S3} = K_3 \cdot Q_3^2 \end{cases} \tag{9-28}$$

因此，可得另两个与流量相关的方程为

$$K_1 \cdot Q_1^2 = K_2 \cdot Q_2^2 \tag{9-29}$$

$$K_2 \cdot Q_2^2 = K_3 \cdot Q_3^2 \tag{9-30}$$

利用式（9-25）、式（9-29），式（9-30）可以解决这样的典型问题：在已知总流量 Q 时，根据给定的并联管路，确定流过各个管路的流量 Q_1、Q_2、Q_3 以及阻力损失 h_S。

（3）分支管路。

分支管路的简图如图9-24所示，主管在 m 点分流。支管1出口处的压力为 p_1，高差为 (Z_1-Z)，管路的能量损失为 h_{S1}。支管2出口处的压力为 p_2，高差为 (Z_2-Z)，管路的能量损失为 h_{S2}。若总管的流量为 Q，则支管1与2的流量 Q_1 与 Q_2 之和应等于总管流量 Q，即

$$Q = Q_1 + Q_2 \tag{9-31}$$

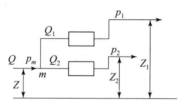

图9-24 分支管路的简图

列出 m 点与支管出口端的能量方程，则有

$$\frac{p_m}{\gamma} = \frac{p_1}{\gamma} + Z_1 - Z + K_1 \cdot Q_1^2 \tag{9-32}$$

$$\frac{p_m}{\gamma} = \frac{p_2}{\gamma} + Z_2 - Z + K_2 \cdot Q_2^2 \tag{9-33}$$

在式（9-31）~式（9-33）中，若能利用已知条件求出 K_1 与 K_2，则由此三式可解出 p_m，Q_1 与 Q_2 三个未知值。

上述四种管路是船舶上常见的四种基本管路。在进行水力计算时，实际的管系总可以简化成上述四种基本管路。为了确定管路的 K 值，为水力计算所用的管路简图必须详细标明该管路的直管总长度、管径，管路上所有产生局部能量损失的部件。为便于计算，最好是把管路简图绘成立体图。整个计算过程可以列表写成表格的形式，易于检查计算的错误。计算中所用到的局部能量损失系数可以从有关手册中找到。

习 题

1. 动力装置管路系统是如何分类的？其组成是什么？动力管系的一般要求有哪些？
2. 燃油系统的一般组成是什么？走向如何？
3. 滑油系统的一般组成是什么？走向如何？
4. 冷却系统的功用是什么？有哪几种类型？各有何特点？
5. 排气管路主要有哪几种形式？排气方式有哪几种形式？
6. 压缩空气管系工作原理是什么，供气方式是什么？

参考文献

[1] 陆金铭. 船舶动力装置原理与设计 [M]. 北京：国防工业出版社，2014.
[2] 徐筱欣. 船舶动力装置 [M]. 上海：上海交通大学出版社，2007.
[3] 曾凡明，吴家明，庞之祥. 舰船动力装置原理 [M]. 北京：国防工业出版社，2009.
[4] 高鹗，任文江. 船舶动力装置设计 [M]. 上海：上海交通大学出版社，1991.
[5] 朱树文. 船舶动力装置原理与设计 [M]. 上海：上海交通大学出版社，1985.
[6] 哈瓦尔特. 船舶阻力与推进 [M]. 黄鼎良，等译. 大连：大连理工大学出版社，1989.
[7] 盛振邦，刘应中. 船舶原理 [M]. 上海：上海交通大学出版社，2003.
[8] 杨承参，施润华. 船舶动力装置 [M]. 上海：上海交通大学出版社，1996.
[9] 朱树文. 船舶动力装置原理与设计 [M]. 北京：国防工业出版社，1980.
[10] 长江船舶设计院. 内河船舶设计手册 [M]. 北京：人民交通出版社，1977.
[11] 张志华. 动力装置振动数值计算 [M]. 哈尔滨：哈尔滨工程大学出版社，1994.
[12] 商圣义. 民用船舶动力装置. [M]. 北京：人民交通出版社，1996.
[13] 中国船级社. 钢质海船入级规范 [M]. 北京：人民交通出版社，2009.
[14] 徐筱欣. 船舶动力系统 [M]. 上海：上海交通大学出版社，2007.